马克思哲学论坛丛书

Marx
Philosophy
forum

第九届

马克思主义文化哲学研究

主　编◎孙　麾　丁立群

中国社会科学出版社

图书在版编目（CIP）数据

马克思主义文化哲学研究／孙麾，丁立群主编．—北京：中国社会科学
出版社，2015.9

（马克思哲学论坛丛书）

ISBN 978 - 7 - 5161 - 6863 - 9

Ⅰ．①马…　Ⅱ．①孙…②丁…　Ⅲ．①马克思主义哲学—文化哲学—文集
Ⅳ．①B0 - 0②G02 - 53

中国版本图书馆 CIP 数据核字（2015）第 208594 号

出　版　人	赵剑英
责任编辑	王　茵
特约编辑	马　明
责任校对	邓雨婷
责任印制	王　超

出　　　版	中国社会科学出版社
社　　　址	北京鼓楼西大街甲 158 号
邮　　　编	100720
网　　　址	http：//www.csspw.cn
发 行 部	010 - 84083685
门 市 部	010 - 84029450
经　　　销	新华书店及其他书店

印刷装订	北京君升印刷有限公司
版　　　次	2015 年 9 月第 1 版
印　　　次	2015 年 9 月第 1 次印刷

开　　　本	710×1000　1/16
印　　　张	25.5
字　　　数	432 千字
定　　　价	90.00 元

目 录

文化哲学基本理论研究

文化的元问题及相关问题研究

马克思主义哲学与文化哲学研究

文化哲学基本理论研究

"世界 3"与文化的前提批判

孙正聿*

引　言

如果把文化哲学视为表征我们时代的哲学，那么，一种当代意义上的文化哲学，就应当是具有"普照光"意义的哲学，而不只是与科学哲学、价值哲学、政治哲学等对举意义上的"部门哲学"；如果把文化哲学视为对文化的哲学观照，那么，一种哲学意义上的文化哲学，本质上是对文化的前提批判，即揭示和反思构成文化的诸种前提，也就是揭示和反思文化作为人的存在和发展方式的诸种前提。这两个问题都是文化哲学研究中需要深入探讨的问题。本文探讨后一个问题，即对文化的前提批判问题。

构成文化的诸种前提隐匿于"文化"之中，因此，只有展现"文化"自身，才能构成对文化的前提批判的真实对象。20 世纪 80 年代，卡尔·波普尔的"世界 3"理论曾引起学界的广泛关注，如今似乎已成过眼烟云。其实，无论人们对"世界 3"的理解和评价如何不同，在最朴实的意义上，波普尔的三个世界理论都凸显了一个区别于"世界 1"和"世界 2"的"世界 3"，即凸显了区别于"物理世界"和"精神世界"的"文化世界"。这个作为"客观知识"的"世界 3"，为我们体认"文化"以及展开对文化的前提批判，提供了富有现实性的文化哲学视阈。

按照我个人的理解，"世界 3"为我们展现的文化哲学视阈，主要包括以下内容：一是从"世界 3"的存在反思对文化的哲学理解；二是从"世界 3"的基本特性深化对文化的哲学阐释；三是从构成"世界 3"的

* 孙正聿，吉林大学哲学基础理论研究中心教授。

诸种方式拓展对文化的批判视阈；四是从"世界 3"的形成机制特别是三个"亚世界"的相互作用推进对文化的前提批判。

一　从"世界 3"的存在反思对文化的哲学理解

究竟在何种视阈中把"文化"作为一种特定的"存在"？或者说，究竟以何种划界方式体认"文化"的"存在"？这不能不是以"文化"为反思对象的文化哲学的首要问题。

在通常的解释中，学者把文化区分为"广义"的和"狭义"的文化。在广义上，人所创造的不同于外部自然和生物本能的东西都属于文化范畴，广义的文化包括物质文化、行为文化和精神文化三种基本形态；在狭义上，文化特指精神文化或观念文化，即由符号系统所构成的观念形态，其中既包括风俗习惯、社会心理等自发形态的文化，也包括艺术、宗教、哲学等自觉形态的文化。认真辨析这种解释，我们会发现在"广义"的文化概念中，文化就是"属人的世界"，因而泛化了文化概念，模糊了"划界"意义上的文化；在"狭义"的文化概念中，文化则是"观念形态"的存在，因而强化了文化的"观念"性，弱化了文化的"客观性"。通过这种辨析，我们可以看到，波普尔的"世界 3"正是在与"广义"文化和"狭义"文化的区分中，凸显了它的"文化"意义。

在《客观知识——一个进化论的研究》一书中，波普尔标新立异地提出了他的三个世界理论，明确地把"世界"区分为三个"亚世界"："第一，物理客体或物理状态的世界；第二，意识状态或精神状态的世界，或关于活动的行为意向的世界；第三，思想的客观内容的世界，尤其是科学思想、诗的思想以及艺术作品的世界。"[1]

为了说明他所指认的"世界 3"，波普尔在与"主观知识"和"客观精神"的对比中，阐述了作为"客观知识"的"世界 3"的内容和特征。

波普尔首先区分了两类知识，即主观意义的知识与客观意义的知识。波普尔提出：所谓"主观知识"，是由以一定方式行动、相信一定事物、说出一定事物的"意向"所组成，因此它包括作为"世界 2"的思想过

---

① ［英］卡尔·波普尔：《客观知识——一个进化论的研究》，舒炜光等译，上海译文出版社 1987 年版，第 114 页。

程以及与之相关的作为"世界1"的大脑过程；所谓"客观知识"，则是由理论、推测、猜想的逻辑内容构成。由于区分了"主观知识"和"客观知识"，波普尔具体地"称物理世界为'世界1'，我们的意识经验世界为'世界2'，称书、图书馆、计算机存储器以及诸如此类事物的逻辑内容为'世界3'"①。以承诺"世界3"的存在为前提，波普尔批判了"常识知识论"，认为"常识知识论没有认识到'世界3'，因此，它忽视了客观意义上的知识的存在"②。波普尔的这种承诺和批评，应当引发文化哲学研究中对"客观知识"的关注。

　　在与"主观知识"对比的基础上，波普尔又阐述了他的"客观知识"与黑格尔的"客观精神"的区别。波普尔提出，黑格尔的"客观精神"和"绝对精神"与其"第三世界"之间的最重要区别在于以下三点："（1）根据黑格尔的理论，尽管客观精神（包括艺术创作）和绝对精神（包括哲学）两者都由人类的成果组成，人却不是创造者。……与此相反，我断言，个人的创造因素、个人和他的工作之间的平等交换关系是最重要的。在黑格尔的理论中，这一点退化为这样的教条：伟大人物是时代精神借以表现自身的中介。（2）我的图式是通过清除错误，并在探索真理这一调节的观念下通过有意识的批判而在科学的水平上起作用的。（3）我的第三世界与人类意识毫无相似之处；并且尽管它的第一批成员是人类意识的产物，但是它们完全不同于有意识的观念或主观意义上的思想。"③ 在这种区分中，波普尔强调了三个方面：其一，人是"世界3"的创造者；其二，人的理性批判是"世界3"自主发展的机制；其三，人所创造的"世界3"是客观性的而不是主观性的存在。波普尔所阐述的这种区别，不仅有助于我们对"客观知识"的理解，而且直接引发我们对"客观知识"的基本内容——科学——的哲学关切。

　　在人的文化世界中，科学具有特殊的重要地位。科学不仅构成我们的具有时代内涵的"世界图景"，而且构成我们的具有时代内涵的"思维方式"，还构成我们的具有时代内涵的"价值观念"。特别重要的是，科学

---

　　① ［英］卡尔·波普尔：《客观知识——一个进化论的研究》，舒炜光等译，上海译文出版社1987年版，第78页。

　　② 同上书，第79页。

　　③ 同上书，第134—135页。

所构成的世界图景、思维方式和价值观念，以"客观知识"的存在方式，构成了现实的"文化"、可批判的"文化"。对科学的前提批判，就其时代内涵而言，就是对每个时代的世界图景、思维方式和价值观念的前提批判，也就是对该时代的文化的前提批判。值得注意的是，在通常的文化哲学研究中，往往忽视甚至拒绝对科学、特别是对自然科学的哲学反思。尤其是在对"科学主义"的哲学反思中，往往容易导致忽视对作为文化的科学本身的哲学关切。这样，就把关于文化的"文化哲学"与关于科学的"科学哲学"割裂开来，从而把"科学文化"与"人文文化"对置起来。而在科学哲学家瓦托夫斯基把科学哲学解释为对科学的人文主义理解的意义上，科学哲学则构成文化哲学的重要内容，对文化的前提批判应当包含对作为"客观知识"的科学的前提批判。① 因此，波普尔所指认的以"科学"为"世界3"的基本内容的"客观知识"，在对"文化"的前提批判中，具有不可或缺的重要意义。

还应指出的是，波普尔的"世界3"不仅包括"科学思想"，而且包括"诗的思想以及艺术作品的世界"。② 这实际上是承诺了两种文化——科学文化和人文文化——的存在。因此，在"世界3"的视阈中，对文化的前提批判，理所当然地包括对科学文化和人文文化及其相互关系的前提批判。仅就科学自身说，德国物理学家普朗克曾经指出："科学是内在的统一体，它被分解为单独的部门不是由于事物的本质，而是由于人类认识能力的局限性。实际上存在着从物理到化学，通过生物学、人类学到社会科学的连续链条。"③ 但是，波普尔在他的"进化论的研究"中，凸显的只是对"科学思想"特别是对自然科学的探索，而忽视了对"人文文化"的阐释。然而，这却启发我们在对两种文化的反思中，深化对作为哲学基本问题的思维和存在的关系问题的理解，深化对文化的前提批判。

作为"客观知识"的"世界3"的哲学意义，首先在于它凸显了作为哲学基本问题的思维和存在的关系问题的历史性，即把抽象的思存关系问题实现为以"客观知识"为中介的思存关系问题。以"客观知识"为

---

① 参见孙正聿《对科学的人文主义理解——瓦托夫斯基的科学哲学观述评》，《中国社会科学》1990年第4期。

② ［英］卡尔·波普尔：《客观知识——一个进化论的研究》，舒炜光等译，上海译文出版社1987年版，第114页。

③ 转引自夏禹龙等编著《科学学基础》，科学出版社1983年版，第5页。

中介的思存关系，不仅是以"科学思想"为内容的"科学世界"中的思存关系，而且是以"历史文化"为内容的"文化世界"中的思存关系；这种"文化"视阈中的思存关系，不仅是深化了对作为哲学基本问题的思存关系的反思，而且是在思存关系问题的意义上展开了对"文化"的哲学反思。在文化的视阈中反思思存关系，并在思存关系中反思文化，这应当是文化哲学研究中的不容忽视的重大问题。

其次作为"客观知识"的"世界 3"的哲学意义，还在于它为文化的前提批判提供了极为重要的"可批判"的对象。瓦托夫斯基曾这样对比常识与科学："常识的特点就其真正的本质而言，是非批判的……批判的出现成为由常识向科学转变中的关节点"。① 常识的非批判性，在于它不具备可批判的条件。批判的前提是经验能够成为反思的对象。用一种语言公开表述的"有组织的和系统性的知识体"，才能构成批判和公开反思的对象。"科学和常识之间最重要的区别就在于科学命题的明确性和可反驳性，在于科学的目标理所当然具有自觉的和审慎的批判性。"② 对"世界 3"的文化批判，不只是对作为一种文化的科学的反思，而且是对各种文化活动的反思。瓦托夫斯基提出，仅仅以科学方式来构筑人类的经验世界，潜伏着一种巨大危险："科学与常识、科学活动与人类的基本活动、科学理解与平常的理解的连续性被打断了"。③ 如果从瓦托夫斯基的"对科学的人文主义理解"去看待波普尔的"世界 3"，进而从科学文化和人文文化及其关系中去理解"文化"，无疑会有力地拓展文化哲学的视阈并推进对文化的前提批判。

二　从"世界 3"的基本特性拓展对文化的哲学阐释

按照波普尔的论述，"世界 3"有三个基本特性：一是它的客观性，二是它的自主性，三是它的实在性。"世界 3"的这些特性，在对文化的

① ［美］瓦托夫斯基：《科学思想的概念基础》（新校译本），范岱年等译，求实出版社1989 年版，第 87 页。
② 同上书，第 89 页。
③ 同上书，第 33 页。

哲学阐释中是富有启发性的。本文着重探讨"世界3"的自主性及其在对文化的哲学阐释中的意义。

关于"世界3"的特性，波普尔强调指出："自主性观念是我的第三世界理论的核心：尽管第二世界是人类的产物，人类的创造物，但是它也象其他动物的产物一样，反过来又创造它自己的自主性领域。"① 对此，他还在"思想家"与"世界3"的对比的意义上提出，"第三世界、客观知识的世界（或更一般地说是客观精神的世界）是人造的。然而必须强调，这个世界在很大程度上是自主地存在的；它产生它自己的问题，尤其是与发展的方法相关的问题；它对我们当中任何一位甚至最有独创力的思想家的影响，大大超过我们任何人能对它产生的影响"。②

对此，波普尔提供的主要论证是，"所有知识的增长都在于修改以前的知识"，"知识不能始于虚无，它总是起源于某些背景知识"和"某些困难以及某些问题"。③ 由此，波普尔提出了他的著名的 P1→TT→EE→P2 图式，即："我们从某个问题 P1 出发，提出一个尝试性的解答或尝试性的理论 TT，它可能（在部分或整体上）是错误的；无论如何它都必须经受消除错误的阶段 EE，这可以由批判讨论或实验检验组成；无论如何，新问题 P2 产生于我们自己的创造活动；并且这些新问题一般不是由我们有意识地创造的，它们自发地从新的关系领域中涌现出来，我们的一切行动都不能阻止这种关系产生，尽管我们很少打算这样做。"④ 波普尔由此得出结论："第三世界的自主性，第三世界对第二世界甚至对第一世界的反馈作用，是知识发展中最重要的事实。"⑤

为了进一步说明"世界3"的自主性，波普尔具体地阐述了"世界3"与其创造者的关系。波普尔认为，"一切都取决于我们和我们的作品之间的给—取关系，取决于我们提供给第三世界的产品，也取决于产品对我们的经常的反馈，可以通过有意识的自我批评来增强的反馈。关于生命，进化和精神发展的难以置信的事情正是这种给—取方法，正是我们的

---

① ［英］卡尔·波普尔：《客观知识——一个进化论的研究》，舒炜光等译，上海译文出版社 1987 年版，第 126 页。

② 同上书，第 157 页。

③ 同上书，第 75 页。

④ 同上书，第 127—128 页。

⑤ 同上书，第 128 页。

活动与活动结果之间的相互作用，通过这样的相互作用我们不断地超越我们自己，超越我们的才智，超越我们的天资。"① 在这种"给—取关系"中，"我们每一个人都在为第三世界的成长做贡献，但我们几乎所有的贡献都是微不足道的。我们大家都想掌握这个世界，我们没有一个人能脱离它而存在，因为我们大家都使用语言，没有语言我们几乎就不成其为人。然而第三世界已经发展到远非任何个人、甚至所有的人能够掌握的地步（例如，存在不可能解决的问题就说明这点）。它对我们所起的作用，比起我们对它所起的创造作用，已经变得更加重要了：更加关系到我们的成长、甚至关系到第三世界自己的成长。因为第三世界的成长几乎全部归功于一种反馈作用，归功于发现自主的问题这种需要，虽然其中有许多问题可能永远是我们掌握不了的。而且发现新问题的这种刺激性的任务将永远存在，因为永远有无数的问题是没有发现的。尽管第三世界是自主的，也正因为它的自主性，独创性的工作永远有用武之地。"②

由此我们可以看到，波普尔之所以把"世界3"称作"客观知识"，之所以强调"世界3"的客观性，其根本目的在于强调"世界3"以客观性为前提的自主性，即文化自我创生的特性。自主创生的文化，不断地提出了"发现新问题"的"刺激性的任务"，从而激发了"独创性的工作"，因而推进了文化的发展。

在这种"自主性"与"创造性"的"经常的反馈"中，又构成了文化的生产与消费的积极关系。波普尔说，"我们可以认为人类生产知识犹如蜜蜂酿制蜂蜜：蜂蜜是蜜蜂酿制的，由蜜蜂贮存，并且供蜜蜂消费"；③"我们也不仅是理论的创造者，而且是理论的消费者；如果我们要创造理论，我们便要消费他人的理论，有时也许要消费自己的理论"。④ "'消费'的意思在这里首先是'消化'，即蜜蜂一例中所采用的意思。不过，它还有更多的意思：我们对理论的消费——不管是别人还是自己创造的理论，也意味着批判理论、改造理论，甚至经常是推翻理论，以便由更好的

---

① 〔英〕卡尔·波普尔：《客观知识——一个进化论的研究》，舒炜光等译，上海译文出版社 1987 年版，第 157—158 页。

② 同上书，第 171—172 页。

③ 同上书，第 297 页。

④ 同上。

理论取代它们。"① 波普尔由此得出的结论是："无论如何，我们希望做到的事情之一是学到某种新东西。根据我们的图式，进步性是我们要求优越的试探性理论应具备的东西之一，它是通过对理论实行批判性讨论而出现的：如果我们的讨论表明，理论真正对我们要解决的问题发生了影响；也就是说，如果新突现的问题和旧问题有区别，那么，这个理论是进步的"。②

"客观知识"即"世界3"的自由性，它在文化进步的意义上，展现了人的创造活动及其文化产品的辩证运动，从而也在整个历史运动的意义上，展现了人作为历史的经常的"前提"与作为历史的经常的"结果"的辩证运动。人是"客观知识"即"世界3"的创造者，离开人的创造活动就没有区别于"世界1"和"世界2"的"世界3"，然而，现实的人又只能是依赖于作为自己的创造产物的"世界3"而展开自己的创造活动，"世界3"不仅为人的创造活动提出"刺激性的任务"，而且直接地激发人的"创造性的工作"。因此，从"世界3"的自主性而深化对人作为历史的"前提"和"结果"的辩证运动的理解，又从人作为历史的"前提"和"结果"的辩证运动而深化对"世界3"的自主性的理解，会推进我们对人与文化的辩证关系的认识。与此同时，在对作为文化的"世界3"的客观性和自主性的理解中，还会在文化的意义上深化我们对马克思的下述思想的理解："人们自己创造自己的历史，但是他们并不是随心所欲地创造，并不是在他们自己选定的条件下创造，而是在直接碰到的、既定的、从过去承继下来的条件下创造。"③

三　从构成"世界3"的诸种方式拓展 对文化的批判视阈

作为"客观知识"的"世界3"，是人以自己把握世界的诸种方式所构成的"文化世界"；对"文化世界"的理解和反思，必须诉诸对人类把

---

① ［英］卡尔·波普尔：《客观知识——一个进化论的研究》，舒炜光等译，上海译文出版社1987年版，第297页。

② 同上书，第299页。

③ 《马克思恩格斯选集》第1卷，人民出版社1995年版，第585页。

握世界的各种基本方式的理解和反思。在《客观知识》一书中，波普尔从其研究目的出发，主要探讨了人类把握世界的科学方式及其所构成的"客观知识"，并与科学相关联地探讨了人类把握世界的常识方式、艺术方式、宗教方式和哲学方式。虽然波普尔本人对此的探讨是不充分的，但却启发我们从人类把握世界的诸种方式拓展对文化的批判视阈。

"人类把握世界的基本方式"，简洁地说，就是人类把"自在世界"变成自己的"文化世界"的方式。人类在其漫长的形成和演进的过程中，逐渐地形成了人与世界之间的特殊关系，即：人类不仅是以其自然器官与世界发生自然的"关系"，而且特殊地以自己把握世界的各种方式为"中介"而与世界发生"属人"的"关系"。常识、宗教、艺术、伦理、科学和哲学等，就是人类在实践活动的基础上所形成的与世界发生真实关系的"中介"，也就是人类"把握"世界的"基本方式"。这些"基本方式"是构成人的"文化世界"的前提，因而应当成为文化的前提批判的重要内容。

人类把握世界的各种基本方式，首先是为人类提供了丰富多彩的"世界图景"，即宗教的、艺术的、常识的、科学的和哲学的"世界图景"；而它们之所以能够提供各种各样的"世界图景"，则在于它们本身是人类把握世界的不同方式，即宗教的、艺术的、常识的、科学的和哲学的"基本方式"；这些基本方式不仅为人们提供各种各样的"世界图景"，而且为人们的思想和行为提供各自的"思维方式"和"价值规范"，即宗教的、艺术的、常识的、科学的和哲学的思维方式和价值规范。这样，人类把握世界的各种基本方式，就以"世界图景"、"思维方式"和"价值规范"的三重内涵而构成哲学反思的对象。

构成人的"文化世界"的最为普遍的"基本方式"是常识。常识是人类世世代代的经验的产物，是人类在最实际的水平上和最广泛的基础上对人类生存的自然环境、社会环境和一般文化环境的适应。人们的经验世界在常识中得到最广泛的相互理解，人们的思想感情在常识中得到最普遍的相互沟通，人们的行为方式在常识中得到最直接的相互协调，人们的内心世界在常识中得到最便捷的自我认同。常识是每个健全的正常人普遍认同的，并为人们的生存和发展提供最具普遍性的世界图景、思维方式和价值观念，因而既是人的最具普遍性和普适性的"文化世界"，又是规范人的思想与行为的最具普遍性和普适性的"前提"，并构成哲学的"前提批判"的直接对象。然而，常识的最本质的特性是它的经验性。"常识在日常应用的范围内虽然是极可尊敬的东西，但它一跨入广阔的研究领域，就会碰到极为惊人的变故。"① 依附于经验的常识具有零散性、狭隘性、极端性和保守性等特征，以常识为内容的世界图景、思维方式和价值观念缺乏理论的完整性、系统性、前瞻性、坚定性和可批判性。对此，波普尔在《客观知识》中提出，"科学、哲学以及理论思维都必须从常识出发"，但常识本身却是一个"模糊不清并且变化不定的东西，即许多人的时而恰当、真实，时而又不恰当、虚假的直觉和看法"。② 因此常识知识论是一种错误理论，即把知识看成是"我们通过睁开双眼看世界"，"通过观察而获得关于世界的知识"。③ 波普尔由此得出的结论是："我们的出发点是常识，我们获得进步的主要手段是批判"，④"知识论的基本问题就是对这个过程进行研究和阐明"。⑤ 波普尔以科学为对象的知识进化论正是由此展开的。

对波普尔的"客观知识"来说，人类把握世界的基本方式是科学。这种认识具有相当的共识。卡西尔在《人论》中就提出："在我们现代世界中，再没有第二种力量可以与科学思想的力量相匹敌。它被看成是我们全部人类活动的顶点和极致，被看成是人类历史的最后篇章和人的哲学的最重要主题。""对于科学，我们可以用阿基米德的话来说：给我一个支点，我就能推动宇宙。在变动不居的宇宙中，科学思想确立了支撑点，确立了不可动摇的支柱。"⑥ 人类的科学发展史是科学思维方法和科学概念系统的形成和确定、扩展和深化、更新和革命的历史。科学理论所编织的概念、范畴之网，构成人类"认识世界的过程中的梯级，是帮助我们认识和掌握自然现象之网的网上纽结"，⑦ 探讨人类把握世界的科学方式及其所构成的"科学世界"，研究科学活动及其所蕴含的"科学精神"，反

---

① 《马克思恩格斯选集》第 3 卷，人民出版社 1995 年版，第 360 页。

② ［英］卡尔·波普尔：《客观知识——一个进化论的研究》，舒炜光等译，上海译文出版社 1987 年版，第 35 页。

③ 同上书，第 36 页。

④ 同上。

⑤ 同上书，第 37 页。

⑥ ［德］恩斯特·卡西尔：《人论》，甘阳译，上海译文出版社 1985 年版，第 263 页。

⑦ 《列宁全集》第 55 卷，人民出版社 1990 年版，第 78 页。

思科学的社会功能以及哲学中的"科学主义"思潮，这对于拓展对文化的前提批判是十分重要的。

科学是人类把握世界的一种基本方式，而不是唯一的方式；在人所创造的"文化世界"中，科学也不是具有"普照光"地位的世界图景、思维方式和价值规范——它不能替代人类把握世界的其他基本方式及其所构成的世界图景、思维方式和价值规范。在人类的发展史上，科学经过漫长而又艰难的过程才发展成为一种独特的认识方式。它根源于人类的共同理解和普通的认识方式之中，"在科学本身的基础上，铭刻着它同普通经验、普通的理解方式以及普通的交谈和思维方式的历史连续性的印记，因为科学并不是一跃而成熟的。"① 从以共同的经验概括而形成描述和规范实践的常识概念框架，进展为具有明确性、可反驳性和逻辑解释力的科学概念框架，科学活动与人类其他活动的连续性与间断性统一于人类自身的历史发展。因此，要对科学有比较充分的理解，首先应当把科学作为一项"特殊的人类事业"来理解。尤为重要的是，在人类把握世界的各种基本方式中，艺术、宗教和哲学等各有其不可替代的地位和作用。宗教的本质特征，在于对神的信仰。宗教中的神圣形象，把各种各样的力量统一为至高无上的力量，把各种各样的智能统一为洞察一切的智能，把各种各样的情感统一为至大无外的情感，把各种各样的价值统一为至善至美的价值。这样，宗教中的神圣形象，就成为一切力量的源泉，一切智能的根据，一切情感的标准，一切价值的尺度，人只有从这种异在的神圣形象中才能获得存在的根本意义。宗教方式及其所构成的文化世界，是哲学的文化批判的不可或缺的重要内容。艺术表现人类心灵的复杂性、丰富性和创造性，表现人与世界之间的丰富多彩的矛盾关系，表现人按照美的规律来塑造人和属人的世界。揭示艺术所蕴含的人性的奥秘，论证艺术所表现的生活的意义与价值，阐发艺术所体现的人与世界之间的丰富关系，从而达到对世界与人生的深层把握，这就是哲学对艺术及其所构成的文化世界的前提批判。

作为人类把握世界的一种基本方式，哲学在人类创造自己的生活世界并实现人类的自我发展的各种基本方式中，它的不可或缺和不可替代的特

---

① ［美］瓦托夫斯基：《科学思想的概念基础》（新校译本），范岱年等译，求实出版社1989年版，第11页。

殊作用和独特价值，是同哲学的"形上"本性和"本体"追求密不可分的。基于人类实践本性的人类思维，总是渴求在最深刻的层次上或最彻底的意义上把握世界、解释世界和确认人在世界中的地位与价值，这就是恩格斯所说的"按它的本性、使命、可能和历史的终极目的来说的"思维的"至上性"要求。以实践为基础的思维的"至上性"要求，构成哲学的本体论追求：所谓"本体"，就是判断、解释和评价人的全部思想和行为的根据、标准和尺度；所谓"本体论"，就是关于这种根据、标准和尺度的理论；所谓"本体论追求"，就是指向这种根据、标准和尺度的哲学活动。这就是一种可以称之为"文化本体论"的哲学本体论。哲学本体论所具有的这种真实意义，使其在人类把握世界的各种方式（宗教的、伦理的、艺术的、科学的、常识的等）中，在人类创建的全部知识体系（数学、自然科学、社会科学、人文科学、思维科学等）中，扮演了一种独特的角色，即：以其所承诺的"本体"作为最高的或最终的根据、标准和尺度，批判地反思人类一切活动和全部知识的各种前提，为人类的存在和发展提供自己时代水平的"安身立命之本"或"最高的支撑点"。①在文化本体论的意义上，对哲学本身的批判，就是对文化的前提批判。

四　从"世界 3"的形成机制推进 对文化的前提批判

人的文化世界是由人类把握世界的各种基本方式构成的，对这些基本方式的批判也就是对文化世界的形成机制的反思。然而，从相反的角度看，又可以从文化世界自身的存在来考察它的形成机制。对此，波普尔在《客观知识》一书中以"对第三世界的生物学探讨"为题，提出并论证了一系列富有启发性的思想。

波普尔这样提出问题："一个生物学家可能对动物的行为感兴趣，但他也许对动物生产的某些无生命的建筑物感兴趣"，因此可以由"研究这些建筑物"而引起"两类主要问题"：一类是"有关动物使用的方法即在构筑这些建筑物时动物的行为方式"问题，另一类则是关于"建筑物本身"即"这些建筑物所用材料的组成和化学性质"，"它们的几何性质和

①　参见孙正聿《前提批判的哲学理论》，《社会科学辑刊》2008 年第 1 期。

物理性质","它们的依赖于特殊环境条件的进化变迁","它们对这些环境条件的依赖或适应","这些建筑物的性质对动物行为的反馈关系"的问题。① 对于这两类问题,波普尔认为,"第二类问题（涉及建筑物本身的问题）是更基本的:从第一类问题中推测的所有一切就是这个明显的事实即这些建筑物是由某些动物以某种方式生产的。"② 由此,波普尔进一步提出:"这些简单的考虑当然也可应用于人类活动的产物,象房子、工具和艺术作品。对我们尤其重要的是,它们可以应用于我们所称的'语言'和'科学'。"③ "我把从产品即理论和论据方面作出的探讨为'客观的'探讨或'第三世界'的探讨。"④

波普尔从他的"世界3"出发,这样解释三个"亚世界"的关系:"在人类的水平上,可称为第二世界（即精神世界）的那些东西,越来越变成第一世界和第三世界的中间环节:我们在第一世界中的一切活动都受到我们的第二世界对第三世界的了解程度的影响。这就说明,为什么如果不理解第三世界（'客观精神'或者'精神'）就不可能理解人类精神和人类本身,并且说明,为什么不能把第三世界解释为仅是第二世界的表现,也不能把第二世界解释为仅是第三世界的反映。"⑤ 不是仅仅把"世界3"对"世界2"的关系解释为"表现",也不是仅仅把"世界2"对"世界3"的关系解释为"反映",这对于理解人的精神活动及其文化产品的关系是非常重要的。"我们并不通过在第三世界中表达我们的精神状态来塑造或'指示'这个世界,这个世界也不指示我们。我们本身和第三世界都通过相互斗争和选择而得到发展。"⑥

由波普尔所阐述的三个"亚世界"的关系,可以深化我们对"语言转向"及其哲学意义的理解。在现代西方哲学的"语言转向"中,凸显的是把"观念"还是把"语言"视为人的存在方式的理论表征的问题,也就是把"精神世界"还是把"文化世界"视为人的存在方式的理论表

---

① ［英］卡尔·波普尔:《客观知识——一个进化论的研究》,舒炜光等译,上海译文出版社1987年版,第121页。
② 同上书,第121—122页。
③ 同上书,第122页。
④ 同上。
⑤ 同上书,第159页。
⑥ 同上书,第160页。

征的问题。以公共性的"语言"或"文化"表征人的存在方式，这不仅是以"世界3"消解"世界2"与"世界1"的抽象二元关系，而且深刻地表征了人的存在方式本身的历史性变革。凸显作为文化世界的"世界3"，意味着社会理性的普遍化、社会公德的普及化、审美意识的大众化以及社会交往的世界化，也就是在文化意义上向"世界历史"的转变。"世界3"所具有的文化意义，是值得和需要深入研究的。

在当前的文化哲学研究中重提"世界3"，有一种深切的感慨：一场学术演出，常常是欢呼雀跃中的序幕刚刚拉开，突然又在一片寂静中拉下了大幕；尤为奇怪的是，观众对这种现象的反应出奇的平静，似乎序幕就是整部的剧本。20世纪80年代以波普尔、库恩为主要代表人物的科学哲学，其中包括波普尔的"世界3"理论，它在中国的学术演出就是如此。本文不是对波普尔的"世界3"理论的评论，而是旨在推进文化哲学研究的"借题发挥"。如果这些"发挥"有助于拓展文化哲学的视阈、深化对"文化"的前提批判，也就达到了本文的目的。

文化哲学:问题与领域

丁立群*

文化哲学已成为当代哲学领域的显学,甚至已经超越哲学领域,对政治、文学、艺术、教育以及经济学等领域产生了重要影响。已有西方学者预言,随着时代的发展,未来的所有哲学都是文化哲学。① 不管这位西方学者在什么意义上做此预言,文化哲学的普遍意义乃是一个无可争辩的事实。然而,在这种形势下,文化哲学的基本界定却仍然是一个见仁见智的问题。存在的问题是:文化哲学的基本意义是什么? 文化哲学的基本问题和学术领域如何界定?

首先,应把文化哲学个别问题研究和系统的文化哲学研究区别开来。文化哲学个别问题的提出和进入研究视野只是文化哲学产生的前奏曲,而系统的文化哲学研究则是文化哲学获得自我意识,即由自在到自为的标志。依据这种区分,笔者认为,在西方思想史上,文化哲学的个别问题研究早在18—19世纪的哲学、历史学、文化人类学及社会学研究中就已经存在。20世纪30年代以后,出现了比较系统的文化哲学研究,如恩斯特·卡西尔(Enst Cassirer, 1874—1945)明确使用"人类文化哲学"(Philosophy of human culture)这一概念,他以人的"符号"或"象征"活动为人的本质活动,这一本质活动演化出一个包括语言、神话、宗教、艺术、科学和历史在内的文化世界,据此他构造了一个较为系统的关于人

* 丁立群,黑龙江大学文化哲学研究中心教授。本文得到国家社会科学基金项目"西方实践观念与实践哲学源流研究"(编号07BZX042)和黑龙江省哲学社会科学重点项目"西方实践哲学与马克思主义的现代性"(编号06A003)资助。
① [德]卡尔·曼海姆:《文化社会学论要》,刘继同、左芙蓉译,中国城市出版社2002年版,第11页。

和文化本质的文化哲学。卡西尔的思想标志着文化哲学已经由原来的个别问题研究上升到系统的研究，由自在上升到自为。然而，系统的文化哲学研究在西方思想中尚属少见。特别是，由于文化概念的宽泛性以及文化哲学的实践品格，文化哲学的根本性质是一个没有解决的问题。在当今中国学术界，文化哲学研究已经成为一个热点研究领域。然而，人们对文化哲学的理解仍然难以统一，以至于文化哲学研究在内容上已经被泛化：人们对文化哲学的理解已经远远超出了一门学科产生之初所具有的多元性，从而，在认识上产生了一些混乱。这种泛化，对一个学科的健康发展是十分不利的，也很可能导致文化哲学自身的普泛化乃至逐渐消解，由此也成为中国文化哲学进一步发展的瓶颈。

文化哲学的产生起自时代的根本性变化，文化哲学的问题意识和基本意义即关联于这一根本性变化。具言之，以人的全面发展为核心的总体现代化之成为可能，全球化所催生的"世界文化"理念以及人们对文化本身经验感受的迫切性，这三者是系统的文化哲学产生的催生剂。同时，文化哲学又以理论的自觉形态，体现了这种时代的诉求。

前提之一，现代化的逻辑演进以及总体现代化观念的产生

遍布世界的现代化运动，首先是从西方社会开始的。西方自近代以来的现代化运动肇始，就伴随着一种功利主义和物质主义的"原罪"。资产阶级力图以自己的意识形态取代中世纪的神学世界观，要求人们把目光由遥远的彼岸世界拉回到现实世界，关心人的现世利益，于是在精神核心上以片面的工具理性取代了全面的理性概念。以此为核心精神的整个资本主义社会制度激励了科学技术和生产力的高度发展，提高了人们改造自然的能力，并为整个资本主义世界创造了丰裕的物质财富。但是，这样一种现实主义却在对抗中世纪宗教神学的超验世界观的过程中走向极端，消解了此岸与彼岸的张力，使得功利主义、物质主义伴随着西方现代化而产生，并成为伴随西方现代化的"原罪"：现代化就是生产效率的提高、物质的丰裕——这是一种单维的现代化。这种单维的现代化导致了很多社会问题：围绕着社会与自然的关系而产生的环境污染、生态失衡，以及由此导致的自然异化与能源、资源危机问题；围绕着社会与社会的关系而产生的资源的无政府竞争、国际经济秩序紊乱和世界安全危机；围绕着人与人、人与社会的关系而产生的人的异化、生活意义的丧失、个性的湮没等人的生存危机。

　　基于这种认识，西方世界普遍兴起了对现代化的反思热潮，以法兰克福学派的诸多成员为代表的社会哲学家，以弗朗索瓦·佩鲁为代表的发展理论家、现代化研究者从各个角度对西方的现代化观念进行了批判：一方面，这种批判促进了传统现代化观念的解体及现代化的多元化，在这种多元化现代化观念的支配下，现代化实践呈现出多种样态；另一方面，这种批判从精神核心上，导向对于工具理性相对的生存和生存智慧等精神文化的关注，在现实层面，也促使一种新的现代化观念的产生——一种以人的自由和全面发展为核心的，包括政治、经济、文化在内的社会全面进步的现代化观念。这是一种与单维的现代化相对立的总体现代化观念。总体现代化观念的提出很快就得到了实践上的响应，西方种种以传统现代化观念为目标的"反现代化"运动以及我国现代化运动中提出的精神文明和文化现代化建设问题，从总体上反映了这一趋向。总体现代化观念的提出和进入实践，意味着完整的生活世界和完整人——这一人类"千年福祉"——的实现已经具备了充分的现实条件，并已经进入人类现实的历史过程。这是人类历史的一场巨大的变革，是人类生存方式的根本性转换，这种生存方式的根本性转换亦将深深地影响人类的思想境界和理解方式；同时它使得更加全面的文化视野展现在人们面前。

前提之二，全球化的文化逻辑以及一种超文化形态——"世界文化"理念的生成

　　现代化同时伴随并促进了全球化进程。全球化必然带来各种文化形态的交流、冲突和融合，这种交流、冲突和融合无论在深度还是广度上都是以往所无法比拟的。全球化的基本矛盾是同质化和异质化的矛盾。在全球化过程中，西方发达国家借全球化之机，力图把自己的文化模式和价值观念普遍化，同化与自己不同的第三世界的民族文化，由此而形成一种同质化倾向；与此相反，在全球化浪潮中，第三世界各民族文化感受到一种来自于发达国家强势文化的压力，纷纷强调本民族文化的个性，以其个性与强势文化的普遍化相抗衡，从而形成一种异质化倾向。同质化和异质化已经成为发达国家和发展中国家在全球化初期坚守的不可调和的文化逻辑。

　　然而，同质化和异质化两种倾向之间不可调和的、僵死的对立，恰恰说明它们都不可能成为全球化过程中的建设性逻辑。随着世界范围内各民族文化交往的拓展和加深，通过多元文化的相互作用，将形成一种建立在各民族共同需求基础上的统一的价值核心，全球化中的文化同质性和异质性观念的消极对立将为一种积极的建设性理念所扬弃。以往在理论上被当作乌托邦观念、在实践上仅仅被看作一个界域性概念的"世界文化"，作为一种"超文化"类型，将第一次富有内涵并成为一种可经验的现实。"世界文化"既不是西方文化的一元化，也不是发展中国家和民族文化的原子化，而是不同文化在世界范围内的有机整合。正像联合国教科文组织国际专家小组在报告《多种文化的星球》中所区分的那样，"统一性完全不同于一致性，它不是基于消除各种差别性，而是基于使这些差别在一个和谐的整体中整合。"① 可见，全球化作为一种全球政治、经济、文化的结构性转换和理性重建，必将逐渐生成一种全新的文化经验、思想境界和价值依托，进而形成一种全新的生存方式；同时，这种全新的生存方式又使得理解全球化内在的文化冲突问题有了革命性的转换机遇和彻底解决的可能性。

前提之三，文化发展的逻辑、文化总体性以及文化本体经验的凸显

文化是人的存在方式，也是人对世界的理解方式。从人类认识的发生史来看，文化的演化经历了一个历史过程。在这一历史过程中，文化曾由一个浑然一体的整体分化为不同的文化领域、文化部门，如宗教、艺术、道德、科学、经济、政治等，其中每个文化领域和部门都构成人类理解生活的独特视界，具有一定的世界观意义。J. 杜威认为，这种分化，是人类认识和理解世界的一个自然的过程。但是这种分化却产生了一系列的后果。首先，不同文化门类所形成的理解视界乃至世界观产生了差异性。部门文化或不同的文化门类形成了特殊的认识事物的视野，这种视野同时也是一种局限。我们说，一块石头，在艺术家眼睛里，它可能是一件艺术品，而在地质学家眼睛里看到的则可能是石头的构成成分、形成年代等，这是由文化分化形成的理解视界乃至世界观的差异及局限所致。其次，这种差异性导致了相对视界的隔绝化。文化的分化是人类认识和理解深化的自然过程，但是随着认识和理解的进一步加深，这种自然过程却被极端

---

① ［美］欧文·拉兹洛：《多种文化的星球》，戴侃、辛未译，社会科学文献出版社2001年版，第231页。

化,以至于完全割断了文化各部门、各门类之间应有的内在联系,使得文化各领域、各部门产生了一种自我封闭倾向。从技术层面上说,这种分化的自我封闭倾向也表现为,各文化领域和部门分别形成了一套理解世界的专业术语,这种专业术语由于过分"专业化"以至于无法互译和相互理解,使得各文化部门之间发生了沟通和交流障碍,文化的各种成分变成了莱布尼兹无法沟通的"单子"。这种隔绝使得文化的基本价值即真、善、美、神圣性等作为不同领域的价值核心相互对立、相互冲突,以至于我们所认识和理解的世界也被分裂了,这是人类认识进程中的一个悲剧。再次,伴随着相对视界的隔绝,文化各领域、各部门产生了一种绝对化倾向。这种绝对化倾向把部门文化自身的局部价值超范围的普遍化到一切文化领域,形成一种以虚假的"普遍"价值为核心的文化意识形态,从而导致文化生态(斯图尔特)的失衡,这往往造成一种文化危机,如中世纪的宗教意识形态、近代肇始的唯科学主义意识形态等。

所以,很多现代西方思想家都呼吁文化的统一或科学的统一:逻辑实证主义提出科学统一的理想,试图用人工语言作为一切科学的统一语言;哲学人类学的创始人 M. 舍勒尔提出"完整的知识"的理想,试图克服文化的分裂状态。当然,他们所说的统一的含义并不一致,如逻辑实证主义试图用科学语言来统一一切语言,这仍然是一种文化意识形态,但这毕竟代表了一种文化诉求。

从总体性角度来看,各种文化领域和门类的相对性,同时也说明它们相对于文化整体来说,其意义和价值依赖性——所有的文化领域和门类只有在文化整体中才能获得意义和理解,离开了文化整体,个别文化领域和部门的意义和理解只能被歪曲。所以说,文化的分化并不能消解文化各领域、各部门的内在联系。正是这种本体论依据使得不同的文化门类、不同专业和学科已经意识到自身的局限性,纷纷向相邻学科渗透,形成了很多边缘学科——这些边缘学科标志了文化各门类之间本源的联系。

在这种日益强化的文化总体化趋向中,文化本身的经验逐渐由生活世界的"隐背景",凸显为生活世界的"显背景";由文化各门类、各部门的机械堆砌,生成为具有有机内涵的一种新的世界观和意义实体。文化本身作为组织生活的"经纬线"已经成为人们的一种迫切的经验感受,在人们的心理、意识和思想中逐渐形成关于文化的整体经验——人们已经能够或者有条件打破原有的门类、学科的局限,感受到文化本身。这与以前的情形已成鲜明对照：此前，部门文化的局限遮蔽了文化本身，使这一经验无从产生；而这种整体经验一旦形成，文化的总体性就将成为哲学的主题。卡尔·曼海姆（K. Mannheim，1893—1947）认为，在这种文化总体性的经验之中，今后"我们所有的哲学则都已变成文化的哲学"。① 可见，文化总体性的强化以及对文化本身的经验感受是文化哲学产生的本体论和认识论根据。

文化哲学产生的三个前提，即以人的完整性和全面发展为核心的总体现代化的实践诉求、全球化所催生的"世界文化"理念，以及文化总体性世界观的形成，对文化哲学的产生具有重要意义。

首先，法国哲学家 G. 马塞尔（G. Marcel，1889—1974）曾说，人以什么方式认识和理解世界，人就以什么方式存在着。文化哲学产生的三个前提改变了人类认识和理解世界的方式，改变了人的生活境界，标志着人的生存方式将发生一种根本性转换。当人以一种个别文化门类的形式去理解和认识世界时，人就以一种片面的方式存在着。相对于完整的人，这标志着人的存在的分裂，而新的认识方式即标志着一种总体性的生存方式的生成。

其次，这种认识和理解方式的转换，从而人的生存方式的转换，在哲学上的效应亦将是革命性的。哲学是人的认识和理解方式的集中体现，因而上述转换亦意味着哲学自身形态的转换：它不仅转换了哲学自身的存在方式，而且它所提出的问题扩大了哲学的视野和思考外延，为哲学提供了新的问题域，提供了一种理解和解决问题的新的思想境界和思维方式。在这种意义上，许多传统的哲学问题都可能在一种新的坐标系中得到一种全新的阐释。同时，这一根本性转变，使一切哲学似乎都无法回避文化问题，文化哲学成为当代各种哲学形态所蕴含的潜流和底蕴——文化哲学的理论形态，或者说文化哲学的系统研究只是这种潜流和底蕴的集中体现和自觉形态。这也许就是曼海姆预言的真实含义。

可见，文化哲学研究从自在走向自为，从个别问题研究走向系统研究，是依据于一种现实文化的发展逻辑：这种文化逻辑决定了文化哲学的问题域。而自觉的系统的文化哲学研究也正是这种现实的文化逻辑的思想

---

① ［德］卡尔·曼海姆：《文化社会学论要》，刘继同、左芙蓉译，中国城市出版社2002年版，第11页。

回应,它以理论的自觉形态,体现了这种时代的诉求。在这样一种背景下,我们可以理解文化哲学的理论层面、哲学意旨和实践目的。

系统的文化哲学研究从总体上,具有自己的元哲学理解和形而上学运思,同时凭借这种形而上学运思,对现实的文化形态和文化状况进行整合和理性重建。所以,文化哲学研究具有相互区别同时又相互联系的三个基本层面。

层面之一,哲学的文化价值研究

这是文化哲学的前提性研究,目的在于确立文化哲学的合法性:只有确立哲学之普遍的文化价值以及与此相关联的哲学在文化中的超越地位,才能确定文化哲学的合法性。

哲学的文化价值研究实际上是对哲学的一种元("meta-")研究,它将得出一种对哲学性质的独特理解。哲学自产生之日起,它的大部分兴趣不在于"对象研究"而在于一种"元(meta-)研究",即追问哲学是什么,哲学的价值、意义如何理解等。但是,传统上,对哲学的规定只局限于哲学自身。黑格尔认为,任何一门具体的学科都依赖于相邻学科的限定并借助于相邻学科的理论以为自己的前提;哲学则不同,它是自大无外的,因而只能自圆其说。据此,他构造了以最抽象的"存在"为逻辑起点的哲学体系。因此,一切具体科学都可以以相邻学科来规定自己,哲学却一直是一种自我规定的学科,这种自我规定使哲学具有一定的自我封闭性——哈贝马斯所说的意识哲学,不仅在认识论上有一种主体封闭性,在哲学自身的界定上也有一种自我封闭性,这也是意识哲学的一个特征。然而,自近代以来,哲学外延的逐渐退却,这使得哲学可以在一个更大范围里规定自己、理解自己的意义;同时,由于诸多文化学科的兴起,如文化人类学、社会学等,为人们开阔了视野,从而哲学开始融入文化,人们开始在文化中考察哲学。这一时期和此后很多哲学家的著作都融入了文化人类学的内容和成果,如 G. 维柯、O. 斯宾格勒等。美国哲学家 J. 杜威则明确指出,不能把哲学史当作一个孤立的过程来研究,哲学史是文明和文化史的一章。他要求把哲学的故事和人类学、原始生活、宗教史、文学和社会制度的研究结合起来。[①] 可见,从传统哲学的自我界定到杜威把哲学

---

① [美] J. 杜威:《哲学的改造》,许崇清译,商务印书馆 1989 年版,第 13 页。

看作文化史的一章来研究，从"纯粹理性批判"（康德）到"文化批判"（E. 卡西尔）是符合哲学发展的逻辑的。

关于哲学在文化中的普遍的文化价值，我们可以通过哲学的演变过程来了解。在哲学史上，哲学最初是包罗万象的：它几乎涵盖所有的文化学科，包括人文学科和主要的科学技术学科，换句话说，哲学实际上就代表着文化总体。随着人类历史的发展和人类认识的发展，文化开始分化，产生了不同的文化部门和文化学科，这是人类深入理解世界所必须经过的认识环节。与此同时，哲学的疆域则逐渐退缩，它不再代表文化的总体，而成为文化系统中的要素之一。但是，哲学这种文化要素或文化门类却具有一种特殊性，即它是文化系统中的无实用价值要素——正是根据这种学科分化以及哲学的"无效用价值"性，近代以降的西方哲学史上，产生了种种哲学或形而上学终结的说法。但是，哲学作为文化系统中的"无效用价值"要素，却能够在文化系统中长期存在、不可或缺，并且一度成为文化之王：成为文化学科的元标准以及文化学科合理性的裁判者，这一现象曾引起人们的惊奇：如果哲学是一种"无效用价值"要素，那么哲学作为一个文化门类其作用和意义就会成为问题，难道哲学是人们茶余饭后的奇思妙想？考察这一问题涉及哲学在文化系统和结构中到底有什么功能和作用。其实，哲学在文化系统中确实没有功利效用，这一点就连实用主义的代表人物 W. 詹姆斯也是承认的。然而，哲学虽然没有具体的功利效用，它的意义也许更为重要。正像 W. 詹姆斯所说，哲学虽然不能用来烤面包，但是它却能照亮人类的前程。我认为，哲学的主要功能和作用不在于功利效用，而在于一种重要的、不可或缺的结构意义和系统作用，这种作用主要不在于外在的对象而在于内在的功能，在这种功能作用之下，文化各门类、各部门之间才能在内在意义上，联结为一个整体——如果没有哲学，文化只能四分五裂。换言之，哲学是以其构建的终极关怀作为"经纬线"或者"意义纽带"，将文化各门类"编织"、联结为一个统一整体，同时，也正是这种终极关怀才能照亮人类的前程（W. 詹姆斯）。在此意义上，文化的各门类和部门都是"哲学的"，或者都是"哲学化的"，因为它们都蕴含着一种终极价值。

哲学在文化系统中普遍的文化价值决定了哲学在文化中的超越地位。哲学在文化系统中的这种结构意义和系统作用，使得哲学不再是一个普通的文化部门和文化门类，哲学是文化的精神和灵魂，我们借用拉卡托斯的概念,可以把哲学称作文化的"硬核"。从功能上说,哲学是文化的管理者和文化价值的沟通者——文化分化后确实需要这样一个管理者和沟通者担负起整合文化的重任。在这种意义上,哲学是以文化作为中介与世界相连接的,哲学几千年来对世界统一性的不懈追求,实际上就是以隐喻的形式对文化总体性和统一性的追求。只是,这种隐喻形式往往把问题弄得晦暗不清:它以隐喻的表面所指遮蔽了其实际的所指。

可见,哲学在文化各门类中的超越性及特殊地位是无法消解的,它根源于一种分裂的文化存在。现代西方颇为盛行的后现代主义主张在文化中消解"大写的"哲学,消解哲学之王的地位(理查德·罗蒂),但这几乎是不可能的:存在几千年的哲学是无法靠一种思想分析而被消解的,作为文化系统中的一个特殊要素,它在文化系统中的存在有其本体论上的根据。

层面之二,文化形而上学

形而上学的英语形式是"metaphysics",它源于希腊文,是"meta"和"physica"的组合,字面意义为"物理学之后"。在西方哲学史上,形而上学主要在两个意义上被使用:其一,由于哲学家们认为哲学研究的对象不在经验之中而在于超经验层面,所以,形而上学便指对经验事物以外或以上的超验实体的研究;其二,由于人们只能感受经验的具体部分,无法感受经验的整体,所以,形而上学也泛指对一切可经验事物整体的研究。文化形而上学是形而上学意义的延伸,是相对于研究具体文化现象的诸多文化科学而言的,又可以把它称为文化本体论。文化形而上学研究是关于文化总体性、文化各门类之间本源的内在联系和文化的深层价值及意义的研究。哲学的文化价值研究确立了文化哲学或者说哲学研究文化、管理文化的合法性——这种合法性同时也说明了其他文化门类如科学等研究文化、管理文化的非法性,当然这里不排除具体文化门类可以作为研究方法而被采用。文化形而上学则在此基础上,对文化的总体性本身以及由于领域性分化和地区性特色形成的不同的文化精神和基本的文化价值进行研究,进而构造一种文化总体性理想,在此基础上,对现实文化进行一种理性重构。

我们知道,文化随着自身的发展,出现了一种分化和专门化的过程,在这一过程中形成了不同的文化门类:道德、艺术、宗教、科学等,各个文化门类逐渐形成了迥然不同的文化价值和内在精神，如真、善、美、神圣等；同样，不同的地域文化（又称"地方文化"）亦可归结某种深层价值的差异。如前所述，文化是人的存在方式，所有这些文化门类、文化形态分别都与人的特定的生活方式相关联，都构成了人的某种生活样态和存在方式，因而，有一种天然的自主化、绝对化倾向，即以自己的世界观和生存方式为唯一"正确"的真理。但事实上，相对于文化总体性来说，它们都具有相对性：脱离了文化总体联系的个别文化部门、文化形态只能是一个局部、一个方面，只具有相对的真理性。所以，文化哲学要把文化总体性作为自己的研究对象，探究文化总体性的原始形成及其内在联系，探究对文化总体性进行理性重构的理论逻辑和现实途径，在这一总体性基础上重建以人的完整性为内容的终极关怀。同时，文化形而上学还应在各文化门类和部门，各文化形态之间建立一种平衡和制约机制、一种开放机制和沟通机制。就平衡和制约机制而言，我们可以借用美国人类学家朱利安·H. 斯图尔特的"文化生态学"（Cultural Ecology）概念。文化生态学在斯图尔特那里，是一门研究特定文化形态适应环境的过程和由这种适应性所导致的文化习俗之间的相互适应性的理论。但是，文化哲学理解的文化生态还应包括一个维度，这是斯图尔特没有论述的文化系统内部的生态平衡问题，它同样应当是文化生态学概念的应有之意。这种意义是用来说明文化系统内部的各门类、各要素应有的一种平衡和制约关系——这种平衡和制约关系是文化稳定和保持良好状态的前提。任何时候，这种平衡和制约关系一旦被打破，必然会出现文化危机。这在文化史上屡见不鲜，如中世纪的神学统治和近代以来的唯科学主义导致的文化危机，就是个别文化门类打破其应有的领域限定，打破文化生态，被人为地意识形态化的结果。所以，文化哲学应在认识文化各门类之内在联系的基础上，建立一种文化平衡机制。文化哲学还应建立一种开放机制和沟通机制，一方面要克服文化（包括文化门类和文化形态）的"原子化"及其保守主义倾向，另一方面也要克服以一种文化门类或文化形态取代其他文化门类和文化形态的"文化霸权主义"倾向，以倡导一种辩证的统一。在这种意义上，我赞同约翰·杜威的观点，即哲学不过是处理文化冲突、沟通文化价值的机构和联络官。①

---

① 参见［美］J. 杜威《哲学的改造》第一章，许崇清译，商务印书馆 1989 年版。

层面之三，文化批判

这也是文化哲学的实践层面。文化批判旨在通过现实批判的途径对文化现实进行理性重构，推进文化的发展。首先，文化批判奠基于文化形而上学的理论基础之上，由文化形而上学提供文化发展的理想和基本的价值准则，使这种文化批判有一个稳定的理念，不至于像西方的某些社会批判和文化批判理论那样，堕入一种无所建树的虚无主义和相对主义泥淖。其次，文化批判的性质是总体性的，是批判之批判。这里的总体性一方面是指对文化总体性本身的反思批判，即对一种文化形态的总体性批判；另一方面是指在理性重构的文化总体性观照下的具体文化现象的批判，即文化哲学对任何具体文化现象的批判都必须是在文化形而上学构造的总体性理想观照下的批判。换言之，这种批判不是一种具体文化部门和门类内部的批判——这种批判是每一个文化门类自身内部都具备的功能，是文化部门的自我批判，实际上，每一文化部门或门类的内部研究本身就蕴含着一种批判因素，但这种批判往往是一种内在的反思因素，或者至多是一种托马斯·库恩意义上的相对于该文化部门和门类的革命性的范式转换，与文化哲学意义上的文化批判并非同一层面。文化哲学所谓批判之批判是在各文化部门的自我批判的基础上，进行一种更广泛的综合和拓展，即把各种分裂的文化基本价值在一个广泛的层面上重新统一起来。就如 J. 杜威所说，哲学的批判就是把各文化部门的批判"再作进一步的批评而尽可能地使它们更为广泛而一致"。在这种意义上，J. 杜威认为，文化批判的功能实质上是一种意义的澄清和解放，并通过意义的澄清和解放实现文化的统一。① 我认为，这种统一在本体论上关联的是人的生活世界的统一，人的分裂的最终克服——这就是人的完整性的实现即人的解放，这是文化哲学最终的实践旨趣之所在。

文化哲学的三个层面存在着内在的联系。哲学的文化价值研究确立了文化哲学的合法性，使文化形而上学研究成为可能，文化形而上学则为文化批判奠定了理论基础和价值原则，文化批判则努力把文化形而上学的理念推进、贯穿到文化实践中去。

综上所述，从文化哲学的产生和研究层面中，我们可以判定文化哲学

① ［美］J. 杜威:《经验与自然》，傅统先译，商务印书馆 1960 年版，第 324 页。

的基本性质。系统的文化哲学研究是随着一种新的文化存在方式和人的存在方式而产生的。换言之,文化哲学具有自己独特的现实前提;文化哲学具有独特的元哲学设定,它在整体上转换了对哲学本身、哲学的功能和意义的理解;同时,文化哲学作为各部门文化和各地方文化的整合和沟通,它要消解各部门文化和地方文化的相对视阈以及绝对主义倾向,凸显的是文化本身的经验视界,在这种意义上,文化哲学具有自己的对文化世界的整体理解框架,在一定意义上是一种新的世界观。可见,文化哲学并非与科学哲学、历史哲学一样,是一种一般哲学在文化领域的应用,因而仅仅是哲学下属的部门学科,文化哲学是一种新的哲学形态。

个人责任、社会正义与价值虚无主义的克服
——对文化哲学中一个重大问题的反思

贺 来*

文化哲学在根本上是关于人的生命存在及其发展的哲学。它不是追问"知识何以可能"的理论哲学或知识论哲学，而是追问"人的生命价值何以可能"、"人究竟能希望什么"的实践理性层面的"实践哲学"。因此，对文化哲学的研究除了在哲学基础理论层面对其前提性问题进行理论反思，更重要的是对现实的人的生存发展中的重大问题做出有力的回应。在威胁我们时代的诸多挑战中，价值虚无主义因为直接关涉人的生命存在的根基，无疑是文化哲学研究中所必须面对的最为深刻的理论与现实课题之一。价值虚无主义的根源究竟是什么？什么才是克服价值虚无主义的真实途径？究竟应该确立何种价值坐标，回应价值虚无主义的挑战？所有这些，都是当代文化哲学所不可回避的重大问题。

一 形而上学的悖论与价值虚无主义的思想根源

面对价值虚无主义的挑战，哲学必须理解并回答的一个首要的、前提性问题是：价值虚无主义的根源究竟是什么？

对此问题，国内哲学界一种具有代表性和普遍性的观点认为，价值虚无主义的根源在于人们失去了普遍性的、永恒的、绝对的价值源泉和意义

---

* 贺来，吉林大学哲学社会学院教授。

根据，由于这种缺失，人们不再有不可置疑的、坚实的价值母体作为依靠和支撑，不再有坚实的、固定的永久的基础，为人们确定理性、真理、善行和正义的性质时提供安全而客观的根据和限制。因此，要对抗并克服价值虚无主义，根本途径在于重新寻求和奠定普遍性的、永恒的、绝对的客观价值基础。

与这种观点内在相关，不少人对于当代哲学的重大主题之一，即形而上学批判呈现出一种十分矛盾的态度。一方面，人们对于传统形而上学所包含的内在困境与缺陷有着越来越深入的认识，对于现当代哲学从多方面对传统形而上学所展开的种种解构表现出理论上的同情和支持。国内哲学界近年来关于"哲学回到现实生活世界"、"从理论哲学转向实践哲学"等的讨论都充分表明了这一点。但另一方面，这种对传统形而上学的批判始终伴随着一种不安、忧虑甚至恐惧的情绪。不少人担忧形而上学的批判以及形而上学终结有可能导致价值失落与意义危机，一些学者甚至认为现当代哲学对形而上学的质疑与否定是造成价值相对主义与价值虚无主义的罪魁祸首。常见的疑问是：如果没有形而上学来奠定终极意义，人们将到哪里寻求价值的规范性基础？人们将以什么作为精神依托与归宿？因此，"形而上学的终结"对于价值虚无主义负有不可推卸的责任。

上述对待传统形而上学的矛盾态度是一个颇引人注目的理论现象。应承认，这种矛盾态度有其深刻的根据。在哲学史上，形而上学的根本主题就在于发现终极的真理和最高的价值，为知识、道德和价值奠定一劳永逸的基础，认为以此为根据，人们就将超越怀疑主义和相对主义的威胁，脚踏大地，发现生命的意义。在此意义上，尼采干脆把传统形而上学称为"价值形而上学"。长期以来，哲学家们相信，通过这种客观基础的奠定，人们就能确立价值和意义上的阿基米德点，达到终极的确定性。正如杜威所指出的，对"确定性"的追求，是人生在世最基本的欲望之一，而要达到这种"确定性"，一个重要的方面就是能发现一种"统一的模式，在其中整个经验，过去、现在和未来，现实的、可能的与未实现的，都被对称地安排在和谐振的秩序中"。① 处于这样一种确定性秩序之中，人们会觉得自己的生活和行动充满明确的方向感和意义感，可以通过诉诸这一确定性秩序，在确定"善"与"恶"、"进步"与"落后"、"先进"与

_____

① ［英］伯林：《自由论》，胡传胜译，译林出版社 2003 年版，第 174 页。

"反动"等时，获得牢固的根基，并免除被黑暗与混乱包裹起来的恐惧。在此意义上，人们对"形而上学终结"的担忧正是与人们对确定性价值秩序的深层渴望相契合的。

然而，问题在于，把价值虚无主义的根源归结为普遍性的、永恒的、绝对的价值源泉的失落，并进一步把这种失落归结为"形而上学的终结"，这是否抓住了事情本身的关键和要害？形而上学是否真的能够承担克服价值虚无主义、为终极价值奠基的任务？

当代哲学的反思成果已经向我们表明，形而上学对普遍性的、永恒的、绝对的价值基础的追求，恰恰是以虚无主义为前提和底蕴的。尼采就指出，形而上学实质上就是虚无主义，它"谴责整个世界都是假的，并构想出一个位于此世彼岸的世界为真实世界的替身，然而，一旦人们明白了，臆造这个世界仅仅是为了心理上的需要，明白了人根本不应这样做的时候，就形成了虚无主义的最后形式"。① 海德格尔更进一步指出："虚无主义的本质领域和发生领域乃是形而上学本身；这里我们总是假定，我们所谓的形而上学并不是指一种学说，或者，根本上不仅仅指哲学的一门专门学科，不如说，我们在形而上学这个名称那里想到的是存在者整体的基本结构，是就存在者整体被区分为感性世界和超感性世界，并且感性世界总是为超感性世界所包含和规定而言来考虑的。形而上学是这样一个历史空间，在其中注定要发生的事情是：超感性世界，即观念、上帝、道德法则、理性权威、进步、最大多数人的幸福、文化、文明等，必然丧失其构造力量而成为虚无的"。② 因此，形而上学与虚无主义并不是两种不同的东西，而就是同一个东西。试图以形而上学来摆脱虚无主义，等于缘木求鱼，不切要领。海德格尔说得好，那些误以为通过形而上学"摆脱了虚无主义的人们，也许最深刻地推动了虚无主义的展开"。③ 这即是说，由于形而上学所寻求的终极价值实质上是无根的，它如同沙滩上的画像，一旦被波涛卷走，便立刻消失得无影无踪。

人类历史，尤其近代以来的历史发展也向我们表明，对普遍性的绝对

---

① ［德］尼采：《权力意志：重估一切价值的尝试》，张念东等译，商务印书馆1991年版，第425页。

② ［德］海德格尔：《海德格尔选集》下卷，孙周兴选编，生活·读书·新知三联书店1996年版，第774—775页。

③ 同上书，第773页。

的、永恒的价值的追求，往往是以抹杀和遗忘现实生活中人的真实价值为代价的，它不仅不能为现实生活中的人们提供真实的价值信念，反而是以人们放弃追求自身真实的价值信念、屈从于外在于人的、彼岸的神圣权威为结局的。中世纪的宗教所代表的神圣价值的异化、近代以来一波波乌托邦运动所导致的灾难性后果，都一再证明了这一点。

这充分说明，价值虚无主义的原因并不是人们所认为的那样是普遍性的、永恒的和绝对的价值的消失。毋宁说相反，普遍性、永恒和绝对的价值由于其抽象性与独断性，由于其对现实生活的否定，恰恰成了价值虚无主义的最深刻的根源。这即是说，哲学史上形而上学试图通过对终极价值的论证来克服价值虚无主义的努力注定是一个巨大的流产。自柏拉图以来的形而上学怀着一劳永逸地克服怀疑主义与虚无主义的宏伟抱负，去建立一个毋庸置疑的价值秩序，奠定价值上的巴比伦塔，然而其本性和归宿却恰恰是虚无主义的。这是哲学思想史所留给人们的最大悖论之一。

这一内在悖论给人们的教训是十分深刻的，它启示我们：试图以一种形而上学的方式来寻求普遍的、绝对的和终极的价值基础，并以此来克服价值虚无主义，是一种不得要领的办法。对此悖论进行深入反思与自觉领会，是哲学的一个重大课题。

二　个人自由意志的否定与价值虚无主义

传统形而上学把价值的根据归结为普遍性的、永恒的、绝对的实体，这建立在一个前提性的基本信念之上，那就是认为个人生活的意义和真正的目的，就是突破时间、现象和个人意见，与某种超验的事物建立起联系，进入另一个代表永恒真理的世界。这种超验的事物和永恒的世界代表着"人性"的完全实现和人的"本质"的完成，因而也就意味着个人一劳永逸地从无常、奴役、苦难等中摆脱出来，获得价值上的牢固支撑。因此，个体生命的根据和价值源泉不在于"个体生命"本身，而在于个人之上的超验实体。

这其实也就包含这样的信念：个体生命是不可靠的，个人的自由是一种危险的离心力量。只有超越个人及其自由并努力成就普遍性，个体生命才能找到归宿和着落，生命的意义和价值存在于个体生活之外普遍的纯粹理性之中和永恒常存的普遍精神之中，如果不能超越个人的"偶然性"，那么，人们就只能听任黑暗的魔鬼，用疯狂、用知识和道德上的晦暗混沌把自己裹缠起来，从而陷入价值虚无主义的万劫不复之中。

传统形而上学的上述信念，一言以蔽之，就是个体生命是价值虚无主义的最大敌人，个体生命之上的普遍性的超验实体才是价值的归宿。它的基本逻辑是：价值和意义的承担者虽然是个体生命，但这种价值和意义的根据必须到超个人的普遍性实体中去寻找。很显然，这是一种否定个体生命的自由意志的逻辑。这种逻辑正是传统形而上学以奠定价值秩序、克服价值虚无主义为初衷，最终却陷入虚无主义的重要原因。

否定了个体生命及其自由，实质上也就否定了一切价值信念的真实出发点和立足点。这一点康德曾经作过极为深刻的阐明。康德把人的价值领域与知识领域、道德领域与科学领域进行明确的划界。他指出，在科学领域，"任何东西都不能由自由概念来解释，在这里自然的机械作用必然始终构成向导"；① 但在实践领域，个人的意志是自由的，正是这种自由性，才确立起对道德法则的敬重，并因此确立起人的尊严和人格，人才能为自己的行为真正承担起责任。因为在这里，"责任"不是外在强加的，而是以自由为根据的自我立法，"责任"与"自由"乃是内在统一在一起的。但是，倘若失去了这种自由意志，按照自然领域的因果必然性规律来规范实践领域，那么，人也失去了承担责任的可能与必要。因为此时，人实际上被视为"机器"，而作为"机器"，是没有任何理由要求它承担"责任"的。对此，康德说道："只要自由应当在一个属于感觉世界的存在者身上与自然的机械作用结合在一起，它就仍然面临一种困难。这种困难，纵使到此为止所述的一切都已为人认可，它仍然使自由处于彻底毁灭的威胁之下。……事实上，人的行为，在它属于时间之中的人的规定的时候，不但是作为现象的人的规定，而且是作为物自体的人的规定，那么自由便会是无法拯救的了。人就会是由至上匠师制作和上紧发条的一个木偶或一架沃康松式的自动机"。②

康德的论述告诉我们：个人的自由意志以及由此所确立的责任意识是价值的基础和根据，个人的自由意志的丧失，意味着个人成了受机械必然性支配的，与物、与机器无异的存在，而对于"物"和"机器"来说，

① ［德］康德：《实践理性批判》，韩水法译，商务印书馆1999年版，第30页。
② 同上书，第110页。

是根本谈不上价值和道德信念的。更重要的是，否定个体生命的自由，到个人之外的超验实体那里寻求生命的意义和价值，这是与现代社会人们的生存状态是相违背的。如果说在传统社会，这种到个人之外寻求价值权威的思维方式与其生存方式是相适应的，那么，在现代社会，它与现代人的生存方式已经变得格格不入。

正如社会理论家们已经指出的，传统社会是以同质性、未分化性为根本特性的，在此条件下，人们求助于某种超人的神圣的精神力量作为价值的皈依。迪尔凯姆把这种精神力量概括为"集体意识"，在其规范下，"集体人格完全吸纳了个人人格"，① 所以整个社会以"集体意识"为纽带，以"个人的相似性"为基础，保障着社会的统一性得以实现，但随着个人的独立与专业分工的细化，"集体意识"已经终结，它对于现代社会中越来越分化和独立的"个体"已全然失去了往日的规范性与支配力。韦伯指出，在传统社会人们的精神世界中，"包含着'世界'作为一个'宇宙秩序'的重要的宗教构想，要求这个宇宙必须是一个在某种程度上安排得'有意义的'整体，它的各种现象要用这个要求来衡量和评价"，② 在此情境下，人们诉诸形而上学等确立自己的价值信念与精神皈依有着其深刻的文化背景与社会生活基础。但是，现代社会意味着上述目的论宇宙观的瓦解，世界的理性化以及由这种理性化所导致的"世界的祛魅"，决定性地使现代社会成为一个再没有先知也没有"神"的世界，因而不可能再有人来告诉人应如何生活。罗尔斯用"理性多元论"的事实来概括现代社会的特性，它意味着，对于世界与人性的本质、对道德的至善、对历史的终极目的等问题，在现代社会里存在着不可还原的"多样性"和"异质性"，试图通过形而上学，为它们提供一种普遍性和客观性的、对所有人都具有规范性的终极答案，除了通过强制性的手段来要求人们接受，没有任何可行性。

"集体意识"的终结（迪尔凯姆）、世界祛魅与价值多神化（韦伯）、理性多元论成为不可逆转的事实（罗尔斯），这一切都表明，现代社会是一个人的自由意志得到充分伸展的社会。在此条件下，寄望于某种哲学的

----

① ［法］涂尔干：《社会分工论》，渠东译，生活·读书·新知三联书店 2000 年版，第 91 页。

② ［德］韦伯：《经济与社会》，林荣远译，商务印书馆 1997 年版，第 508 页。

形而上学学说来为人们的生命意义确立规范性基础，必然意味着：第一，这等于是让哲学的形而上学学说承担一项根本无法承担的重负。现代社会与现代社会人们实际的生存状态使得任何一种形而上学哲学学说都已经失去了普遍的价值规范性与约束力，企求通过形而上学哲学学说来达到这一目的，等于让现代社会回到未分化的、同质性状态，这显然是不可能的。第二，这等于让罗尔斯所说的"压迫性的事实"①成为可能，那就是不顾现代社会人们特殊的生存特性，依靠强制性的力量来人为地取消和抹杀"完备性学说"的多样性和个人的自由选择。对于现代人来说，这一点显然是无法接受的。

上述简要分析启示我们：第一，以否定个体生命为前提，以超个人的普遍性的形而上学超验实体作为价值的根据，是与人的生命存在，尤其是与现代人的生存要求相违背的。在此意义上，现当代哲学一些哲学家提出"后形而上学"的主张，有着其重要的合理性。第二，要超越价值虚无主义，一个重要前提是承认个体生命及其自由意志，并在此前提下，寻求回应价值虚无主义的现实途径。

三　个体生命的责任与社会共同体的正义：回应价值虚无主义的基础性条件

立足于个体生命及其自由，确立个体生命的"责任"与共同体的"正义"，这是现代人对抗价值虚无主义的基础性条件。之所以称之为"基础"，这是因为，它们并不试图谋求成为"最高"或"终极性"价值的地位，其重要性在于为个人及社会共同体各种真实价值的生成提供了最为基本的保障，或者说，它们构成为其他价值得以存在、维护和壮大的必要条件，离开基于个人自由而形成的责任意识，个人生命的其他价值都将成为空幻，没有社会共同体的正义，社会生活的其他价值都将成为虚无。

如前所述，个人的责任是与个人的自由意志内在关联在一起的。个人的自由得到充分的承认并由此确立起每个人的责任意识，这是现代人获得超越性价值和意义的最为重要和坚实的支撑。

个体生命的责任意识首先意味着个人在平凡的生活中对自身行动及其

---

① ［美］罗尔斯：《政治自由主义》，万俊人译，译林出版社2000年版，第38页。

结果的自我承当精神，它要求人们把自己所从事的专业或职业活动视为一项超功利的事业，以一种真正超然的态度、超越的精神，通过勤勉敬业、尽忠奉献的工作，在入世的热诚中展现出世的情怀。正如前面所说的，现代社会是一个以专业分工为特质的社会。对于现代社会所带来的专业化分工，社会理论家们评价不一，如涂尔干重视其对于促进现代社会"有机团结"所具有的道德意义，马克思批评其所导致的人的片面化和机械化，吉登斯关注"专家系统"的统治给现代社会带来的潜在风险和危机；但人们一致同意，分工以及由分工产生的专业化和职业化，是现代人生活不可回避的重要内容。对于每一个生命个体来说，我们应该诚实地直面现实，把自己所从事的工作视为神圣的"天职"，全身心地、不计利害地献身于它。例如，你所从事的是科学研究的职业，你应该清醒地意识到这一职业所蕴含的风险，你必须能承受"年复一年看着那些平庸之辈爬到你头上去"，估计到一生勤奋却无所成就的可能性，并能以一种泰然的态度投身到工作中，要求自己"通过专业化学科的操作，服务于有关自我和事实间关系的知识思考"，① 不靠祈求和等待，而是采取行动，去做其应当做的工作，以尽自己天职方面的"当下要求"。如果做到这点，那么，虽然所从事的是狭隘的专业工作，但由于把它视为一种"神圣"的"天职"，因而职业化的活动就被赋予了超越性的精神价值，人的生命也因此而获得了充实的意义。

　　承担一己之命运的自我承当精神、恪尽职守的"天职观念"，最根本的旨趣是为了在"祛魅"化的现代社会中，来确立独立的、真正具有尊严的"人格意识"。它意味着，在现代社会，要"做人"，要"成为人"，最关键地体现在勤勤恳恳地"做事"，决定一个人人格的，是其把所从事的专业视为神圣天职的献身精神，是那种如醉如痴、超然物外的对事业的投入和执着态度，一旦选定了某种职业，就不仅仅把它视为一种谋生的手段，而是把它当成一种必须全心服膺的生存方式和生活方式，对它付出自己的全部热忱和努力。这样的人最后可能历经磨难仍遭失败，但由于其"职业性的献身"，由于敢于为其行动后果承担责任的无畏勇气，其生活获得了自足的意义，其人格也真正得以挺立和丰盈。因此，确立自己的

---

① ［德］韦伯：《学术与政治》，冯克利译，生活·读书·新知三联书店 2005 年版，第45页。

"人格"，不在于把自己所从事的专业当作"一项表演事业"，企图"说出点在形式或内容上前无古人的话"来，① 更不在于遁入"神秘生活的超验领域"，乞灵于某种神圣的价值权威，来作为自己生活意义的保护神，而在于通过不懈的行动，在平凡的生活和工作中，体现和确证自身的价值。

在现实生活中，个人不仅作为个体而存在，同时还是一种社会性的存在。要回应价值虚无主义的挑战，另一个必不可少的前提是社会共同体的"正义"。只有确立社会共同体的"正义"，才能生成自由和负责任的公民，才能为善的价值的发芽生根提供真实的条件和环境。

社会共同体的正义是作为超越个人的、对每一个人都具有约束力和规范性的共同体的最基本价值。如前所述，现代社会是一个以个人独立性和个人自由为前提的分化的多元性的社会，要寻求并确立这种"公共性"或"共同性"价值，一方面必然以承认个人的自由为前提，否则它就将成为个人之上、与个人生命相敌对的抽象教条；一方面又必然超越个人，对社会生活中的个人都具有规范性和约束力，因此，公共性和共同性价值就是既包容个人的自由，同时又超越个人的社会性价值。在许多当代哲学家看来，这种价值就是"正义"。

罗尔斯可谓是这种观点最有代表性的阐释者。罗尔斯透彻地认识到现代社会分化的现实，他尤其强调在现代社会中，不同的人们在价值信念、道德理想与宗教信仰等方面呈现出不可避免的多元性发展趋势，罗尔斯把这概括为"理性多元论"的事实。在此情境下，要寻求共同体公共性的价值，实现社会的团结与社会共同体的统一性，就不能依靠"个人理性"，而必须超越"个人理性"，而诉诸"公共理性"。罗尔斯指出："公共理性是一个民主国家的人的基本特征，它是公民的理性，是那些共享平等公民身份的人的理性，他们的理性目标是公共的善，此乃政治正义对社会之基本制度结构的要求所在，也是这些制度服务的目标和目的所在"，正是这种"公共理性"，支撑和保证着社会的"重叠共识"，从而使现代社会能够在"宗教学说、哲学学说和道德学说产生深刻分歧"的情况下保持社会的稳定与团结。因此，"公共理性"所提供的就是社会共同体中每一个成员共享的"公共世界"，并由之产生一个社会成员间公平合作的

---

① ［德］韦伯：《学术与政治》，冯克利译，生活·读书·新知三联书店2005年版，第27页。

基本制度框架，从而使社会共同体的"公共性"与"共同性"成为可能。

在罗尔斯看来，这种公共理性最集中地体现在"正义"观念上。罗尔斯明确指出："秩序良好的社会是由一种有效的公共正义观念所规导的社会。"① 这种政治正义观念不建立在任何一种形而上学完备性学说的基础之上，相反，它先于任何一切关于人性、关于善、关于社会历史终极结局的独立的哲学立场和观点。它是一种"允许尽管相互对立、然而却是合乎理性的各种完备性学说保持它们各自的善观念这一多元论状况的正义观念"，② 它所表现的不是某一个人、某种单独的形而上学学说的"私人理性"，也不是依据任何一种形而上学的完备性学说推导和论证的，而是现代社会的"公共理性"，因而构成了社会共同体公共性的基本价值。

综上所述，我们对个体生命的"责任"与社会共同体的"正义"两种价值进行了简要的讨论。个人生命的"责任"是个人有尊严的生活的基本条件，社会的"正义"是保证社会成员公平合作、实现社会共同体真正长治久安的基本条件。二者并不试图为每个人和整个社会提供最高的、终极的价值，但它们是滋养、培植和生成其他一切价值的基础性价值，因而对于回应和对抗价值虚无主义的挑战具有本源性和根本性的意义。

---

① ［德］韦伯：《学术与政治》，冯克利译，生活·读书·新知三联书店 2005 年版，第 69 页。
② 同上书，第 142 页。

文化哲学的生成论解读

隽鸿飞[*]

所谓生成论，是指将人与世界理解为一种生成的存在，是在人的对象性的实践中现实地生成的。人通过自身的对象性的实践活动现实地生成过程就构成了人类的历史。从生成论的视角来看，文化哲学的研究是建立在对人之存在的历史性的深刻理解和把握基础之上的。只有通过对人之存在历史性的深层解读，才能阐明文化与历史的内在统一性，进而揭示文化哲学研究蕴含的深层维度和未来的指向。

一 人之存在的历史性

人作为对象性的存在，其本质并不是确定不变的，而是在以自然为对象的实践活动中现实地生成的。在对象性的活动中，人把自己的内在本质对象化，通过对象表现出来，从而实现人的本质的确证。人的自我确证的活动与动物的活动具有本质的不同。动物的活动是本能的驱使下在确定的自然链条中的活动，属于自然的一部分，而人则完全不同。自然界只赋予了人生存的本能，但人如何生存，自然并没有先天地予以规定。因此，人是自由地确定自己的生存方式的。这种自由表现为：人能够认识并把握任何一个物种的存在尺度，并按其进行生产，同时又能够处处把自己内在的本质赋予外在的世界，从而使外在的世界具有人的属性。因此，"动物只生产自身，而人再生产整个自然界；动物的产品直接属于它的肉体，而人则自由地面对自己的产品。动物只是按照它所属的那个种的尺度和需要来

---

* 隽鸿飞，黑龙江大学马克思主义哲学研究基地教授。

构造，而人懂得按照任何一个种的尺度来进行生产，并且懂得处处都把内在的尺度运用于对象；……正是在改造对象世界中，人才真正地证明自己是类存在物。这种生产是人的能动的类生活。通过这种生产，自然界才表现为他的作品和他的现实。因此，劳动的对象是人的类生活的对象化：人不仅像在意识中那样在精神上使自己二重化，而且能动地、现实地使自己二重化，从而在他所创造的世界中直观自身。"① 在这种自由的创造性的活动中，人现实地创造着人的生活世界，确证人的对象性本质。

但是，人的本质的自我确证同时也是对人之存在的限定。对象化就是人的本质的外化，对象性的活动带来的直接后果就是人的对象性本质的丧失。换言之，对象性活动的结果既是对人的本质的确证，同时也成为人的活动的对象。这样，人的生存就陷入一种悲剧性的命运之中，即人必须不断地超越自身对象性的存在，以实现自我本质的确证，但这种自我确证的结果又始终作为对象而存在。因此，人的本质的自我确证并不是一次完成的，而是表现为一个永恒的自我超越过程。

人作为自然的存在，其生命是有限的。在一个有限的生命之中，如何实现这永恒的过程呢？这不是矛盾吗？从形式上来看，这确实是一个矛盾。但恰恰是由于这种有限与无限的矛盾，人的活动才获得了时间性。尽管个人的生命是有限的、会消失的，但人在有限生命活动中创造的现实的世界却不会随着个体的死亡而消失。正是这个现实的世界为人的自我超越活动奠定了基础，尽管它本身的存在也应该是被超越的。"历史的每一阶段都遇到一定的物质结果，一定的生产力总和，人对自然以及个人之间历史地形成的关系，都遇到前一代传给后一代的大量生产力、资金和环境，尽管一方面这些生产力、资金和环境为新的一代所改变，但另一方面，它们也预先规定新的一代本身的生活条件，使它得到一定的发展和具有特殊的性质。"② 这样，人的本质的自我确证就表现为人类世代相传、有限的生命相续的过程。也正因如此，它才具有了时间性。对于一个绝对无限的过程来说，是无所谓历史的，无论它是一个循环的圆圈，还是一个开放区域抑或是直线。因为在其中每一点都可以是起点，也可以是终点；每一点都可以是中心，也可以是无限的边缘。也就是说，它是不可度量的。只有

---

① 《马克思恩格斯全集》第 3 卷，人民出版社 2002 年版，第 273—274 页。
② 《马克思恩格斯选集》第 1 卷，人民出版社 1995 年版，第 92 页。

一个具有时间性的过程，才是历史性的。正是由于人的生命的有限性赋予了那个自我确证的永恒过程以时间的特征，使其成为一个历史的过程。因而，人的存在是历史性的。这种历史性的存在就表现为人与自然的相互生成过程。

　　对于人与自然的相互生成，马克思做了非常明确的阐述。在马克思看来，人并不是超自然的存在，并不是纯精神性的，其生存的根基就深深地植根于自然界之中。从肉体的方面来看，人与自然界的其他生命个体一样，依靠自然界生活。自然界，就与人的关系而言，是"人的无机身体"，是人为了不致死亡而必须与之处于持续不断的交互作用过程的"人的身体"。不但如此，人的意识、精神世界亦是在以自然为对象的活动中现实地生成的。"从理论领域来说，植物、动物、石头、空气、光等等，一方面作为自然科学的对象，一方面作为艺术的对象，都是人的意识的一部分，是人的精神的无机界，是人必须事先进行加工以便享用和消化的精神食粮；同样，从实践领域来说，这些东西也是人的生活和人的活动的一部分。"① 因此，人是以整个自然界作为自己活动的对象。在这种对象性的活动中，人的感性的丰富性才一部分发展起来，一部分产生出来。"不仅五官感觉，而且连所谓精神感觉、实践感觉（意志、爱等等），一句话，人的感觉、感觉的人性，都是由于它的对象的存在，由于人化的自然界，才产生出来的。五官感觉的形成是迄今为止全部世界历史的产物。"②

　　人之所以能够通过自身的活动在自然中现实地生成，其根本原因在于人先行存在于自然界之中。对象之所以成为对象，取决于对象的性质以及与之相适应的本质力量的性质。人的每一种独特的本质，都有其借以实现的独特方式，也就是它的对象化的独特方式，它的对象性的、现实的、活生生存在的独特方式。只有借助于对象的独特性，人的本质才能真正成为现实。"随着对象性的现实在社会中对人来说到处成为人的本质力量的现实，成为人的现实，因而成为人自己的本质力量的现实，一切对象对他来说也就成为他自身的对象化，成为确证和实现他的个性的对象，成为他的对象，这就是说，对象成为他自身。"③ 在这种意义上可以说，人先行存

① 《马克思恩格斯全集》第 3 卷，人民出版社 2002 年版，第 272 页。
② 同上书，第 305 页。
③ 同上书，第 304 页。

在于对象世界之中。正是人的对象性的活动扬弃了自然的外在性，现实的自然界才得以生成。因此，人与自然是相互包含、相互设定的。

只是有一点需要指明的是，人的这种对象性的活动并不是抽象的、孤独个体的活动，而是处于一定的社会关系中的、人的现实活动。而且只有在社会中，通过真正的人的关系，这种对象性的活动才表现为人的自我确证的过程。在对象性的活动中，每一个人都双重地肯定了自己和另一个人的存在。一方面，在生产活动中每一个人都使自己的个性和特点对象化了，并在其中享受到自己个人的生命的表现，从而认识到自己的个性是对象性的、感性的、直观的，因而感受到个人乐趣。另一方面，在他人享受其产品时，生产者意识到的是自己的劳动满足了人的需要，从而使人的本质对象化，并创造了与另一个人的本质相符合的物品。也就是说，每一个人都是他人与类之间的媒介，是对他人人的本质的补充和不可分割的一部分。"社会性质是整个运动的普遍性质；正像社会本身生产作为人的人一样，社会也是由人生产的。活动和享受，无论就其内容或就其存在方式来说，都是社会的活动和社会的享受。自然界的人的本质只有对社会的人来说才是存在的；因为只有在社会中，自然界对人来说才是人与人联系的纽带，才是他为别人的存在和别人为他的存在，只有在社会中，自然界才是人自己的人的存在的基础，才是人的现实的生活要素。只有在社会中，人的自然的存在对他来说才是自己的人的存在，并且自然界对他来说才成为人。因此，社会是人同自然界的完成了的本质的统一，是自然界的真正复活，是人的实现了的自然主义和自然界的实现了的人道主义。"① 只有在现实的人的活动中，人与自然界才表现为一个相互生成的过程，而这一过程本身就是人类历史生成的进程。② 因而，不但人自身的存在，而且整个世界的存在都是历史性的，都是在人的对象性实践活动中现实地生成的。

二　文化与历史的内在统一

如果说历史是人通过自身的实践活动现实地生成的过程，那么这一过

---

① 《马克思恩格斯全集》第3卷，人民出版社2002年版，第301页。
② 参见隽鸿飞《从生成的概念看自然史与人类史的统一》，《天津社会科学》2005年第2期。

程同样是人类文化的生成过程。与历史这一范畴相比，人们并没有形成对文化这一范畴普遍的、公认的定义和界定。人们在使用文化这一范畴时，往往有着不同的所指。有时我们用文化来代表文学、艺术等具体文化形式，有时用以概括传统礼仪、风俗习惯，有时用来指称思想理论或价值观念，等等。但是，在对文化的诸多理解之中有一点是共同的，即文化具有超自然的、人为的本质规定性。文化作为自然和本能的对立面，作为人的存在方式，其本质的规定性就体现在对自然和本能的扬弃之中，这就是人的活动所特有的超越性、创造性、自由自觉的特征。因而，从生成论的视角来看，文化就是人类历史性的实践活动的集中表征。换言之，文化与历史具有内在的统一性。

由于文化范畴无论在内涵上还是在外延上都呈现出多元性、包容性、无所不包和无所不在的特征，必须通过深入的分析才能阐明历史与文化的内在统一性。从文化哲学的视角来看，在对文化范畴的诸多理解基础之上可以区分出广义的和狭义的文化范畴。在广义上，人所创造的一切都可纳入文化范畴，如政治、经济、宗教、艺术、科学、技术、哲学、教育、语言、习俗、观念、知识、信仰、规范、价值，等等。在这种意义上，文化是文明化的人类所创造的一切，是对人类历史总体性和全面性的表征。但是，对文化的这种理解也使我们陷入一种尴尬的局面，即我们谈论人类社会历史的任何内涵都是在讨论文化，似乎文化之外别无他物，这反而使文化的内涵变得晦暗不明。因此，"人们很少用文化指称人之具体的、有形的、可感的、不断处于生生灭灭之中的造物，而是用来指称文明成果中那些历经社会变迁和历史沉浮而难以泯灭的、稳定的、深层的、无形的东西。具体说来，文化是历史地凝结成的稳定的生存方式，其核心是人自觉不自觉地建构起来的人之形象。在这种意义上，文化并不简单地是思想观念和意识方法问题，它像血脉一样，熔铸在总体性文明的各个层面中，以及人的内在规定性之中，自发地左右着人的各种生存活动。"① 这种意义上的文化表征着人之存在的历史性——历史性的生成方式。

因此，文化也是在历史的进程中生成的。作为生成的存在，文化同样根源于人类对象性的实践活动。个人是什么样的，这与他们的生产是一致

---

① 衣俊卿：《文化哲学——理论理性和实践理性交汇处的文化批判》，云南人民出版社2001年版，第10页。

的，既和他们生产什么一致，也和他们怎样进行生产是一致的。如马克思所说，"饥饿总是饥饿，但是用刀叉吃熟肉来解除的饥饿不同于用手、指甲和牙齿啃生肉来解除的饥饿。因此，不仅消费的对象，而且消费的方式，不仅在客体方面，而且在主体方面，都是生产所生产的。"① 正是在这种生产中，人现实地创造着自己的生活世界。这个生活世界既是在人的对象性实践活动中生成的，同时也是人赖以生活的意义世界、文化世界。

对文化的这种理解似乎也带来了一个问题，即广义文化与狭义文化的关系。按习惯的理解，广义的文化包含着狭义的文化，广义的文化是人类历史的总体，而狭义的文化则是广义文化的意识形式。但是从生成论的视角来看，这是错误的。从生成论的视角来看，历史的全部运动，既是现实世界经验存在的诞生活动，同时又是它被理解和被认识的生成运动。因为在对象性的活动中，人是以一种全面的方式，作为一个完整的人，占有自己的全面本质的。在对象性的活动中，人不仅确证自己现实的社会生活，而且在思维中复现自己的现实存在。现实的社会生活也只有在人的意识之中作为思维着的存在物才能获得其普遍性。正是在这个意义上马克思说，"意识在任何时候都只能是被意识到了的存在，而人们的存在就是他们的现实生活过程。"② 也就是说，文化并不是独立于现实的社会生活之外的意识形式，而是与现实的社会生活内在地同一的。狭义的文化同样是总体性的，是对文化内蕴的人之存在的历史性的揭明。

因此，文化哲学不同于各个文化学门类对文化的研究。文化学研究关注的是不同的人类文化形态，力图通过对各种不同的人类文化类型的考察，展示人类文化的丰富性、多样性，并在此基础上实现不同民族文化之间的交流与沟通。其研究的方法是通过分析、考察各种不同文化的特质，进而对不同的文化类型进行区分、比较，以期获得人类文化形态演进的内在规律。而对于文化哲学来说，其根本的目的并不在于文化形态，而在于各种不同的文化形态所内蕴的文化精神。文化哲学力图通过揭示人的生存方式的各种不同的可能性，实现对人之存在的终极关怀。在这种意义上，文化哲学亦不同于传统形而上学。传统形而上学奠基于柏拉图开创的意识哲学的路径，经过哲学在近现代的"自然科学化"的进程，最后在黑格

---

① 《马克思恩格斯选集》第 2 卷，人民出版社 1995 年版，第 10 页。
② 《马克思恩格斯选集》第 1 卷，人民出版社 1995 年版，第 72 页。

尔哲学全书中以绝对理性主义的大全式的建构和描述获得最终的完成。由于传统形而上学将自身局限于纯粹的思维领域，无法贯穿意识的内在性，因而使现实的人及生活世界都抽象化了，失去了感性的丰富性、个别性和特殊性。如果说以黑格尔为代表的唯心主义哲学是纯粹的意识哲学、思辨哲学，那么近代的唯物主义也没能逃出意识哲学的路径。以18世纪唯物主义为代表的近代唯物主义哲学在对现实世界的抽象、还原中，现实的人及其生活世界本身亦被抽象掉了。作为近代唯物主义哲学基础的物质、运动、时空等基础性的概念，不过是黑格尔哲学范畴的另一种表达。黑格尔哲学并不是形而上学之一种，而是形而上学之一切。而文化哲学则不同。文化哲学将现实的生活世界建立在人的感性的实践活动基础之上，并将其作为人的生存的意义结构和价值根基加以把握，阐明了人与生活世界的内在统一性，从而超越了近代形而上学的基本建制，开创了全新的现代哲学研究范式。

作为全新的哲学范式，文化哲学使"回归生活世界"真正变得可能。文化哲学的重要意义在于使人的实践活动不再屈从于自然运动，而是植根于人的生活世界的文化土壤。在这里，无论是主客体统一的实践活动，主体间交往的生活世界，还是现实的社会历史运动，都不是意识哲学范式中的普遍规律和外在的必然性的新的载体和形式，而是人的自由自觉的类本性在其中得以生成，人的社会历史结构在其中得以建立和变革的文化意义结构，是人在其中接受各种先前社会特质、生产方式基础和文化传统储备的客观制约，又通过超越性和反思性的社会行动而创造价值的现实历史平台和开放的可能性空间。

三　文化哲学研究的深层维度

如果说文化哲学作为一种全新的哲学范式，是以现实的人及其对象性的实践活动为基础，那么它研究的内容就必然是人的历史性的生成过程。文化哲学不仅以逝去的时间为指向，而且在对现实的生活世界高度关注的基础上，直面人类未来生存的可能性。

从生成论的视角来看，自由自觉的实践活动所具有的超越本性不是人的活动可有可无的特征，而是人的存在的永恒的、不可或缺的本质维度，是人生活于其中的世界、人类社会和人类历史的现实基础。因为，人的存在和人的历史是一个开放的过程，在这个不断生成的过程中，人不仅要用自己的对象性活动扬弃自然存在物的给定性，而且要不断超越和扬弃人的造物及人的活动的异化。因此，文化哲学，作为人的生存意义之自我澄明和自觉展示，必然以人的实践活动的超越本性为基础，必然表现为人的实践活动的超越本性的自觉展现，必然是人的存在的本质性文化精神的自觉表达，从根本上说是人的生命活动本身，是批判的、反思的、分析的、反省的、检讨的、自我批判的理性活动。这种批判的文化精神是人的生存和历史演进的内在机制，是人的生存得以继续、价值和意义得以不断生成的根据。文化哲学通过自发的文化模式和自觉的文化批判所展示出来的文化精神的演进历程，其实质就是人自身的生成过程，是人类历史的生成过程。因而，文化哲学的研究就其实质而言是历史性的，是一种全新的历史解释模式。

作为一种历史解释模式，文化哲学既不同于一般的历史哲学对历史抽象、思辨的理解，也不同于历史学对历史的实体性把握，而是从文化精神的演变入手对人类历史的总体性、全面性的认识和把握。文化哲学致力于探讨作为人生存的基本方式与社会运行内在机理地、历史地凝结成的自觉或不自觉的文化模式或文化精神，是从文化的视角出发对人之生成的内在机理的阐释。这些文化模式或文化精神是以日常生活世界为基本寓所和根基的；反之，日常生活世界的本质规定和内在机制，也正是文化所包蕴的价值、意义、传统、习惯、给定规则等。因此，哲学理性关注的不是日常生活世界外在的、具体的、琐屑的日常生计和活动，而是体现在衣食住行、饮食男女、婚丧嫁娶、日常交往等活动背后，作为人类给定的知识储备、文化先见、价值取向等的规则体系、传统习惯等。这样一来，生活世界必然与人的生存的意义和价值问题密切相关，同时与社会历史运行的内在机理紧密相连。正因如此，文化哲学的研究是在双重维度上展开的：一方面，文化哲学以文化模式的研究为基础，在宏观维度揭示人类文化精神演进的内在机理和基本的进程；另一方面，则以日常生活批判为基础，关注现实的社会生活，并在分析现实的社会生活的基础上，为文化精神的演进提供现实的、具体的历史展示。

文化哲学提出的原始的文化模式、传统农业文明的文化模式、现代工业文明的文化模式的划分，揭示了人类在对象性的实践活动中现实地生成过程。前现代的文化模式揭示的是人与自然的未分化状态。在前现代文化模式下，人生活在自然形成的共同体之中，并不存在独立的个体主体，人是以共同体的形式与自然发生关系的。只是在原始的文化模式下共同体是按照血缘关系组织起来的，其构成的文化要素是自然产生的。而在传统的农业文明的文化模式下，共同体已经摆脱了纯粹天然的性质，而具有了社会组织的形式，或称之为社会形成的自然共同体。其文化模式的构成要素是人们在生产和生活中自觉或不自觉地积淀下来的并自发地遵循的经验、常识、习惯、习俗、天然情感等，这些文化要素已经不再是自然地产生的，而是人们自发地进行的重复性的实践活动的结果。在前现代的文化模式中，人不是通过改造外在的自然界使其成为人自身活动的一部分，而是使人自身的活动外化于自然界之中。现代工业文明的文化模式借助于大工业的发展，使人从传统的社会共同体中解放出来，获得了个体的自由和独立。现代工业文明的出现使社会化的大生产、政治、经济、社会管理、世界性交往等社会活动领域得到了急剧的扩展，科学、艺术、哲学等精神生产领域在主体的理性精神的引导下达到了空前的自觉与繁荣，人类的精神生产对于人类社会发展越来越起到了主导性的作用。但是，由于传统的共同体的解体，公共领域和私人领域的分离，人们的交往活动也丧失了其属人的性质，表现为物对人的绝对统治，从而导致现代人的生存危机。但是必须看到，现代工业文明的文化模式与人类理性的自觉几乎是同步的，现代工业文明形成的过程也是具有自我意识的、理性的、独立的个体主体的现实生成过程。因而伴随现代工业文明形成过程的是人对自身生存困境的焦虑、反思和批判，这种反思和批判也现实地变革着工业化进程。在某种意义上可以说，自觉的文化批判已经成为现代工业文明的文化模式的主导性的文化精神。以自觉或不自觉文化模式为核心的文化哲学研究，不仅停留于对人类文化精神演进的历史性描述，而力图在这种历史性的研究中揭示现代人类生存危机的文化根源，进而为危机的解决和人类的未来生存提供多种可能性。

从微观领域来说，以日常生活世界为对象的日常生活批判构成了文化哲学研究的微观维度。所谓日常生活，是指个体生存和再生产的领域，这是处于社会生产、经济、政治等公共社会活动领域和自觉的精神生产领域之下，由衣食住行、包含男女、婚丧嫁娶等日常消费活动、日常交往活动和日常观念活动构成的日常生活世界。从生成论的视角来看，这个自在自发的生活世界并不纯粹是人类历史进程中的消极部分，同样是历史进程积淀下来的人类文化精神的寓所。正是日常生活自在自发的文化精神与自觉的文化精神之间内在的张力和冲突，才使人类文化精神的演变表现为一个生动的历史进程。因为构成历史发展的恰恰是有别于一般和共同点的差别。以日常生活世界为对象的日常生活批判理论的目的在于，一方面建构日常生活的理论范式，进而从分类学的角度阐明日常消费世界、日常交往世界和日常观念世界的内涵，并从总体上揭示日常生活的一般运行特征；另一方面是以现代化进程为背景，构造日常生活批判性重建的模式，从文化学的视角揭示传统日常生活作为传统的、自在的、文化的寓所的地位，从历史学的角度阐释日常生活世界从传统向现代的嬗变；从价值学的角度揭示日常生活结构与图式对人的存在和社会发展的正面与负面效应，从而把日常生活的变革与重建作为现代化进程的本质内涵而加以展示与阐发。因而，无论是从理论的建构方面，还是从其现实的指向来看，日常生活批判理论都是以日常生活的历史性研究为基础的，也只有在对人类日常生活的历史性的理解中，才能在现实的维度展示出人类文化精神的演进历程，并通过对日常生活的批判性重建，消解其在人类生成进程中的负面效应，使之成为人类自觉文化精神生成的沃土。

综上所述，作为一种历史解释模式的文化哲学，无论是在宏观维度，还是在微观维度，都是以人类的历史性的生成过程为研究对象，而且在研究的过程中，始终是以自觉的文化批判精神为指导，其目的在于通过对人类文化精神演进的历程的分析，阐明人类历史性生成过程的内在机制，揭示当代人类生存危机深层的文化根源，进而谋划未来人类生存的可能性。

深化文化哲学研究需要正视
并解决的几个问题

马俊峰*

一　文化哲学与中国语境的关系

西方的文化哲学的兴起，除了其他社会条件之外，比如说消费社会、文化工业等，从哲学层面看，有两点是值得特别注意的。

第一点是价值哲学的影响。在某种意义上，可以说文化哲学与价值哲学具有某种同源性。这在新康德主义那里甚至基本上可以看作是同一回事，他们所谓的精神科学就是文化科学或文化哲学，最核心的是与自然科学形成本质性区别的价值问题。他们针对的是科学主义的霸权，反对用自然规律那样的决定论范式来理解和解释社会历史现象，提倡的是一种文化视角或价值论的视角，认为对于与人直接关联的、由人的活动构成的社会历史现象只能从价值角度去理解和解释。当然，对价值如何理解，也有着很不相同的多种观点。

第二点是语言哲学转向的影响。经过语言哲学转向的洗礼，思想界至少在哲学界普遍超越了传统语言观对语言的直观性的理解，克服了事物—意义（思想）—语言的线性联系的观念。语言不仅仅是思想的外壳，也不仅仅是指示事物的符号，语言的世界就是人们面临的世界，或者说人们实际生活于其中的世界就是一个经过语言编码而形成的意义世界。所以，语言的界限就是世界的界限；各种事物的意义就是人们通过语言的命名作

* 马俊峰，中国人民大学哲学院教授。

用和使用过程所赋予的,以言行事、言语实践就是人们的现实生活的重要部分。

　　尽管语言哲学与价值哲学之间也存在着一定的对立,比如一些人通过语言分析认定价值语言只是情感的表达,没有任何真实的对象;搞价值哲学伦理学的一些学者也指责以语言分析为支持的所谓元伦理学研究败坏了伦理学,破坏了人们的意义感,等等。但毕竟在相互批评中也促成了彼此的发展,而且使得价值、意义、语言、文化都内在地勾连起来了,也使得理解广义的文化概念没有一点障碍,从文化的角度理解人、理解社会生活的各个方面自然也没有任何障碍。这个背景是非常重要的,西方人就是在这个背景下提出自己的问题,形成自己的共识的。

　　反观中国,虽然我们现在也面临着文化工业化、流行文化出现后的一些社会问题,毕竟还没有西方那么严重和突出,我们的价值哲学与文化哲学的内在联系似乎也不是很紧密,而且其基本取向与它们之间还有着很大差别,最主要的还是缺乏语言哲学转向的影响这个重要环节。由于这个缘故,我们的语言观、文化观在相当程度上还属于传统的语言观、文化观。这就使得在对来自西方文化哲学的基本概念、基本原则、基本方法的接受上,形成很大的障碍,影响了文化哲学思想的传播。中国的文化哲学发展,必须充分重视这个问题,特别是关于语言观方面的补课,同时也是促进哲学观的合理转变,在这方面还有很多工作可做,有很长一段路要走。

二　文化哲学与唯物史观及其文化观的关系

　　这个问题在一定程度上比第一个问题更敏感更尖锐,因此也更艰难。因为它涉及文化哲学的基本定位,所蕴含的政治性意味更浓厚更明显,但又无法回避,必须给出一种比较明确的说法。否则,文化哲学的形象就一直是模糊不清的,要获得较大程度的认同也是不太可能的。

　　唯物史观是马克思的伟大创造,是马克思主义哲学的核心内容,它揭示了社会历史发展的一般规律,是认识社会历史现象的科学的方法论。按照马克思的说法,他的观察方法的出发点是现实的个人,基本原则是人们的社会存在、社会物质生活决定了他们的意识;在一定的生产方式的基础上,形成一定的社会关系、政治关系和思想关系,观念的东西只是一定社会的物质生活的反映,受着社会物质生产的制约,因此,一切把哲学导向神秘主义的神秘东西都可以在对当时实践的合理理解中得到解释，因为即使是在人们头脑中颠倒的虚幻的东西也是当时的社会实践中出现了颠倒的结果；人的感性的实践活动是现实世界生成的最深刻的基础，现实的世界就是一个人化的世界，是自然界对人的生成过程，因此必须结合人的实践活动来理解一切，离开了人和人的活动而讲的自然，对人来说就是无。用现在比较流行的话说，唯物史观意味着一种不同于其他学派的研究范式，而且不是一般的范式，从创始人到信奉者，都认为唯物史观的创立，使得对社会现象包括文化现象的研究成为科学成为可能并奠定了基础。也就是说，只有唯物史观才是一种科学的范式，这不仅是相对于马克思以前的哲学理论，而且相对于此后的各种理论。因为这个缘故、这个思维逻辑，它被当作辨析一种理论是否科学的标准——违背了唯物史观的原则和方法，直接就可被看作是错误的。

　　现在文化哲学要展开，要获得认可，就得回答，唯物史观视野中的"文化"与文化哲学视野中的"文化"是同一个概念吗？如果不是同一个概念，它们之间是什么关系？文化哲学意义上的"哲学"与以唯物史观为核心的马克思的"哲学"又是什么关系？文化哲学是用唯物史观的基本方法专门地集中地考察文化现象的哲学理论哲学分支，如政治哲学、经济哲学那样，还是补充或克服唯物史观的不足或缺陷而提出的一种新的研究范式？用人化规定文化、把文化泛化为无所不包的普遍概念的思维方式，是否能够与唯物史观的基本原则和方法相融洽？文化哲学的具体针对性是什么？其作为一种新的研究范式的特殊优越性又体现在什么地方？

　　这些都属于文化哲学的基本定位方面的问题。在西方，回答这些问题并不困难，但在中国就不同了，不仅相当困难，而且弄不好甚至还有一定危险。或许正由于这个缘故，据我所接触的有限材料，许多研究文化哲学的学者在这些问题上都采取了回避或含糊其辞的策略。结果就使文化哲学及其研究者处于一种很尴尬的局面，本意是想倡扬文化哲学是一种新的研究范式，新的研究视角，旨在克服现行的哲学理论的唯科学是尊的偏颇，但由于回避与唯物史观的敏感关系，似乎又只是一种在唯物史观指导下的对文化的专门性研究，如经济哲学、政治哲学那样的部门哲学。如是这样，其文化概念就应与唯物史观对文化的规定相一致，文化就是观念文化，但在运思中又竭力要突破这个界限，以普泛化的大文化概念为立论的根据。马克思曾说，理论要能说服人，就要彻底。在笔者看来，这些年国内文化哲学研究中的一个很困扰人的问题，就是不彻底，或不敢彻底，不能彻底，在一些要害问题或关键问题上总是有些犹豫不决，含糊其辞。如何摆脱这个困境，恐怕还得费一些脑筋。我这里提一个思路，这就是下面讲的这个问题。

三　超越认知中心主义局限，突出文化
　　—价值的特殊视角

　　文化与价值的内在关联，规定了它与科学主义思路的重大差别。如前所说，价值哲学、文化哲学的兴起所针对的正是科学主义霸权的偏颇或弊端。科学主义的根本问题并不是如国内一些人所说的那样，是把自然科学的研究方法和原则搬到对社会历史现象、人文现象的研究中来，忽视了人文现象、社会历史现象的复杂性、特殊性，而在于它是一种唯科学主义，把人类把握世界的多种多样的形式、丰富而复杂的景观强行地压缩到科学这一个平面上，只从科学这一个维度来进行理解。我们知道，科学是人类认知活动的典型形态，也是其高级的形态，科学主义就是认知中心主义的强化形式。实际上，人与对象世界的关系，人对世界的观念掌握，人类的精神生活，除了认知之外，还有许多。马克思就讲过，艺术的掌握、宗教的掌握、理论的掌握和实践—精神的掌握，这几种都是不一样的。这是形式方面的，从内容上看，则主要可分为两种：一种是认知，一种是评价。前者掌握的是对象的实际情况，对象是什么、为什么和会怎么，这些都属于认知的内容，认知要解决的任务。而后者把握的则是价值，即一定对象对人的存在和发展的意义。这二者虽然也联系着，相互作用着，但实质上是很不相同的，因此我们不同意把评价看作是一种价值认识，即对价值这种特殊对象的认知。

　　我们传统的哲学观，也是当下许多人持有的哲学观，是按照科学认知模式而形成的理论哲学或思辨哲学的哲学观，是一种认知中心主义的哲学观。在这种理论哲学或思辨哲学的视野里，对象是世界，主体是人或人类，是抽象的统一的理性主体，是没有立场差别、时代差别、利益差别的一心一意把握真理的人。从这个角度看，真理或真理性的知识，是对人类主体而言的，必然具有某种超时代、超民族、超阶级的特征，必然对所有人都具有同等的客观效应。在这个前提下，无论把主体当作先验主体还是

经验主体，也无论是把认知理解为理智的分析活动还是情感的直觉性过程，总之，主体被固定化为一个抽象的认知点，正如眼睛是观察点一样。即使承认存在着不同的主体，这里强调的也是主体的共同性、一致性，是这种一致性的优先性和本质的真实性，主体间的差异和复杂关系是被遮蔽了的，甚至是被当作非本质的东西被抽象掉了。因此，科学没有时代的、民族性的差别，没有主体方面的差别，要说差别，最多也就是对象方面的差别，是不同的研究对象的特殊性的差别。我们通常理解的自然科学和社会科学的关系问题，主要是从对象的差别方面着眼的，我们的逻辑是"一门科学的特殊性是由其研究对象的特殊矛盾决定的"，这是对象（客体）决定主义的思路。

这种科学主义和客体决定论的思路在国内学界包括文化哲学研究中仍然具有很大影响，甚至可以说占据主流地位。其特点就是强调和突出认知结果的统一性、确定性，而客观性不过是为论证这种统一性和确定性的一个前提性的概念装置。实际上，这种思路是有问题的，是马克思所批评的只是从客体方面而不懂得从主体方面去理解问题的具体表现。现代自然科学的发展在一定意义上已经否定了这种思路，比如物理化学、化学物理、系统论、信息论都突出了研究角度在规定一门学科性质方面的决定性作用。社会科学发展也否定了这种思路。同样是社会现象，从社会学角度研究就不同于经济学角度，知识社会学也不同于传统认识论，在这里，起主要的决定性作用的是研究角度和研究范式问题。因为视角不同，对象的规定性、对对象的看法等也就不同。

文化哲学与价值哲学共享着同一个视角，同一种范式，即不同于科学认知的另一种视角和范式。它们突出的首先就是人文现象、社会现象因价值的渗入而表现出的特殊的复杂性，原因则是不同主体间的差别性，是这种差别性的存在论意义的不可归结、不可还原性，亦即这种差别性的终结性性质，从而也就消解了对客观性的那种只能定于一尊的绝对化理解，瓦解了对统一性、确定性的简单化理解的基础。这种角度和范式，并不简单地否定科学认知的作用，而是揭示和划定其应有的界限，它要破除的是认知中心主义的片面性和绝对性。

笔者以为，文化哲学研究要深入下去，获得更多人的认同，产生更大的社会影响，恐怕首要的一个任务就是要把这个问题搞清楚，大力倡扬这种研究视角在理解和解释社会历史现象和人文现象中的合理性和有效性，揭示出科学认知方法的界限，防止科学主义的僭越，而不是按照科学认知的模式对待文化问题，比如先把文化泛化为包罗一切的概念，然后找到一个能解释一切社会现象、人文现象的模式，或是试图发现或找到一个关于人生意义的所谓客观的、科学的、统一的，也是最终的解。

　　毫无疑问，在马克思主义哲学中，从现实的个人出发，注重从主体性角度去理解问题，是包含了克服或超越科学主义的可能维度的。但同样毫无疑问的是，在马克思那里，更强调的还是科学的维度，科学的视角，而且，这个科学、认知的维度与价值、文化的维度之间是存在着一定的张力的。过去我们一味地强调科学的原则，把马克思主义哲学当作是科学，从而具有最高的权威，这是有片面性的。现在我们说，真理与价值的统一、真理观与价值观的统一，是马克思主义哲学的基本原则，显然比过去全面了。但光讲原则还不够，因为如果对二者的差别、各自的界限以及二者之间的关系没有足够的揭示和认识，那就根本无法真正地探索实现二者统一的途径和方式，坚持二者的统一也就只能是一句空话。文化哲学研究、价值哲学研究，在这个方面还有许多工作可做，在转变人们的观念，包括哲学观方面，还是大有可为的。

作为社会历史理论的文化哲学

衣俊卿[*]

"作为社会历史理论的文化哲学"这一论题还可以有多种表述，例如，作为历史解释模式的文化哲学、文化哲学的社会历史观、文化哲学视域中的社会历史理论、文化哲学范式对于构建社会历史理论的意义、文化哲学范式与社会历史观，等等。提出这样的思考命题，是基于两个方面的理论诉求：一是文化哲学研究走向深化的必然要求。虽然文化哲学已经逐步成为被人们所关注的显学，但是，关于文化哲学的界定，特别是关于文化哲学的定位和价值，存在着许多模糊的和充满歧义的观点。其中，我特别反对的是把文化哲学降格为一种一般地描述狭义的文化现象的部门哲学，而主张一种作为理论范式的文化哲学。二是社会历史理论或历史观自身进一步发展和完善的需求。众所周知，关于社会历史理论，包括唯物史观的理解，存在很多争议和理论困难，需要开辟新的视野加以完善。我以为，如果能够自觉地把上述两个方面的理论诉求有机地结合起来，将发现一种特别的理论地平线：一方面，这一研究将有助于文化哲学走出狭义的部门哲学的藩篱，真正成为内在于哲学研究各个领域的重要范式；另一方面，这一研究将有助于社会历史观摆脱宏观的和抽象的特征，成为微观视阈和宏观视阈相结合、抽象和具体相融合、具有历史丰富性和文化丰富性的社会历史理论。

---

* 衣俊卿，中共中央编译局研究员，黑龙江大学文化哲学研究中心教授。

一　关于现行社会历史理论的反思

对于人类历史的基本结构和运行机制的思考一直是各种哲学流派的重大主题之一。不同社会历史观的争论涉及很多问题，例如，斯宾格勒曾提出研究历史必须回答的两个问题：一是历史是否有内在的逻辑和规律？是否有某种形而上的结构或意义？二是历史是否有统一的进程和必然的阶段？①

雅斯贝尔斯则把历史观的基本问题概括为"历史来自何处？历史通往何方？历史是指什么？"② 此外，关于历史发展的动力、机制、目的、道路、规律等方面，存在许多不同的见解。在我看来，历史观的核心问题主要是关于历史发展或历史运动的自由和决定论问题，具体表现为两个问题：一是历史的进程是否存在着内在的规律和必然性？二是如果存在，那么历史规律的具体存在方式和活动机制与自然规律相比，有什么独特的规定性？或者这些规律的功能是如何发挥的或实现的？人的自由与历史必然性的关系如何？

我这里所说的"现行社会历史理论"毫无疑问主要是指关于历史唯物主义或唯物史观的理解，而且，不是一般地指涉唯物史观，而是指涉当代语境中，特别是传统哲学教科书关于唯物史观的解读和理解。在这种意义上，我以为，我们通常关于唯物史观的解读和理解主要侧重于在宏观上笼统地回答历史进程是否存在规律的问题，而对社会历史规律的独特性缺乏深刻的和足够的思考，结果是我们在一般地坚持历史唯物主义的必然性和规律性的同时，往往忽略了历史规律的内在丰富性、差异性和多样性。

关于第一个问题，即历史的进程是否存在着内在的规律的问题，在坚持唯物史观的人们当中，已经不是什么问题了。众所周知，人类关于外部自然的客观性质和规律性的认识已经有比较长的历史，而对人类历史发展本身的规律和必然性的承认和揭示则是相对晚的事情，这同人类社会历史

---

① 〔德〕奥斯瓦尔德·斯宾格勒：《西方的没落》上卷，齐世荣、田农等译，商务印书馆1963年版，第13页。

② 〔德〕卡尔·雅斯贝斯：《历史的起源和目标》，魏楚雄、俞新天译，华夏出版社1989年版，第3页。

的活动方式即人特有的实践活动方式有直接关系。马克思、恩格斯所创立的唯物史观以人类的物质生产实践为基础，明确肯定"历史进程是受内在的一般规律支配的"。① 恩格斯在马克思墓前曾做了一个总结性讲话："正像达尔文发现有机界的发展规律一样，马克思发现了人类历史的发展规律，即历来为繁芜丛杂的意识形态所掩盖着的一个简单事实：人们首先必须吃、喝、住、穿，然后才能从事政治、科学、艺术、宗教等等；所以，直接的物质的生活资料的生产，从而一个民族或一个时代的一定的经济发展阶段，便构成基础，人们的国家设施、法的观点、艺术以至宗教观念，就是从这个基础上发展起来的，因而，也必须由这个基础来解释，而不是像过去那样做得相反。"② 唯物史观的确立对于人类的历史认识的确具有重大的意义，它一方面把历史奠定在人所特有的实践活动的基础上，另一方面强调人类历史服从于内在的规律。

　　然而，在唯物史观提出后的一个多世纪中，关于唯物史观基本思想的理解是存在着一些混乱和问题的。一方面，虽然实际上唯物史观在它的创始人那里包含着更为丰富的内涵，但是马克思、恩格斯在提出这一学说时，为了抵御历史唯心主义的影响，比较多地强调历史发展中的经济和政治等要素，而对文化等因素的探讨不是很多；另一方面，马克思、恩格斯身后的很多马克思主义者在阐发唯物史观的过程中，越来越受自然科学的决定论思想的影响，逐步把唯物史观变成一种关于经济因素的绝对优先性的线性的、绝对的历史决定论，并把历史观的争论简化为决定论和非决定论的争论。这样一来，唯物史观常常被简化为一种忽略历史的复杂性和差异性内涵，关于人类历史运行的"放之四海而皆准"的铁的必然性的抽象理论体系。结果，在"自然科学化"的社会历史理论中，抽象的、宏观的历史观呈现出否定人的自由、选择性和创造性的问题。对此，我们可以略加展开。

　　实际上，我们通常所使用的决定论（Determinism）是一个内涵十分复杂的范畴。一般说来，决定论的定义并不复杂，就是一种认为自然界和人类社会普遍存在客观规律和因果联系的理论和学说。然而，无论这种理论落到自然领域还是社会历史领域，问题都不那么简单。例如，在自然科

---

① 《马克思恩格斯选集》第 4 卷，人民出版社 1995 年版，第 247 页。
② 《马克思恩格斯选集》第 3 卷，人民出版社 1995 年版，第 776 页。

学中实际上至少存在着两种不同的决定论：一种是长期以来在自然科学理论中占主导地位的严格决定论，也称物理决定论或机械决定论。它否认偶然性，只承认必然性，把一切自然现象都归结为力学现象，一切运动都归结为机械运动，认为整个自然过程可用力学原理来诠释。另一种是概率决定论。随着19世纪后期概率论在统计热力学等实证科学中开始得到普遍应用，或然性的观念逐渐兴起，一种不同于严格决定论的理论开始形成，一般被称为统计决定论或概率决定论，甚至被视为一种非决定论。

在社会历史领域，决定论思想在某种意义上是自然科学中决定论思想的引申，主要强调物质世界存在着客观普遍性、因果性、规律性和必然性。这种决定论被称为历史决定论，是指历史进程受历史因果性、历史规律性和历史必然性决定的理论。人们所称谓的马克思主义历史决定论是指建立在物质生产实践基础之上，以生产力和生产关系、经济基础和上层建筑的矛盾运动为基本规律和因果必然性的社会历史理论。在这些问题上，并没有太多可以争论的。然而，如果我们把这些思想具体化，就会发现，在历史决定论的范畴下，实际上包含着差异颇大的不同理解，对此必须具体分析。例如，一种观点在谈论历史决定论时，无非强调人的活动不是随心所欲的，而是受各种客观的、外在的因素和条件的制约；另一种观点则强调在人的历史活动中存在着基本的发展趋势，以及一些规律性和必然性的东西；而最彻底的历史决定论观点，是在影响人类历史运动和发展的各种因素中找到一种最基本的和决定性的因素，强调这一基本因素对所有历史事件的发生负责，构成历史运动的决定性力量，推动历史朝着特定的目标前进。其中最为典型的是经济决定论，第二国际理论家们就曾把马克思的学说归结为"经济决定论"或"经济唯物主义"。

我们发现，当历史决定论走到极端时，就变成为一种彻底否认人的自由和创造性的社会历史理论，它甚至否认不同地域、不同民族各自在文化上和其他方面的特殊性，强调一切民族都不可避免地沿着同样的历史道路发展。因此，这实际上是把历史决定论变成了一种人们通常所说的严格的线性决定论。而这种线性历史决定论实际上就是自然科学领域中的严格决定论，即机械决定论的翻版。从方法论上来看，这种严格的历史决定论实际上是直接使用了自然科学的普遍化方法。李凯尔特曾指出，自然科学的方法是一种普遍化的方法，它排斥特殊性和个别性，而强调自然之物中的普遍性和同质性，寻找规律性。"从传统的观点看来，一切科学的概念形成或科学的阐述的实质首先在于，人们力求形成普遍的概念，各种个别的事物都可以作为'事例'从属于这种概念之下。事物和现象的本质就在于它们与同一概念中所包摄的对象具有相同之处，而一切纯粹个别的东西都是'非本质的'。"① 这种普遍化方法走向的阶段，就是拉普拉斯视野中的决定论世界图景："我们应当把宇宙的目前状态看作是它先前状态的结果，并且是以后状态的原因。我们暂时假定存在着一种理解力（intelligence），它能够理解使自然界生机盎然的全部自然力，而且能够理解构成自然的存在的种种状态（这个理解力广大无边，足以将所有这些资料加以分析），它在同一方式中将宇宙中最巨大物体的运动和最轻原子的运动都包罗无遗；对于这种理解力来说，没有任何事物是不确定的了；未来也一如过去一样全都呈现在它的眼中。"② 不难看出，如果在人类社会历史中也存在这样一个"拉普拉斯妖"，③ 能够洞悉并严格决定人类历史的过去、现在和未来的所有变化和所有方面，那么，任何偶然性、差异性、可能性、奇迹、新奇、自由、个性、创新都将不复存在，人之为人的历史也将不复存在，万物将回归于初始的、沉寂的、默默无语的大自然。

　　现在，我们需要思考一个问题：马克思本人关于唯物史观的理解是否就是这种自然科学化的、宏大的、线性的历史决定论？是否就是一种严格的经济决定论？答案是否定的。实际上，马克思并没有构想出那种基于经济必然性的线性决定论。马克思同时反对严格的历史决定论（线性决定论）和历史目的论，从而在这两极之间为人的实践活动和自主的历史活动留有空间。正如卢卡奇断言的那样，"只是从非辩证的和非历史的观点来看，宿命论和唯意志论才是相互矛盾的。从辩证的历史观来看，宿命论和唯意志论只是两个必然的相互补充的对立面"。④ 实际上，经济决定论和历史目的论表面上看来是相互对立和冲突的两极，实际上则是两个相互补充的对立面，它们都强调用某种人的活动和历史活动之外的绝对的力量

---

　　① [德] H. 李凯尔特：《文化科学和自然科学》，涂纪亮译，商务印书馆1986年版，第37页。

　　② [法] D. 拉普拉斯：《论概率》，《自然辩证法研究》1991年第2期。

　　③ 拉普拉斯妖（Démon de Laplace）即法国数学家皮埃尔—西蒙·拉普拉斯于1814年提出的一种科学假设。此"恶魔"知道宇宙中每个原子确切的位置和动量，能够使用牛顿定律来展现宇宙事件的整个过程、过去以及未来。

　　④ [匈] 卢卡奇：《历史和阶级意识》，张西平译，重庆出版社1989年版，第5页。

来剪裁历史，从而否认了历史的人为性质和实践活动的自由特征。因此，马克思对这两种外在论的历史观都持批判的态度。

一方面，马克思虽然强调经济的基础性地位，但是，并没有否认人的历史创造，而是充分肯定历史发展道路的多样性。例如，马克思在《资本论》中说到"自然历史过程"时，实际上不是一般指人类社会，而是特指"经济的社会形态"的运动。他指出："我的观点是把经济的社会形态的发展理解为一种自然史的过程。"① 然而，这种完全服从于经济决定论的"经济的社会形态"并不是人类社会的一般状态，而是应当超越和扬弃的分裂的或异化的"人类社会的史前时期"。马克思认为，这一现代社会，或资本主义社会，是社会经济形态的最高和最后阶段。"大体说来，亚细亚的、古代的、封建的和现代资产阶级的生产方式可以看作是经济的社会形态演进的几个时代。资产阶级的生产关系是社会生产过程的最后一个对抗形式，……人类社会的史前时期就以这种社会形态而告终。"② 正因为如此，马克思晚年在给《祖国纪事》杂志和查苏利奇的信中，把自己在《资本论》中所揭示的资本主义历史必然性"明确地限于西欧各国"，而反对把它变成关于"一般发展道路的历史哲学理论"。同时，马克思还提出东方社会跳越资本主义的"卡夫丁"峡谷的设想。他指出，"如果俄国继续走它在 1861 年所开始走的道路，那它将会失去当时历史所能提供给一个民族的最好的机会，而遭受资本主义制度所带来的一切极端不幸的灾难。"③ 这些论述明确表明了马克思反对历史发展的线性决定论，肯定历史发展道路的多样性的基本立场。

另一方面，马克思也明确反对历史目的论观点。他指出，"历史不外是各个世代的依次交替。每一代都利用以前各代遗留下来的材料、资金和生产力；由于这个缘故，每一代一方面在完全改变了的环境下继续从事所继承的活动，另一方面又通过完全改变了的活动来变更旧的环境。然而，事情被思辨地扭曲成这样：好像后期历史是前期历史的目的，例如，好像美洲的发现的根本目的就是要促使法国大革命的爆发。于是历史便具有了自己特殊的目的并成为某个与'其他人物'（像'自我意识'、'批判'、

---

① 《马克思恩格斯选集》第 2 卷，人民出版社 1995 年版，第 101—102 页。

② 同上书，第 33 页。

③ 《马克思恩格斯全集》第 19 卷，人民出版社 1972 年版，第 268、130、129 页。

'唯一者'等等)'并列的人物'。其实，前期历史的'使命'、'目的'、'萌芽'、'观念'等词所表示的东西，终究不过是从后期历史中得出的抽象，不过是从前期历史对后期历史发生的积极影响中得出的抽象。"①

正是基于上述两个方面的分析，我们认为，马克思、恩格斯把历史归结为物质生产和人的实践活动的展开，反对脱离人的实践活动和现实的生活而按照某种外在的尺度书写历史。也就是说，关于人的活动所受到的各种制约、人的活动的机制或规律、人的自由和创造，都是人的实践活动本身的规定。在他们看来，迄今为止的各种历史观的最致命的缺陷在于："历史总是遵照在它之外的某种尺度来编写的；现实的生活生产被看成是某种非历史的东西，而历史的东西则被看成是某种脱离日常生活的东西，某种处于世界之外和超乎世界之上的东西。"② 从这些论述中可以看出，马克思、恩格斯反对把具体历史的日常生活基础和丰富的文化内涵全部抽象掉和蒸发掉，从而把历史进程的运行机制外在于历史的，类似自然科学规律的决定论过程。显然，我们面临着如何进一步丰富和完善关于唯物史观的理解的重要任务。

二　作为一种历史解释模式的文化哲学范式

当我们做出了马克思本人并没有构想出那种基于经济必然性的线性决定论的回答后，就马上提出一个新的问题：如何能够使现行社会历史理论克服或者摆脱自身的缺陷，即摆脱那种把唯物史观"自然科学化"的倾向？当代许多马克思主义理论研究者也在努力按照马克思的实践观点来理解历史决定论思想，既反对历史非决定论观点，也对严格的、线性的历史决定论观点进行限定、修正和补充。例如，许多人强调马克思主义的历史决定论不是机械决定论，不是线性决定论，而是辩证决定论，是实践决定论，是历史决定论和实践选择论的统一；马克思主义的历史决定论是动态的、活生生的，而不是机械的、僵死的；马克思主义的历史决定论不是机械决定论，也不是历史宿命论，而是历史必然性与历史偶然性的有机统一，是单义决定论的线性相互作用与或然决定论的非线性相互作用的有机

① 《马克思恩格斯选集》第 1 卷，人民出版社 1995 年版，第 88 页。
② 同上书，第 93 页。

统一，是客体性与主体性的有机统一，等等①。应当承认，基于人的实践活动对历史决定论进行的这种限定、修正和补充的思路和方向是合理的，符合历史本身的运行特点和规定性。然而，现在的问题不在于这些基本的原则，问题在于，我们不能停留于这些原则的一般的抽象的理论描述，而应该具体回答和展开一个根本的问题：在马克思的实践理论或社会历史理论视野内，历史必然性和历史偶然性、客体性和主体性、必然性和自由、历史决定和实践选择等是如何具体地、历史地、有机地统一起来？

可以断言，目前学术界关于这一根本问题的解答是不能令人满意的，我们常常得到的是一些一般性的理论原则的单调重复，或者是"一方面……另一方面……"的理论思辨的辩证法。充其量我们能得到的就是关于"人化自然"、人的实践活动的自由自觉特征、人的历史活动的客观制约的一般性论述，还有关于恩格斯的著名"合力理论"、人的活动的偶然性和经济运动的归根结底的决定性、上层建筑各要素同经济基础的交互作用等思想阐述。这些思想对于我们正确理解马克思的社会历史思想是十分重要的，但是，目前的阐述更多停留于一般的抽象的理论描述，总是显得有些苍白，没有为我们揭示出作为人的活动的历史运行机制和历史内涵的丰富性。在这里，我们同样看到意识哲学的抽象病对哲学根深蒂固的影响。造成这种现象的原因是多方面的，其中一个根本的原因，就在于我们的社会历史理论往往缺少文化的维度，大多表现为经济史观和政治史观等抽象的宏观历史哲学。这种抽象的宏观历史理论的最大特点是只专注于政治、经济等某种宏观社会历史现象，并热衷于构造这些因素或现象之间的决定和被决定的关系，而没有找到各种复杂的历史现象和要素之间的内在的有机联系。

如果我们引入作为历史解释模式的文化哲学研究范式，通过透视作为历史地凝结成的生存方式和社会历史运行的内在机理的文化的演变，来构造微观视阈和宏观视阈相结合的社会历史理论，我们关于人类历史和人类社会的把握，可以极大地减少片面性和抽象性，可以更加接近历史原本的文化丰富性，从而实质性地丰富马克思的实践哲学和历史辩证法。这显然

---

① 参见刘曙光《马克思主义历史决定论的辩证性质》，《吉首大学学报》（社会科学版）2001 年第 2 期。

是一个大题目，限于篇幅，笔者在这里主要想简要说明三个问题：一是阐述文化在社会历史运行中的方位；二是从历史演进的视角审视文化所特有的规定性；三是基于文化的规定性阐述文化哲学范式的引入所形成的微观视阈同宏观视阈相结合的社会历史理论。

关于文化在历史演进和社会运行中的方位问题，笔者要强调的不仅是文化的非独立性，即文化作为内在于人的生存和社会运行所有领域中的内在机理和本质精神的特征，而且要特别强调，任何社会整体或历史进程，都无法离开内在的文化机理或文化动力而存在。社会历史包含着政治、经济、技术等各种复杂的要素，只有内在的"文化黏合剂"才真正使社会历史成为一个特定的有机整体。

关于文化的界定，是一个充满争议的领域。为了说明我们的主题，我在这里区分两种类型的文化范畴："外在性的"文化范畴和"内在性的"文化范畴。所谓"外在性的"文化范畴一般指狭义的文化范畴，它主要指文学、艺术、宗教等独立的精神领域，并把这一精神文化领域视作外在于政治、经济等领域，并与之交互作用的独立的存在。所谓"内在性的"文化范畴一般指广义的文化范畴，它否认文化对于政治、经济等领域的外在独立性，强调文化的非独立性和内在性，强调文化内在于社会运动和人的活动所有领域的无所不包和无所不在的特征。在广义上，人所创造的一切都可纳入文化的范畴，如政治、经济、宗教、艺术、科学、技术、哲学、教育、语言、习俗、观念、知识、信仰、规范、价值，等等。当然，人们很少用文化指谓人之具体的、有形的、可感的、不断处于生生灭灭之中的造物，而是用来指称文明成果中那些历经社会变迁和历史沉浮而难以泯灭的、稳定的、深层的、无形的东西。在最根本的意义上，文化作为人类实践活动的对象化，是人之历史地凝结成的稳定的生存方式和活动方式。这种具有内在性、精神性、机理性的文化不具有独立的外观，而是作为活动机理、价值、规范、图式、机制、内驱力的维度内化于社会的政治、经济、社会生活等一切社会领域之中，制约着文明的进步和发展。

笔者反复强调自己使用的是"内在性的"文化范畴，这并不是笔者的某种特殊的偏好，而是出于文化在社会历史运行中的特殊方位和独特功能。从表面上看，历史表现为经济、政治、技术等宏观社会运动和国家、统治、军事、武力征服等宏观权力跌宕起伏的运演，而实际上，从比较大的历史尺度来看，社会发展和历史进步并不主要表现为经济实力、生产

力、生产效率、价值规律、政治权力、军事武力等的展示和角斗的线性发展过程，而是更多表现为这些宏观历史活动内在的微观文化机理和文化精神的积累、融合、升华和进步的进程。因此，我们常常遇到的现象是：经济问题、政治问题、技术问题、军事问题、管理问题等，在深层次上都表现为文化问题，也正因为如此，我们才能理解为什么在涉及社会运行时，会有如此丰富的文化现象，如饮食文化、服饰文化、建筑文化、居所文化、交通文化、环境文化、工具文化、工艺技术文化、生态文化、制度文化、企业文化、商业文化、政治文化、管理文化、法律文化、公共文化等。具体说来，从古至今，从作为生活世界的寓所和载体的氏族、家庭、家族、宗族、血缘网络、乡里制度、民间组织等所形成的家规家法、习俗习惯、礼俗乡约、道德纲常等自发的礼俗规范体系和自发的文化价值体系，到现代社会的开放的公共领域、制度安排、市场体系、文化的生活世界、经济运行、市场体系、商贸体系、政治体制、法律制度等所包含的自觉的文化价值理念、理性机制、人文精神等，都在以各种方式从深层次上展示着社会的经济和政治的变化、制度安排的完善、社会整体的进步和历史内涵的丰富。如果我们以纯粹意识哲学的普遍化范式排除了社会运行和历史进程深层的微观的文化机理和文化精神，那么我们得到的只能是某种经济的、政治的、技术的线性决定论历史观。

在确定了文化在社会历史演进中的方位，把文化作为社会整体和历史整体不可分割的内在组成部分或微观机理而纳入历史观的视野之后，我们马上要回答我们设定的第二个问题，即这种作为社会历史运行的内在机理和价值维度的文化层面，具有哪些特征，以便为作为社会历史理论的文化哲学或文化哲学的历史观的建构奠定一个前提性的基础。从这样的意图出发，我们在这里不是一般地分析文化现象的各种特征，而是要从历史演进的视角来解释文化影响历史进程的一些特有的规定性。笔者在这里试着把自己关于文化的基本规定性或影响人类社会历史进程的文化机理概括为三个基本的理论命题，并称之为"理论假设"或"理论预设"。①

---

① 称之为文化哲学的"理论假设"或"理论预设"而不称之为文化哲学的基本原则或原理，不只是想说，这些理论预设还远不成熟，而且蕴含着一个基本的判断：这种理论概括和研究方法一开始就带有研究者自己的特性和偏好，并且没有奢望人们会很容易接受这些命题。笔者在这里把自己要表述的几个文化哲学的命题当作设定的理论前提、理论假设，是要从这个约定的出发点去构建自己关于社会历史观的基本理解。

（一）理论预设之一：文化是非决定的

显而易见，对于这样一个命题或断言，需要做认真细致的解释和限定，否则容易引起误读和招致指责。首先，我在这里谈论的不是关于历史运动的非决定性，而是文化的非决定性特征，进而，我谈论的不是抽象的文化范畴，而是具体的文化。文化作为历史地凝结成的人之稳定的生存方式和社会运行的内在机理，总是具体地表现为每一时代、每一地域、每一民族、每一种族、每一群体的不同的文化模式或文化精神，表现为丰富多彩的文化观念和文化价值。断言文化是非决定的，是要说，任何一种文化无论其生成还是其发展都不是"必然如此"的，而是一个包含着历史偶然性和选择性在内的进程。这里主要是基于两个方面的考虑：一是强调文化的具体丰富性和多元差异性，防止那种用普遍性和共同性取消文化差异性的普遍决定论观点；二是强调文化演进的选择性和丰富的历史可能性，防止那种用自然科学式的因果关系来取消文化的历史丰富性的线性决定论观点。我们在这里明确反对人类学之父泰勒从普遍决定和因果决定两个基点建立文化进化论和文化决定论的做法。泰勒实际上是运用自然科学的普遍化和抽象化方法，剔除了文化的历史丰富性和现实丰富性后建立起这样的体系，而现实的情形并非如此。一方面，尽管不同的文化模式或文化精神中存在着不可否认的共同性，但是，任何时候，包括全球化时代，都不会出现所有文化完全趋同和完全同一的状况，也不会出现所有文化都经历着完全相同发展阶段的情形，相反，各种文化中存在着不可通约、不可抹杀、不可忽略的差异性和丰富性，正是文化的个性和共同性、差异性和普遍性之间的张力使文化能够保持内在的活力、创新能力和超越的能力；另一方面，尽管各种文化在历史进程中会呈现出某种阶段或时代的特征，但是，各种文化无论是其起源或诞生，还是生长或发展，都不会完全服从于内在的或外在的"必然如此"的决定性和必然性，而是各种必然因素、偶然因素、学习模仿机制和价值选择相互交织的结果，在文化的演化和发展中，始终存在着无限开放的可能性空间，存在着内在的选择和创造的机制。

可以说，在关于人的存在和社会历史运动的认识和把握上，必然性、规律性、决定性等概念一直是困扰着人们，并不断引起争议的一些重要概念。因此，需要我们在这里结合上述关于文化的认识再做一些细致的辨证工作。实际上，当我们断言文化是非决定的，并非强调文化的生成和发展是主观随意的，并不否认文化的产生和演化受各种条件和因素的制约，并不否认文化的发展存在一些规律性的东西。但是，我们这里需要防止两种简单化的理解。一种简单化的理解是把客观制约性和规律性放大为无条件的和无限定的普遍的必然性，放大为"必然如此"的决定性。实际上，所谓文化发展中的必然性无非强调，如同生命的诞生和人的生成一样，任何一种文化都是十分复杂十分丰富的社会历史现象，它的产生、演化和更新，都是无限复杂的主观条件和客观条件、内在的制约和外在的制约、自觉的选择和自发的模仿等共同作用的结果，也就是说，当这些复杂多样的制约条件和因素共同出现并相互作用时，这一特定文化一定会这样产生，一定具有这样的规定性，一定会按照这样的内在规律和机制演化。然而，正因为这些条件和因素是如此复杂如此丰富，因而，这种情形的出现和这种文化的生成本身就是"历史的偶然"，就是不可随意复制的"历史奇迹"。否则，人类应当已经按照不容置疑的、普遍存在的"必然的规律"在地球上多次导致生命的诞生，同样，应当有更多类人猿一次一次地从树上走下来，成为新的人类。因此，可以说，这种历史必然性本身就是历史偶然性，任何一种文化的诞生和转型都是不可完全复制的，普遍决定论的观点实际上是把各种文化的历史复杂性简化为一些基本因素，然后断言所有文化服从于同样的规律，必然按照同样的阶段发展。另一种简单化的理解是把人们关于已经发生的历史节奏及其规律性的理解概括夸大为历史的前定的必然性和决定性。正如马克思恩格斯在《神圣家族》中断言的那样："历史什么事情也没有做，……'历史'并不是把人当做达到自己目的的工具来利用的某种特殊的人格。历史不过是追求着自己目的的人的活动而已。"①　历史是不同地域、不同种族、不同民族的人类实践活动在无限复杂的主客观条件和因素的相互作用中，经历了无数的百转千回、峰回路转、崎岖险阻，逐步形成的无规则的沉积层，留下的不断叠加、不断涂抹、不断改写的杂乱踪迹。只是我们在事后回顾走过的历史时，可以从中找到一些不同时代不同地域的人们基于一些基本的价值追求和一些基本的活动方式而形成的一些带有规则性、周期性、规律性的东西。但是，思想家常常按照历史目的论和历史决定论的思路把这些历史解释和总结定义为

① 《马克思恩格斯全集》第2卷，人民出版社1957年版，第118—119页。

历史的先定的或前定的必然性。以至于人们为了消灭阶级差别一定要用原始社会的无阶级状况来论证出前定的历史必然性，而不愿意把这种追求理解为文化的价值选择。总而言之，文化的历史复杂性的确不应当成为自然科学式的简单化和普遍化方法的牺牲品，否则，我们总是在按照历史之外的尺度来描述历史。正是在这种意义上，我们断言文化是非决定的。这种理解不仅对于文化本身的自觉十分重要，而且会为我们的历史理解和历史解释提供十分有益的见解。

（二）理论预设之二：文化是选择的

可以看出，"文化是选择的"和"文化是非决定的"是两个密切相关、相互补充的命题。断言文化是非决定的，并不否认文化的普遍性和进步性，而是反对把文化的发展理解为被某种外在的给定的必然性所决定的进程，进而倾向于认为，文化自身包含着更新和创造的动力机制，文化的普遍性和进步性都不是给定的，而是同文化的选择性直接相关。文化的选择性一方面体现在同一时代同一类型的文化中的文化创新和文化传承，另一方面体现在不同文化交流中的文化模仿和文化学习。两个方面的选择机制的交互作用形成了文化中的共同性、普遍性和创新性、进步性特征。

任何一种文化一旦产生，都会体现出某种稳定性和历史继承性，任何一种文化都是世世代代长期积累的产物，文化的前后相继和代代传递的现象，就是文化的传承。文化的发展在很大程度上体现为文化的传承，文化传承通过文化特有的社会遗传方式构成了人类历史演进的内在机制。一方面，文化的传承机制形成了历史的连续性，使人类的生产方式、消费方式和交往方式得以世代继承下来，形成不同于自然过程的人类历史进程；另一方面，文化的传承机制体现了历史的超越性，各时代的人们通常不会不加分析不加挑选地全盘复制原有的文化，而总是以自发的或自觉的方式批判地继承前人的文化，为文化增添新成分、新成果。即使在受自然经济支配的传统社会中，虽然那些自在的经验习惯、礼俗文化往往通过家庭和天然共同体的自发的文化教化而自发地传承的，但是，在这种传承中，各种文化因素和非文化因素的交互作用，已经包含着某种程度的文化选择、文化变异或文化更新。随着人类精神不断自觉不断丰富，科学、艺术、哲学等自觉的知识形式和文化精神的不断丰富，文化的传承越来越具有自觉的和主动的选择性。正是在文化的需求、物质的需求和其他各种需求和条件的交互作用中，一些新的文化价值、观念、风格、样态在选择、模仿和学习中逐步发展起来。

文化的选择性是多维度的。在现实中，文化的传播一般不会是同一地区、同一民族中的同一种文化的封闭的代代传递，而是通过不同文化之间的相互交流、碰撞和融合而展开的。文化的传播和交流，无论在远古时期，还是在现代，都一直是文化的基本存在方式之一，是历史发展的重要推动力之一。由于文化的传播与人类的生存是一体化的，所以文化的传播与交流的形式和方式也是多种多样的，其中最主要的载体有商品交换、民族迁徙、军事征服、宗教传播、科学传播和典型的文化交流等。不可否认的是，在各种文化传播和文化交流过程中，存在着产生文化冲突、文化碰撞和文化对抗的可能性，而且存在着强势文化向弱势文化不平等的传播现象，以及文化强权或文化霸权的出现。但是，从人类文化发展的总体趋势来看，文化传播和文化交流更多地采取交流和融通的方式，其积极意义无论如何估计都不会过高：首先，文化传播和文化交流是历史发展的重要驱动力之一，它使历史发展呈现出加速度，通常一种文化从产生到成熟需要数百年或上千年的历史，而对它的接受和适应则需相对较短的时间；其次，一种民族文化的自我传承如果不同时伴以同外来先进文化成果的交流，就可能走向封闭和保守，失去创新能力；再次，从长远的角度看，要真正抵御各种强势文化的霸权，在根本上要依赖人类文化的进一步传播和交流，依赖文化交流和对话中各种不同文化力量的增长和加强。在不同文化的传播与交流中，文化的模仿、学习、选择、适应的机制，比在各种文化内部的文化传承中要更加明显。

通过分析可以看出，文化的演化和发展具有特殊性。诚然，物质生产、经济发展、政治进步等方面，也存在着选择机制，但是，文化的选择性要更为明显和自觉。在文化传承、文化传播、文化交流中的文化模仿、文化学习、文化引入、文化适应、文化扩散等各种选择机制，随着教育的普及、科技的进步、理论的发达，特别是信息化网络化的飞速发展而越来越明显，越来越突出。相应地，文化在传承、传播和交流过程中所出现的文化更新现象，如对原有文化局限性的突破、对新的文化模式的探索、对新的文化价值和文化精神的建树等，也就是文化创新，越来越成为当代社会发展的重要趋势。文化创新对于文化自身的发展和人类社会的全面发展都具有特别重要的意义。一方面，文化创新是社会发展和进步的重要的内在驱动力。文化的创新需要经济、政治等实践活动的发展提供先决条件；但是，由于文化创新主要是文化精神、价值观念、存在方式、活动机制等方面的深层突破和进步，因此，它反过来对于政治、经济领域的创新，对社会历史的新突破和新发展，具有巨大的反作用，充分地体现出文化的价值导向功能和智力支撑功能。另一方面，文化创新对于个体的自由和全面发展具有重要的促进作用。文化的创新往往明显地体现在人的认识能力的提高、实践活动方式的创新和改善、人的个性的发挥、内在素质的提高、德性的提升等方面，因此，文化的创新本身就是人的自由和全面发展的集中体现。显而易见，对于文化的非决定性和选择性特征的深刻理解和把握，对于我们更加深刻地理解人类历史的发展具有特殊的意义。

（三）理论预设之三：文化是微观的

把握文化的微观特征具有重要的意义。"文化是微观的"这一命题在一定意义上可以看作是对文化的非决定性和选择性的重要补充概念。文化之所以具有历史偶然性和较大自由度的选择性，与文化具有微观特征密不可分。断言文化是微观的，并不否认文化也具有宏观的特征，正如许多文化学家指出的那样，各种文化特质和要素趋于整合为一种相对一致的，对人的活动具有制约性，甚至强制性的文化模式。然而，即使是这种带有宏观特征的文化模式，它的存在方式和活动机制也不同于经济体系、国家机器、政治统治等相对独立的宏观实体，文化总是以微观的、弥散的方式发挥自己的功能。文化的微观性一方面表现在它对人的活动和生存的内在制约性，文化通过习惯、观念、知识、信仰、价值、理想、心理机制、社会性格结构等各种微观的要素和机制内在地制约和调节着个体的生存；另一方面体现在文化对于社会存在和社会运行的内在制约性，文化作为活动机理、图式、机制、内驱力等多重维度内化于社会的政治、经济、社会生活等一切社会领域之中，影响和制约着社会历史运动。

在文化的微观性这里，我们可以比较清楚地看到文化的非决定性和选择性的特殊意义。诚然，社会的经济运动和政治活动中也存在着各种选择，甚至是完全理性化的选择。但是，这些作为宏观实体的社会运动中的选择机制与文化的选择机制存在一定的差异。具体地说，当我们选择一种技术体系、生产和交换方式、经济制度、政治制度等宏观社会实体时，选择活动本身更多地服从于带有普遍性的规律、客观的和外在的制约条件，因为这种设计或选择的客观性效果一般是可以比较明显地加以比较的。换言之，在这一类宏观性社会选择中，主观的、个体的、特性的价值和倾向，或者偶然因素的活动空间和选择空间相对狭小，更多地体现出外在必然性。而在文化传承、文化发展、文化交流中的选择，无论是个体的选择，还是群体的选择，都面临着更为丰富的活动和作用空间。即使在某种文化模式带有强制性的统治的时代，涉及习惯、观念、知识、信仰、价值、理想、心理机制、社会性格结构等文化要素的选择，或者社会的文化品位、文化追求、社会风气和时尚等的模仿和学习，以及对于经济政治活动的文化构建等，都存在着多元差异的、丰富多彩的选择空间。尤其在网络化信息化时代，各种主观的或客观的、个体的或群体的、偶然的或一般的价值倾向或要素，都可以找到可能性空间。

可以说，上述三个理论预设为我们从文化哲学的视角丰富社会历史理论提供了重要的理论前提和理论基础。具体地说，通过"文化是非决定的"、"文化是选择的"和"文化是微观的"这样三个基本命题或理论预设的表述，我们在文化哲学的视野中确立起一种必然性和偶然性、决定性和选择性、宏观性和微观性相互交织的，超越了线性决定论和严格决定论的历史理解模式。这样，我们就进入到前面设定的第三个问题，即基于文化的规定性阐述文化哲学范式的引入可以形成的微观视阈同宏观视阈相结合的社会历史理论。限于篇幅，我们在这里只能提及几个主要的理论点。

首先，作为历史解释模式的文化哲学有助于扬弃关于历史发展的外在决定论，形成社会历史各要素交互作用的有机的历史理论。如前所述，缺少文化内涵的宏观社会历史理论通常倾向于使用狭义的文化范畴，习惯于把文化限定经济政治之外的，以文学、艺术、宗教等为代表的独立的精神领域，把这一精神文化领域视作外在于政治、经济等领域，并与之交互作用的独立的存在，结果就总是面临着经济、政治、文化等社会历史要素到底"谁决定谁"的外在决定论的理论难题。而实际上，作为历史解释模式的文化哲学反对这种"外在论的"狭义的文化范畴，而主张"内在论的"广义的文化范畴，它否认文化对于政治、经济等领域的外在独立性，强调文化的非独立性和内在性，强调文化内在于社会运动和人的活动所有领域的无所不包和无所不在的特征，这种具有内在性、精神性、机理性的文化不具有独立的外观，而是内在于总体性文明的各个层面和人的各种活动中，制约着文明的进步和人的发展。在这种意义上，文化维度的引入实际上是在我们的历史理解中置入了一个微观的、内在的、有机的层面，政治经济等各种社会要素由此而趋于内在地整合起来，历史的运行正是在文化精神和文化机理的内在价值引动或驱动下的有机进程。在这里，经济、政治、文化等社会历史要素到底"谁决定谁"的外在决定论的理论难题"不答自解"了，因为，问题本身已经不存在了，成为被历史和文化的丰富性所否定的"伪问题"了。显而易见，生产方式、经济、技术、政治、文化等不同的社会历史要素虽然在不同的历史条件下在社会历史运行中有不同的权重和地位，但是，任何一种因素，无论如何重要，都不可能独自决定历史的全部内涵和命运。因此，对我们来说，应当淡化这种外在决定论的历史观，把更多的精力用于探讨这些要素通过文化的内在的微观的和机理性的作用而交互形成的复杂的历史运行机制。

其次，作为历史解释模式的文化哲学有助于扬弃关于历史发展的线性决定论，在肯定历史发展的基本趋势的前提下，开辟历史进程中的创造的、自由的和可能性的空间。文化哲学在理解人的实践活动和人类历史运动时，对于其内在的规律性做了限定，它并没有否认关于人类历史发展的规律性的思想，而是反对把历史的规律和机制自然科学化，反对那种吞噬一切差异和多样性的普遍的必然性。文化哲学肯定人的实践和历史运动中充满了各种制约性、自在性、必然性的因素，但是，这些因素的作用是通过人的价值选择机制和文化创造机制来实现的。我们发现，甚至连历史学家汤因比在《历史研究》中分析历史的自由和法则时都看到历史运动机制的这种辩证性质。他指出，人类社会的运行的确受某种外在的制约性因素的影响，人类事务中有类似"自然法则"的东西存在，例如，个人生活及其经营活动中的平均数法则、商业和工业事务中的周期率、战争与和平的周期、文明解体过程的"动乱—集合—动乱—集合—动乱"的三拍半节奏等。但是，他认为，人不是简单地服从自然法则，实际上，人通过自己的活动改变或控制自然法则，人性对自然法则具有顽抗性。例如，人对昼夜、四季、生老病死的控制，人对非人为的和人为的法则的控制等。实际上，技术、政治、经济等社会变革的速率不是固定的，不是由固定的法则或规律决定的。换言之，历史上的法则和自由是等同的，人对自然法则的顽抗性说明存在着选择的自由和文化的创造力。"人不仅生存在一种法则的支配之下，而且生存在两种法则的支配之下。这两种法则中的一种就是神的法则；这种法则就是用了另一个更为光辉名称的自由本身。"①
实际上，即使我们承认在一些历史的条件下，经济运动的必然性带有强制
的，甚至盲目的力量，实际上也需要具体分析，任何时候，经济必然性都
不会单纯通过经济因素发挥作用，都包含着内在的文化力量和要素的作
用。例如，著名社会学家韦伯在分析资本主义特有的经济发展时，充分肯
定了经济理性化所带来的社会发展，但是，他并没有把这种发展简单地归
结为经济因素自身的发展，相反，他努力在经济运行的内在文化机制上，
即通过新教伦理来理解资本主义特有的快速发展。同时，韦伯在分析非西
方社会的理性化问题时，又在相关的意义上提出了内在文化阻碍的问题。
当一种全新的事业在制度安排和实际运行中停滞不前时，很可能是原有的
文化模式阻碍了新文化精神和文化模式的生成。他在分析以新教伦理为标
志的西方理性主义文化精神的发生时，强调要从发生学上说明西方理性主
义的独特性，他指出，"考虑到经济因素具有根本的重要性，在作类似的
分析时必须首先考虑经济状况。但与此同时，决不能忽略相反的关联。因
为，虽然经济理性主义的发展部分地依赖理性的技术和法律，但它与此同
时被人们采取特定类型的实际理性行为的能力和气质所决定。当这些类型
的理性行为受到精神障碍的阻碍，理性的经济行为的发展也必然会遭到严
重的内在阻滞。各种神秘的和宗教的力量，以及基于这些力量的责任伦理
观念，过去对行为一直产生最重要的和生成性的影响。"② 由此可见，在
不同的历史时代、不同的地域和不同的民族或共同体之中，作为社会历史
总体运动内在的和微观的层面的文化，同经济、政治等宏观历史要素和宏
观权力之间构成了价值取向各不相同的复杂关联：有与宏观权力同构的微
观文化力量和因素；有阻碍宏观权力机制更新的微观文化力量和因素；有
推动宏观权力机制创新的微观文化力量和因素；也有反抗宏观政治霸权的
微观文化力量和因素，等等。这种复杂的历史机制使历史的运行呈现为自
由和决定性、偶然性和必然性、合目的性和合规律性、价值和事实、选择
和被制约等相互交织的可能性和创造性的空间，呈现为一个包含丰富内涵
和多种发展可能性（发展道路）的实践进程，一种真正的人的历史。

---

① ［英］汤因比：《历史研究》下卷，曹未风等译，上海人民出版社1997年版，第365页。

② Max Weber, *The Protestant Ethic and the Spirit of Capitalism*, London and New York：Routleg-de，p. xxxix.

　　总而言之，作为历史解释模式的文化哲学可以在两个基本的维度上消解历史观上决定论和自由之间非此即彼的"二元对立"。在共时态的维度上，文化哲学通过回归生活世界而恢复了历史本身的丰富的文化内涵，在政治、经济、技术、社会公共生活等各个方面提供了人的自由选择空间和文化多样性的发展空间，使历史的机制从外在的自然回归到人的实践本身。在历时态的维度上，文化哲学肯定逐步走向世界历史的不同民族、不同文明在基本文化价值上的一些共同追求，同时又充分尊重各种文化、各种文明的特色和价值要求。文化哲学还特别强调文化间和文明间的学习、交融、交汇、交往、传承、模仿、融合、整合，这里充满着文化选择和文化创新的可能性，充分承认文化、文明、社会发展道路的多样性。只有这样，历史才不会是一种受制于人的活动之外的铁的必然性的自然进化论和线性决定论进程，而是充满文化创造力的人的历史进程。

　　最后，按照上述文化哲学的社会历史理解回过头来审视我们通行的"哲学教科书"体系中关于历史唯物主义的基本表述，即关于生产力和生产关系、经济基础和上层建筑的矛盾运动的基本分析。必须承认，关于唯物史观理论的这一流行表述带有一定的片面性，特别突出地表现在对于社会历史的文化丰富性和复杂性的某种忽视。然而，对于造成这种情形的原因需要作历史的和具体的分析。我认为，如果回到唯物史观生成和发展的历史语境中去看，这一理论的建立和完善实际上要求双重维度的历史任务：一是为了抵御各种唯心史观片面夸大历史进程中主观随意性的做法，必须借鉴自然科学的普遍化的方法，尽可能排除历史的偶然性和具体性，基于历史活动中的一些共同性和普遍性因素，以及历史活动同自然活动的一些共同特征，而抽象出和揭示出一些最普遍的规律性的东西；二是为了防止把历史僵化为排斥人的创造性活动的自然进程，还必须在业已揭示的普遍性规律的基础上，重新回到历史本身不同于自然活动的特殊规定性，回到社会历史运动的文化丰富性和复杂性，使唯物史观真正围绕着人的实践活动而建立和丰富起来。

　　在这种意义上，马克思和恩格斯当年在各种完全否认历史发展规律的社会历史理论的汪洋大海中，要创立唯物史观，其主要精力都用于上述第一重任务的解答上。正如恩格斯晚年断言的那样："青年们有时过分看重经济方面，这有一部分是马克思和我应当负责的。我们在反驳我们的论敌时，常常不得不强调被他们否认的主要原则，并且不是始终都有时间、地点和机会来给其他参与相互作用的因素以应有的重视。"① 由此可见，造成通行的"哲学教科书"中唯物史观阐述的简单化和抽象化问题的主要根源不应当归咎于恩格斯。问题出在马克思、恩格斯的后人身上，他们不但没有自觉地通过解答第二重历史任务而使唯物史观更加丰富和完善，反而把第一重任务视作唯物史观理论建构的唯一任务。尤其应当对后来的唯物史观的简单化和抽象化理解负责的是第二国际理论家、第三国际理论家以及许多其他马克思主义理论的阐释者，他们并没有在马克思、恩格斯所确立的基础上把唯物史观向前推进，即适时地完成我们上述所说的建立唯物史观第二个维度的历史任务，在揭示的普遍性规律的基础上，重新回到历史本身不同于自然活动的特殊规定性，回到社会历史运动的文化丰富性和复杂性，使唯物史观真正围绕着人的实践活动而建立和丰富起来。相反，这些理论家把马克思、恩格斯时代由于特定的历史限制而必须过分看重的经济方面的决定作用，即普遍性和必然性的维度进一步推向极端，并且堵死了用历史的文化丰富性来丰富唯物史观的道路。

从对唯物史观的理论史的分析不难看出，文化哲学研究范式所倡导的微观视阈和宏观视阈相结合的社会历史观具有不容忽视的理论价值。

---

① 《马克思恩格斯选集》第 4 卷，人民出版社 1995 年版，第 698 页。

当下国内文化哲学研究的困境

陈树林[*]

近 20 年来，文化哲学成为中国哲学界的重要研究领域之一，其研究取得了不菲的成就。逐步形成比较有规模的研究机构和学术平台，出版一批比较有影响的学术专著，① 发表了大量相关的学术论文，② 召开了一系列相关学术会议。但是，回顾国内 20 年来文化哲学研究走过的历程，审视目前取得的成就，不难发现，目前还存在许多根本性的、深层次的问题尚待解决。例如，文化哲学的合法性问题，文化哲学理论体系的建构问题，文化哲学与传统哲学关系问题，文化哲学对全球化背景下的文化冲突、文化转型、文化模式观照问题，对文化哲学理论特性的基本共识问题，等等。由于上述问题没能得到很好的解决，致使文化哲学研究一度陷入困境。显而易见，一种哲学理论如果不能从学理上得以建构，其自身存在的合法性就会受到人们的质疑，直至被人们淡忘和抛弃；在同一话语下，如果学界就同一种理论无法达成基本的相互言说的公共话语，那么，

<hr/>

　* 陈树林，黑龙江大学文化哲学研究中心教授。
　① 近 20 年来出版的主要文化哲学专著包括以下几部。刘述先：《文化哲学》，黑龙江人民出版社 1988 年版；朱谦之：《文化哲学》，商务印书馆 1990 年版；许苏民：《文化哲学》，上海人民出版社 1990 年版；李鹏程：《文化哲学沉思》，人民出版社 1993 年版；邹广文：《当代文化哲学》，人民版社 2004 年版；刘进田：《文化哲学导论》，法律出版社 1999 年版；衣俊卿：《文化哲学——理论理性与实践理性交汇处的文化批判》，云南人民出版社 2001 年版；衣俊卿：《文化哲学十五讲》，北京大学出版社 2005 年版；洪晓楠：《文化哲学思潮简论》，上海三联书店 2000 年版；洪晓楠：《当代中国文化哲学研究》，大连出版社 2001 年版；何萍：《马克思主义哲学与文化哲学》，武汉大学出版社 2002 年版；杨善民：《文化哲学》，山东大学出版社 2002 年版。
　② 赵小军、覃明兴：《近三十年中国文化哲学研究的论文统计分析》，《文化学刊》2008 年第 6 期。

基本的学术交流也就无从开展，何谈理论创新和应用；一种新的哲学范式，如果面对时代的紧迫问题无法找到着力点，其存在的生活根基就是不牢靠的，其生命力就是脆弱的。检讨目前中国学界关于文化哲学研究的困境，厘清产生困境的根源和症结所在，对于进一步深化文化哲学的理论研究十分必要。

一　文化哲学研究的学理困境

文化哲学作为一种哲学理解范式，在中国学界的话语体系中并不是给定的、现成的、可以拿来即用的；在西方的哲学资源和传统中也不是显而易见的、信手拈来的。因此，从严格的学术意义上讲，文化哲学需要理论的自觉、发掘和完善。只有把文化哲学作为不同于传统的思辨哲学、理论哲学，而理解为一种实践哲学、历史哲学时，把文化哲学当作立足于人的生活世界—文化世界，探求人的生存和发展的世界观和方法论时，文化哲学的存在和研究才有意义。相反，把文化哲学仅仅理解为用约定俗成的哲学方法对文化现象及其本质作哲学研究的部门哲学，那么，文化哲学的存在合法性和对其研究就成为相对简单的问题。因为，法哲学、经济哲学、教育哲学、政治哲学、科学哲学、语言哲学、艺术哲学、宗教哲学等部门哲学的存在和广泛研究已经被人们接受而少有疑义。事实上，目前国内的学术研究基本上停留在这两个层面的认识上，并形成了两种比较典型的主要观点。这两种差异极大的观点必然引申出文化哲学何以可能、文化哲学合法性问题等学理困境。

首先，从学理上看，目前的文化哲学研究陷入缺乏西方哲学史根据支撑的困境。每当提出一种新的哲学研究范式的时候，人们自觉不自觉地要把这种哲学在表现形式上与原有的哲学范式相比较，看看它是否符合以往的标准。而原有的、约定俗成的哲学范式的标准主要是以希腊哲学为代表的西方哲学传统理解范式，如本体论、形而上学、观念论、知识论、实在论、唯物论、唯心论、经验论等，或者用恩格斯提出的"哲学基本问题"标准去作"哲学阵营"或"哲学党性"区分。尽管上述标准的划分对于某种哲学理解范式并没有什么实质的意义，但是，这些看似合理合法的标准及其区分，却给人们把握某种哲学提供了"法律根据"。人们对待文化哲学同样如此，一提起文化哲学首先看看文化哲学是否符合希腊哲学的标准，属于哪种类型的哲学，看看在哲学史上是否有人提出过，特别是著名的哲学家们是否提出过和论述过。比如，如果用本体论去衡量文化哲学，首先要解决的问题是文化哲学的逻辑根基是什么，是否可以在此基础上建构一整套的逻辑体系。或者到哲学史中去寻找文本根据，看看哪个大哲学家明确提出和论述过这种哲学。例如亚里士多德提出了自己的伦理学、政治学，康德有自己的理性哲学、宗教哲学、美学等，黑格尔有自己的精神现象学、逻辑学、法哲学、宗教哲学等。对这些人的哲学，后人可以欣然接受，宛如接受"习惯法"一样。那么，西方哲学史上谁是第一个明确提出文化哲学的呢？是维科、文德尔班、李凯尔特、卡西尔还是其他什么人？文化哲学提出的文本根据是什么？事实上，上述先哲们的确都对"文化哲学"理论做出了自己的贡献，但是，他们或者用"诗性哲学"（维科）、"文化科学"（李凯尔特）、"哲学人类学"（卡西尔），很少直接用到"文化哲学"。[①] 由于在上述哲学家中，我们没能轻易找到明确而清晰的哲学史传承的根据和文本根据，因此，文化哲学在有些人看来就不具有合法性。其实这并不奇怪，因为我们今天语境下的哲学，本质上都是西方的希腊哲学传统，这种哲学也是我们衡量其他哲学的基本标准，否则就没有关于马克思哲学的性质、中国哲学合法性等这些看似本无可争议的问题的争论了。引起这些问题争论的根本原因在于人们以希腊哲学为标准去衡量一切，而我们一时又无法通过希腊哲学标准获得认证。但是，当我们换一种思维方式去审视西方哲学，无论是从古希腊哲学的源头苏格拉底、柏拉图、亚里士多德，还是帕斯卡尔、笛卡尔、维科、康德、谢林、黑格尔，以及近现代哲学家身上，都可以发现带有强烈"形而上"特征的第一哲学与关注人的历史和实践的带有"形而下"的"文化哲学"理解范式的思想资源，只是我们发掘和解读的不够而已。其中 19 世纪末到 20 世纪上半叶新康德主义思想家们的著作，如文德尔班的《哲学史教程》（1892）、李凯尔特的《文化科学与自然科学》（1899）、卡西尔的《人论》（1944）等为研究文化哲学理论形成提供了重要思想资源。

其次，文化哲学理论建构的困境。由于文化哲学的研究对象不明晰，

---

① 参见［德］恩斯特·卡西尔《符号·神话·文化》，李小兵译，东方出版社 1988 年版，第 1—16 页。

文化哲学研究的方法不确定、文化哲学的研究旨趣不明确，最后导致文化哲学缺乏理论体系和基本的理论架构，这是文化哲学研究目前面临的一个困境。这种困境主要表现在：对于文化学研究，由于其研究带有科学性、实证性，描述性等特征，比较符合人们的理性思维习惯和约定俗成的学科分类习惯，人们少有异议。但是，这种对文化"形而下"的研究无法解决与文化相关的深层次问题。相对而言，对文化作总体性的"形而上"研究的文化哲学及其研究则往往招致许多异议。人们对何谓文化、何谓文化哲学争论不休，甚至对文化哲学存在的合法性抱怀疑态度。当人们根据传统的学科分类原则把文化哲学定位为以"文化"为研究对象的"部门哲学"或"分支哲学"时，会因为文化概念的内涵和外延过于宽泛和难以确定而无法把握，人们很难把"文化哲学"与"教育哲学"、"经济哲学"、"管理哲学"、"科学哲学"、"道德哲学"、"法哲学"、"艺术哲学"、"宗教哲学"等部门或分支哲学相提并论；当人们把文化哲学定位为一种哲学理解范式时，则会遭遇与传统的形而上学、意识哲学、思辨哲学、本体论、知识论、认识论、生存论、价值论等哲学理解范式或各种哲学流派的"冲突"和张力。作为一种有别于原有的哲学理解范式或一种相对独特的哲学理论，其重要标志就是其研究对象或研究领域和研究方法的确立，其回应现实问题的基本指向和理论视野的大致划定。尽管我们从广义上可以说哲学是关于宇宙和人类的一般性科学或学说，以没有具体对象和学科内部的区别为特征。然而，这是相对于哲学与其他具体的科学的区别，而不是哲学概念的内涵不同，文化与经济、法律、道德、艺术、科学、历史等不是一个层次的概念，文化概念完全可以覆盖上述其他概念，所以文化哲学与其他分支哲学不同。无论我们在什么意义上理解文化，都无法绕过与文化的关联，所不同的是，文化哲学运用的研究方法不同，对文化的理解有相对独特的视角，具体讲是透过文化符号形式对文化现象背后的人的总体性研究，侧重文化的精神内涵和稳定的内在原则，即一般性原则的研究。

在方法论上，文化哲学试图运用一种非传统的哲学方法。自近现代以来，西方哲学的演变历史中始终有一种强烈的"科学主义"倾向，其中数学方法、几何学方法、力学方法、天文学方法、生理学方法、心理学方法等轮番占据着哲学的中心位置。哲学家们往往把用于研究自然的科学方法绝对化、普遍化，并把这种研究方法运用到人类自身的研究之中。这种研究在方法论层面无疑等于把人降低到无机物、有机物、高级动物层面，而忽视人的自由意志、灵魂、精神、思想、情感等层面问题，把人也视为同自然存在物一样的"连续性的、同质性的"存在物。

正如李凯尔特所指出的，如果从研究的对象，即从"质料"角度看，可以把科学划分为"自然科学"和"精神科学"或者是"自然科学"和"文化科学"；如果从研究的方法，即从研究的"形式"角度看，可以把科学分为用"自然科学方法"和"历史科学方法"去研究自然、精神和文化现象的科学。自然科学方法坚持的基本原则是把事物，包括自然现象和人类现象看作是具有连续性和同质性特征，而不论其真实情况如何，不考虑现象本身的"非连续性"和"异质性"，把现象看作是无所谓是否具有个性，不顾事物的特殊性和个别性。而"历史性研究方法"则与此不同，历史科学方法强调事物或现象的非连续性和异质性，而不考虑其连续性和同质性。因此，历史科学方法有助于应用在研究那些一次性的和个别性的事物，其中对人自身和人类的历史的研究较为多见。历史概念就是就其特殊性和单一性而言的一次发生事件这个概念，它的特点就是特殊性，没有永恒的规律可循。

相对而言，文化哲学在方法上运用历史科学方法对人做全面把握的哲学。与其他存在物相比，人就是矛盾和荒谬，从根本上说无法用理性的方法去把握，也不该用理性的方法去把握。人与人的个体差异性、民族之间的差异性不仅突出，而且不可忽视，不甘受"同一性"的概念的"奴役"和"专政"，承认人的非连续性和异质性是对人的本性的真实把握，这是文化哲学在方法论上的一个突出理论特征。文化哲学与以往的思辨哲学、意识哲学、知识论哲学的旨趣不同，不以建构完整的科学体系和知识体系为目标，但是，这绝不是说文化哲学可以完全离开概念去思维，即便是文化符号形式，也同样离不开概念这一思维之网的纽结的存在。所不同的是，文化哲学看到了作为以概念为基础的科学体系在把握人自身时的种种弊端，力图消解这种弊端，探寻更能切合人的本性的方法。文化哲学作为研究人自身及其活动的结晶——文化的方法，从方法论角度更加注重历史科学的方法，而不是自然科学的方法，尽量避免人为的、有限的逻辑、概念、规律等"法则"对人的丰富多彩的文化生活的宰制，为人类把握历史提供更为宽泛和切合实际的解释模式。

二　文化哲学与马克思哲学关系困境

文化哲学研究的兴起得益于改革开放后的思想解放运动这一大的社会文化背景，而西方马克思主义理论的广泛研究为文化哲学的研究提供了直接的契机，特别是，西方马克思主义的文化批判理论，作为一个理论典范为人们所熟知并为人们的文化哲学研究提供了启发。然而，西方马克思主义的文化批判理论作为一个典型"案例"进一步上升为一般性的"法理"，却成为文化哲学作为一种普适的文化批判理论方法论的基本理论诉求。一定意义上讲，近20年的国内文化哲学研究是作为西方马克思主义哲学研究的"伙伴"而同行的。公允地讲，西方马克思主义哲学与苏联的马克思主义哲学，特别是苏联教科书的马克思主义哲学有很大差异，其中包括对马克思哲学性质的理解，对马克思哲学与恩格斯、列宁等哲学之间张力的剖析，对阶级意识、文化领导权在社会历史中的作用的强调，对马克思的人道主义和异化理论的充分发掘，对哲学文化批判重要性的阐释等，都为国内的马克思主义哲学研究开拓了理论视野和提供了有益的启发。但是，西方马克思主义哲学与我们所理解的马克思主义哲学的张力是显而易见的，这种张力表现在文化哲学研究本身是自然而言的，进而在文化哲学与马克思主义哲学之间的关系问题上产生困境也不可避免。

在国内当下的学术研究和话语背景下，本来是作为一个时代的一个重要哲学流派的马克思哲学，成为衡量包括文化哲学在内的其他哲学分支或范式的标准。因此，在一定意义上说，马克思哲学性质决定了应怎样理解文化哲学的性质及其合法性。这种境况带来两种后果，一种是，如果我们无法从马克思主义哲学中找到文化哲学的合法化根据，就会因文化哲学不符合马克思主义哲学标准而否定文化哲学；另一种是，在马克思主义哲学中找到或者发掘出文化哲学存在的意蕴，从而为文化哲学争得存在的合法性。国内目前存在两种有影响的基本观点也主要与上述问题相关，一种观点认为，"文化"在马克思主义唯物史观中作为"意识形态"的表现形式，属于上层建筑范畴，通常位于"经济"、"政治"之后，马克思一生关注的是社会的经济活动，是对"资本"的剖析，而很少涉及文化及其论述，更少谈文化哲学层面的问题，因此就认为文化哲学与马克思哲学是风马牛不相关的。另一种观点力图发掘马克思哲学的文化哲学意蕴，或者站在文化哲学立场上，运用文化哲学理解范式去解读马克思哲学，从而真正把握马克思哲学的本质特征。

问题的复杂性还表现在，当下对马克思哲学的理解同样也处于活跃时期，有多种理解，包括文化哲学也为理解马克思哲学性质提供了一种启发。这样就容易出现解释学上的解释循环，一方面用马克思哲学解释文化哲学，另一方面又用文化哲学解释马克思主义哲学。这在学理上无疑是一种致命的缺陷，也由此引发一些逻辑和现实困境：首先，以马克思主义哲学为标准对文化哲学加以审视，进而寻找其存在的合法性。如果采用苏联斯大林的马克思主义哲学体系，把马克思哲学理解为辩证唯物主义和历史唯物主义，把马克思主义哲学理解为关于自然、思维和人类社会一般规律的科学，那么，文化哲学无疑被列入唯心主义哲学阵营之中。按照历史唯物主义原则，经济关系、政治制度、文化传统等都是社会存在的表现形式，文化只是一种意识形态，属于上层建筑范畴，根本无法作为哲学的逻辑起点或构建哲学理论大厦的基石。因此，文化哲学在这种马克思哲学标准的衡量下根本没有存在的必要和存在的合法性。如果把马克思哲学理解为实践哲学、实践唯物主义，同样面临着其存在合法性问题。因为，文化与实践相比，以文化为起点，似乎一开始就偏离了唯物主义路线，这是一种哲学的原罪。在哲学基本问题上，马克思哲学的唯物主义性质不能改变，这是探讨马克思哲学性质的前提。但是，以实践为其起点，同样面临非"本原"和非"始基"的困惑或原罪。因为，文化作为实践的结果，或者因其以物质性而缺乏活力，或者因其精神性缺乏实在性。其次，马克思哲学与文化哲学的互释困境。是否可以根据现有的对文化哲学的理解和对马克思哲学的文本和其表现形式以及关注的对象，对马克思哲学的性质以及特征给以文化哲学的解答。这种做法必然会招致双重的质疑和责难。因为，无论是马克思哲学还是文化哲学，在没有定论之前，这种探讨必然会陷入科学思维所不能容忍的测不准关系泥潭，如果现在对马克思哲学与文化哲学作比较研究，无疑会被视为一件不可思议的有悖哲学"科学化"和"数学化"的举动。这种举动目前还会遇到较大阻力，致使文化哲学研究陷入困境。

的确，在马克思的经典文本里并没有明确地谈及"文化哲学"范式，甚至在其唯物史观中也较少地直接运用"文化"概念，但是，在马克思哲学中蕴含了丰富的文化哲学思想。文化哲学思想不仅体现在马克思关于哲学对象、哲学主题、哲学表现形式以及哲学功能等宏观方面，也表现在整个理论体系之中。

第一，在理解人的问题上，马克思克服抽象的、生物学人观。在马克思看来，人的本性在于人的自我创造性、历史生成性和总体性。马克思主张用实践的观点理解人的本质，认为人是在劳动实践活动中，在文化创造中形成的，而不是一个纯粹的自然进化过程。人无疑是一种特殊的自然存在物，人的存在特征在于其以自主性、目的性、选择性和创造性为内涵的"自为性"——"自由性"，人的形成是生命本能冲动和文化符号形式共同作用的结果。文化符号形式不是给定的，而是人的后天创造的结果，人的生存活动无不在一定的文化符号形式中完成，文化符号形式不断积淀、丰富成为人的形象模板和内涵尺度。人与其他存在物的另一个区别在于人具有自己的历史，而这种历史正是人的文化发展史。人的形成是一种文化创造过程，人的纯粹自然本性不断受到否定、改造、教化，人的生成是一种不断"扬弃自身"的过程。人的文化本性或实践本性决定了人的总体性或整体性特征，人的文化本性消解了关于人的理想与现实、理性与非理性、物性与神性、自在与自为、主动与受动等二元对立的困惑，揭示了人在现实的文化创造过程中的总体性特征。

第二，马克思以人为轴心理解人与自然的关系，通过提出"自然人化"思想，揭示出人与自然之间的创造性的文化关系、人与自然环境之间的辩证关系，克服了旧唯物主义在此问题上的机械论观点。马克思一生始终以人的自由和解放为理论主题，但是，他对这一哲学主题的揭示和探索并没有停留于纯粹的思维意识活动中，而是立足于人的生活世界——文化世界，立足于人的现实历史创造活动之中展开的。马克思揭示了人自身的生存及其本质规定，认为自由和创造是人的最基本的特征。马克思所设定的人的理想生存状态就是最终消除异化现象，实现"自由人的联合体"的建立，人道主义和自然主义原则得到彻底贯彻的理想状态。

第三，马克思对人和社会的分析中体现出文化哲学理念和意蕴。例如在对人的生理器官和本能活动与动物的活动对比时指出，人的感觉也不具有抽象的人类学特征，而是具有物质——文化特征。人的感觉设置在社会存在之中，并成为整个世界全部历史的结果。马克思在《资本论手稿》中曾指出，人的眼睛观看和欣赏事物有别于粗野之人或非人类的眼睛，人的耳朵也有别于粗野之人或未进化的耳朵；饥饿就是饥饿，但饥饿可以借助刀叉用煮好的肉来消除，它不同于要借助手脚和牙齿吞食生肉来消除的饥饿。这些思想强调了人的器官这些看似自然而非自然的文化特征。

第四，在马克思早期的作品中关于"活动主体"，"活动"、"劳动"、"社会环境"、"对象化"、"异化"等概念的运用和分析，再到后期对"生产"、"地租"、"资本"、"国家"、"法"、"宗教"概念的运用和分析，以及建立起来的社会历史理论，如果从文化哲学视角加以分析马克思的哲学思想，或许更切合其思想本意，也更能抓住马克思哲学变革的真正标志和突破口。马克思强调人的"活动"的重要性，并以活动为基点分析人自身作为类的存在物和社会的形成的"创造性"特征，这种分析既不同于黑格尔的"观念论"，也不同于费尔巴哈的生物学和社会达尔文主义、社会有机体理论的"自然论"，从而超越了唯物主义和唯心主义简单定性判断。

第五，马克思的"对象化"、"异化"概念及其方法，基本上接近"文化"概念，人的活动后果、结晶，一方面创造出"文化符号世界"——生产力、私有制、国家、宗教、法等，另一方面又以此为基础、为生活世界而开展活动，文化的世界除了给人以更大的自由，同时也有悖人的自然本性，这就是人的异化宿命，由此也决定了哲学的使命和功能——通过文化批判实现变革现实和改变世界。

第六，马克思的哲学对象和改造的主要对象是人的文化世界，而不是形而上学的所谓的本体世界、自然世界，这也是西方马克思主义理论把马克思哲学解读为文化哲学或文化批判理论的缘由。马克思晚年通过对东方社会类型特殊性分析，通过大量的人类学、民族学资料等丰富的文化因素去补充经济学理论的框架，都是其文化哲学理念的体现。

三　文化哲学研究的理论与现实问题困境

哲学是时代精神的精华，哲学对时代主题给予关注是其秉性之一。任何哲学若具有活力必然要与时代相联系，对当下的重大问题给予解释和回答。但是，哲学同时还具有超越时代的穿透力，否则，哲学的逻辑推论和想象力就无法体现。文化哲学作为一种哲学解释范式同样需要具备这种秉性。在当下中国语境下，文化哲学研究兴起得益于两个因素，一个是西方马克思主义由传统的政治、经济批判转入文化批判，在理论上为我们提供了范例；一个是中国改革开放之后的文化反思、文化批判、文化考古和全球化背景下的文化冲突、文化霸权、文化殖民、文化安全等现实问题的提出，需要从哲学层面给予回答。后者为文化哲学研究提供了现实推动力。

文化现象与人的生活如影随形，人们可以因文化问题过于复杂——"剪不断、理还乱"而"视而不见"或"悬置判断"，但绝对不可以从根本上漠视和回避文化的作用，因为人的形象如何取决于文化模式如何。文化与社会如一枚硬币的两面，是二位一体的关系，社会如何建构、如何发展，取决于文化模式的基本类型和变迁、转型。一个民族的历史进步往往表现为其民族文化的发展和繁荣。中华民族历经几千年川流不息并充满活力，得益于其民族文化根深叶茂。在漫长的历史长河中，人们对文化传统往往是被动地适应，很少去主动地自觉。总体上看，我们对文化的强烈自觉意识的生成，是伴随中国百年现代化进程而逐步完成的。当历史走进20世纪80年代，当中国主动对外开放步入世界并被卷入全球化浪潮而成为地球村一员时，当我们的传统文化裸露在光怪陆离的文化舞台上，特别是我们全方位与西方的强势文化"短兵相接"时，一种由反思、批判、自卑、羡慕、崇拜等复杂心态交织的文化大讨论热潮在中国大地上乃至华人世界中以不可阻挡之势兴起了。透过商品贸易、管理经验引进、艺术交流、宗教传播、跨国婚姻、互派留学生、国际旅游等诸多手段和形式的全方位"文化交流"，人们对西方文化的了解不再停留于器物层面，也不再是雾里看花、水中望月，现代西方文明不仅全方位地展现在国人面前，而且不可抗拒地深深融入人们的现实生活之中。人们终于清醒地认识到，中国的现代化是一个对传统文化批判和文化转型过程；现代化要解决的深层问题是如何对待民族传统文化和外来文化的问题，是一个用什么文化观或文化哲学指导社会发展进化的问题。正如恩格斯所言，一旦有了社会的需要，就会比十所大学更能推进科学的进步一样，中国社会大变革的浪潮唤起了人们研究文化的热潮，人们试图透过文化模式的演变透视中国社会现代化进程的基本走向和运行轨迹。因此，相应的中国传统文化热、西方文化热、文化社会学研究热、文化比较学热、文化人类学研究热、文化学研究热、文化哲学研究热伴随人们对文化探究的热情兴起了。

但是，问题的复杂性在于，对这类现实问题的回答不仅仅是单纯的理论分析和逻辑推理问题，而且还掺杂着民族情感、国家利益、社会心理等非理性因素，这些问题和因素交织在一起，使问题变得极为复杂，不利于理性地回答问题，更容不得目前尚未被认可的、尚不成熟的文化哲学给以解答，这也造成了当下文化哲学缺乏现实动力的困境。其后果是，或者文化哲学研究仅仅存在于象牙塔学者的书斋里，难以走到现实的舞台；或者因运用文化哲学对文化转型、文化冲突等现实问题的回应而受到其他传统理论的阻碍。

　　文化热和文化问题的大讨论迫切需要哲学的理性反思，需要文化哲学对如何弘扬传统文化与现代文化创新问题，如何对待外来文化特别是西方的文化问题，如何应对全球化下的文化交流与冲突问题及文化的先进性和衡量的标准问题等一系列重大问题，做出理性的回答。正如迪尔凯姆所强调，任何社会都是由其特定传统文化所决定的，包括哲学也是如此，面对文化传统自身哲学似乎力不从心。韦伯一方面强调科学研究的"价值中立"原则，同时对人的社会行为作了逻辑区分，把社会行为分为目的理性行为、价值理性行为、情感理性行为、传统理性行为。哲学思维和哲学活动作为一种理性活动，的确以最大限度排除人的"价值"、"信仰"、"情感"、"习惯"、"风俗"等因素为旨趣，但是，在涉及文化，特别是涉及民族文化时，特别是涉及历史传统、民族和国家利益时，往往不能自觉和理性地对待。近两个世纪以来的文化学、文化人类学、民族学、考古学等新兴学科和积累的知识，为人们认识文化与民族和历史的关系提供了有益的借鉴，特别是包括丹尼列夫斯基、斯宾格勒、汤因比等人提出的文明形态史观，为人们把握文化对历史演变的影响提供了方法，使人们逐步从以往的神学史观、历史决定论、历史循环论等历史观中走出。以布罗代尔为代表的年鉴学派通过长时段文化考证，证明了文化传统对民族历史的重要影响。但是，上述各种学科和知识尚需要进一步的提炼，进而上升到哲学的高度，而文化哲学是接近完成这一任务的哲学理解范式。有以下几类问题需要从哲学上给以厘定。其一，传统的哲学，包括历史哲学、文化人类学等无法解决的极为复杂的关于文化的一些约定俗成的定律或"意识形态"，如文化进化论或进步论，文化原始论、文化自然法则论①、文化相对主义、文化绝对主义、文化普遍论、文化特殊论这些作为信仰的教义的意识形态，对人们理解文化产生了决定性影响，而且这些看似颠扑不

---

①　详见［美］威廉·亚当斯《人类学的哲学之根》，黄剑波等译，广西师范大学出版社2006 年版。

破的绝对真理同样需要哲学的反思和批判。这是文化哲学需要从最深层面解决的工具、方法论问题，这些最基础的理论问题不解决，其他问题就难以从根本上有效解决。其二，关于文化自身的规律需要理论发掘，例如文化的民族性特征、地域性特征、交往性特征、符号性特征、传播性特征、互相借鉴特征等，还有文化的稳定性、保守性与文化的革命性、创新性的关系，文化的自我中心性与文化的多样性关系，本土文化与外来文化的关系，传统文化与当代文化的关系等问题。其三，现实层面问题，如中国社会转型，社会变革，全球化下的文化冲突、文化战争，意识形态问题，国家利益，民族利益、民族矛盾、民族影响力、凝聚力等问题，都需要文化哲学解决。面对这些理论和现实问题，文化哲学研究始终会遭遇到传统的约定俗成的理论、学说、意识形态的抵制，同时也会在解决具体问题时受到民族情感的纠缠。

范式转换：文化哲学的"现象学转身"

李金辉*

一

有学者认为文化哲学主要有两种理论形态，作为文化学元理论的文化哲学和作为以文化为本体的哲学。① 作为文化学元理论的文化哲学这样的提问方式是"文化的本质是什么"，试图给出关于文化的某些规定性，这是一种典型的传统哲学本体论、认识论提问方式。文化被理解为与人对立的外在对象，可以和其他对象一样被理智从逻辑上所认识，从本质上加以规定。文化有独立的本原和认识规律，是外在于人的客观世界，它能从科学上加以认识和把握。这是一种对文化的实证主义和科学主义理解，它符合近代认识论的哲学范式。这种文化哲学当然从各个方面促进了对文化现象的理性认识，获得了关于文化现象的各种科学理论。

文化科学和各种文化理论在这种探究方式下取得了丰硕成果，提供了理解文化现象的多种"理论视阈"。但这种文化哲学的缺点是不能对"文化作为文化"的文化本身做出回答，不能对文化整体做出回答。在我们看来，要想获得对文化本身的理解，获得对文化整体的认识，必须突破传统哲学认识论范式，实现哲学的生存论和现象学范式转换。我们必须改变文化哲学的提问方式，悬置各种文化理论，将它们加上现象学的括号，进而面向文化本身。因此文化哲学的研究需要进行"现象学转身"，从各种各样的文化理论面向"文化本身"。文化就是文化哲学的事实本身，文化

---

* 李金辉，黑龙江大学文化哲学研究中心副教授。

① 李鹏程：《当代文化哲学沉思录》，人民出版社1994年版，导论。

哲学的现象学转身就是要面向这一事实本身。文化作为文化哲学的事实本身，是指未被各种文化科学理论"污染"的"前理论"世界或者经过胡塞尔现象学还原之后的生活世界。它才是文化哲学研究的本体，这个世界就是文化哲学的自明性前提和理论起点。它是不能被定义的，它只能被理论直观。我们不能从理论上定义它，只能现象学地"描述"它。因此，这种文化哲学可以理解为文化现象学或生活世界现象学。文化现象学将文化作为一种没有内在规定性的存在，作为一种对我们的思考所呈现出来的"现象"，进行现象学描述。其最终目的是获得对文化作为存在方式或文化存在的理解。

在文化现象学看来，文化就是人所生存的世界，文化就是人的生活。人就生活在前科学的生活世界或文化世界中。文化世界或生活世界是人的本体世界，科学世界是对文化世界的认识论改造和重建。它以主客二分为前提，将作为本体的文化世界割裂为意识主体和物质客体，主张在意识主体中再造客体世界，这个世界是认识主体片面选择、建构的结果，它获得的是文化世界的某种知性规定性，文化整体和文化本身在这里被"座架"①和肢解成各种理论模型，文化本身反倒被"遮蔽"和"遗忘"了，这也是胡塞尔后期主张回到生活世界和文化世界的理由。

文化哲学是关于文化问题的哲学理论和哲学思考，还是一种崭新的哲学范式，这一直是个悬而未决的问题。文化作为哲学所关注的领域和问题，同其他学科所关注的文化领域和问题有何本质差别？换句话说，文化作为哲学范畴有何特殊性？如何区分文化科学和文化哲学？即使是在哲学学科内部也存在文化哲学和本体论的哲学、认识论哲学和语言哲学以及实践哲学的关系问题。文化哲学是同其他部门哲学相并列的一种哲学分支，还是一种崭新的哲学范式呢？文化哲学是否不同于西方传统哲学范式呢？文化哲学到底"新"在哪里呢？

解决这些问题，我们认为首先必须区分对文化概念的不同理解。各门具体文化学科中的文化概念是局部的、个别的、小文化概念。哲学的文化概念是整体的、一般的、大文化概念。文化哲学的文化概念是世界的本体，文化就是世界，世界就是文化。文化哲学改变了我们的世界观，以往我们对世界的理解是世界是外在的、不以人的意志为转移的有着必然规律

---

① 海德格尔的术语，孙周兴将之译为"集置"或"摆置"，意思大致相近。

的世界，人必须服从规律、运用规律才能在世界上生存。文化哲学眼中的世界是人的现实生活，是人的世界。外在世界即使存在，也只是我们现实生活世界的投影和逻辑假设。因此，文化哲学改变了哲学的出发点，使哲学从人的现实世界、文化世界出发，来解决"思维和存在的关系问题"这一哲学基本问题。而以往的哲学都是从抽象的思维和抽象的存在出发，以思维和存在的二元对立来解决二者的关系问题。致使哲学远离了人的现实生活世界和文化世界，缺少了对人自身的现实关注和现实关怀。以往哲学致思的取向是从宇宙论到认识论到伦理学，其中"逻各斯"精神（世界的秩序和真理）是哲学的主要目标，作为理性基本内涵的"努斯"精神，人的意志、情感、心灵等感性活动受到了"逻各斯"精神的压制，处于晦暗不明的"阴影"之中。人的现实世界的要求（伦理要求）要从属于外在世界的存在规律（本体论要求），以及对外在世界的真理性认识（认识论要求），人或者服从于超验的上帝，或者服从于必然的规律，人唯独不服从的是自己。人在这种哲学中只是必然性的存在物，没有任何创造性。他被理性"逻各斯"抽空了活生生的感性内容。文化哲学导致了一场哲学研究范式的转换，它使哲学开始关注人自身的感性活动世界——文化世界。哲学开始以人的现实生活和伦理实践作为自己的首要研究对象，认识论和本体论的研究退到了第二位。本体论研究和认识论研究从属于伦理学，存在和真理的研究都从属于人的生存状况和文化模式的研究。文化哲学以伦理的存在、伦理的真取代了本体的存在和认识的真。认为本体的存在和认识论的真都从属于人的文化本体——伦理的善。文化哲学认为文化的本体——伦理的善，是本体论形而上学和认识论科学的基础和前提，只有"善"的问题解决了，才有可能解决"存在"的问题和"真"的问题。文化哲学认为哲学应该用伦理学统一本体论和认识论，人的存在状况的善和科学世界的真和本体世界的存在是统一的，形而上学的存在和科学世界的真，在文化世界中应该是与人的生存状况息息相关的"善存"和"善真"。人的文化世界不再依赖外在的自在世界（如自然界和宗教世界）来获取自己存在的合理性，文化世界是"自在自为"的世界。文化世界是人类独有的意义世界和价值世界。是人类自由创造的人类共享的主体间性的世界，这个世界由不同的文化模式所组成和构造。它是不断发展和变化的世界。

　　文化哲学当然也研究自然界和宗教世界，但是只把它们当作文化世界的"投影",当作人类自身状况的反映和"反观"。无论是自然界还是宗教世界,在文化哲学看来都是特定文化模式下的自然观和宗教观,都是一定文化模式的反映。因此,人们现实的生存方式和文化模式的多样性决定了自然观和宗教观的差异性。显然,哲学作为世界观(包括自然观、文化观和宗教观)首先应该表现为文化观,因为文化观才是世界观的基础。因此,文化哲学认为哲学首先是一种文化观,哲学的本体应该是文化世界。哲学的根基是文化。因此,文化哲学必然以追问文化即"文化本身是什么?"作为自己的首要任务。

二

追问是文化本身是什么?文化本身是各种关于文化的理论和文化概念吗?文化本身是一个认识对象吗?文化本身能被对象化吗?文化本身能被当作各种文化人类学所理解的文化模式吗?文化与这些理解有关系,但又不限于这些理解。这些理解都可以作为文化本身的"在场"形态和呈现方式,是对文化本身的一种"澄明"和"解蔽",但任何一种"澄明"和"解蔽"同时也是一种"遮蔽"和对文化本身的一种歪曲。因此,文化除了自身的"在场性"之外还有"非在场性",这种"非在场性"应该是文化哲学(作为文化现象学的)所追问的"文化本身"。文化本身作为各种文化在场形态的"现象学剩余",必须通过现象学还原方法来达到。

海德格尔在《世界图像的时代》一文中将文化现象作为最值得追问的现代现象之一,并试图寻求它的形而上学基础。当然海德格尔在这篇论文中是以科学现象为例来论述的,他没有以文化现象为例进行讨论,但这并不妨碍我们将海德格尔作为文化现象学代表。国内学者关于海德格尔的技术哲学(技术现象学)研究正在兴起,因为海德格尔有专门的论文《追问技术》,这就有了文献支撑。而关于海德格尔的文化现象学思想还处于空白阶段,其实我们在《世界的图像时代》这篇论文中可以看到海德格尔虽然只以科学现象为例进行了理论阐述,但同时他还说明技术、文化、艺术和宗教等也是值得追问的现代现象领域,并应该寻求其形而上学基础。因此,我们完全有理由说文化是海德格尔一系列现象学追问中的一个主题,他要通过现象学的追问解决给文化的形而上学理解所带来现代性的表象主义的局限性和认识论理解方式的困境，使我们转向对"文化本身"的追问和理解。

关于海德格尔的一系列现象学追问必须被置于海得格尔的基本存在论追问（即存在和存在者的差异）的理论背景中来理解。文化本身的追问也是如此。海德格尔在《形而上学导论》中提出了"为什么在者在而无反倒不在？"的问题，这里的"无"不是"没有"，而是存在本身。其实这个问题应该表述为"为什么在者在而存在反倒不在？"更为确切。这个提问就已经揭示了"存在和存在者"之间的基本存在论差异。海德格尔终其一生的理论追求都是围绕这个"存在论差异"来进行的。那么存在究竟是什么？它的本质如何？它如何呈现自身？它与存在者的区别究竟何在？海德格尔认为存在不是存在者，相对于存在者的"有"和"在场"而言，存在是"无"和"不在场"。存在也不是存在者的"共性"、"理念"或"相"，存在不是存在者的"根据"、"本质"或"基础"，那样存在仍然是一个存在者，只不过是"抽象的存在者"而已。那么存在是什么。存在什么也不是，或者说存在不是"什么"，存在就是"存在"，是"存在本身"。那么"存在本身"是什么呢？"存在本身"是现象学的"实事"，它不能被定义和解释，只能被现象学地描述和进行理智直观。也就是说"存在本身"是不可说的，我们只能通过自己的参与"让存在存在"并使存在向我们显现出来。

存在不能作为我们的认识对象，我们作为认识主体并不能把握"存在"。认识论和表象主义的方式只能将世界"图像化"，将人主体化。这种世界图像化和人的主体化是同一个现代化过程的两个方面，正是它们将存在把握为存在者，将存在者把握为对象，从而遗忘了存在者作为存在者的"存在者本身"和"存在本身"。这种现代化进程的本质就在于没有坚持海德格尔所说的"存在论差异"，进而使"存在本身"的追问成为不可能。

"存在本身"是不能认识的、不可言说、不可计算的"无"，但"无"怎么样呢？无显现着并遮蔽着自身，并在这种显现和遮蔽的过程中透露着自身的消息。"无之无化着"、① "存在本身存在着"。人如何面对

———————————

① 此种观点参见彭富春《无之无化——论海德格尔思想道路的核心问题》，上海三联书店2000年版。

这个"无"和"存在本身"呢？人必须筹划自己的生存，使自己摆脱偶然被抛的状态进入"此在状态"（真理现身的无蔽状态），并在此存在瞬间完成"跳跃"，成为存在和存在者的看护者，从而也完成了自己的存在使命。同样存在本身也经过"存在的急迫"进入"此在状态"并在此存在。存在者也作为存在者本身处于真理的澄明状态之中。但即使此在状态本身也不是透明的，而是晦暗的、充满阴影的。那么什么时候此在状态能够进入永恒之境呢？海德格尔没有给出答案，或者他认为根本没有永恒之境。即使有，我们也不能认识和把握。我们只能期待。人（主体）、对象（客体）作为在场者必须经过跳跃和去蔽才能进入此在状态，成为此在与存在者和存在来照面，而此在状态并不是一个绝对的时空点，而是一个由"存在的急迫"引发的"存在瞬间"。① 这个瞬间是历史的发生之处。也是真理的发生之所。这个处所是可遇而不可求的"林中路"，我们永远在路上。存在永远在降临的路上。对于这条路我们只能在实践中进行筹划，在理论上进行永无休止的"追问"和"思"。在这种追问和思考之途中，存在间或向我们现身随即又隐身。因此，对存在的追问和思考永无终点，我们只好随着海德格尔一起上路。

三

那么，对于文化哲学而言，对于文化的追问究竟路在何方呢？显然海德格尔并没有给我们指出一条现成的路（至少笔者并没有看到相关文献，如有遗漏，本人负责）。但这正给我们提供了一个像海德格尔那样思考的机会，给了我们一个追问文化的机会。为了不离海德格尔太远，我们可以参照海德格尔已有的追问——技术的追问，来进行文化的追问。

在《技术的追问》中，海德格尔开宗明义地表明了自己追问技术的方式和追问的目的。他说，追问技术首先是要构筑一条思想道路，并且希望通过这种追问来获得一种我们的此在与技术的自由关系，这种自由关系必须摆脱对技术的本质是什么的追问，必须摆脱技术的因素是什么的追问。在海德格尔看来，技术不同于技术之本质，技术之本质也完全不是什

---

① ［美］波尔特：《存在的急迫——论海德格尔的〈对哲学的献文〉》，张志和译，上海书店 2009 年版，第 87 页。

么技术因素。"因此，只要我们仅仅去表象和追逐技术因素，借此找出或者回避这种技术因素，那么，我们就决不能经验到我们的与技术之本质的关系。所到之处，我们都不情愿地受缚于技术，无论我们是痛苦地肯定它还是否定它。"① 通过对以往技术本质和技术因素的现象学悬置，海德格尔获得了探讨"我们此在与技术的自由关系"的现象学原点。进而可以自由地追问技术了。在海德格尔看来，以往的对技术的工具性和人类学的理解，仅仅是"以人们在谈论技术时所看到的东西为取向的"，② 仅仅是以技术的在场形态为前提的，这种对技术的"存在者"理解遗忘了"技术存在本身"的追问。因此，海德格尔主张："我们必须追问，工具性的东西本身是什么？"③ 通过这种追问，海德格尔将技术理解为一种解蔽方式，指出技术的本质居于"集置"之中。"集置"归属于解蔽之命运。然而这种解蔽命运，既为人指出了一条解蔽的道路，使人按照技术的方式去改造自然，同时也使人本身成为这种改造者，同时也遮蔽了其他解蔽方式的可能性。因此，技术作为解蔽方式，使人处于危险之中，即真实的东西（作为技术本身的）从正确的东西中（作为在场形态的工具性的技术和人类学规定的技术）自行隐匿了。技术本身的追问即技术的本质是如何现身的这一问题就被掩盖了。而按照海德格尔的理解，这种危险只有通过另一种历史的开端才能解决，即"人更早地、更多地并且总是更原初地参与到无蔽领域之本质及其无蔽状态那里，以便把所需要的与解蔽的归属状态当作解蔽的本质来加以经验"。④ 而这种开端，这种更原初的解蔽，也许能把一种救赎的希望带给人类。在海德格尔看来，这种新的开端和原初的解蔽要到古希腊艺术那里去寻找。因此，对技术的本质追问最后却导致了对艺术的追问。然而艺术是什么呢？艺术，尤其是古希腊艺术，"是一种有所带来和有所带出的解蔽，并因而归属于产出和创作"⑤。因而艺术

① ［德］海德格尔：《技术的追问》，载海德格尔《演讲与论文集》，孙周兴译，上海三联书店 2005 年版，第 3—37 页，收录于吴国盛编《技术哲学经典读本》，上海交通大学出版社 2005 年版，第 301 页。

② ［德］海德格尔：《技术的追问》，收录于吴国盛编《技术哲学经典读本》，上海交通大学出版社 2005 年版，第 302 页。

③ 同上。

④ 同上书，第 314 页。

⑤ 同上书，第 320 页。

不是和技术彼此分离的领域，二者在起源上有着密切的关联，对技术本质现身的追问就是对艺术本质的追问。海德格尔对艺术的追问主要体现在《艺术作品的本原》中，"我们追问艺术的本质。为什么要做这样的追问呢？我们做这样的追问，目的是为了能够更本真地追问：艺术在我们的历史性此在中是不是一个本源，并且在何种条件下，艺术能够是并且必须是一个本源。"① 可见，海德格尔对技术的追问和对艺术的追问目的是一致的，即技术和艺术能否作为我们历史性此在的本源，显然海德格尔对艺术倾注了更多的期望。不过有一点是共同的，即无论是技术还是艺术，作为一种解蔽方式，都包含着真理的发生、历史的发生、此在的发生以及存在本身的发生。因而，海德格尔对技术和艺术包括对科学的追问，都与人的自我理解和存在的理解息息相关，或者说，对科学、技术以及艺术的追问，就是对人自身和存在自身的追问。而人也不过是一个特定的存在者，他并不具有在其他存在者中的优先地位（当然是在海德格尔的《存在与时间》之后的思想中）。他还要通过自己的筹划进入"存在瞬间"来与存在相遇，并通过存在来理解自己的"在此"的根据。因而，这些追问本质上都是对"存在本身"的追问。而"存在本身"就是海德格尔现象学的"实事"，理解海德格尔的现象学必须面向这一"实事"。

文化哲学作为现象学，对文化的追问必须与海德格尔的"存在本身"这一现象学"实事"相一致。文化哲学的追问也必须摆脱各种在场文化理论和概念的束缚，让文化本身作为存在本身的发生之域、存在真理发生之域、存在历史发生之域、存在现身之域。建立文化与存在理解之间的"解释学循环"，通过存在的急迫来理解文化的发生，通过文化的追问来理解存在的历史和存在的现身。而这种解释学循环的建立，需要我们将文化作为一种特定的解蔽方式，将文化作为一种存在真理发生的无蔽状态。但是任何一种解蔽都包含着遮蔽和引退，因此，文化作为一种在场的无蔽状态，势必显现为一种对存在本身的遮蔽，存在势必逃避文化的追问。因此，对文化本质的追问是无穷尽的，只要存在永远保持着对文化的既显现自身又引退自身的姿态，文化和存在之间的解释学循环就是动态的、历史的，而不是绝对的。因此。任何一种对文化的定义和关于文化的理论都是

---

① ［德］海德格尔：《艺术作品的本原》，载《林中路》，孙周兴译，上海译文出版社 2008 年版，第 57 页。

特定情势下对文化本身和存在本身的一种特定理解，都是一种关于文化本身和存在本身的"在场"形态。同时也是对文化本身和存在本身的追问的一种"遮蔽"和遗忘，是对文化和存在之间的解释学循环的割裂。使文化本身变成了无历史的文化形态、文化模式和文化结构，文化被"结晶化"了，文化被实体化了。同样，存在本身也变成了无时间性的"存在者"，存在本身完全现身了，存在再也不能自行遮蔽自己，存在显现为在场的结构。因此，存在本身就成了一种特定的"存在者"，在这里存在本身不需要追问，不需要"思"。因此，关于文化本身和存在本身的追问，是一个文化本身"文化化"的历史性过程和一个存在本身的"存在化"过程，同时也是人这一历史性此在的"此在化"过程，以及存在者自身的"存在化"过程。

综上所述，无论是海德格尔对科学的追问、对技术的追问包括对艺术的追问，以及还没有展开的对文化的追问，都与对存在的追问联系在一起。而存在本身相对于各种"在场"的存在者而言，表现为一个现代科学和现代技术（其形而上学基础是认识论和表象主义）无法认识（无法计算）和无法把握的（不能操控）的"无"，这个"无"就是以往形而上学所遗忘的"存在"。而现代科学、现代技术、现代艺术和现代文化，无疑是以这种遗忘"存在本身"的"在者"形而上学为前提的，并充当了形而上学的"帮凶"。它们共同造成了现代性的危机。在现代性的危机中，我们认为更重要的是现代科学技术造成的人的生存文化危机，这种文化危机表现为各种"在场"文化世界对文化本身（作为生活世界）的"遮蔽"和"遗忘"，表现为对作为现代科学技术带来的现代文化世界的意义来源的生活世界的"遗忘"。这种对生活世界的遗忘是以往形而上学的必然结果，因此，我们应该转换我们的思维方式，面向生活世界本身、面向文化本身，来追问文化，实现文化哲学的"现象学转身"。

超越作为"转型哲学"的文化哲学

——对当代文化哲学焦虑的诊断

赵福生[*]

一 当代文化哲学的定位:一种转型哲学

20 世纪以来,文化哲学无论在西方,还是在东方,无论是概念的主题化,还是实际的哲学研究,都取得了丰硕成果。文化哲学在改变人们的文化视野和哲学视野的同时,又重新带回文化与哲学关系的困境,使文化哲学面临三个难题:文化的取向与哲学的取向;非体系的解放与体系的追求;建构与批判的冲突。也许,本来并不存在什么难题,难题意识的形成恰恰表明,提问者本就在当代文化哲学之外,因为这种难题本身正是作为"转型哲学"的当代文化哲学的题中之意。

所谓"转型哲学",是在几百年甚至上千年的哲学大转折中出现的过渡的哲学形态。在人类社会的重大历史转折时期,哲学都以一种时代精神的精华来表征社会转折的精神走向,在对现实存在的反思和回应中,哲学实现自身的华丽转身,向新的哲学形态转型。然而,这种转身不是一蹴而就,而要经历漫长的历史过程。其中,大的哲学的转向过程会出现一个过渡的哲学形态,这种过渡哲学形态生于哲学转型开始之时,存于转型过程长时段之中,止于哲学转折的完成,在这个意义上,这种过渡哲学形态被称为"转型哲学"。

"转型哲学"的转型本质规定了它的多样态性。从文化哲学的"文

---

* 赵福生,黑龙江大学文化哲学研究中心研究人员,黑龙江省委党校副教授。

化"与"哲学"出发，形成了文化哲学的三种指向：哲学的文化学、文化的哲学、作为整体的文化哲学。哲学的文化学强调，文化相比于哲学更具基础性，它是哲学的背景和土壤，所以从文化视角看，我们可以说世界上有许多种哲学，哲学的不同在于它们起源的文化不同，这样哲学就有了多元性。这里，不仅出现了"后哲学文化"，而且出现了后哲学的文化哲学。但是，哲学终究不是文化的附庸，哲学是文化中的独特性。对于这种独特性的更多的强调，就使哲学对于文化的批判意义凸显出来，这种意义不仅体现在它要对自身文化内容进行批判，而且还对自身前提进行批判，从而转入文化的哲学研究。何以如此强调哲学抑或文化之一端？原因在于其现实生活发生了改变。比如，当下对文化的强调，在于西方理性哲学的现实基础具有了可批判性，西方的经济社会危机使非西方文化的独特价值凸显。

作为"转型哲学"的文化哲学的多样态性规定了它的非体系性。在同一"转型哲学"之下，文化哲学、实践哲学、人学、价值哲学、科学哲学、历史哲学、政治哲学等哲学形态竞相出场，众神癫狂。这种"转型哲学"的多样态性表征了人之历史存在及试图超越历史存在的现时生存精神的多样态性。"转型哲学"的非体系性表现为无论是哪一种样态的哲学，都难以统摄所有相关研究。就文化哲学而言，对哲学的文化研究、对文化的哲学研究、作为理论范式的文化哲学研究、内含文化与哲学的理论研究，或相辅相成，或相互冲突，呈现非体系的特征。

作为"转型哲学"的文化哲学还决定了文化建构与批判的冲突。哲学本就是批判与建构的统一，然而，在当今的文化哲学研究内部，对同一对象出现了多种不同的研究旨趣。就中国文化而言，同样是在文化哲学研究的旗帜下，有人主张它的现代意义，有人批判它对现代性的阻滞力。

文化哲学的多样态性、非体系性、内部冲突性，既使多元的文化理论、思潮、观点彼此在场，又使文化哲学本身显现了"能指的狂欢"。"能指的狂欢"标志着文化哲学的发展，也预示着文化哲学进一步发展的瓶颈。当代文化哲学基本定位是作为"转型哲学"的文化哲学，这种"转型哲学"的繁荣在增强文化哲学系统性的同时的确模糊了文化哲学的视阈，遮蔽了文化哲学的体系，使文化哲学自身的合法性陷入危机。因此，超越"转型哲学"的文化哲学，或许是当代文化哲学焦虑的原因，因此，厘清文化哲学旗下各种研究的关系，应当是走出作为"转型哲学"

文化哲学的当务之急。

尽管大家都已经意识到了当今文化哲学的深层次问题在于"转型哲学"无体系，但是，走出哲学转型的初级阶段需要建立何种文化哲学体系的问题还是需要讨论的。而要探讨这个问题，不仅需要分析文化哲学产生发展的社会历史背景，还要分析文化哲学产生发展的内在逻辑。这里我们只是对后者做必要的分析。

二　文化哲学的发展逻辑：意识哲学的前提批判

理论思维的前提批判是哲学自身的发展逻辑，而要说清文化哲学的发展，不妨从当前的热点——微观政治哲学说起。20世纪末，微观政治哲学成为一个显要的哲学主题。那么，微观政治哲学与文化哲学是什么关系呢？立足于文化哲学的视角，微观政治哲学无疑被文化哲学体认成一个理论资源。然而，按照视角主义的视角互易性观点看，我们就会发现，文化哲学是微观政治哲学的真正起点。这一结论的得出，既不是基于微观政治的提出者——福柯本人为我们提供了文化哲学与微观政治哲学直接关联的语句，也不是基于福柯曾受西方马克思主义日常生活理论影响的历史推断。因为，从前者看，以目前我们的研究，还没有这样的证据；从后者说，后者自陷于表象，失之于严谨。我们提出"文化哲学是微观政治哲学的真正起点"这一命题，是基于微观政治哲学的文化哲学范式。

对于微观政治哲学，凯尔纳和贝斯特的《后现代理论》做了大篇幅的论证。他们指出，福柯的微观权力研究显示出一个全新的出发点，因为在那里"权力"成了问题。凯尔纳和贝斯特在此所指的就是福柯的谱系学研究。许多研究者如他们一样，认为福柯的思想在1976年发生了急剧的变化，这个时期福柯的思想实为从《规训与惩罚》写作开始，福柯本人也是重视他在谱系学时期的哲学开端的，称《规训与惩罚》为"我的第一本书"。① 然而，福柯哲学研究的这种断裂性，并不能掩盖其背后的深层连续性。这种连续性不是文本上的逻辑性——它事实上已经断裂了——而是研究范式上的连续性。如果我们承认福柯的研究是一种理论思

---

① ［法］福柯：《对真理的关怀》，载《权力的眼睛：福柯访谈录》，严锋译，上海人民出版社1997年版，第145页。

维并走到这种理论思维的内部，考察它自身的前提，不难发现，"精神病学的考古学"、"人文科学的考古学"、"知识考古学"不是书写精神病学的历史、人文科学的历史、知识的历史，而是考察精神病学、人文科学、知识的社会文化前提，追问精神病学、人文科学、知识何以有如此这般的历史，而不是别样的多种可能的历史。《规训与惩罚》书写的不是研究监狱的科学，而是对监狱学背后的社会文化进行解析，探寻监狱从古至今何以有如此谱系。考察精神病学、人文科学、知识和监狱的社会文化前提，研究的是构筑社会生活的知识观念和技术实践的文化模式和机制，追问精神病学、人文科学、知识和监狱何以有如此这般的历史，是对我们现时的存在何以落到这般田地的历史解释模式。它们的共性之一在于，都是对规定社会宰制秩序的理论思维之前提进行批判，而这正是文化哲学的研究范式。正是以这种文化哲学的研究范式，福柯提出了微观权力思想，从而为微观政治哲学开启了门户。在这个意义上，文化哲学不仅视微观政治哲学为理论资源，而且是微观政治哲学的真正起点。但是，文化哲学的这种研究范式与微观政治哲学是通过什么勾连起来的呢？那就是文化哲学的核心要素：日常生活批判。

对规定社会秩序的理论思维的前提进行批判，显然已经不是对理论思维本身进行直接批判，而是深入其背后，对理论思维形成的前提进行批判。规定社会秩序的理论思维的前提什么？一个共识答案是意识哲学，意识哲学成为哲学发展自身批判的对象。然而，意识哲学也是一种理论思维，这种理论思维的前提又是什么呢？是什么造成了意识思维这种形式呢？当然是社会历史文化原因。这些历史文化原因尽管有其多样个性，但不是绝无共性的，它集中显现在长时段的历史中形成的人自身稳定的生存方式。因此，通过两个阶段理论思维的前提批判，形塑人自身现实如何生存的社会历史文化显现出来，进入哲学的视野。

因此，这种社会文化观念已经不局限于作为与政治、经济并列的社会构成维度的文化，而是一种以凝结了的人自身稳定的生存方式显现的文化，哲学自身在对意识哲学之理论前提的批判中实现了向文化哲学范式的转换。在这个意义上，文化哲学不局限于对文化的哲学研究或对哲学的文化研究，而是作为一种具有总体性的哲学而显现。尽管都由"文化"与"哲学"组成，但它们显然已经不是在同一个层面上的问题。对文化的哲学研究属于部门哲学，而对哲学的文化研究属于文化学的一个分支。这两种研究为总体性的文化哲学提供理论资源，成为文化哲学腾飞的"两翼"。

对规定社会秩序的理论思维的前提进行批判，使人们不仅不在一般的理论思维中打转，而且不在意识哲学的绝对概念体系的抽象世界中打转，哲学使得目光由绝对理念世界投向了日常生活世界，而回到日常生活。西方马克思主义的"日常生活"理论因为其表征了这一转变而为哲学界所重视，然而，相比之下，日常生活批判的特殊重要性还远没有得到揭示。哲学对理论思维前提的批判本性不只要求找到日常生活，而且要批判日常生活，将哲学批判由绝对理念批判引入日常生活批判。日常生活批判成为文化哲学对理论思维前提批判的中介，文化哲学在日常生活批判过程中向前发展。日常生活批判在文化哲学中具有重要的地位，它是文化哲学的核心要素。文化哲学通过这个核心而具有政治哲学性，成为政治哲学性的文化哲学，政治哲学性的文化哲学必须以关于"历史性存在论"的日常生活批判为基础。

三　文化哲学的核心：日常生活批判

马克思指出："哲学家们只是用不同的方式解释世界，问题在于改变世界。"① 作为一种前提性批判，哲学解构本身也是一种建构，因为它无法回避自身的理论表征与哲学旨趣，改变世界的建构要求必然使文化哲学走向一种新政治哲学。这样，新政治哲学通过日常生活的政治批判而成为文化哲学的目标。

日常生活批判要批判的有两种相互关联的方式：一种是对日常生活这一总体进行理性反思，运用历史、当代和全球眼光，厘清不同文化模式，并展开对形塑现实人生存的理论思维背后的总体文化权力进行批判，通过这种批判最终"改变"这个世界；另一种方式就是通过将日常生活的观念制度予以分岔，走入日常生活这个社会文化总体中，从更微观的角度展开日常生活的谱系学。

事实上，以这两种方式尝试进行社会历史分析，从马克思就开始了。马克思的"亚细亚生产方式"内在地包含着对文化模式进行的日常生活

---

① 《马克思恩格斯选集》第 1 卷，人民出版社 1995 年版，第 57 页。

批判，马克思在《资本论》中对监督权力的分析，就是在日常经济生活中对微观权力的批判。当然，在马克思那里还没有微观政治这个概念。而福柯在其《规训与惩罚》中，通过对马克思监督权力批判的引用建立了经济发展与微观权力批判的互动关系，从而走出其单纯微观权力批判的循环论证的困境——宏观权力的真正改变有赖于微观权力的改变，微观权力的彻底改变也有赖于宏观权力的改变。① 而这个困境正是后现代理论家们的理论困境，因而诉诸马克思至少是他们自身避免陷入困境的一种策略选择。

日常生活批判对于福柯的文化哲学的政治哲学构想具有特殊的重要意义。福柯曾对阿尔泰米多尔评价道："他不是在某些伟大的作者那里去探寻这种经验，而是到它形成的地方去寻觅……经验是他所说的一切的规则和见证。"② 这是一种什么样的研究？福柯说："这是一本'实践的'和日常生活的著作。"事实上，日常生活批判早已是福柯对早期具有政治哲学的文化哲学改造的重要一环。在考古学时期，福柯虽然还没有明确形成后来在《规训与惩罚》中的"微观权力"概念，其概念和表达方式亦显得曲折而令人费解，但其中已透露了考古学时期福柯哲学的基本定向，即文化哲学的政治哲学的基本思路。福柯通过日常生活批判以解构权力观念的方式，以往的文化批判政治哲学化，以理性分岔的日常文化权力批判将政治哲学"文化哲学化"，使文化哲学与政治哲学在日常生活批判的中介中互为中介。

在西方的日常生活批判中，尽管福柯不承认他的"差异的规则"仍是早期的"知识型"，因为早期的"知识型"是以理论思维的第一次前提批判为指向的，而"差异的规则"则是以理论思维的第二次前提批判为指向的，但无论如何，福柯的"相似性"所含的日常生活批判的基本原则毕竟还是文化模式意义的。此外，微观权力批判虽然是"现时的生存论"，但这种建构显然还是通过对历史的存在论进行政治哲学、文化哲学解构来完成的。

① 马克思指出："政府的监督劳动和全面干涉包括两方面：既包括执行由一切社会的性质产生的各种公共事务，又包括由政府同人民大众相对立而产生的各种特殊职能。监督和指挥的劳动，只要由对立的性质，由资本对劳动的统治产生，因而为一切以阶级对立为基础的生产方式和资本主义生产方式所共有。"《马克思恩格斯选集》第2卷，人民出版社1995年版，第510页。
② ［法］福柯：《性经验史》，佘碧平译，上海人民出版社2002年版，第353页。

在我国，对日常生活进行批判作为"五四"新文化运动的标志在 20 世纪初的中国传统文化大批判中开始。然而，这种批判多以文学评论的形式出现，例如梁漱溟的"中国人原来个个都是顺民，同时亦个个都是皇帝"的白描，鲁迅在《伤逝》中以子君的口吻说，"可是我是我自己的，他们谁也没有干涉我的权利"。这还不具备自我反思的理论形态，还不具有典型的哲学特征。所以这种对日常生活进行批判与我们今天所说的日常生活批判相去甚远。更为重要的一点是，这种批判循环于知识分子的层面，具有表层启蒙的特征，具有具体历史性。

从福柯的工作中，我们可以看到日常生活批判的意义。正如南希·弗雷泽所说："福柯使我们能从相当广阔的视角出发理解权力；当研究他所谓的'微观实践'（现代社会中由日常生活构成的社会实践）的多样性时，他又使我们能够相当细致地理解权力。这种积极的权力概念笼统但却无误地蕴含着对'日常生活政治学'的倡导。"① 这种分析一语中的。福柯指出："从基层的日常生活斗争开始做起，参与这项工作是那些在权力网最薄弱环节上斗争的人。"② 因此，衣俊卿教授指出："在日常生活世界的微观层面上，我们既可以揭示不发达国家的日常生活的文化机理是如何阻滞宏观的现代政治、法治、经济体制的确立的，也可以在发达国家的日常生活世界中找到抵御宏观政治权力和经济体系对生活世界的殖民化，以及对社会自由空间的理性控制的反抗力量，同时，正义、平等、自由、民主、法治、权利等宏观政治理念只有在日常生活的微观层面上转化为内在的文化机理，才不会变成一种抽象的口号和普遍化的宏大叙事。"③ 这种分析表征我国当代日常生活批判两种路向的有机统一。

作为文化哲学研究方法论的总结和研究范式的主题化，《论微观政治哲学的研究范式》从发生学视角出发，厘清了微观权力的三种主要类型——日常生活世界中的各种传统文化控制机制，中心化的理性权力所有生活层面的渗透所形成的微观控制，公共领域、非政府组织、新社会运动产生的各种边缘化的微观权力；从微观权力与宏观权力的关系视角出发，

---

① ［美］南希·弗雷泽：《福柯论现代权力》，载汪民安、陈永国、马海良编《福柯的面孔》，文化艺术出版社 2001 年版，第 123 页。

② ［法］福柯：《米歇尔·福柯访谈录》，载杜小真编选《福柯集》，上海远东出版社 2003 年版，第 434 页。

③ 衣俊卿：《论微观政治哲学的研究范式》，《中国社会科学》2006 年第 6 期。

提出了微观权力的三种作用机制——与宏观权力同构，阻碍宏观权力机制，反抗宏观政治霸权。如果说其将自然经济为基础的传统社会中的氏族、家庭、家族、宗族、血缘网络、乡里制度、民间组织，以及与此相适应的家规家法、习俗习惯、礼俗乡约、道德纲常等自发的规范体系归为微观权力的一种类型的做法，是从中国日常生活批判角度对微观权力的独特理解，是与福柯对法国习俗礼仪等未主题化的微观权力的共鸣，那么对"阻碍宏观体制"、"反抗宏观政治霸权"赋予具体微观权力的作用，则将文化哲学中日常生活批判这种反抗微观政治力量"权力化"，使微观政治斗争得以更清晰地描绘，即以"新生事物"的微观权力姿态反抗传统微观权力和宏观权力的合谋，从而推动新型政治哲学的构建。"在中国的语境中，关于现代性和启蒙的争论同样不是一种笼统地坚持还是拒斥的普遍化问题，不是一种理论哲学的宏大叙事，相反，首要的任务是在社会生活和日常生活的各个微观层面上具体分析现代性的多元维度，在多大程度上得以确立，在多大程度上形成了控制机制，在多大程度上产生了危机，进而，我们可以在多大程度上调动世界的和本土的各种文化资源对之加以修正和完善。"①

日常生活批判以解构文化观念的方式对以往的文化批判作了政治哲学的改造，同时又以集中表现为"文化权力批判"的文化批判对以往的政治哲学作了文化哲学的改造，这种文化哲学和政治哲学在与日常生活批判互为中介的过程中合流，获得了新的发展方向，向更远处推进哲学的地平线。

四 结语：文化哲学"一体两翼"的可能体系

文化哲学作为一种"转型哲学"，具有极大的包容性。这种包容各种思潮、观念、倾向的文化研究，拥有文化哲学的三重规定性：其一，文化哲学是一种哲学范式，它是新康德主义以来哲学共同体普遍采用一套方法、一种"研究方式"、一种看法；其二，文化哲学的核心要求是"日常生活批判"，它不仅是对哲学的文化研究、对文化的哲学研究的着眼点，也是哲学转型过程中作为总体的文化哲学的落脚点；其三，文化哲学研究

① 衣俊卿：《论微观政治哲学的研究范式》，《中国社会科学》2006 年第 6 期。

范式包含着两个"基本环节",即通过对"文化模式分析"的日常生活批判实现对政治哲学的文化哲学解构,再通过文化权力批判实现对文化哲学的政治哲学的建构。在这两个基本环节中,中介是日常生活批判。

由此可见,以日常生活为本体,以日常生活批判为中介,以文化模式与转型、文化危机与焦虑、文化批判与重建为内容,以文化的哲学研究与哲学的文化研究为两翼,以新政治哲学为建构方向,我们能够建构文化哲学"一体两翼"的体系。如此来明确文化哲学的体系,为文化哲学划界,或许可以推动当代文化哲学超越作为"转型哲学"的哲学而实现哲学的真正转型。

文化哲学视阈中的"现代性"批判理论

牛小侠[*]

当今学术界，现代性批判几乎成为各门学科研究的核心观念和热点问题。哲学从反思的角度对其进行批判，政治学从社会制度及其结构的合理化对其进行讨论，美学从审美认识与审美体验对其审视，等等。如果说文化是指物质和精神的总和，文化哲学是对这种总和的反思和批判的话，那么上述不同学科领域内的现代性的审视和反思，都可视为文化哲学视阈中的"现代性"批判理论，即把各种现代性问题作为一种文化现象对其进行反思与批判，因为"文化哲学并不是一种独立于其他哲学学科或分支领域的特殊的哲学研究领域，而是贯穿于或渗透于所有哲学领域之中的哲学视野或哲学境界"[①]。笔者从学理上简明扼要地考察现代性的历史演变及其在演变中批判的向度和实质，尤其是马克思对现代性进行的病理学的深刻分析及其治疗学上的纠正，这为现代社会的"现代性"建设提供了正确方向，进而阐述现代性批判在当代中国现代化建设中的价值。

一 现代性的缘起及其批判

在当代社会，对"现代性"这一概念的理解存在很大争议，为了解除其争议以及澄清其内涵，必须对"现代性"进行历史性考察和分析。"现代性"最初缘起于"启蒙运动"，因此对现代性内涵及其作用的分歧源于对"启蒙运动"内涵及其作用的分歧。对于"什么是启蒙"，不同的

---

[*] 牛小侠，吉林师范大学政法学院讲师，辽大哲学与公共管理学院博士。

[①] 陈树林：《文化哲学视域下的马克思哲学思想》，《哲学研究》2007 年第 3 期。

思想家因立场不同而有不同的理解和解释，从康德到黑格尔中经尼采和马克斯·韦伯，再到霍克海默与哈贝马斯以及福柯，他们无不对"启蒙"进行过深入的探讨。首先对"启蒙"内涵做出明晰规定的是康德，他认为启蒙"就是人类脱离自己所加之于自己的不成熟状态"①。所谓"不成熟状态"就是不经别人的引导就没有勇气与决心运用自己的理智，即对自己的"理智无能为力"，所以启蒙运动就是自觉地开启自己的理智。而"理智"揭示了主体的主体性，即理性主体。理性主体使人对"构成宗教之基础的那种害怕本身是一种不成熟的反应，会由于对事物的清楚理解而消失"②。这也是启蒙最积极的意义所在，但启蒙运动假设人性是无限可塑的，这又造成现当代社会对它的反思和批判。不可否认，"启蒙运动"最初是把人从宗教的权威（尤其是基督教的权威）中解放出来，"基督教牧师或基督教教会发展了一种观念，认为每一个人，不管处在什么年龄和地位，他从生到死的整个一生和他行为的每一细枝末节都应当受某个人的统治，他也应当让自己服从这种统治，也就是说，他应当在那个人的指引下走向拯救；他对那个人的服从既是整体的，也是琐细入微的"③。所以启蒙运动最初是一种反对"宗教统治"的运动，使人从宗教生活中回归到世俗生活中。在此意义上，"启蒙运动"是一种批判运动，首先是对圣经的批判。在康德的观念中，圣经之所以受到批判，是因为它象征着"私人理性"的滥用而不是"公共理性"的使用，"私人理性"的运用是一种虚假的启蒙，它代表着一种新的专制与独裁；"公共理性"是对理性私下使用的一种限制，它代表着一种真正的自由，只有在这个自由中才能产生真正的启蒙。18世纪法国启蒙运动主要指向从自然法的视角对法律的批判，在这里"批判就是不被统治到那样程度的艺术"④。所以，在理论形态上，"启蒙运动"不仅促使了宗教—形而上学的衰落，而且也加速了社会文化转型，同时引起了人们对这一转型文化意义的哲学思考。在此意义上，启蒙运动是西方文化文明的典范，它表达了一种科学进步终将消灭偶像崇拜的信念，但"启蒙运动"在开启现代性的同时，也使现代性

---

① 江怡主编：《理性与启蒙——后现代经典文选》，东方出版社2004年版，第1页。

② ［美］詹姆斯·施密特编：《启蒙运动与现代性》，徐向东、卢华萍译，上海人民出版社2005年版，第360页。

③ 同上书，第389页。

④ 同上书，第390页。

自身潜伏着危机。首先对现代性进行批判发轫于法国哲学家卢梭，他敏锐地洞察了近代欧洲正在遭受或潜伏着现代性的危机。他认为，现代文明所创造的理性和智慧并不是人的价值所在，人的真正的价值在其道德精神或德性。因为文明导致了私有制和不平等，侵害了人的自然淳朴的德性，所以解决现代性问题的路径是回归自然的原始状态。这一解决路径只是他的一种理想的乌托邦的设想，但是他对现代性的批判开启了后世对现代性问题的关注和深入的思考，在相当程度上奠定了后来的现代性批判的基调。就此有人指出，"在康德对形而上学的'拒斥'背后，隐藏着一个关键的动机力量，那就是他对卢梭的解读以及他后来对盛行的工具主义的理性概念的激进修改。"① 在此意义上，启蒙首先作为一种批判方式走向了自我的批判，即对启蒙运动的批判，这种批判主要通过"现代性"批判显示出来，所以霍克海默倡导反对我们的理性，也就是对启蒙运动的现代性评价。

　　"现代性"这个概念在不同历史阶段中有不同的时代意蕴，对其界定也呈现出不同理论姿态和样式。社会学家鲍曼从"现在"观念去阐释"现代性"，认为现代性是以一个"液体状态"的永远不断的流动过程，从此意看，现代性是一种历史发展过程。用哈贝马斯的话语说，现代性是一个未完成的设计，这种设计缘起于人的理性的无限的设计。黑格尔也把现代性作为一个历史概念来加以把握，或者说把现代概念作为一个时代概念，即"'新的时代'（neueZeit）就是'现代'（moderneZeit）"②。从历史的角度阐释现代性，必然把现代性视为一种"出口"或"端口"，它标志着一种新的历史时期的到来，这种新时期是否在现实生活中可以到达，黑格尔并不关注这个，他更多地在思维层面上认为新时代是可能实现的，现实的就是合理的，从而在自我意识确证性的基础上第一次用概念把现代性、时间意识和合理性之间的格局凸显出来。在此意义上，哈贝马斯称他是"发展出明晰的现代性观念的第一哲学家"③，但是这种概念中的"现代性"揭示了黑格尔哲学以观念的批判形式遮盖了对现实性的非批判性，

---

　　① ［美］詹姆斯·施密特编：《启蒙运动与现代性》，徐向东、卢华萍译，上海人民出版社2005年版，第459页。

　　② ［德］于尔根·哈贝马斯：《现代性的哲学话语》，曹卫东译，译林出版社2004年版，第5页。

　　③ 周宪：《审美现代性批判》，商务印书馆2005年版，第15页。

"哲学不再批判性地针对现实性，而是针对摇摆于主体意识和客观理性之间的模糊抽象性"①。所以他的哲学不再具有指导的意义，只是用概念反映了世界的现实性。就此意而言，黑格尔对"现代性"的关注缺失了批判的向度，只发挥了对现实性的阐释功能，确切地说现代性只是当时社会意识形态的"工具"之一。现代有的哲学家从进化论的角度认为现代性是一种历史自然而然的过程，意味着现代性是一种历史自律的过程，表征着一种时代的进步。此观点在"历史自律"上可视为黑格尔历史哲学观的延伸，不同之处可能在于缺失了黑格尔历史哲学的"自我意识"的主体，这种"无主体"的历史自律，在现代意义上实质是一种历史的虚无主义。在这一点上，尼采的现代性观念标志着虚无主义的盛行。马克斯·韦伯认为，现代性是一种"在西方文化中已经持续了数千年的祛魅化过程"②。这意味着现代社会失去了审美内涵，变得越来越"平面化"，这也是技术社会的大众文化兴起的历史文化根源。在此意义上可以说，"我们的文明的思想基础很大一部分的崩溃在一定程度上是科学和技术进步的后果。……技术文明危及了进行独立思考的能力本身。"③ 海德格尔称现代技术社会是个"诸神隐遁"的黑暗的子夜。从现代性多种层面内涵的理解窥探出"现代性"所折射的光芒中隐藏着一些险恶的东西。这些问题在现代性产生之初就潜伏在其内部了，当现代性在当代社会成为各个生活领域中"主题"时，其内在矛盾也以不同方式呈现出来。针对这些矛盾，现当代哲学家从不同的角度对其进行批判，从而形成了不同文化类型的现代性批判理论，如日常生活批判、技术理性批判、意识形态批判等。由于"现代性"缘起于人类的"启蒙运动"，所以，对现代性的批判与对启蒙的批判往往是纠缠在一起的。

二　现代性批判的向度与实质

从现代意义讲，对现代性问题进行第一次全方位的批判首推马克思，

---

① ［德］于尔根·哈贝马斯：《现代性的哲学话语》，曹卫东译，译林出版社2004年版，第50页。

② 江怡主编：《理性与启蒙——后现代经典文选》，东方出版社2004年版，第110页。

③ ［美］詹姆斯·施密特编：《启蒙运动与现代性》，徐向东、卢华萍译，上海人民出版社2005年版，第368页。

因为马克思以思想文化批判武器对资本主义社会的现代性进行了深刻分析
与无情批判。马克思首先对资本主义社会的"现代性"进行了病理学的
剖析，认为资本主义社会在现代性的过程中虽然带来了生产力的巨大发展
以及工业文明，但正是在其现代性过程中使人以异化的形式存在着。人没
有在生产力的巨大解放的同时使自身获得更大的解放，相反人的枷锁以隐
性的形式变得更加沉重，这种沉重之感马克思通过分析资本主义社会的日
常生产而揭示出来。他首先肯定了资产阶级在历史上曾经起过非常革命的
作用，以及资本主义社会创造的生产力比以往社会的生产力的总和还要
多、还要大，同时他也揭示了资本主义社会现代性的病态及其原因，进而
转向对资本主义社会的日常生活批判。他揭示了"资本"对日常生活的
统治，因为"资本"从头到脚每一个毛孔都滴着血和肮脏的东西，资本
统治源于资产阶级"无情地斩断了把人们束缚于天然尊长的形形色色的
封建羁绊，它使人和人之间除了赤裸裸的利害关系，除了冷酷无情的
'现金交易'，就再也没有任何别的联系了。它把宗教虔诚、骑士热忱、
小市民伤感这些情感的神圣发作，淹没在利己主义打算的冰水之中。它把
人的尊严变成了交换价值……总而言之，它用公开的、无耻的、直接的、
露骨的剥削代替了由宗教幻想和政治幻想掩盖着的剥削"①。日常生活问
题通过资本在生产领域、交换领域和流通领域的整体运作过程中呈现出
来，资本这种运作方式揭示了其社会制度的剥削方式，这些方式使得日常
生活呈现出阶级对立以及贫富两极对立的生活模式。立足于这种社会制度
背景，马克思对日常生活的"劳动"进行了批判，"劳动对工人来说是外
在的东西，也就是说，不属于他的本质；因此，他在自己的劳动中不是肯
定自己，而是否定自己，不是感到幸福，而是感到不幸，不是自由地发挥
自己的体力和智力，而是使自己的肉体受折磨、精神遭摧残。"② 对于工
人逃避"劳动"的生活现象，马克思通过分析商品交换与流通揭示了资
本掩盖下资本家的剥削秘密，进而批判了资本主义国民（政治）经济学
的形而上学的本性，在此基础上，批判了资本主义社会的虚假意识形态。
马克思在《德意志意识形态》中用了很大的篇幅论证意识形态产生的社
会根源，并把青年黑格尔的头足颠倒的历史观颠倒过来。"意识在任何时

---

① 《马克思恩格斯选集》第 1 卷，人民出版社 1995 年版，第 274—275 页。
② 马克思：《1844 年经济学哲学手稿》，人民出版社 2000 年版，第 54 页。

候都只能是被意识到了的存在，而人们的存在就是他们的现实生活过程。如果在全部意识形态中，人们和他们的关系就像在照相机中一样是倒立成像的，那么这种现象也是从人们生活的历史过程中产生的，正如物体在视网膜上的倒影是直接从人们生活的生理过程中产生的一样。"① 马克思在揭示了意识形态产生的物质生活根源后，又进一步揭示了资本主义社会意识形态产生以及其虚假性的阶级根源。"统治阶级的思想在每一时代都是占统治地位的思想。"② 所以，资本主义现代性并没有使人的生活变得自由，也没有使人摆脱统治，而且资本主义的统治和剥削变得更加冷酷无情，这意味着以工业为开端的现代性承诺的人的自由没有真正地实现。怎样改变资本主义现代性的歧途？马克思开启了一种新的启蒙，这种启蒙可以说是一种现实意义上的启蒙，他从根基上剔除了现代人对资本主义社会现代性的信仰，资本主义的现代性只不过是人类启蒙过程中一个历史的阶段。马克思通过揭示现代社会的经济运行规律及其社会发展规律，指出"无论哪一个社会形态，在它所能容纳的全部生产力发挥出来以前，是决不会灭亡的；而新的更高的生产关系，在它的物质存在条件在旧社会的胎胞里成熟以前，是决不会出现的"③。所以，工人只有把经济上的斗争与阶级斗争结合起来才能真正取得胜利，进而创造一个象征着自由的共产主义以取代资本主义社会。这不仅是现代社会的发展趋势，也是资本主义现代性的历史命运。

在马克思对资本主义社会虚假"意识形态"尖锐的批判之后，现代马克思主义者卢卡奇和曼海姆继承和发挥了马克思"意识形态批判理论"。不过，经卢卡奇"无产阶级意识形态"和曼海姆"总体性的意识形态"洗礼之后，其批判性越来越淡薄。与其说是批判倒不如说是对当代西方意识形态的辩护，因为他们更倾向于把"意识形态"作为中性词来使用和阐释当代西方社会制度的合理性，进而转向了对现代社会技术的批判。

步马克思社会批判理论的后尘，对西方社会现代性进行激烈批判的要数法兰克福学派的社会批判理论了。就其批判的向度而言，它主要对当代

① 马克思、恩格斯：《德意志意识形态：节选本》，人民出版社 2005 年版，第 17 页。
② 同上书，第 42 页。
③ 《马克思恩格斯选集》第 2 卷，人民出版社 1995 年版，第 33 页。

社会现代性进行了批判。法兰克福学派重要代表性人物霍克海默和阿多诺敏锐洞察了开启现代性模式的启蒙运动的宿命，即走向终结。因为，启蒙运动最初对神话—宗教的祛魅释放了理性主体的运动，现在摇身一变成为一种新的神话，即"神话就是启蒙，而启蒙却倒退成了神话"。① 在启蒙与神话这种联袂关系中，始终贯穿的是主体性的历史生成过程，这一过程的本质就是工具理性对自然界的征服和对人自身的奴役。在此意义上，马尔库塞对发达工业社会意识形态的批判是一针见血的，他认为发达工业社会是一个"批判的停顿"的社会，是一个"使批判面临一种被剥夺基础的状况"，因为"面对发达工业社会成就的总体性，批判理论失去了超越这一社会的理论基础"。② 由此可以说，发达工业社会的现代性问题是一个缺失"他者"声音的"单向度"的社会，这种社会意识形态塑造了一个"单向度"的社会以及生活其中没有超越性、批判性和否定性的"单向度"的人，而"单向度"实质上是一种要求"同一性"政治文化的控制形式，即一种新型意识形态的控制方式，这种意识形态的控制方式"座架"于"工具理性"在当代社会的暂时胜利，工业社会造成了文化产业化，促使了当前的大众文化的盛行。从单向度讲，大众文化呈现出"平面化"的特征，基于此，当前的"现代性"批判主要是对启蒙理性及其造成的极端结果——工具理性的反思。从后现代视阈看，"现代性"精神指向"基础主义"、"本质主义"和"中心主义"，所以后现代哲学家以消解"现代性"的精神指向为己任，其中首推法国哲学家利奥塔。他对"现代性"和"启蒙"进行了猛烈的批判，他从思想方式、表达方式和感受方式来界定"现代性"，这种思想方式受"宏大叙事"的解放观念的支配，而关于解放的"宏大叙事"本身是一种"恐怖"和专制。这可通过发达工业社会的经济、政治事实以及启蒙运动并没有解放主体的自由等得到证实。同福柯一样，"利奥塔也主张主体的地位和意义是由某种特定文化（现代文化）决定的，而主体本身则是某种特定话语（现代话语）的产物。所以，'人们并不是作为主体而存在'"。③ 后现代对现代性批判

① ［德］霍克海默、阿多诺：《启蒙辩证法》，渠敬东、曹卫东译，上海人民出版社2006年版，第5页。

② ［美］赫伯特·马尔库塞：《单向度的人》，刘继译，上海译文出版社2006年版，第5页。

③ 姚大志：《现代之后》，东方出版社2000年版，第232页。

的直接目标是消解中心主义、本质主义和基础主义，在实质上是消解主体。当代哲学家哈贝马斯认为，现代性的哲学话语集中体现了现代性的主体性原则，这种主体性原则在启蒙运动中得以确立，"启蒙过程从一开始就得益于自我持存的推动，但这种推动使理性发生了扭曲，因为它只要求理性以目的的理性控制自然和控制冲动的形式表现出来，也就是说，它只要求理性是工具理性"。① 理性主体在主体性原则下使理性演变成了工具理性，对工具理性的敬仰使科学技术上升为一种意识形态的统治地位，科学技术已成为一种新的意识形态潜在地发挥着巩固资本主义制度的作用。在此可以说，"现代性是一项未完成的设计"。其设计的主体就是被技术化的"人"，因为科学技术是衡量一切事物包括主体在内是否合理的标准。在此意义上，现代性的主体性原则是一种意识形态的统治原则，所以要对现代性进行批判，必须对"理性"进行重新定位。在哈贝马斯的现代性建构中，他用"交往行为理性"取代纯粹的理性主体以走出纯粹的主体性原则，确切地说，在平等对话的基础上克服"单向度"的主体性原则潜在的统治。

自"现代性"产生以来，对它的批判从来就没有间断过。无论是马克思对资本主义社会现代性的批判与治疗，还是法兰克福学派的社会批判理论所展现的现代性的工具理性批判、大众文化批判，还是后现代以消解的方式对抗现代性等，都以不同的方式揭示了现代性批判的实质，即对主体性以及由这种主体性建构的社会制度的批判。众所周知，理性主体自从在近代笛卡尔"我思"那里第一次得到确证以来，它就以知性理论样态在历史演进中发挥着主导作用，甚至是统治地位。以知性理论样态出现的理性主体在近代演化为人的求知欲望，在现当代演变成单一的工具理性的滥用。如果说主体的求知欲还具有类似于"物自体"的神圣本体的话，那么工具理性则把主体变成了没有深度追求的理性工具，在文化层面的体现就是文化工业的大众文化的盛行，这种主体的失落或沦为工具的现象是一种潜在的意识形态控制。"由于许多东西，启蒙运动已经备受责备。一些作者认为，它应该对法国革命负责，对极权主义负责，对自然只是一个要被统治、处置和开拓的对象这个观点负责。它已经以某种方式暗示了欧

① ［德］于尔根·哈贝马斯：《现代性的哲学话语》，曹卫东译，译林出版社2004年版，第128页。

洲帝国主义和资本主义的某些最威胁的方面。"① 这表明，由启蒙运动开启的现代性本身受到了质疑和批判。主体性的统治地位源于其自身不证自明的地位的确立。主体性自笛卡尔"我思"确立了有效性以来，一直都处在晦暗不明的状态，特别是康德为形而上学的奠基过程更彰显了"主体性"无底的深渊，正是在奠基的意义上海德格尔揭示了主体性的形而上学，在根本上遗忘了真正的存在者——"此在"。与此相关联的是，主体性的形而上学以知识形态去把握某种神圣的东西，结果造成了以目的为目标的工具理性的产生，或者说主体的征服之欲使神圣的东西隐遁了，造成了人的生活世界的平面化和"单向度"，这也是欧洲科学技术危机所在。怎样回归生活世界的意义，海德格尔与胡塞尔采取了不同的回归之途：海德格尔在审美艺术的境界中把握当下的澄明之境的意义世界，胡塞尔在意向性结构中揭示了一个意义世界。不论是哪一种回归之途，都是在主体的意识内完成，抑或说仍然没有走出主体性原则。当代的"现代性"批判的主要任务是，怎样把主体性限制在一定限度的同时，使生活世界不丧失意义，即在文化哲学视阈中实现形而下与形而上的融合。

三 现代性批判在当代中国现代化建设中的意义

"现代性"虽然缘起于西方的启蒙运动及其引起的社会类型变迁，即标志着西方工业社会的兴起和发展，但中国自改革开放以来发生了天翻地覆的变化，现代化建设已深入人心，随着对西方现代性理论的了解和研究的深入，现代性研究也成为中国学术界一个热点。中国的现代化与西方的现代化虽然在不同的历史境遇产生和发展，但西方的现代性批判理论作为一种文化，是中国现代化建设的理论文化资源之一，对我们具有很多启示和借鉴意义。

首先，现代性批判理论的实质主要是对主体原则的批判。主体原则体现的只是一种人的占领、征服之欲，在这种主体原则的支配下，人不但没有实现自身的主体的力量，反而使人生存在一种技术的新的奴役状态。人

① ［美］詹姆斯·施密特编：《启蒙运动与现代性》，徐向东、卢华萍译，上海人民出版社2005年版，第1页。

最初的启蒙理性对人是一种解放的动力，在现代则演变成了对人的压抑之力，人不但没有实现全面的发展，反而成为一种单向度的科学技术的工具。在此意义上，意味着西方现代性对人的解放的失败，人的解放在本质上是人在社会实践活动中人的本质力量的释放，而西方现代性却使"人死了"。西方现代性的这一悖论为中国现代化建构提供一种警示，避免中国现代化建设重走西方的老路和弯路。

　　其次，启蒙运动开启了现代性的模式，现代性使主体（人）成为时代主题。与传统社会把神（上帝）作为发展的动力相比，现代社会确实是一种历史的进步，它不仅使人回归并重视现实生活，而且在现实生活中重视了自身存在的价值，不管西方社会在现代化进程中怎样使人片面地发展，但这并不能因此否认它开启人本主义先河在历史中主导方向的功绩，从而把哲学与人的生存方式——文化模式、文化精神和人的生存困境紧密相连。这为中国现代化提供了极有价值的理论资源，同时人的主体性地位的确立，为中国现代化建设主体的确立提供了历史借鉴意义。所以，当今以人的全面发展作为中国现代性建构的目的，这主要通过当今中国的现代性建构的新理念——"以人为本"体现出来。所谓"以人为本"就是强调人（多层次的需要）是发展的最终目的，最终实现人的全方面发展。

　　最后，现代性批判的历史过程启示我们，现代性是一个未完成的设计，它自身包含着"自我捍卫与自我批判的双重要素与倾向，因而也就孕育着不断自我矫正、自我超越的机制，这就决定了现代性既不可能全面终结，也不可能永世长存，而只能通过自身来完成'自我超越'与'自我重建'"。① 这一点在后现代哲学家福柯和吕迪格·比特纳那里得到体现。福柯在分析康德从现时性视角来理解启蒙内涵的弊端，即把"启蒙"确定为人类走向成熟的同时，也确定了历史发展的基本方向及其终结之后，他认为不应该把现代性作为一个历史时期，应把它看作一个批判的态度，因为启蒙不是一个历史的开端，它本身就是一种批判活动。比特纳认为，"启蒙是让某事变得明白，即理解某事或传达这种理解"。② 为什么启

---

　　① 丰子义、郗戈：《法兰克福学派社会批判理论与当代中国现代性建构》，《学习与探索》2009 年第 2 期。

　　② ［美］詹姆斯·施密特编：《启蒙运动与现代性》，徐向东、卢华萍译，上海人民出版社2005 年版，第 358 页。

蒙是一种批判，因为"启蒙是一种颠覆一切迷信的理解"。① 启蒙的一个后果就是不相信豪言壮语，因为它们只不过是一个空想，启蒙的功绩在于把世界变成了一个平凡的世界，一个平常事物的世界。也正是在这里，启蒙证实了自己的力量。针对浪漫主义认为启蒙消除了神圣的东西，使世界变成一个无聊的世界，比特纳认为，正是平凡的世界才是真实的、有意义的世界，所谓的神圣世界只不过是浪漫主义的一种欣赏漂泊不定的无根基的世界，现代社会的单调和无聊并不是技术力量的无情操纵，而只能说"为了收获更大或更快的成效，我们忽略了负面效应，低估了风险，对不熟悉的情况做出了过于简单而误导人的解释"。② 这不意味着启蒙的失败，只能说启蒙没有造就深谋远虑的"行为主体"，所以启蒙应该是一种批判的态度，而不是被否定的对象。与此相对应，现代性也是一种批判的态度，正是在批判的态度上，福柯把启蒙与现代性贯通起来，甚至在一个意义上来使用它。所以，中国的现代化建设也需要一个自我超越和自我捍卫的机制，它的完成还需要一个漫长的历史过程。由此而论，和谐社会的当代中国现代性设计就是要建构具有自我约束和自我超越的生机勃勃的社会，它不是消除矛盾的单一无差别的社会，而是在人的丰富性基础上实现社会主义社会整体的融合机制。

---

① ［美］詹姆斯·施密特编：《启蒙运动与现代性》，徐向东、卢华萍译，上海人民出版社2005 年版，第360 页。

② 同上书，第364 页。

卡西尔文化哲学的逻辑建构

刘振怡[*]

引 言

当前的文化哲学研究蓬勃发展、方兴未艾，它不仅紧扣时代的发展主题，探求着人之为人的形而上基础，同时也表征着我们对时代面临的文化困境所做的理论努力和理想希冀。但是，在繁荣表象的背后，也潜藏着许多不容回避的深层次理论问题，很多研究往往忽视了文化哲学的一些根本问题。例如，文化哲学存在的合法性是什么？文化哲学产生的理论背景是什么？在现当代哲学发展进程中，文化哲学的凸显力图解决什么样的理论难题？对于这些问题，无论是传统的本体论、近代的认识论，还是现代的语言分析论、存在意义论以及后现代的多元叙事理论，都没有给出明确答案。

其实，通过对哲学史的解读，我们发现，在人类文明历史的演进过程中，一直与人类相伴的哲学，并不是一种给定的、抽象的、僵化的理论体系，而是一种具有历史生成性的理性活动和文化建构。我们在探讨各种纷繁复杂的理论体系、理论观点时，需要厘清贯穿于整个哲学历史发展当中的主导线索。因此，在探讨文化哲学的思想内涵时，我们不能仅仅关注各个思想流派代表人物的主要观点或者是表述这些理论观点的前后发展顺序，而是要把握住贯穿于其中的"基本理智力量"，即理智活动所采取的运思方式。这种"基本理智力量"只有在思想活动的逻辑演变过程中，

* 刘振怡，黑龙江大学哲学与公共管理学院、文化哲学研究中心讲师。本文受黑龙江省哲学社会科学专项项目"马克思主义文化哲学及其当代意义"资助，项目编号06D081。

才能被人们所把握。文化哲学与其说是由一些个别学说体系组成的，不如说是哲学发展进程中理智活动的一种表现形式。因此，要历史地考察和再现文化哲学，必须把厘清这些"看不见"的主导线索视为哲学研究的最高任务。这种理智活动所采取的运思方式被称为"哲学理解范式"，它对于我们把握哲学发展的主导线索起着至关重要的作用。

　　什么是"范式"？明确提出"范式"（paradigm）概念的是美国著名哲学家 T. S. 库恩。20 世纪 60 年代，库恩在他的科学哲学论述中首次使用"范式"这个概念，以此来描述科学的发展历史演化进程。他对"范式"的界定是：范式是指某一科学家集团围绕某一学科或专业所具有的共同信念。该信念规定了这些科学家共同的基本理论、观点和方法，为其提供共同的理论模型和解决问题的框架，并由此形成一种共同的科学传统。按照库恩的理解，范式是对特定理论发展线索及其逻辑的理论描述，它总是与特定的、处于成熟形态的理论发展紧密联系在一起的。时至今日，这个概念已经突破自然科学、科学哲学的研究视阈，成为在人文社会科学中广泛应用的一个基本表述范畴。

　　那么，何谓哲学研究范式？尽管古今中外的哲学家们没有对这个问题进行过明确的回答，或者说他们理论当中隐晦的答案没有为我们提供一个可参照的标准，但是，哲学研究范式一直是我们理解他们思想的重要参考尺度。我们可以依照库恩的思路，尝试着对哲学研究范式做一个基本的界定：哲学研究范式就是在哲学研究（包括哲学史和各式各样的哲学专题）当中，哲学理性分析、反思和批判活动最基本的运思方式和路数。在这种意义上，"哲学范式不是指某种具体的哲学分析方法，而是指哲学的总体性的活动方式，涉及哲学理性活动的各个基本方面，是指哲学理性分析、反思和批判活动的最基本的方式和路数。在很多时候，对于哲学研究而言，重要的不仅在于研究什么，更在于如何研究"。[①] 因此，我们可以说，哲学研究范式至少应当包括以下两个基本方面的内涵：一是哲学的主题和对象，即研究什么的问题，它反映了哲学的时代性，哲学通过它的研究主题表现其作为时代精神精华的特性；二是哲学理性同所研究的对象和主题之间的关系，即怎么研究、从什么视角和方位研究的问题，它反映了哲学都是一定思维方式的继承和发展，这理所当然地涉及哲学的功能和社会定

---

① 衣俊卿：《马克思主义哲学演化的内在机制》，《哲学研究》2005 年第 8 期。

位问题。因此，从这个内涵出发，哲学范式的转换也必然会带来哲学研究对象和哲学社会定位的转变，它将涉及哲学理性活动的一切基本方面，即哲学范式的创新，指的就是哲学的概念体系、理论研究方法、思维方式及社会功能的总休变迁。对哲学研究范式的研究才是推动哲学不断发展前进的最终动力所在。

具体说来，通过对西方哲学历史的整体反思，我们总结出，在西方哲学史的发展过程当中，渗透着两种不同的哲学理解范式：一个是寻求普遍性知识的思辨哲学理解范式，另一个则是探究价值意义的文化哲学理解范式。文化哲学不是一种部门哲学，不是"与经济哲学、政治哲学等部门哲学相并列"的一个哲学分支流派，它是一种基本的理智运思方式，是内在于现代西方哲学之中的哲学主流精神和发展趋势，是对传统西方意识哲学范式的超越，它体现了人作为具体历史存在的价值和意义，实现了哲学向人的生活世界的回归。文化哲学是哲学摆脱西方近代理性形而上学的困境实现自我拯救与超越的途径，它的凸显是对在西方哲学史上占据支配地位的思辨意识哲学研究范式的一种反抗。

一种新的哲学理解范式的生成是从三个层次上来实现的：明确的研究对象、独特的研究方法和突出的理论旨趣。文化哲学作为一种研究范式，一直隐藏在哲学的发展历史中，现当代哲学发展进程使文化哲学的理论自觉成为一种可能，而文化哲学的自觉也是现代哲学发展过程中的一个重要转向。在文化哲学的理性自觉过程中，新康德主义马堡学派代表卡西尔有着不可忽视的重要地位：他从哲学理性层面上推动作为一种哲学理解范式的文化哲学的产生。本文试图通过对卡西尔文化哲学逻辑建构的分析，从哲学合法性的重构、哲学自然科学化的消解以及人的生活世界的回归等三个层面，印证文化哲学转向的必然性及合理性。

一　哲学及文化哲学的理解

国内很多人在解读康德哲学与卡西尔文化哲学之间的理论关系时，主要以《人论》作为背景材料。笔者认为，卡西尔的《符号·神话·文化》一书的第二篇"作为一种文化哲学的批判唯心主义"对二者的关系做了更为精彩的论述。所以，与泛泛论述卡西尔符号文化哲学体系论点相比，笔者更倾向于分析康德文化哲学与卡西尔文化哲学的逻辑关系。因为，在这种逻辑关系中，非常明确地凸显了传统意识哲学思维范式向文化哲学范式的转变。

对康德哲学先验逻辑形式的继承和发展是卡西尔文化哲学体系的出发点。康德在回应休谟对科学基础的质疑时，指出科学的普遍性来源于科学，不仅反映和解释了客观对象，而且解释了人为什么和怎么能够反映和解释这些现象。康德认为，科学知识的形成基础在于认知主体的先验逻辑形式，认识论的目的就是要去研究这些认识形式。因此，康德把哲学的研究对象从传统哲学对客观事物的思考，转向了对人与对象之间关系的思考，实现了对传统哲学当中主客二元对立的思维模式的超越。康德力图填平一直以来主体与客体、自由与必然、价值与认识的鸿沟。

康德哲学给我们这样一个启示："真实的世界"其实是我们能够有意义谈论的、经验上实在的世界，是我们的直观能力和悟性的构成物，"人为自然界立法"。因而，人只能理解他创造的东西。康德在论证知识的形成时，提出了一套先验唯心主义（包括先验感性论、先验逻辑和先验方法论），以此来确保知识的普遍性，彻底改变了认识与对象关系问题的传统观念。康德的"先验的批判"超越了贝克莱的形而上学本体论，开始迈向"文化哲学"。"当我们说到事实时我们并不只是指我们直接的感觉材料，而是指我们是在思考着经验的亦即客观的事实。这种客观性不是给予的，而总是包含着一种主体活动和一种复杂的判断过程。因此，如果我们想要认识各种科学事实，诸如物理学的、生物学的、历史的等之间的区别，我们就必须从对判断的分析开始，我们必须研究这些事实赖以被理解的诸知识形态。"[1] 卡西尔完全赞同康德哲学的基本立场，即哲学的任务不在于研究存在或客体，而在于研究我们认识客体的方式。卡西尔认为希腊哲学源于对存在的探究，而康德则划时代意义地把对本体论的研究转向思想或主体的研究，揭示了主体、思维的能动性，即理论的构造能力和作用，把感觉的被动性和思想的能动性区分开来。

（一）"哲学"的理解——实体性思维向功能性思维范式转变

卡西尔对康德"先验唯心主义"理论非常关注。卡西尔认为康德所提出的先验逻辑具有一种给感性知识"赋予形式"的作用——制定规则。

---

① ［德］卡西尔：《人论》，甘阳译，上海译文出版社1985年版，第221页。

但同时卡西尔也认为康德哲学当中先验原则适用的认识论范围过于狭窄，仅仅囿于数学、自然科学和形而上学。卡西尔对此有疑问：知识仅仅限于单纯的理性认识吗？产生于科学之前的神话、宗教、语言、艺术等众多其他文化形式知识合法性怎样确立？有必要对其进行改造。他是用"符号"来说明理性的统一原则与感性材料相结合的特点。符号是一个功能性的概念，就像康德的先验范畴一样，并不反映对象，而是构成对象。人类借助各种各样的符号和象征，构成各种对象，由此把康德从哲学中排斥出去的人类经验的更为丰富、更为广阔的内容收复回来。举凡人类精神生活的一切形式，诸如语言、神话、宗教、艺术等，都是理性批判的应用范围。这就是他所谓的"扩大认识论"，把康德的纯粹理性具体化为制造并运用"符号"的能力。

　　在此基础上，卡西尔对哲学的概念进行了阐述："在所有特殊的哲学问题之多重指向中，并借助这些问题之无限丰富和繁复多样，哲学最终似乎都要一再返身于那些根本性和起源性问题，返身于哲学是什么和它终将是什么之问题。哲学在澄清这一普遍性问题之前，不可能涉足于任何特殊性问题。倘使它不能把自身的目标清晰地和确定地奠立稳固，它就会寸步难行。因为，哲学之精神地位正是凭借这一点区别于那些具体学说的精神地位。"① 从这里我们看到，卡西尔认为哲学在精神旨趣上要追求一种统一性。但是，卡西尔反对传统思辨意识哲学中实体形而上学的同一性，而主张寻求各种符号形式的内在同一性，也就是说，是一种功能整合上的统一性。因此，哲学的对象与物理、生物、历史学等具体人文科学对象不同，后者都要求它们有各自具体的研究方法。但是，哲学没有具体科学那样的简单对象，哲学概念直接就表现为一个哲学问题。"在哲学中和特定哲学派别中，那些杰出的体系性思想家之所以各有千秋，并非仅仅是因为他们遵从的道路，而且还在于他们选择的出发点；而正是在这种选择中，我们看到了今日哲学之深藏的问题性特征。"② 因此，哲学的概念、本质和任务，只能通过哲学史上各个不同的发展阶段来呈现。原因在于："从一开始，就存在两种截然对立的哲学研究和探索的基本方向"，③ 那就是

_____

① ［德］卡西尔：《符号·神话·文化》，李小兵译，东方出版社1988年版，第1—2页。
② 同上书，第2页。
③ 同上。

以柏拉图为代表的重返人类精神本源的方式和以亚里士多德为代表的寻求外部世界根基的方式。这两种哲学研究方法，前者立足于人的精神存在，后者立足于外部世界的自然秩序。由此看出，在关于哲学研究范式的划分上，他追随了古希腊关于哲学的概念界定。

卡西尔认为，这两种经典的哲学研究方式的对抗贯穿在哲学的发展历史中。但是在康德的批判哲学中，两种研究范式达到了和谐。康德在论述知识的先验基础时，遵循着柏拉图的学说，但"同时康德随时随地都在为他的事业、为他对知识的批判分析呼唤着这一坚定的根基和支撑。他并不企望使自己超越科学知识及其合法性范围去追寻这个范围之外新的未知世界"。[①] 康德一方面沉醉于科学知识带来的辉煌成就，另一方面又希望揭示出科学大厦得以支撑起来的奠基石。他的追问方法显示出这样的特点：理性在超验世界的空间里已经没有前进的路径了，它只能求助于自身的领域，在自身认识对象本质之前，审视理性的理解能力。

从康德以后，哲学概念发生了决定性的变革。"哲学由此就不再宣称能对知识的实质性内容有所增进，不再宣称能经由教导式的洞见去扩展那些具体知识领域所勾勒的疆域。它满足于探究知识的功能，满足于理解和建构这种功能。这就要求哲学认识那些并不仅仅是分门别类地构成知识的力量，而且还要求哲学在这些力量的内在统一中，在它们的秩序和系统联系中，去统摄这些力量。这种出自其自身领域的统摄，这种对其自身功能的认识，是我们任何哲学知识得以拓展的条件。"[②] 卡西尔关于哲学的这种理解是建构在发生学意义上的。哲学的理解并不满足于最终的结论，而是希望理解这种结论得以产生的具体方式，关注的是精神表现功能的总体性。从更深一层的意义上来说，康德认识到了哲学理解的问题最终涉及人的不可改变的、内在的、不可让渡的权利。因此，卡西尔认为，哲学概念渐渐走出"学院式"的范式，积极发展了"广义的概念"，哲学被人格化成理想的哲学家身上。但是，这并不意味着哲学就没有普遍性、自律性的渴求，否则，哲学会丧失稳定性和意义。

从以上分析，我们看出，在对哲学的理解上，卡西尔是用功能性的理性范式取代黑格尔体系中统摄和弥漫着的实体性的理性范式，实现了哲学

---

① ［德］卡西尔：《符号・神话・文化》，李小兵译，东方出版社1988年版，第5—6页。

② 同上书，第6页。

思维范式的转变。"理性绝非一种纯然的当下存在，它并不是一种现实的东西，而是一种恒常不断的现实着；它不是一种给予之物，而是一项任务。而且，理性远非仅为理论之理性，而且还开启着实践理性的疆域。我们不能在纯粹的存在中，在完成了的和具有广延的物中把握理性的真正本性。相反，我们必须在精神自身持续不断的劳作中去寻找理性。这种劳作，并不是那种静悄悄地完成其永恒工作并超越所有个体欲望和计划的实体性的、形而上学的绝对精神世界的劳作。"① 所以，卡西尔指出，当目标和意义问题摆在文化整体面前时，我们就处在哲学的自我反省的决定性转折点上：哲学应该实现范式的变革。

（二）"文化哲学"的合法性阐释

卡西尔对文化哲学的合法性论证是通过理论来源和意义基础两个层面的阐释来实现的。

首先，卡西尔认为符号文化哲学转向的理论来源是康德的先验唯心主义。在论述对文化哲学的理解时，卡西尔首先分析了文化概念。他认为文化的根基不可能是纯粹思辨的东西，在其内容上会表现出一系列的理论构想，但是它会指向一系列的行动。"文化意味着一个语言的活动和道德的活动之总体—这些活动不要仅仅以一种抽象的方式去理解，这些活动还有变为现实的恒常趋向和能量。在这种现实化中，在这种对经验世界的建构和重建中，包容着文化的概念之真义，塑造着它本质的、最具代表性的特征。"② 在卡西尔关于文化概念的阐释中，我们能看到德国古典哲学，特别是康德和黑格尔的痕迹，在康德那里，"文化"是人类内在、深层的本质力量的精神，体现着理性的自由，是理性试图冲破自己界限的趋势和冲动。而黑格尔则把对文化的理解融入理性绝对精神当中，将绝对精神发展到每一个阶段上所表现出来的外化形式，称为"文化"。这样，我们重新来看一下德国古典哲学。

卡西尔借用了一个容易引起歧义的概念—唯心主义（idealism）。卡西尔说我们应该区分开这个词包容的不同含义："由于这个共同的代名词，总是面临着在哲学思维中被混淆的危险。这些问题的第一类关注的是真理

---

① ［德］卡西尔：《符号·神话·文化》，李小兵译，东方出版社 1988 年版，第 15 页。
② 同上书，第 17 页。

的本质；第二类关注的是心灵和肉体或精神与物质的本质；第三类关注的
是属于文化哲学的一些问题。"① 唯心主义来源于柏拉图，柏拉图理念学
说认为，真理必须是理论上和实践上两个层面来界定的，但是柏拉图理论
的根基是对知识概念和善的抽象逻辑推论。贝克莱则认为真理不能建立在
纯粹的概念基础上，必须有现实的感知，"我们必须像乌合之众那样把确
定性置于感官之中"。② 现实的人并没有明确划分出感知世界和真理世界。
贝克莱的这一观点，被康德所继承。但是被康德进行了先验改造。《纯粹
理性批判》第一版发表两三年之后，有人开始写评论说康德的思想是贝
克莱的变形，把他称作"贝克莱主义者"。康德很生气地反驳说：主观唯
心主义所获得的知识有什么必然性和可靠性？我是先验唯心主义者，不是
主观唯心主义者。卡西尔认为，康德和贝克莱之间的根本差异不在于学说
的内容，而是知识的形式和功能，借助这些形式，各种不同的研究对象，
例如，经验对象、科学对象、形而上学思维对象等，才为我们所认识。所
以，卡西尔认为，"理当成为新的唯心主义之真正客体的不再是事物本
身，而是事物之可能的确定性，即由不同认识方式对事物的确定。"③ 那
么，康德批判哲学的先验唯心主义为文化哲学提供了什么新的思维方式
呢？康德为什么在物理学、伦理学和逻辑学的基础上加进美学这个领域？

　　卡西尔认为，康德的先验唯心主义不应该只限定在物理学、伦理学和
逻辑学这些具体形式，它可以被运用到所有其他的思维、判断和理解的形
式上，"甚至可以用于人类心灵用以把握整体之宇宙的情感上"，所有这
些形式的都不是靠他物映射而发光，它们具有自身的光源。它们是光的根
本源泉，"毋庸置疑，所有包容在语言、艺术、科学以及神话的或宗教的
思维中的纷纭繁复的符号体系，不仅可以和哲学分析相互沟通，而且还迫
切要求这种哲学分析"。④ 这些符号体系不仅是我们精神生活领域的人类
心灵的显现，而且具有内在的功能上的统一性，区别于体系化形而上学那
种简单的、不可分割的实体。什么是功能性的方式呢？卡西尔给出答案：
功能性的方式是以关系、活动、运用的方式去理解和界定。"我们习惯称

---

① ［德］卡西尔：《符号·神话·文化》，李小兵译，东方出版社 1988 年版，第 19 页。
② 同上。
③ 同上书，第 21—22 页。
④ 同上书，第 22 页。

作符号思维之统一和符号表现之统一的这种统一，不可能与它的不同显现分离出来。……它是心灵所有建构过程的条件，它是一种浸润到我们心灵所有活动和能量中的力量。"① 神话、宗教、艺术、语言等人类活动都是人类精神自身创造的符号形式，它们都属于现象，没有本体。人类正是凭借自己创造的各种符号形式的体系才使得自己获得了理性的、历史的、文化的发展。这就是卡西尔文化哲学转向第一层含义。

其次，卡西尔把文化哲学的意义基础规定为"理性的自由"。卡西尔关于文化哲学提出的另外一个观点是：文化形式中在先存在前提——客观价值和客观意义如何得到维系。康德曾经说过，哲学和一般的人类理性之所以受到质疑的一个关键问题是：物自体的存在（即外部事物的存在）只能靠信仰的方式，我们没有证据去反驳有人对这个问题的怀疑。对于这个难题，卡西尔提出的解决方法是，把对物质宇宙的关注转向对文化宇宙的关注。因为，"在文化宇宙中要宣称有一种绝对存在和实体性是荒谬的。"② 但是，文化形式存在前提的价值普遍有效性怎么得到保证呢？

卡西尔引用了赫拉克利特的一段话作为这个问题的一般表述："当人们具有一个共同世界时，他们便是清醒的；而当每个人把他的思想与共同世界分离开来以便生活于他自己的世界时，他就是沉睡的。"③ 从这个比喻中，卡西尔旨在说明，所有文化形式的根本目标是去建立一个思维和情感的意义世界，即一个充满情形理智的人性世界，在这个世界中，排斥个人的虚幻梦想。卡西尔认为，人类的认识过程是心灵的自由建构过程，关于世界图景或概念符号不是被给予的、现成的、固定不变的，它们是他通过功能统一构成的。主体通过意识的"再现功能"，使感觉经验充满了内容之间千丝万缕的联系。因此，"再现功能"超出了自身的内容规定和孤立意义上被给予，融入进功能整体当中。例如语言，卡西尔说："语言似乎是这条道路上携领人类的第一块路标。我们不能以普遍言语的方式去理解语言。它并不具有逻辑思维所具有的那种普遍性。它受民族的、甚至个体

---

① ［德］卡西尔：《符号·神话·文化》，李小兵译，东方出版社 1988 年版，第 22 页。
② 同上书，第 24 页。
③ 同上。

的条件的限制，然而它又的确是通达文化进程欲以趋赴的共同世界的第一步。"① 洪堡也认为，言谈并不仅仅是机械的东西，它还关涉精神世界。语言可以使人通达共同的意义世界。因此，为了把握意义，我们不能把语法看作是对任意和约定的规则的死板、抽象研究，而是应该将其看作对活生生的思维和表达形式的探索。因此，卡西尔得出结论，虽然人的文化符号形式各有其独特的语言、独特的思维形式和独特的表达方式，但是在它们之间仍然存有深刻的内在联系。在卡西尔的文化哲学中，符号的物质存在，即外形、声音、颜色等，并不是认识所真正关心的内容，主体所要努力发掘的是符号背后的意义。人们功过符号以意义的把握就可以达到对符号所指对象的把握。所以，符号能进入"人类意义的世界"中去，具有揭示人类生存意义的功能。

　　符号指向意义世界，也暗含了这样一个论断：人的生存不仅是一个肉体的物理存在问题，更为重要的它还是一个客观价值问题。人的客观价值就在于人与自由和必然性关系上。因此，文化哲学最终指向的是人的自由和必然性关系问题。"文化不能以必然性的方式去界定和说明，它必须以自由的方式去界定。当然这种自由应在伦理意义上而不是在形而上学意义上去理解。……人类历史的真正和最终目的就是理性自由。"② 显而易见，卡西尔的理性自由来自康德的理性的自律。所以，康德思想也包含着文化哲学意蕴：在他看来，自由的观念是文化哲学问题的基础。"自由意味着理性的自律；因而文化哲学的普遍目的就包含在这样的问题中：从什么角度和经由何种方式在人类思想和意志的演化中去达到这种自律。……自由既是人类文明的起点，也是它的重点；在自由的实现中，在理性的自律要求不断变为现实的过程中，蕴藏着这个人类历史之内容。"③ 遵循同样的逻辑，我们也可以说黑格尔的体系中也包含着丰富的文化哲学思想。尽管他也认为自由问题是哲学基本问题，但是黑格尔反对康德把自由只限制在主体的道德领域当中。他认为，要实现真正的自由，对主观精神的分析必须辅之以一种客观精神和绝对精神的哲学。自由不是被动存在的，它应该是去创造和获取。艺术、宗教、哲学是绝对精神自我发展的不同的必然阶

---

① ［德］卡西尔：《符号·神话·文化》，李小兵译，东方出版社1988年版，第25页。
② 同上书，第36页。
③ 同上书，第36—37页。

段。在精神全景的统一中，内容各异的因素被视为必然的东西，而在黑格尔那里，必然则是被认作是自由的。因此，"绝对精神达到自身的方式是必然的方式，然这种方式的目的则是绝对的自我认识，这就意味着精神的绝对自由。"①

综上所述，卡西尔通过对德国古典哲学，特别是康德和黑格尔的理性实现自身的论述，向我们表达了他的基本立场：文化的进程就是自由意识实现的进程。文化哲学以一种纯粹的分析的方式对自由意识实现的各种形式（包括语言、艺术、宗教、科学）进行描述，这种描述所要达到的目的绝对不是得到精神的绝对本质及其关于单个对象自身的普遍公式，而是希望洞见人类精神得以功能统摄的那些普遍法则。由此，人类能够更好地理解人类存在的这个世界，每一个个别意识都参与其中并且以自己特有的方式重构价值的普遍效用性。相比康德哲学的基本问题而言，卡西尔更加迷恋康德解决问题的形式。概括起来，卡西尔文化哲学基本内涵是：人与其说是"理性动物"，不如说是"符号动物"。人的特点正在于他是一种能够创造和使用符号的动物。科学、语言、神话等人类文化的形式，都是人类创造的不同符号系统，是人类用以把握世界的方式。因此，符号作用就成为人类意识的基本功能，凭借它我们不仅能够理解科学的结构，而且同样能够取得语言、神话、宗教、艺术、历史等人类文化的一切成就。

二　文化哲学主题：人是创造符号的动物

卡西尔在他的三卷本《符号形式的哲学》中对他的文化哲学体系进行了系统的建构，系统回答了"人是什么"这样一个哲学史上的千古之谜。作为《符号形式哲学》的简写本《人论》，从哲学研究的根本目的来深化对这一问题的理解。《人论》历来被看作是反映卡西尔文化哲学思想的代表作，在这本著作当中，卡西尔向我们表明这样一个观点：符号构造人的活动，人永远生活在自己构造的世界中，这个世界是非物质的世界，而这个世界恰恰是以人的活动、人的符号化而编织成一个关系系统。作为主体的人的意义、价值和可能性都在这个空间里展开。

---

① ［德］卡西尔：《符号·神话·文化》，李小兵译，东方出版社1988年版，第25页。

（一）哲学的研究使命——"认识自我"

哲学的研究使命问题是哲学逻辑的生长点。卡西尔认为，哲学应该关注、寻求、解答人的本性、人与自然的交往关系，以此为人的存在提供意义价值基础。卡西尔从"人是什么"出发对哲学史上关于人的概念界定进行了梳理，人类对于自我认识大致经历了以下几个阶段：古典形而上学时期；中世纪神学时期；近代科学精神时期；现代无政府主义时期。[①] 对于具体的分期这里我们不一一论证，但是有几点需要注意一下：对人自身的认识包含在古希腊的哲学思维范式中。赫拉克利特就曾经说过：要对外部客观世界进行认识，必须先探究人的秘密。苏格拉底关于人的本质的界定还是属于实践哲学研究范式的，他认为人应该时时审视自身的生存状况，把对人性的理解与现实活动联系起来。人性抽象、本质化的理解开始于中世纪神学（人性的理解依赖于神自身的力量），在近代自然科学精神那里达到了极致化。随着自然的数学化和机械自然观的确立，把人视为宇宙秩序的中心和目的。在哲学论证上，自然的数学化和机械自然观也极力确证人类与自然的统一性。伴着人类考古学和生物学的兴起，对人性的研究慢慢地从虚幻的思辨中解放出来，以现实的经验证据来描述人的进化过程。到了20世纪，随着人文科学的兴起，从生物进化论的角度阐释人的本质的做法开始慢慢失效，因为自然科学的方法无法适用于关于人的文化世界的研究。

因此，面对19世纪以来人类文化形式的多样性与丰富性，应该消解传统哲学对于人类理性至高无上地位的强调。有关人的研究必须从人类文化形式的多样性与丰富性入手，关于人的哲学应该应当扩展为一门文化哲学。正是人的丰富多彩的文化活动规定了人性的"圆圈"，积极挖掘人的各种符号（如语言、神话、宗教、艺术、科学、历史等文化活动形式）当中所蕴含的人的存在意义。因此，卡西尔的文化哲学具有当代哲学思维范式转换的特性。

（二）文化哲学的基本问题——符号形式

从《作为一种文化哲学的批判唯心主义》当中我们可以看到：只有

---

① 张志刚：《从理性批判到文化批判——论卡西尔的思想转折》，《德国哲学论集》1992年第12期。

首先批判文化形式是何以生成和演变的，才有可能进一步领会整个人类文化活动的意义和价值。也就是说，文化的价值和意义在符号形式中蕴含。"在这里，文化形式所指称的是符号形式或思维方式，其特征是历史的、动态的，而不是先验的、静态的；而文化价值或文化意义所体现的就是人性或自由的创造过程，其特征是伦理的、功能性的，而不是主体的、实体性的。"① 因此，卡西尔的文化哲学建构我们可以归结成这样一种方式：符号—文化—意义（自由），也就是说，通过分析的方式描述语言、艺术等文化形式，寻求各种文化形式内在统一性的功能，在此基础上去发现心灵的法则，理解人的世界，实现人的意义和自由。

在《符号形式的哲学》中，卡西尔关于"人是什么"这个定义的出发点是：这个定义只能被理解为一种功能性的定义，而不能是一种实体性的定义。在《人论》当中，对这一定义进行了具体的阐释："我们不能以任何构成人的形而上学本质的内在原则来给人下定义；我们也不能用可以靠经验的观察来确定的天生能力或本能来给人下定义。人的突出特征，人与众不同的标志，既不是他的形而上学本性也不是他的物理本性，而是人的劳作（work）。正是这种劳作，正是这种人类活动的体系，规定和划定了'人性'的圆周。语言、神话、宗教、艺术、科学、历史，都是这个圆的组成部分和各个扇面。因此，一种'人的哲学'一定是这样一种哲学：它能使我们洞见这些人类活动各自的基本结构，同时又能使我们把这些活动理解为一个有机整体。"②

从这里我们可以看出，在给人下定义时，卡西尔突破了传统的本体论认识。无论是亚里士多德的"人是政治的动物"，还是近代传统"人是理性的动物"，都把人的本质看成是先验的、给定的东西，是人的一种永恒的实体。卡西尔认为由于人的劳作（work），创造了不同符号，形成与物质自然界相对的文化世界。通过劳动创造出的文化"产品"，是人的本质与面貌的最好显现。"人的劳作怎样，人的本质也就怎样；人的创造活动活动如何，人性的面貌也就如何。"③ 因此，真正的人性就是人的无限的

---

① 张志刚：《从理性批判到文化批判——论卡西尔的思想转折》，《德国哲学论集》1992 年第 12 期。

② ［德］卡西尔：《人论》，甘阳译，上海译文出版社 1985 年版，第 107 页。

③ 同上书，第 203 页。

创造性活动所体现出来的人的自由。

对劳作（work）概念的分析是卡西尔文化哲学的核心。这里，笔者认为，可以把劳作解释成"人的生活"，亦即人活动的中心是以生命价值为轴心的获取。劳作本身积淀着文化的各种形式，文化形式在其基础上不断的获得完满性和研究范围的扩展。因此，劳作本身是文化对象化后果的舞台，它反映着生活的本真。从此种意义看，对人的本质的研究可以被看成是对作为发明和运用符号形式的人的特点的探讨。

那么，我们如何来理解人的符号化的活动呢？卡西尔认为，符号的发生、形成是人类的符号化活动的结果。符号具有指称性，即一定的符号来代表一定的对象，在丰富多样的对象世界之中，人在主客体之间的关系上，要通过符号指称一定的对象。作为对象的一种观念性的存在，符号与信号的不同之处在于，前者与人的生存方式相联系。人通过符号指称对象，以自己的观念去能动的改造对象世界。人通过符号展现文化世界的这个过程，其实是人通过符号改变了人与世界的关系，符号的不同，说明人与世界关系不是一成不变的。没有符号系统，人就把握不了对象，也就无法实现理性的自由。（符号理性功能生成塑造文化：抽象性、开放性、多变性，展现了人存在的具体多样性）人的符号化活动一方面区别于动物，另一方面是说在人的历史活动中发展出人的各种文化形式，从而使人性得以生成和发展。所以，人的本质不是像传统哲学规定的那样是先天存在的，而是在人的现实活动中生成的。

卡西尔向我们明晰了哲学的真正作用："哲学不再是位于自然科学、法和政治等学科的原理一旁或之上的特殊的知识领域，而是一个贯通一切的媒介，用这个媒介便可以归纳、发展和建立这些原理。哲学不仅不能与科学、历史、法学和政治学相分离，反而应当成为这些学科得以存在和起作用的氛围。哲学不再是孤立的理智力量。它的真正功能，它的研究和探讨的特殊性质，它的方法和基本认识过程，都把全部理智的面目披露无疑。因此，18世纪从以往原封不动地承袭过来的所有哲学概念和哲学问题，便具有了新的地位，经历了独特的意义变化。它们本是固定了的、完成了形式和一目了然的结果，而今则转变能动的力量和律令。"①

---

① ［德］卡西尔：《人论》，甘阳译，上海译文出版社1985年版，第3页。

三 文化哲学的方法论印证：
文化科学何以可能

与早期思想相比，卡西尔的文化哲学把科学认识扩展到其他文化形式领域，强调了科学之外的其他文化形式的自主性，把每一种文化形式都是人为了实现其本质存在而构造自己的经验世界的一种特殊的知识形式。但是，另一方面，这些多样化的人类文化形式在功能上又具有统一性的倾向，因此，就需要对人类文化整个结构进行反思，从内在逻辑上对人文科学的根据、生成、对象及方法进行分析和认识，以此来说明"文化"以及文化科学建立的可能性问题，为文化哲学提供方法论支撑。

卡西尔认为，人文科学的研究领域不是整个世界，而是属人的世界构成。与自然科学不同，它的目的不在于把握规律的普遍性，把纯属过去的存在完整地展现出来，而在于对过去的生活加以理解，使文化得以重生。人文科学就是通过揭示特定的符号象征来完成这一使命，通过诠释符号以揭示其中隐藏的意义，使产生这些符号的那种生活得以重现。文化研究和自然研究一样，也有其特殊的形式问题和因果性问题。

（一）人文科学与自然科学的差异

区分开自然科学与人文科学是一个基本的认识论问题，是提出人文科学研究方法的理论前提。在这个问题上，卡西尔认为应该从研究对象和感知类型上去划分。

首先，二者在研究对象上存在不同。在研究对象上，卡西尔把自然科学看成是人类创造的符号形式系统一个部分或一个要素，这个系统里还有与科学具有同等地位的神话、语言、艺术、宗教、历史等人文科学。它们各自都有特殊的逻辑和功能。"按照这样一种全新的理解，哲学的任务就不再是于经验知识之外建立一'普遍存在论'即一超越的知识，也无须谋求限制或约束特殊科学的任何法则。相反，哲学知识试图于符号形式系统的统一中兼容这些法则的整体。"① 因此，自然科学和人文科学都是符

---

① ［德］卡西尔：《人文科学的逻辑》，沉晖、海平、叶舟译，中国人民大学出版社2004年版，中译序，第4页。

号形式系统"扇面"的组成部分，都是人类精神自由创造的符号形式，而不是如传统理解中的两个"客观实在"。但是，自然科学的对象是自然界的物质性存在，它直接在我们眼前呈现出来，具有直观性；而人文科学则具有隐含性，它通过神话、语言、宗教、艺术等各种作品当中的意义，来展现人的具体存在，对意义的研究是人文科学的一大特点。"一人文科学对象并不仅仅是'存在'和'生成'；因为正是在这种存在和生成中，某物方得以'显现'。这里所显现的乃是一'意义'，它不能为单纯的物理之显现所包容，而只能于物理之显现中体现出来。它是我们称之为'文化'的一切内容之共同因素。"① 在卡西尔这里，自然科学与人文科学在研究同一个符号对象时，自然科学所关注的是物质材料和对象的"规律"，而人文科学则着重研究符号所承载的"意义"。这样看来，自然科学研究对象和人文科学研究对象并不能完全分离，符号形式哲学会揭示出二者功能的统一性。

　　其次，二者在感知方式上存在差异。从感知类型上划分是为了"区别仍然还有尚待裁决的另一方面，亦即还不能为概念分析所清晰地把握的一面"。② 卡西尔认为，感知是以双重面目表现出来。在感知中，存在两极：一个是自我之极，另一个是对象之极。具体而言，对象之极，是把事物当作没有生命和情感的绝对的它物；自我之极，把事物当作与我一样有生命和情感的"你"即另一个"我"。这两种感知相互交融而意义不同，"毋庸置疑，当我们朝向第一种方向抑或朝向第二种方向时，感知之于我们就具有不同的意义和具有迥然相异的色彩和基调。"③ 卡西尔概括这两种方式分别意味着事物的感知和表达的感知。由于感知的方向不同，我们的感知便会产生两种迥然不同的意义和结果。例如，"神话的根基不是别的其实就是表达的感知，神话世界观的特点是把表达的感知置于事物的感知的首位"。④ 在神话世界那里，没有一个确定的、独立的"原因的世界"，因为它缺乏任何理论认知所达成的普遍的同一性。在这里，"表达的感知"是神话的根源，而神话则是"表达感知"的物化形式。因为没

① ［德］卡西尔：《人文科学的逻辑》，沉晖、海平、叶舟译，中国人民大学出版社2004年版，第96页。
② 同上书，第90页。
③ 同上书，第91页。
④ 同上书，第92页。

有固定属性所构成，事物的形态有瞬间消失的危险。"对神话来说，世界在任何一个瞬间都可能表现出一种新的面貌；因为在任何一个瞬间都可能表现出一种新的面貌；因为这一面貌的表达乃是由情绪决定的。"①

卡西尔提出，事物的感知和表达的感知、自然科学的对象和人文科学的对象只有在彼此的相互联系中才可能成立、才可能区分。但是随着自然科学的发展，受物理学就"第一性"的质的影响的哲学，都在努力割断二者之间的联系，因此，哲学如果不能摆脱自然科学"第一性"的影响，就不能向前迈进了。"科学建构了一个世界，在这个世界中，诸多表达性质——可靠的或富有收益的，友好的或恐怖的——开始为纯粹的感官性质如颜色、音调等取代。"② 因此，自然科学的极端化，不仅否认了"其他自我"的存在的证据，而且从根本上而言否认导向一个有关"它"的世界——有关"你"世界所具有的意义。但是，从另一个方面而言，如果忽略或不考虑物理事实，我们就会成为纯粹幻觉的牺牲品，所以，意义的生成需要物理事实作为载体。

因此，我们应该明确人文科学对象在时空当中的位置，"它有它的此地和此时，它生成着而复消逝。只要我们描述的就是这种此地和此时，生成和消逝，我们就无须超出物理决定的领域之外"。③ 人文科学对象存在不仅仅是"生成"，正是在它的生成当中，某物才得以"显现"。这个显现指向意义，但是意义并不包含在单纯的物理的显现，只能在物理的显现当中体现出来。"意义"就是"文化"的一切内容的共同因素。

(二) 人文科学的方法

卡西尔认为各学科的知识的统一性不能靠一个所谓的"共同对象"来加以维系，这种做法是自然科学的研究方式，不能适用于人文科学。因此，卡西尔提出，要在承认各科学领域拥有自身独立性的前提下把它们纳入一个统一的体系中，必须以功能性的统一的取代自然科学那种"共同对象"的实体式的统一。卡西尔在《人文科学的逻辑》和《人论》当中

---

① [德] 卡西尔：《人文科学的逻辑》，沉晖、海平、叶舟译，中国人民大学出版社2004年版，第92页。
② 同上书，第93页。
③ 同上。

都对人文科学的方法进行了探索。

　　从 20 世纪开始，科学技术的迅猛发展和繁荣昌盛促使科学理性主导人类社会。这个时期方法论的主要特点是自然的数学化得到普遍的应用。但是，"人类文化不是固有的物理因素的产物，而是固有的心灵世界的显露，它不依赖于什么，无因果关系所言，必须被视为不可简约的事实。我们不能问一种独特的文化起源于何处，因为它的诞生始终属于一个神秘的现象。一旦一颗非凡的灵魂突然'从永久天真的人性开始梦魇的状态中觉醒过来'，文化便诞生了。显然，这种觉醒不是靠自然科学的概念可以说清的，而只能通过灵感来体认，因此，施本格勒认为，文化哲学真正逻辑不是自然科学，而是诗，施本格勒曾经论述说：'说到最后，企图用科学方法阐明历史无论如何都是一种矛盾，表述自然，我们必须用科学，而表述历史则必须用诗'。"① 自然科学理性的方法只能把握规律，而灵感这种非理性、偶然性的东西，普遍化的自然科学是把握不了的，应该探求新的方法。

　　1. 个体化原则方法

　　形式分析和因果分析是两种重要的研究方法。我们认识对象的时候，形式所强调的是事物的状态、类别、种别的分类，探求的是对象如何构成的问题，因此它的思维方式是结构性思维；而因果所强调的是对象普遍的、最终的和唯一的原因规律，探求的是对象本质（"对象是什么"）的问题。现代自然科学巨大进步归结于其思维方式从重视因果分析转向形式分析：整体性结构范畴取代了传统的目的论范畴，克服了传统机械论的缺陷。形式分析是卡西尔文化哲学的基础，他认为人文科学应该分析各种符号形式的功能同一性，因此，哲学的危机来自于人文科学慢慢地从形式的分析转向自然科学的因果性分析，导致了人文科学领域对结构整体性的追究开始弱化。卡西尔认为，对于任何事物的研究而言，形式分析和因果分析都是不可或缺的。因此，人文科学要恢复独特的揭示人类符号隐含意义的功能，必须实现形式分析的重新回归，而这种形式分析的实现，要依赖于个体化原则方法论。

　　卡西尔强调对世界的"感知"，说明对于文化（历史）科学的把握应

_____

　　① ［德］卡西尔：《人文科学的逻辑》，沉晖、海平、叶舟译，中国人民大学出版社 2004 年版，第 14 页。

该突破传统哲学当中探求普遍规律的制定法则的方法。当自然科学的精神变异成一种哲学之后，这种自然科学的精神就会把精神（包括历史和文化）本身当作自然的东西来处理，力图为其背后安排一个子虚乌有的普遍的因果联系。这样一来，就会消解哲学，消解了活生生的人。而哲学一旦失去曾经具有的唤起人的觉醒、维护人的自由与尊严、推动人的全面发展的朝气蓬勃的精神与价值，就无可挽回地陷入危机之中。要化解这场哲学危机，就要摆脱那种追求知识确实性和规定性的自然科学研究方法，找到一种能体现出人的存在价值和意义的方法。价值其实是承载着人作为主体的一种评判。人类的全部活生生的价值评价，关键就在于对象的单一性；人们的全部价值获取就根源于对象的一次性和独一无二的性质。人类文化研究对象所具有主观自为性、个别性，而这正是价值意义产生的起点。这里要特别注意一点：即使是人的活动，如果是具有机械重复性质的，那也应该排除在文化哲学研究探讨领域之外。文化哲学的研究对象与时代发展息息相关，大多带有强烈的时代背景色彩。只有把研究对象置于具体时代背景之中，才能揭示研究对象的本质特征。"个别人物，虽然它们的思想深深地扎在该历史时期的逻辑联系和流行观念之中，然而他们总用他们自己的个性和生活行为添上某种特殊因素。……历史是有个人特征的人物的王国，是本身有价值而又不可能重演的个别事件的王国；这个事实也同样表现在哲学史中。"[①]

2. 解释学方法

在《人文科学逻辑》当中，卡西尔从文化分析的角度来阐释解释学方法的。

首次将解释学作为人文科学的方法提出来的是狄尔泰，他想为人文科学提供一种如自然科学那样的令人信服的方法。卡西尔继承了狄尔泰这一观点，认为人文科学的方法应该去研究创造这些作品的个人所具有的心灵存在和生命特性得到清晰的认识，也就是说，通过对作品的分析，揭示人的生命存在价值和意义。对意义的彰显，正是解释学所要完成的任务。卡西尔以分析拉斐尔的名画"雅典的学园"为例，指出，欣赏这幅画实际上有三个层次：物理存在层次（画布、颜料）、形象的层次（柏拉图与亚里士多德在交谈）和人格表现层次（展现拉斐尔的人格理想以及他对周

---

① ［德］文德尔班：《哲学史教程》上卷，罗达仁译，商务印书馆1987年版，第24页。

围存在境遇的体验）。我们在分析作品的时候，这三个层次依次显现出来，对画家拉斐尔心灵特质的理解来源于对画布、颜料和形象（交谈）的了解，了解是理解的前提，理解是进入正确文化结构的必经途径。

卡西尔说，其实我们得到关于拉斐尔生命特性的意义显现时，就已经在运用解释学了。因为，这三个层次分别对应物理学、历史方法和心理学，每一个单独的方法都无法得到关于这幅画的理解，必须在把三者加以功能性的综合，才能得到一个崭新的意义整体，而意义整体的获得必须用到解释学。

解释学是人文科学理解的一个重要方法，原因在于认识和理解中存在着两个相反的方向。"正方向是发生过程，即认识的真实的发生和发展。反方向是对认识过程的回顾与反思。这两个过程显然不能同时进行。人类文化不断地创造着各种崭新的，科学和哲学则必须把这些符号的各个组成要素分解开来，使其可以为人理解。自然科学的任务就是让人们去关注显现，把现象理解为经验，而人文科学则是反方向过程，它指导我们去解释符号，从而使我们能够把隐藏在符号后面的内容揭示出来。"① 卡西尔认为，正是认识和理解的这两个相反的方向，决定了人文科学的方式是解释学。

综上所述，卡西尔关于文化哲学合法性基础的重构和文化科学研究方法（解释学原则方法），为文化哲学理论研究提供了方法论支撑，促进了文化哲学与现代西方哲学方法（例如现象学方法、解释学方法、结构主义方法、存在主义方法等）的相互融合和借鉴，推动了文化哲学的深入发展。

---

① 李恩来：《论卡西尔的人文科学观》，《广西师范大学学报》2005 年第 4 期。

文化的元问题及相关问题研究

文化的否定性与人类自我意识的两歧性矛盾

邴 正[*]

"囚人，告诉我，是谁铸的这条坚牢的锁链？"

"是人"，囚人说，"是我自己用心铸造的。我以为我的无敌的权力会征服世界，使我有无碍的自由。我日夜用烈火重锤打造了这条铁链。等到工作完成，铁链坚牢完善，我发现这铁链把我捆住了"。

——泰戈尔

一 自我意识矛盾的两歧

现代人类自我意识矛盾的焦点，集中在如何对待文化否定性这一主题上。文化否定性的自我意识，可以看成是对人类自我中心论和历史至善论的挑战。文化否定性问题本身并不是新问题。从中国古代老庄哲学的"绝圣去智"，到卢梭的文化退化论，文化的二重性早已为人们意识到。但是，对现代人来说，问题虽然是老问题，但性质和位置却发生了重大转变。

按照历史至善论的理解，文化的否定性仅仅是文化的现象，而不是文化的实质。文化之所以有否定性，根源不在于文化，而在于人的能力。文化的否定性是人的能力低下造成的。工业发展带来环境污染，只是由于人防治污染的能力没有发挥出来。说穿了，这无非是相信知识就是力量，人

---

* 邴正，吉林大学哲学基础理论研究中心教授，吉林省社会科学院院长。

是万能的上帝。这种观点认为，文化的否定性是暂时的，文化的肯定性才是永恒的。随着人的能力的提高，以往许多呈现否定性的文化现象，比如宗教迷信、封建专制、环境污染，都能逐步得到解决或缓解。既然否定性是可克服的，那么只有肯定性才是不可克服的，具有终极意义的。这样一来，人类的前途必然是一种预定的至善。这种至善从猴子迈出的第一步起就已经注定了。站起来的猴子是注定的世界主人，最后的归宿必然是所有的能力全部施展出来，施展的结果就是存在的完满。

然而，当代文化显示出来的否定性，恰恰是向历史至善论发出的挑战。从历史比较的角度看，文化否定性并不像历史至善论希望的那样，随着人的能力的提高而逐渐减弱；恰恰相反，是随着人的能力的提高而日益突出。在农业文明时代，人所面临的主要挑战并不是文化的否定性，而是自然的否定性。当然，靠天吃饭也是农业文化水平低下的反映。但是，这本身是一种文化肯定形式，体现了人对自然条件的利用和改造。这不是农业文化的否定性，而是农业文化的局限性。局限性并不是否定性，它是一种文化只具有有限的肯定范围的表现。只有在现代工业充分发展的条件下，文化的否定性才成为人所面临的主要挑战。这说明文化的否定性和人的能力发展具有伴生性。文化的否定性并不是由于人的能力低下引起的，而是人的能力本身的一种性质。

这种矛盾，便是人类实践的两歧性矛盾。两歧性矛盾是指由同一原因引起的、性质相反的两种发展倾向的冲突。由于原因相同，在两歧性矛盾中，两种对立倾向是共生的，不可根除的，一方的扩张同样引起另一方的扩张。这是一种左右为难的处境，所以才称之为两歧性。

关于两歧性矛盾，在康德那里已经有所揭示。康德的一个著名论断是"二律背反"。"二律背反"并不是说，在矛盾的对立双方之间，正反两种主张，有一方必然胜过另一方，而是说二者都持有相同的理由，但又彼此对立。康德认为，背反不是讨论某一个反面的主张，而仅是讨论理性学说的相互冲突以及冲突的原因。①

康德意识到，二律背反和人的认识活动相关。当以有限的认识追求无限的超验的形而上学本体时，就会出现二律背反。例如，如果一切事物都有其原因，最后的原因就只能是自为原因，即是自由的，否则，所有的原

---

① ［德］康德：《纯粹理性批判》，蓝公武译，商务印书馆1960年版，第327页。

因都不足以成为事物的根据。所以，必然和自由都能成立。康德认为，这种二律背反实际上是以人的一重的认识去认识二重的世界造成的。在现象界，因果律完全可以成立；而在本体界，自由律完全可以成立。问题恰恰出在认识上。人的认识只能达到现象界，所以会出现二律背反，无法使对立的正题和反题统一起来。

康德二律背反学说的理论意义已为哲学史家公认。然而，人们在肯定二律背反揭露了矛盾问题的同时，往往批评康德不懂辩证法，把辩证法归结为不合逻辑的"背反"，而不是从中引导出辩证的统一。其实，"背反"就是两歧。对于客观事物来说，的确不存在两歧问题，因为客观事物是一个统一的整体，对立的双方在一定条件下可以相互转化。甚至可以说，客观事物内部和不同的客观事物之间，并不存在真正的对立，只存在一种互补的对立。阴和阳、同化和异化、作用和反作用，不过是对缺失的补偿及对外界的反映。对于水来说，是蒸发还是结冰是无所谓的，无论怎样对立、统一，自身无非是由许许多多的分子构成。所以，一切对立面都可以相互转化。对立统一运动的结果是由一种物质形态转向另一种物质形态。

但是，人们往往忽略了康德指称的对象是理性的自身的矛盾。这一点常常是康德惹人攻击之处。人们说他只把二律背反归结为认识矛盾，没当作客观事物的矛盾。这的确是康德的错误。不过，康德实际上已经触及属人的矛盾与单纯客观矛盾的区别。既然人和自然、主观和客观之间有本质区别，那么，二者各自的辩证的矛盾也会有本质区别。认识矛盾和存在矛盾，既有反映与被反映的同一关系，又有得以区别的对立关系。

康德的真正错误不在于他没有把二律背反归结为存在的矛盾，而在于他没有把二律背反归结为实践的矛盾。实践的矛盾表面上是人与自然之间的矛盾，实质上是人与自身的活动对象之间的自我矛盾。实践是主体对象化和消除对象化的过程。人为了成为主体，首先必须建立能够与主体相适应的对象。这种对象大自然未赐予人，人只好自己创造。创造的方法无非是把自己变成对象。因此，实践本身就是一个制造矛盾的过程。没有人在实践中的分裂，人就没有自我，也就不是主体。自我得以存在的前提就是对象的存在，有我必有他，无他亦无我。无论我如何变化，总要通过自我分裂设立一个他来支撑我。

实践的矛盾是自找矛盾、自相矛盾。这是人和自然在矛盾问题上的本质区别。所谓自找矛盾，是说只要人追求自我、自由、自主，就要承受由此产生的不同于自然矛盾的实践矛盾。所谓自相矛盾，是说自我、自由、自主，这些追求本身就是矛盾的。自我必然追求对象，又必须超越对象；自由追求摆脱束缚，又导致自我约束；自主追求独立，又必然寻找依托。这些矛盾不是暂时的、表面的，而是永恒的、本质的。只要人在实践，就在不断地制造并解决自我和对象、自由和束缚、自主和依托种种自我矛盾。

　　自我矛盾的解决和自然矛盾的解决不同。自然矛盾的解决是对立面相互转化，事物改变存在形态；自我矛盾的解决虽然也是对立面相互转化，但并不改变人的基本形态，自我可以转化为对象，对象也可以复归于自我，但这种转化并不是自我和对象的合并。人与对象之间的统一仅仅是一种关系意义上的统一，不是实在意义上的统一。机器是人的对象化，是人体的延长，但无论人怎样拥有对机器的主权，最终还是机器归机器，人归人。水兵们唱道，"爱护军舰像爱护自己的眼睛一样"；《红楼梦》里的石呆子把一把古扇看得如同自己的性命一样宝贵；这都是人的一厢情愿。无论人怎样玩对象于股掌之中，对象终究在人之外。即使是海誓山盟、生死同心的恋人，也无法消除彼此间的对象性。

　　自我与对象之间的关系统一并没有消除对象性，也就不可能根除自我和对象之间的对抗。自我和对象矛盾的不可超越性根植于主观和客观的矛盾。主客观之间可以相互转化，但是，这种转化不是形态的转化，而只是关系的转化。在自然界，万变不离其宗就是客观性的不同表现形式，而主观和客观的关系却是对抗性的。变成主观的客观就不再是客观，变成客观的主观也不再是主观。转化的结果反过来继续与主观或客观对抗。主观变客观，客观变主观，既不能消除主观，又不能消除客观。变成主观的客观并不改变自身的客观性，只不过在主观中添加了关于客观的观念；变成客观的主观与对象的统一也绝不像机械的、物理的、化学的和生物的统一那样，是合并、化合、同化、吃掉的关系，而是不断改变的关系。

　　当然，关系的改变使自我和对象各自的形态不断变化。这种变化在表面上看是自我的扩张和对象的缩小乃至消除。而实际上，一些人类赖以生存和发展的基本对象不仅没有随自我扩张而缩小、消失，反而随之发展、扩大。珍妮纺织机使手摇纱车被送进博物馆。作为工具，珍妮纺织机毫无疑问是手摇纱车的发展。个别物种可以因人的活动而消失，但动植物的消失和人类自我毁灭是同义语。原始人与现代人大脑的发达程度不能同日而语，但是，宇航员也要为在太空中的吃喝便溺伤脑筋；现代人可以衣食无忧，但同样会和所罗门王一样为失恋而失眠。

自我的基本对象不但不会消失，反而会随自我一同扩张。每一代人都面对前人留下的疑问。古人不知道太阳和地球谁围绕着谁转，因而是无知的；现代人不仅知道地球围绕着太阳转，还知道银河、星云，比起古人可谓知之甚多。但是，现代人最大的麻烦之一就是"知识爆炸"。据有关专家估计，目前全世界的知识量是每 3 年增加 1 倍，每天有 1 万篇论文发表。这意味着每天都有成百上千个问题需要解决。随着认识的发展，人类面临的问题不是越来越少，而是越来越多。似乎人知道的越多，不知道的也越多。恰如笛卡尔所言："愈学习，愈发现自己无知。"

这是因为，知识是一种对象性活动的成果。知之越多，需要拥有的对象就越多。无知是规定性。越无知，知与不知的界限越模糊；越有知，界限越分明。知之越少，知与不知的分界越短，问题越少；知之越多，分界越长，问题越多。所以，原始人内心世界往往古朴实在，而现代人则常常惶惶不可终日。自我的发展的同时，决不是对象的缩小，更不是对象的异己性、对抗性的减弱，而是一种相互呼应：主体能力有多强，对象的对抗力就有多强。人类进步大半得益于对象的不断挑战。如果对象日益萎缩，随之而来的便将是主体能力的退化。

由于基本对象是不可根除的，从而决定对象与自我的两重性关系也是不可根除的。只要对象以异己的、独立的形式存在于人之外，无论在关系上与人统一的程度如何，都潜在着对人的否定性作用。屠格涅夫笔下的木木对主人效忠半生，因为一条小狗便丧失了对主人的信念。火早在燧人氏时代就已被人类驯服，但它一直伺机造反。迄今为止，火灾仍然是给人类造成重大生命财产损失的灾害之一。对象对自我的否定性不会随自我的不断肯定而缩小；恰恰相反，它将随主体能力的提高而不断增大。人越一无所有，就越不怕死；人越富有，死对人的否定意义就越大。一个傻瓜犯错误，充其量影响一家一户，一个科学家成心跟社会捣蛋，就会危害甚大。

康德的二律背反学说放到认识领域，人们过多地看到它的缺陷。如果放到实践领域，人们就会了解到这种理论的启发性。"背反"是实践矛盾的特征。提出这种理论，绝不是不懂得对立统一和矛盾转化。马克思实践二重性的理论深刻地揭示了实践辩证法的本质，使得康德提出的问题有了正确的答案。人的辩证法的特点就在于它的两歧性。这种两歧性植根于人类实践的自我分裂。只要人是实践的，就有统一和分裂的两歧性存在。承认人类自我的两歧性矛盾，将引起对待文化否定性的人类自我意识的改变。解决文化否定性问题的关键，就在于系统、全面地认识人类自我的两歧性矛盾。

二　存在与非存在的两歧

人类自我意识的两歧性矛盾，首先表现为存在与非存在的矛盾。全部自我意识的矛盾起源于自我和对象的冲突。自我和对象冲突的实质，是彼此的非存在化。自我降为对象，是自我的非存在化；对象升为自我，是对象的非存在化。对自我而言，存在即生存，非存在即死亡。生存可以保持自我与对象的界限，死亡则是自我向对象的原始复归。因此，对象施予自我的终极压力是死亡，自我保持自身的最基本方式是生存。生存和死亡构成了自我和对象之间最基本的矛盾。

自卑与自恋是自我意识对生存与死亡矛盾的反映。自卑是对死亡、非存在最终战胜生存、存在的绝望；自恋是对生存、存在战胜死亡、非存在的希望。对一般的生命现象来说，生不可选择，死不可抗拒，一切都是自然的；但对自我来说，为了独立自主，必须要选择生存方式，抗拒死亡压力，自己支配自己的命运。这样，就引起了生存意识和死亡意识的矛盾。

生存意识首先是对生存的追求。追求生存是一切生命普遍的本能，人也毫不例外。天赐的感觉器官和神经系统的基本功能就是用于体验生存和保持生存的。婴儿一出生，觅食的行为和诸如眨眼、呼吸、抓握反射等行为，都是先天性的生存追求。这些生存本能是一种盲目的冲动，寻求一种满足体验。人的感觉器官和神经系统能够体验生存状态。生存需要满足，则产生机体的快感；反之则产生机体的痛苦。生存本能所追求的就是机体快感的满足体验。

生存意识是对生存本能冲动的自我意识，是对满足体验的自觉。通过满足需要，自我不断活动和改变。这样，对自我意识而言，满足就不仅仅是唯一的快乐了。快乐的追求产生于不满。自我随着需要的满足，在活动的终点已与活动的起点有所差别。起点是不满，而终点是满足。对自我意识而言，未来是一种未知的新奇刺激和满足的更新，活着不仅是维持生命，而且是历险和更新。因此，生存本能的满足体验就转化为生存意识的更新体验。更新体验是一种目标诱惑，引导人肯定生命、追求生命、热爱生命。

由于更新体验是一种目标诱惑，生存意识的深层便是对生存的反省。对生存的反省所要解决的是以下两个问题。

第一，人为什么要追求生命？也就是说，人的生命冲动背后的意义是什么？需要的满足和更新体验之间存在着矛盾冲突。追求满足的目的是逃避或者超越需要的匮乏，但是，更新则正是在破坏满足状态，制造新的匮乏。人越追求未来，就越不满足，越受痛苦的熬煎。要想摆脱这个怪圈，人就得放弃对未来的追求。这样，人又陷入了生命的重复和静止。一次性满足等于一劳永逸地满足，这就给人提出了一个两难抉择：生存的意义是满足还是创新？生存的反省就是要在这两难中做出合理的判断和抉择。

第二，自我的独特意义是什么？生存意识是一种自我肯定。通过对生命的体验，人能够意识到个体是独立承受种种生命体验、需要和匮乏、快乐和痛苦、经历和遭遇的主体。个体生命活动的结果，直接对自我造成影响。由此便产生一系列问题：我是谁？我和其他人有何不同？我存在的独特意义何在？我所追求的究竟是什么？对我来说，什么是有意义，什么是无意义？什么是好，什么是不好？等等。对自我的反省会揭示出追求生命和寻求自我之间的矛盾冲突。自我困惑的根源正是追求生命。人越追求生命，自我承受的、体验的就越多，越复杂，自我与环境之间就越有冲突；人越保存自我，与环境之间的界限就越明显，越需要克服自我与环境之间的差距。然而，放弃生的追求，自我却又消失了，生的反省又要调节生命和自我之间的矛盾。

生的反省和生命本身处于同一过程。也就是说，人是边行边思，并不是客观的看客。一个云游僧人问佛祖释迦牟尼："我是否存在？"佛祖不答。又问："我是否不存在？"佛祖仍不答。云游僧人走后，弟子阿难问佛祖为什么不回答，佛祖告诉他说，问"我是谁"，意味着寻找生活道路，而生活道路不可能一言以蔽之，因为道路还没走完。这是一个怪圈。人不是站在路旁问路，而是一边走，一边问路，发问时已经上路了。道路没走完，不可能有一个确切答案；道路走完了，有了最终答案也没有意义了。因此，生的反省不是一次性的，而是持续不断的过程。

唯一能够限定生存意识的是死亡意识。死亡意识与生存意识一样，也起源于人的本能。意识力图为生存设立目标，然而，作为自然过程的生存有其先定的归宿——死亡。死亡是生命向原初状态的复归，是一切生命现象与环境矛盾的终极解决。从矛盾的角度看，一切自然存在的归宿都是存在过程矛盾的解决，因此，生命可以看成是存在对原初状态的偏离。它所追求的就是向原初状态的复归。动植物的新陈代谢和种族繁衍都是向原初状态的复归。活动消耗了能量，机体从外界摄取能量作为补充，恢复机体和外界的平衡，这一过程就是新陈代谢。种族繁衍是生命个体的转移，父代在子代身上重新开始生命过程。这种寻求失去了平衡的冲动，就是生命的死亡本能。

　　死亡意识是对死亡本能的自我意识。首先，死亡意识是对死亡的逃避和畏惧。它意味着生命的终止，是人的非存在的状态。它是对生的意义的否定，宣告了人的一切追求和创造的完结。生前的一切价值，都会因死亡而脱离个体，不再受个体控制，或者说，死剥夺了人曾拥有的一切。人历尽千辛万苦创造的一切，会在瞬间被死神摧毁。死抹杀了自我的独特意义。任何人都难逃一死，任何人死后的状态都归于同一。古往今来，"飞燕玉环皆黄土"，帝王乞丐亦黄土。个人生前拥有的一切，都会被死亡剥夺得一干二净。其次，死亡意识也是对死亡的反省。表面上看，死是对人的否定，但正是通过死亡，人才确立了生存的意义。死亡意识唤醒人们意识到生的有限性，每一个人都只能在限定的时间内生存。死加重了生的紧迫感和现实感。时光流逝意味着生命旅程的缩短，因此人必须把握时机，及时争取实现生的意义。人生短促，不可能求无止境，只能选择有限的、具体的目标。这样，生就获得了能够确定的意义。死亡意识唤醒人们自觉到生存的矛盾。如果死是生的必然归宿，生的追求注定归于失败，那么，人的主体性何在？如果死对任何人都是等值的，那么，个人生前的努力又有何意义？因此，死亡意识是对人的主体意识的挑战。人作为主体，可以战胜环境，由自然决定转向自我决定。但是，人能否战胜自身，控制自己的生死，成为自我的真正主体呢？

　　正是这种来自死亡的压抑和焦虑，促使人渴望成为主体。死亡对于人来说是一种自然束缚。自己掌握自己的命运，以超越死亡为目标的死亡的自我意识是一个不断深化的过程。最初的死亡意识表现为一种宗教意识。原始人并不理解死亡的原因。法国现代人类学家列维·布留尔认为："对原始人的思维来说，要想象自然死亡，实际上是不可能的。"① 他们把死亡看成是鬼神、巫术或犯禁的后果。死亡往往和惩罚联系在一起，是可怕的、灾难性的。逃避死亡的方式常常是以巫术反巫术，反对鬼神与禁忌的敬畏。这样，占卜、巫术和拜祭仪式便得到相应的发展。宗教便是这种强化了的仪式活动的产物。宗教实质上是一种仪式化了的意向性活动。意向性活动指向某个期待的目标。当人们把活动过程和目标看成是必然的、命定的联系时，便会产生强化了的仪式活动。比如，喝生水会肚子痛，只要喝生水就相信肚子一定会痛，要使肚子痛就大喝生水，喝生水便成为祈求肚子痛的仪式。对这种强化仪式的崇拜就是宗教。

几乎所有的宗教都是一种死亡意识。基督教和伊斯兰教的终极境界是末日审判：有罪的永死，无罪的永生；佛教的终极境界是涅槃，一种无痛苦的死亡；印度教的最高境界是灵魂的轮回；道教的最高境界是羽化登仙。所有宗教追求的都是对死亡的超越。宗教的成功之处在于能够使人从生存和死亡的矛盾中得到精神解脱。

中国的传统宗教——道教一开始就走了歧路。道教超越死亡的方式是追求肉体的永生不死。为达到这一目的，古人们费尽心机、异想天开：炼丹，服药，甚至想到了房中之术。中国人几乎一开始就在寻找不死之药。传说羿从西王母那里得到不死之药，但是被他的妻子嫦娥偷吃了。嫦娥飞到月亮上去，人间再也没有找到西王母的不死之药；秦始皇听信江湖术士的谎言，让徐福拐跑了五百童男和五百童女；李世民相信自己是老子之后，吃药吃得英年早逝；最荒唐的要数明朝的嘉靖皇帝，居然相信饮服女人经血可以长生不老。总之，无论是炼丹还是修行，活着羽化登仙的很难见到一个。于是，道教的可信度大大降低了。尽管它土生土长，仍不能取代儒教，成为意识形态的中枢。不过，道教的死亡意识却从反面证实了现实生活中死的不可超越性——没有不死之药。

成功的宗教采取的是追求灵魂不死的超越方式。基督教并不回避死亡，甚至禁止自杀，并规定自杀的人不准在教堂墓地下葬。因为他们认为，死恰恰是上帝的审判方式，可以使有罪的灵魂得到拯救。佛教的最高境界"涅槃"，就是灵魂超脱肉体的状态。印度教以及其他一些原始宗教都把死亡看成另一种生存状态。只要有上帝存在，人就可以漠视死亡。因

---

① ［法］列维·布留尔：《原始思维》，丁由译，商务印书馆1981年版，第269页。

为死是假死，死去的人在另一个世界继续生存。这个世界可能是天堂，也可能是地狱。因此，在宗教狂热之中，人能够视死如归。每当印度教举行祭祀典礼，都有大批狂热的信徒投身供奉创造和毁灭之神湿毗奴的车轮之下，宁愿被辗碎。印第安人把死看成旅途中的转折，就像漂泊四方的水手返回陆地一样坦然。

然而，一旦上帝死了，宗教的仪式崇拜幻想就消失了，死又变得不可超越。没有上帝，死不再是假死而是真死。没有来世，没有审判者，甚至没有观众。死就是死，不再是永生、转世、超脱。这种死能否超越呢？死是生的权利的取消。肉体永生，灵魂不死都无法保留生的权利。在现实世界中，唯一能够脱离人的肉体而独立存在的人的生存状态，是人所创造的价值。价值是人的活动的对象化或物化，是人自己创造的，是人的活动在外界留下的印迹。因此，价值是唯一可以脱离肉体而独立存在的人的一部分。个体的肉体可以消失，但个体的活动却可以转化为文字、文物、产品存留人世，作为其创造者的物化形式继续存在。长城和金字塔是它们的建造者存在的标志；《哈姆雷特》和《红楼梦》是莎士比亚和曹雪芹存在的象征。人的产品、价值存留多久，人就可以存留多久。因此，在现代，创造价值成为超越死亡的主要方式。

以上种种方式，都是用否定死亡的方式超越死亡。这种方式赋予死以消极的意义。价值不死也不过是对肉体必死的一种无可奈何的替代。它所超越的并不是死亡，而是生的流动。马克思说："处于流动状态的人类劳动力或人类劳动形成价值，但本身不是价值。它在凝固的状态中，在物化的形式上才成为价值。"① 这种凝固了人的活动，只代表某时某刻的人的存在，是一种过去了的存在，对它们的创造者来说，是一种死的存在。因此，用追求不死的方式超越死亡，终归于失败。

另一种超越死亡的方式是肯定死亡，赋予死亡以积极的、人的自我肯定的意义，把死亡作为主体意识的一种表现。死是人生一切矛盾的终极解决方式。人之为主体不是天生的，是人通过与环境的冲突争得的。当人面临不耗尽全力便不可能成为主体，或唯有结束生命才可保全主体地位这两种境况时，死就成了主体意识的唯一体现方式。这是一种两难境况。环境是强大的异己力量，为了战胜它对人的束缚和压抑，有时需要人付出生命

---

① 《马克思恩格斯全集》第 23 卷，人民出版社 1972 年版，第 65 页。

的代价。创造本身意味着破坏和毁灭。作为主体，人是一切后果的承受者。特别是当人以自身为创造的试验者时，必须承担牺牲的风险。例如，创造一种新的社会制度，有时必须承受旧制度的惩罚；发明和探险会导致灭顶之灾；为捍卫自由和尊严也要抛头洒血。对个人来说，自我牺牲是与异己力量同归于尽，用死来证明自己是主体。

自我牺牲是用否定生存的方式体现主体性。由于人意识到死是生的必然归宿，生存时间的延长与缩短，都不会改变人生的终极结局，所以，人何妨不自己选择一种死亡方式呢？苟延残喘死，坐以待毙死，同归于尽亦死，何不来一个自由而且壮烈的死呢？死不可以逃避，但是，死亡的方式却可以选择。爱比克泰德说得好："我必须死，那么我也必须呻吟着死亡！"自主地选择死亡方式，这也是一种主体性，也不失为对死的超越。司马迁在《报任安书》中说："人固有一死，或重于泰山，或轻于鸿毛。"死是实现人生意义的一种重要方式。只会生，不会死，亦不是真正的主体。正视死亡，以死亡为人生的终极审判，才实现了对死亡的主体性。

自杀是与自我牺牲具有同样性质的对死亡的主体性抉择。自杀是主体对生命的自行处置，表明人已经超越了原始的生存本能。当然，被迫无奈的自杀是对异己力量的屈服，是主体活动的失败。但是，自杀本身是一种主体决断，因为任何被迫自杀者也还有其他选择：承受继续生存的折磨，等待异己力量结束自己的生命。尽管是被迫的，自杀的决断仍然是内心选择的结果。

自杀可以说是对生的逃避，也可以说是对生的超越和自我完善。逃避性的自杀是对人的本质的否定，自认为本身不能继续作为主体活下去的人，决定放弃自身的主体性；而自我完善的自杀则是作为完善自身主体性的手段，是人决心超越自然了断的自我了断。"安乐死"是对苟延残喘的超越。美国现代作家海明威的自杀是硬汉形象的自我完成。对一个一生充当硬汉，塑造了无数硬汉形象的文学家来说，不再能像硬汉一样生活，是对自我形象的否定。死就成为完善硬汉形象的主体决断。狼牙山五壮士跳崖殉国是"不自由，毋宁死"的英雄行为，跳崖完善了革命军人战斗到底的主体形象。

这种以死亡超越死亡的方式虽然体现了人的主体性，但并没有摆脱生与死的两歧性矛盾，反而使这种两歧性更加突出。死实现的主体性只是瞬间的。主体完成同时意味着主体毁灭，这表明人无论有多强的主体性，所能控制的也不是死，只能是生。作为自然过程，生和死之间等于一条直线。作为主体过程，不过是在生死两点之间，把直线变成许多曲线，主体性越强，曲线就越多起伏。对人来说，迄今为止，死都是不可超越的，无论人的主体性达到什么程度。个体是如此，人类整体也是如此。到目前为止，无论科学多么发达，人类永生，仅仅是宗教式的梦幻和神学家的启示。

生与死的两歧性表明，人的主体性并不仅仅在于生的创造，更主要的是对生的控制，使人的生命过程合理地发展。由于生死矛盾的两歧性，人才有不断保持主体性的动力。死的不可超越性决定了人始终处于死的压抑和挑战之中，同时也考验着人控制生的能力。如果没有死的压抑和挑战，生成为自然和永恒的进程，那么，人就没有必要对生进行自我调节和控制。迎接死的挑战的目的不是超越死，而是由于生之有限和死之艰难，所以才想方设法使生存由死亡的支配转换为人的自主支配。能够正视死亡，人就不必为死而生，追求死后的升入天堂、灵魂不死和物质享受，而把人生的注意力由死移向生存本身。人之为主体，是生的主体，就是如何在生命过程本身灌注人自己的东西。

生与死的两歧性矛盾要求人对自我执辩证的态度。追求毫无限制的绝对主体是对主体意识的僭妄。人作为主体，应该把死看成是自我调节的手段。马克思说："死似乎是类对特定的个体的冷酷无情的胜利，并且似乎是同它们的统一相矛盾的；但是特定的个体不过是一个特定的类存在物，而作为这样的存在物是迟早要死的。"① 死是人类自我超越的重要方式。社会通过个体的死亡，调整自身的结构和能力。每个个体的死亡都是社会的自我更新，通过淘汰丧失活动能力的社会成员，补充新的成员，以增加社会发展的可能性和多样性。

这样一来，就使生死矛盾失去了任何一劳永逸地解决的可能性。每一代人既要以死亡为成为主体的条件，又必须承受死亡的压抑和挑战，在生与死之间不停地奔波，直到与异己力量同归于尽。正因为如此，人才走上了自我控制之路。

---

① 《马克思恩格斯全集》第 42 卷，人民出版社 1979 年版，第 123 页。

三　时间与空间的两歧

死亡意识是对人类意志的挑战。这一挑战是人自己提出的：人能否克服非存在，不断保持自己的存在？在死亡意识的压力下，产生了人的时间意识和空间意识的两歧。

对人类来说，时间是生存的持续过程。时间意识是一种存在的消逝感，是对存在与非存在之间的过渡的体认。死亡是一个独立个体的生存极限，也是时间极限。所谓死亡，就是某物失去生存时间。超越死亡也可以理解为一种改变、延长生存时间的过程。

时间意识对死亡的超越，主要表现在对时间的留恋、凝固和重复之中。留恋表面上是对死亡的逃避，希望过去了的不曾逝去，逝去了的时间能够倒流，从而扩大生存和死亡之间的距离。人们常常因时光流逝、美景成为过去而伤感懊恼，实际上是由于死期临近、生期缩短而焦虑、恐惧。对过去的留恋、悔恨，是出于对生存的热爱和珍惜。所谓"一切都会将逝去，而那逝去的将变成可爱"（普希金），所谓"碧野朱桥当日事，人不见，水空流。韶华不为少年留，恨悠悠，几时休"（秦观），都是对挽留时间的希望和对死亡的反抗。现在充满惶惑，是因为现在已接近死亡；过去充满美妙幻影，是因为过去曾远离死亡。

然而，"青山遮不住，毕竟东流去"。留恋只是一厢情愿，无法改变时间的流逝。人们转而企图终止时间的流逝，以凝固时间为手段逃避死亡。凝固是追求一种永恒的存在和价值。凝固是时间的冻结，使事物保存在某一点上。这样，就能留住存在，使之不会消逝。热恋的人山盟海誓：让我们就这样在一起，永不分离。他们所追求的"永不分离"就是永恒。

时间一去不复返，这从来就是不可更改的。可以更改的是主观的时间感。重复就是主观时间感的永恒追求。时间虽然在不停地流逝，但人始终与特定的对象在特定的环境下不断持续同一种活动，可以造成主观上的永恒感。永恒和不朽，实质上是重复，是一种运动的静止。永恒和不朽不是不变化，而是无论怎样变化，最终都返回原初的起点。这种无限循环不断强化着存在的不可超越性。因此，所有凝固时间的努力最终都发展为一种宗教意识。重复实质上就是活动仪式的强化过程。一种行为周而复始，也就无始无终，动而不改，就是永恒和不朽，就是神。

　　留恋、凝固、重复，表面上都是在超越死亡，其实质却仍然是一种死亡意识。留恋是一种返回原初状态的冲动。童年的无忧无虑是文学家百吟不厌的主题。然而，彻底的无忧无虑，如佛教指示的那样，实质上就是死亡。凝固是生存的静止、生命的永恒，静止就是死亡。重复是取消生死界限。最彻底的重复就是轮回。对印度教和佛教来说，所有的生和死都是虚假的幻想，因为生死不过是灵魂轮回的一个周期。企图从时间意识上超越死亡，注定回复到死亡意识本身。人常说"我快活得要死"，例如海涅：

　　　　等我们盈盈的泪珠，
　　　　滴入这熊熊的火里，
　　　　等我双臂抱紧了你——
　　　　我情愿殉情死去！

　　快乐为什么与死亡相通呢？这是因为，唯有死亡能留住快乐，凝固快乐，重复快乐。

　　时间上无法超越死亡，那么空间上人能否有所作为呢？空间是生存的扩展过程。空间意识是一种存在的有限感，也是对存在和非存在之间过渡的体认。生存就是获得空间的过程。说某物存在，某物运动，就是说某物拥有空间。空间是对存在的限定，具体存在都只拥有有限的空间。空间是存在的限界，在某物拥有的空间之外，都是某物的非存在。所谓死亡，就是存在失去空间的过程。

　　空间意识对死亡的超越，主要表现在扩大空间的追求上。空间的扩展就是生存的延续和发展。空间的扩展首先体现在个人的肉体生长、延续方面。保持生存的前提是保存肉体空间。除了宗教狂热和绝望自杀自残行为，人们一般都珍视自己的身体。古希腊人极为崇尚人体，认为健全的精神寓于健康的身体，健与美是不可分离的。他们热爱自己的身体，锻炼自己的身体，炫耀自己的身体。在希腊神话中，特洛伊名将赫克托耳被阿喀琉斯杀死并被剥去了铠甲，"从阿耳戈斯人的队伍中许多战士跑出来赞赏着赫克托耳的身躯和面庞，他的四肢十分美好，许多人抚摩着他，并且说：'真奇怪，比起他放火焚烧我们的船舰时，现在他多么的温柔呀！'"①

可是，死亡意识判定了肉体空间注定伴随生命的结束而消逝。为了与死亡抗争，人拼命地扩大生存空间，使之从肉体外化到外部世界。工具和产品就是外化和扩大了的肉体空间。它们在人的肉体空间之外构造了一道分离人与外部世界的屏障，扩大了人的生存空间。工具屏障的生成，为人的生存空间提供了安全感。只要有工具屏障存在，肉体空间就不会直接受到外界非存在的吞噬。

然而，工具屏障一方面是人的生存空间的扩展，另一方面也是人的生存空间的限定。人只有保住依托工具才能保住生存的空间。在庄子看来，依托某种条件（有待）超越非存在，是徒劳无益的。列子乘风行半月，鲲鹏展翅九万里，都是靠风，才"免于行"。真正的超越是"无待"——不受任何条件限制，才能"乘天地之正，而御六气之辩，以游无穷"。②庄子企图追求绝对的超越，必然陷入否定任何限制的相对主义。工具限定的消极意义在于人本身蕴含着丰富的潜能，但依托工具扩展只能是一种片面的扩展。每种工具都是某一片面性的自我凝固，工具与工具之间的衔接不是活体衔接，而是片面衔接。包围在工具空间之中的人只能实现一种多样的片面性。

人的能力是多样的统一体。对人来说，一个动作、一串语言，既是真，也是善和美。一旦工具化，也就被割裂了。任何工具，哪怕是计算机系统，无人操作启动，就不会再创造。不仅如此，活动一旦凝固，虽然占有了确定的空间，但却脱离了时间序列，不随时间主体而同步变化。工具的空间滞后反而成为新的空间扩展的障碍。为了扩展空间，首先需要克服的便是工具屏障。在这里我们遇到的是一种空间两歧：人为生存而扩展自身，为扩展自身而改造自身，结果任何扩展了的自我都是改变了的自我；改变的目的又是生存。空间活动的出发点是保持自我的存在和非存在的界限，而归宿却是界限的模糊。人追求的与人得到的不是同一个东西。

不仅时空意识各自出现两歧性，而且时间意识和空间意识之间也是一种两歧性关系。扩展空间是自我发展的手段。然而，空间的扩展意味着开

---

① ［德］斯威布：《希腊的神话和传说》（下），楚图南译，人民文学出版社 1988 年版，第510 页。

② 《庄子·逍遥游》。

拓新领域，意味着历险。由于人没有保票，是一种未规定的规定，创新始终具有肯定和否定并存的两重性。空间扩展得越广阔，经历的否定性危险越多，就越对生存时间构成否定性的威胁。探险家、旅行者、运动员，这些从事不断变换空间活动的人，远比常人经历更多的死亡威胁。相反，一个蜗居者除了病死、被谋害或地震天灾，生存时间系数远远大于漂泊四海的勇士。人常说生命在于运动。其实，生命更在于静止。生物规律是寿命期取决于生长期、受孕期的长短。生长节奏越慢，寿命越长；生长节奏越快，寿命越短。长寿的秘诀就是生活稳定，起居有规律，或者说，在时间上重复，在空间上凝固。就生存意识与死亡意识的两歧而论，时间和空间是互为代价的。生存空间的扩展以牺牲生存时间为代价，生存时间的延长以牺牲生存空间为代价，二者不可兼得。

现代乐观主义发展观与悲观主义发展观的冲突，正是时空两歧的反映。乐观主义追求的是扩展生存空间。乐观主义相信人类的肯定性力量，认为人可以无限地扩展空间，征服地球，征服外层空间，直至征服其他星球，以满足人类不断发展的需要。悲观主义意识到的是人类将为此付出缩短生存时间的代价。为什么人类要扩充不已呢？扩充本身造成资源匮乏，扩充使得足以维持长期生存的能源资料在短期内消耗殆尽，由此进一步增加了的扩充欲望，其结果必然是越扩充越匮乏，越匮乏越危机，越危机越扩充，最终导致加速度发展，提前到达生存的终点——能量耗散达到平衡态。

时间意识与空间意识的两歧产生了两种对立的人生态度：自然主义与英雄主义。自然主义是采取以空间换时间的生存态度，以生存时间的延长为目的。中国古代道家强调绝圣去智、无为而治、修炼内功，就是放弃空间扩展，放慢发展节奏，让生命完全按照自然的方式发展，这样才能安享天年。英雄主义则是采取以时间换空间的生存态度，以空间的扩展为目的。英雄大多是创造者。麦哲伦环球航行是英雄，诺贝尔发明炸药是英雄，拿破仑打了胜仗是英雄。然而，他们一个也没有安享天年。

究其本质，自然主义和英雄主义都是迎接死亡的意识。自然主义是顺应死亡，对死亡的到来不做人为改变；英雄主义是向死亡挑战，自己选择死亡的方式，是拼死一试。二者都有自己的困境。自然主义既然对死亡放弃自我独立性，生存的全部意义就只在于等待死亡。对自我意识来说，为等待死亡而生本身就是荒谬的。既然归宿已定，一切生存都为了回复到死亡状态，何不自我了断，缩短回复的距离呢？自然主义注定逃脱不了西勒诺斯的审判：人最好不要出生，次好是一生下来立即死去。英雄主义同样在劫难逃。拼死一试，可能延缓死亡，更大的可能是加速死亡。然而，和自然主义相比，拼死一试的可能性不是单一的，人毕竟还有希望。因此，英雄主义对人的自我发展有积极意义。人类文化发展并非得益于自然主义等待死亡，而得益于英雄主义的拼死一试。文化就是人类以巨大代价换取的拼搏成功。人不是等待死亡，而是自我创造，赋予生存以多种意义。所以，古往今来，自然主义始终是英雄主义的补充性意识，是一座为懦夫、拼搏中失败绝望的英雄以及预先洞悉人生真谛的哲人们在生死交战中建立的精神安慰所。

但是，现代文化的发展震撼了英雄主义传统的统治地位。英雄主义时空意识的基础是人的创造性。创造性能够肯定人，它需要一个可供创造的原始质料，同时也需要承受破坏的原始质料。在地球这一相对封闭的空间内，创造和破坏之间的关系是一个倒金字塔结构。承受破坏的时空存在要大于承受创造的时空存在，这样才能保持社会生态平衡。因为消除破坏的活动本身又导致新的破坏。如果人类不能大量溢出地球，生存空间就会被撑破。在这种背景下，拼死一试，岂不越拼越死？英雄主义就会走向自然主义——创造的主要意义在于迎接死亡。正是这一变化，才导致了自然主义的悲观主义冲击英雄主义的乐观主义的现代意识冲突。

四　理性与本能的两歧

自然主义与英雄主义的两歧背后，是理性与本能之间的两歧性矛盾。无论是生存意识还是死亡意识，其原始的根据是人的本能。生与死都是人所接受的自然现象。自我意识首先是对人体自然属性的自觉。所谓英雄主义无非企图超越人体的自然属性，拒斥作为自然过程的生和死，争取主观地控制自身的生死过程。英雄主义的主观基础是自我意识，是对生死的反省，本质上是一种超越本能的理性追求。对生死问题的超越，实质上是在解决本能和理性的冲突。

本能的基本矛盾是需要和满足的矛盾。人的本能与自然之间存在着天然的匹配关系。本能是由人身内自然的缺失引起的。生命运动通过新陈代谢导致机体功能不平衡，于是才有外摄对象恢复平衡的活动。身内自然和身外自然之间不平衡，才产生人的天然需要，也就是人的本能。本能就是说，只要身体活动发生了缺乏，人必然寻求补偿。无论人采取何种方式，只要人寻求需要的满足，就没有摆脱本能的支配。

人的需要并非只是自然需要，人还有社会需要、精神需要，如马斯洛所说，除了生存需要和安全需要，人还有社交、自尊和自我实现的需要。需要越发展，越远离本能。然而，需要无论怎样发展，始终不能摆脱本能的纠缠。需要始终在寻求满足，为人类行为提供自发的内驱力。寻求满足的行为无论是物质的还是精神的，自然的还是社会的，都来自生存本能。因为任何不满足状态都是生存状态的受损。求知是精神的不满足状态，其根源在于人的探究性。表面上看，一切求知行为仿佛都有功利目的，但是求知行为并不止于功利目的，其驱动力就是需要追求满足的倾向。思维具有求知的能力，只要遇到未知领域，就会产生不满足。

人的实践化并没有取消本能。实践是由人控制的满足需要的活动。在实践中，受控制的不是需要，而是满足需要的方式。马克思说用刀叉吃饭不同于手抓嘴啃，是指进食方式中本能和实践的区别。无论人用何种方式吃饭，只要吃的目的是吃本身，最终的动因都是饥饿需要。实践不仅没有取消本能，而且不断复制和扩大本能的驱动力。生存本身是一种需要，活动的目标即是满足。实践是通过对象化来满足需要的活动。实践主体越满足，就越对象化，主体也就越发缺失。一个人对艺术一窍不通，亦可安享天年；一旦拥有艺术能力，就开始与世界为敌。到处都是非艺术的存在，是艺术能力无法容忍的。可是，人越使存在艺术化，使自己的艺术水平越高，就会越发意识到存在不艺术。

用马克思的话说，是已经满足的需要又引起新的需要。对实践主体来说，满足是相对的，匮乏则是永恒的。以实践为满足需要的方式，实质上并不是满足需要，而是利用满足需要制造更多的不满。这一过程本身是后天的、非本能的。然而，如果仅以需要能否满足为实践目的，实践不过是人表现本能的手段。

把价值仅仅归结为满足需要，是一种表层的实践意识。这种价值追求将导致一种黑格尔所说的"恶的无限性"。需要和满足的变换是一种无休止的轮回。任何满足，对实践主体来说，都是一种新生的需要。这是一个怪圈。如果实践追求的是满足，那么这个目标永远达不到。任何满足对原有的状态都是一种破坏。因此，人的满足大多是一种瞬间的快感，是转瞬即逝的。为了追求满足，人必须以生存时间中的绝大部分为代价，经历长期的不满换取一时的欢悦，不可能存留永驻的幸福。如果实践追求的是不满，这种追求就没有任何动因。实践恰恰是消除不满的活动。不满不必追求，返回原初的起点就能够实现。

受需要驱使的活动没有主体性可言。需要是对象性的，需要推动活动的原因在人之外，是对象与需要的互补关系造成的。在需要与满足的关系之间，一切价值都是手段性的价值，都是以需要为目的的。把人的价值归结为满足个人需要或社会需要，都不能逃脱恶的无限性。如果人存在的目的仅在于满足自身需要，高级存在（精神、社会）便被归结为低级存在（自然、本能）的手段，他人便被归结为个人的手段，人就失去了存在的特殊意义。如果人存在的目的仅在于满足社会需要，那么，社会又为谁而存在呢？要么为所有社会成员，社会又变成了手段；要么为社会本身，脱离个体的社会只能是抽象的社会，异化的社会，与个体相对抗的社会；要么为超社会的存在，那就需要一个上帝。

理性是对本能、需要与满足的超越。理性作为自我意识，追求的是理想。理想是自我的发展模式，是超越自然状态的合理性状态。理想产生于对自身需要与满足矛盾的超越。当人不是从自身自然状态，而是从自我意识出发去解决需要和满足的矛盾时，人就从本能追求过渡到理想追求。追求本能的我只是"我必须如此"，自我没有选择余地。我饿了，必须吃饭，除此之外，别无选择。追求理想的我却是"我应当如此"，本身就是一种自主抉择。我饿了，但是我可以不吃嗟来之食，因为靠乞求生活不是我应当做的，我的理想是靠自己生活。从本能过渡到理性，人就由自然控制过渡到自我控制。

理性的自我控制超越了需要。受理性支配的自我不是想要就要，而是该要才要。于是，必然性和理想性之间便产生了冲突。理想追求的实质是合理性。所谓合理性，就是合乎人自身的规律、道理。合理性的尺度不是自然，而是人。理性与本能、理想与必然的冲突，实质上就是人自身之内人与自然的冲突。

理性、理想是人的自觉。在自我意识中，人意识到自身与自然的区别，在于人能够有目的地创造一个属于人的世界。创造就不能遵循本能。本能的含义就是本来就有的能力，而创造就是本来没有而有了的过程。因此，理性和本能是相互排斥的。理性就是偏离本能的运动，使人最终成为主体。

这样一来，理性就成为对本能的改造、扭曲和压抑。为了实现理想自我，人可以忍受磨难，甚至自我牺牲，有吃不吃，有爱不爱，能睡不睡，可得不得。但是，理性只能改变本能的表达方式，却不能取消本能。爱情在人类眼里纯洁而神圣，多少人为之赴汤蹈火，抱恨终身。然而，鱼雁传书也罢，吟花赏月也罢，生离死别也罢，所有爱情，排除性变态，都是对异性的追求。在爱情中，赤裸裸的性欲和生殖冲动，不过戴上了温情脉脉、彬彬有礼的面纱。当然，狂热的宗教信徒和独身主义者可以没有爱情，但他们无非是用自我压抑来自我折磨，或以宗教艺术创作来宣泄受压抑的本能。

这种只能转移、压抑，不能取消的矛盾，造成了理性本身的两歧。理性的登场造成了人的表里不一。按照理性要求，人必须把本能深藏起来。文化就是对本能的修饰。明明饥不择食，却要在大庭广众面前细嚼慢咽；明明欲火中烧，却要对异性彬彬有礼；明明恨不得食肉寝皮，却要握手言欢。本能的一面，人留给自己体验，于是就有了自娱、自语，自我欺骗和自我折磨。人把理性的一面表现给社会，让别人看。为了让别人看，越有理性，这种内心的分裂与冲突就越沉重。所以，就民族性格而论，原始民族往往内心平和，率直淳朴，而现代民族常常忧心忡忡，曲折委婉。以婚俗而论，文化落后的民族往往少男少女相对吟唱、追逐、游戏，然后便可结为百年之好，并不掩饰自己的"好色"。那些文化发达的民族则总给自己找借口，什么"忠贞不渝的爱情"，什么"社会责任感"，什么"弥补内在的孤独"，远不如原始民族来得痛快。当然，掩饰本能是一种进步，是人与动物的区别，但是这种掩饰的后果是加重了自我意识的冲突。

这种冲突就是理性与非理性的冲突。非理性包括人的直觉、情感、意志，是人身内自然的直接表达。与理性相比，非理性更接近人原始的、本来的自我，是自我的无压抑状态。非理性对理性而言是一种破坏。无论认识活动还是道德活动，一旦非理性介入，一切就都难以按部就班，就都会丧失逻辑、约束。就认识而论，理性努力保持对象的客观性，试图揭示对象的本来面目，而非理性则相反。《红楼梦》里的晴雯喜欢听撕扇子的声音，这种情感和声波的关系已经不可理喻了，因为同样的声音，却使麝月感到放纵和厌恶。理性是试图使非理性逻辑化，而非理性则恰恰反逻辑化。逻辑化就是非理性的消失。

当然，非理性对理性也有重要的辅助作用，如灵感、直觉、情感，对理性的创造性和认识的飞跃是不可缺少的。就自我意识而论，二者代表的是两种互相矛盾的自我。非理性寻求本能的满足和宣泄，理性却宣告了非理性注定失败。一旦理性自觉到需要和满足的恶的无限性，并自觉到死亡的不可抗拒性，自觉到人有自杀这种创造性能力，理性就陷入不可解脱的自我矛盾：既然追求满足导致永远是追求的起点——不满，既然人将在不满中悲壮地死去，既然人自己有办法摆脱这种注定失败的恶的无限性，人为什么还在苦苦挣扎呢？

动力却来自理性的对立面——非理性、本能。生存意识是理性无法抗拒的诱惑。不断地追求理性，带来的是生存状态的不断提高。死亡虽然不可抗拒，但生存状态却可以不断改善。理性不断压抑、改造的对象，恰恰是理性得以发展的支撑力量。这样，就使人永远不可解脱理性与本能的冲突。

人与自然、理性与本能的冲突不可解脱，促使人反省长期以来对待理性和本能的态度。理性主义一味排斥本能，仅仅强调理性对本能的克制、超越，实质上是对本能的僭越，导致文化的畸形发展，以束缚人的精神世界为目的。非理性主义一味强调本能，轻视了理性对本能的实现的积极作用，必然导致放纵情欲或恢复自然的还原主义倾向。理性与本能的矛盾是两歧性矛盾，无论采取哪一歧，都将陷入自相矛盾。

五　个性与社会化的两歧

理性与本能既是自我的两种性质，又是两种不同的表达方式。人究竟在何种条件下，才需要对理性和本能做出抉择呢？在个人独居的情况下，理性虽然比本能有优越性，但理性和本能之间是可相容的。个人与对象之间的单独对话，是出自理性还是本能，是收敛还是放纵，是升华还是发泄，是保持清醒还是不能自已，完全取决于个人，无论内在还是外在，都没有强制性的压力。

这种情理相容和抉择自由，就在于是人的独白，不是人与人之间的对话。人之所以要抑制本能，是由本能的性质决定的。本能追求需要的满足，并不考虑手段。一个人不择手段地寻求满足，就是在本能驱使下活动。然而，不择手段的后果是把他人统统贬为手段、对象，势必造成人际对抗。如果人与人之间只是互为手段、对象的关系，就不可能有什么需要真正被满足。侵犯、剥夺就会成为普遍现象。

　　理性抑制本能来自社会的要求。社会是人类生活的组织形式。社会是后天的，通过人的活动形成的。社会是应补偿本能缺陷的要求产生的。首先，人的本能并没有赋予人以个体独立行为的能力。人是高级哺乳动物，幼儿依附母亲的时间较长。人类的哺乳期需要 1—2 年，独立行走需 2—3 年，独立摄食需要更长的时间。即使长大成人，也没有可以直接用于攻击、自卫、摄食的特化了的器官。结成社会，依靠他人的活动，人才能弥补先天不足，才能生存和发展。其次，对象的匮乏使人的本能得不到充分自由实现的条件。满足人的需要的对象主要是人自己创造的，与满足动物需要的对象完全不同。人之所以要创造对象，是天然对象的匮乏所引起的。考古学、古人类学的研究已初步证实，环境或机体的变异撕裂了人类祖先的本能与环境之间的天然供求关系。迫使他们不得不在本能之外寻求新的生存方式。由于人的选择——实践，不断撕裂人与外部世界的和谐，不断增长的需要总是引起对象的匮乏。正因为如此，"各取所需"，"物质财富极大丰富"才成为马克思追求的一个社会发展目标。

　　社会就是人所选择的弥补先天不足和后天不足的生存方式。一方面，社会形成了组织屏障，阻挡和缓冲了个人所承受的环境压力，通过联合、协作和自我牺牲等方式，扩大了人的行为能力。另一方面，社会形成了人类的自我协调机制，依据一定行为准则分配总是相对匮乏的对象，缓冲由于对象匮乏引起的人际冲突。

　　由于社会是后天的生存方式，虽然它产生于弥补先天不足的要求，但在本质上和本能是对立的。社会作为扩大了的个人能力和自我协调机制，对个人而言是一种强制力量。为了扩大个人能力，个人首先必须放弃个人的自我满足，在社会能力机制中承担角色和义务。这是活动模式的根本转变。过去受本能支配直接寻求满足的方式被通过社会化以寻求满足的方式取代了。社会化就是接受社会规范、约束自己的过程。社会规范是社会成员在相对匮乏的对象的基础上协调行为的准则。对象不充足，所有人的所有需要就不可能在互不冲突的条件下得到满足。只要对象是匮乏的，皆大欢喜对人来说根本不存在。因此，社会规范的主要功能就是抑制和协调人的本能，使人在本能和社会相冲突时首先满足社会而抑制本能。

　　通过什么力量能使人们普遍地接受社会规范呢？如果人只能依照本能

的原则行动，社会化永远不可能实现，人也永远不能发展成为人类社会。理性就是应社会化要求而产生的超越本能的力量。理性有三个基本原则：一是自我意识，即对本能的自觉；二是类意识，即对人类共性的自觉；三是对象意识，即对人与对象关系的自觉。要达到自觉，就必须把握自我、人类和外部世界的规律、准则。理性就是对这些规律、准则的确认。作为自然人，自我的规律、类的规律、对象的规律都是同一的，没有本质差别。但人偏偏从来就不是自然人，人与人、人与对象之间的关系不是本能的自由表达，而是对本能的改造和抑制。自我的规律、人类的社会规律都是超越、限制本能的规律。理性的功能就在于利用这些规律去制约本能。

理性的实体是社会，而本能的实体是个人。理性和本能的两歧导致社会与个人的两歧。个人是构成社会的细胞，是承担社会关系和社会规范的实体。从社会的角度看，个人不同于一般的生物个体。动物一生下来就是一个独立的个体，因而相对于群体来说，都是可有可无的，动物群体不会因某个个体的生灭而发生重大改变。个人一生下来只是生物个体，不是个人。人一生下来只有先天遗传的本能，如果始终处于与本能相对应的环境，他就永远是一个生物个体。这一点已被有关狼孩的研究证实。

所谓个人，是指有独立创造性的生物个体。所谓独立创造性是指个人是一个独立的自我，与众不同，独一无二，自由自主，有其独特的个性和存在的意义。

与众不同，在于个人是一种个性存在。个性是人与人之间内在的心理差别，这与形体活动方面的差别是完全不同的。形体活动方面的差别是先天的、不可弥补的，而个性差别却是后天的、可以改变的。这样，对个人而言，就产生了个人不完善和个人可塑的矛盾。个性差别体现了个人的不完善。与众不同，是因为他人有而你没有，或你有而他人没有。每个人都有缺憾。按照本能，人势必追求满足，弥补缺憾，塑造自己。然而，塑造过程是取彼之长，补己之短，个人得到了发展，本能却受到扭曲，人必须接受非我之物的修饰。

独一无二，是指个性的不可替代性。个性作为独有之物，赋予个人以存在的独特意义。每个人都有个性，又都有缺憾，使每个人都不可缺少。无论个人多么渺小、贫乏，作为个性，都既是世界上的第一个也是最后一个，空前绝后。个性之间的互补性使个人成为构成社会的实体基础。社会结构中，每个个人都不可缺少。不可缺少是指存在的意义不可替补。当然，一个人倒下，另一个跟上来，社会自有其顽强的复制能力。但是，儿子取代老子，新人取代旧人，都是一种个性取代，不是对消失的弥补，而是创新。不同个人的组合，产生的是不同的社会特点。同是封建社会，也只产生一个孔子，一个秦始皇，一个李白。这些人的存在对社会绝不是可有可无的。后人无论是否愿意，都得消化由于这些个人出现所带来的后果。伟人如此，凡人亦如此。无数凡人的个性，组合出无数不可替代的社会。纵观人类文明史，从古到今，从东到西，没有任何一种文化、任何一个社会是重复的。

自由自主，是指个性差异带来的创造性。个性差异是人的自身差异。个性不是纯粹外力强制赋予的。如果个性是外力强制的结果，那么，个人就应该像用模子浇铸的那样，变成成批的规格产品，人也就只有群性，没有个性。诚然，个性作为人的后天特征，不可避免地受到外界条件的影响。在相近的条件下，人们形成的个性往往相差甚远，乃至截然相反。同一座大观园，同是出身卑微的婢女丫鬟，却有逆来顺受的香菱，心比天高的晴雯，一心往上爬的袭人，心计过人的平儿。造成这种差异的主观原因，就是人的自由意志。个性就是个人在同等条件下的自主决断。条件相异，个性并不明显，正像鲁迅所说，林妹妹和焦大不能同日而语。条件相同，人各相异，这才是个性，也就是自由。

个性不是本能，在本质上是人自身与本能相对立的特点。本能作为先天遗传，是普遍的、既定的，而个性却是独特的、自由的。因此，从生物个体到个人，是一个发展过程。人的个性不是一生下来就注定的，个人的独特意义是人在后天找到的。个性不是来自先天，而是来自人与人的互动过程，是相对于他人而言的。面对自然，个人呈现的只是类本质，而不是个性。个人获得个性的过程就是个人社会化的过程。

首先，个人是社会的产物。作为生物个体，人是基因遗传的产物；作为个人，则是社会化的结果。个人摆脱生物个体，获得个性，只能摆脱本能的束缚。脱离本能，人后无依托，前无定数，唯一可以凭借的只有人所面对的文化。文化是社会的产物。文化作为人为的分化，凝聚着无数先人的活动成果，一旦被个人识破、认同，就能够为个人所用。洋枪洋炮不是毛利人①的发明，但从欧洲传入新西兰后，却很快被用作部族仇杀的工

---

① Maori，新西兰的土著居民，讲波利尼西亚语。

具。个人超越本能，首先是利用文化超越本能。文化是已经实现的超越。只要个人接受、掌握，就可以产生创造行为。因此，个人并不是从头开始，而是从文化、从社会开始创造自己的个性的。

其次，继承文化的基本方式是学习。学习即后天习得文化的过程。人不是一生下来就是人，而是学成的人。文化（culture）在英文中的词源是栽培、开发之意。由于文化的存在，人无须从头做起。前一代人可以通过教育塑造人，传递文化规范，这本身就是个性的再创造。个人接受不同的文化，将形成不同的个性。文化和本能不同，是可变的。接受文化也接受了某种可变性。文化的本性是创造，任何文化结构都蕴含着可创造性。宗教是保守性极强的文化，但也不排除对神的研究和对教义的注解。个性就是个人在学习中接受了文化不同方面、内容的结果。

个人通过社会化成为人。然而，社会化却引起了个人和社会的两歧性矛盾。学习和教育表面上是一个统一的过程，但是就个人和社会的关系而言，恰恰是冲突的根源。

教育是按照社会的要求对个人进行规范培养。所谓开化启蒙，无非规范教练，是个人的群化。中国古代的科举教育，特别是近代以来的学校教育，都是对个人的成批量的制造。规范教练的目的就是消除个人之间的冲突，产生群体的一致性。教育的结果使人操同样的语言，了解同样的世界，接受同样的知识、规范，掌握同样的技术。最典型的就是军事教育，整齐、划一，杜绝内部冲突。

学习则相反。学习的主体是个人，目的是个人被社会接纳。遵守共同规范是被社会接纳的前提。社会除了规范、认同之外，对个人还有意义要求。个人被社会接纳的机制是个人之间的互补性。由于每个人都不完善，所以社会是按照互补要求接纳个人的。个人越独特，越与众不同，对社会越有补偿价值。为了提高社会认同度，个人必须拥有鲜明的个性。恋人之间互相倾诉爱慕，都是因为对方具有独特魅力，而不是因为对方和其他人完全相同。因此，就个人而言，学习社会规范仅仅是为人的基础，塑造个性才是个人追求的最终目的。

于是，人便被抛到一种窘境之中：既要个性鲜明，又要统一于社会规范。为了能生得有意义，取得社会地位，人必须最大限度地保存、发展个性；为了获得个性，又不得不接受社会的同化，让无数他人介入个人的个性。这样翻来覆去地纠缠，个性就变成了一个大杂烩，社会规范也会偏离。社会规范把任何个人都贬为手段。为了获得社会认可，个人必须社会化，成为文化模式的范例和载体。个性最终成为文化模式这一理性化身的表现形式。可是，如果个人统统成为文化模式的范例，自我就没有任何独立意义，就会成为文化幻象。个人要想进入社会，就必须付出牺牲个性的代价，服从规范。然而，它本身的文化补偿结构却又在不断制造反叛，用个性的标准挑选、接纳社会成员。

学习与教育的两歧，就是文化模式中个人和社会的矛盾。文化模式是社会用以成批塑造个人的模子，创造文化模式的目的是维持一种稳定的社会结构。印第安人有句谚语："开天辟地时，主神赐给每个人一杯土，众人便从杯子中吮吸他们的生命。"毫无疑问，是文化模式的不断复制，才使个人得以扩大为社会。可是，人们的吮吸总是不断移动着杯子里的土，减少或者添加。人们之所以不断用个性去改造文化模式，是因为人每识别一种社会规范，同时意味着约束一次个性。文化模式的倾向是复制，而个性的倾向是创造。文化模式按照他人的要求规范自我，个性则按照自我的要求规范自我。如果自我规范活动的结果是我变成一个又一个的他人，就会导致文化中的自我迷失；如果自我规范的结果是与他人格格不入，就会使人失去依托，陷入自我封闭。

自我迷失就是失去了创造自我的意义。如果自我存在的意义仅在于我变成他所期望的样子，这种文化模式就是一种荒谬。每个人都按照这种文化模式塑造自己，就会陷入悖论。假如我存在的意义在于满足他人的期望，那么他人存在的意义也在于满足我和其他人的期望。我的存在和活动，促使他人不断活动，用他们的人生磨难换取我的幸福。从表面上，势必会得出我必须知恩图报的结论。其实，揭去面纱，这是一种恶性循环。我越知恩图报，他人就越为我倾尽所有，疲于奔命，我岂不成为他人受人生之累的万恶之源？这样，我存在本身就不道德，只有自杀才是使一切人解脱的终极选择。这样一来，自我创造就失去了应有的意义。

自我封闭就是自我无法与他人沟通，自我的意义无法显示。如果自我存在的意义仅在于独一无二，就会排斥任何文化模式。只要接受文化模式，自我就成为个人与他人的多次性融合。如果由于文化融合模糊了个人独有的个性，就拒绝文化模式的同化，那么个性就会因此而贫乏。文化是人与人沟通的桥梁，为自我纯净而反文化，势必使个人特化到不可理喻的程度。一个没人看或谁也看不懂的自我等于无意义。别人看不懂你，你同样看不懂别人，你也就无法从他人身上不断获得你的自我的缺失之物，你的自我规定就只能无休止地自我重复。

因此，在社会与个人之间展开了激烈的拉锯战，个人不断在个性和社会化之间来回奔跑，寻找摆脱两极的中介。

六　自我拓展与自我确证的两歧

存在与非存在、时间与空间、理性与本能、个人与社会，这些两歧性矛盾都是实践矛盾。实践撕裂了人与自然的天然和谐，人的所有努力都是企图弥合这道裂痕。由于人在弥合中把自身置于主体的地位，因此，弥合并没有回复到原初的起点。每一次弥合实质上都是裂痕的扩大，由此招致了所有的两歧性矛盾。

由于两歧性矛盾不可根除，所以，人始终面临着主题重复的挑战。每个人、每代人都在不停顿地在生存与死亡、永恒与暂时、有限与无限、人与自然、人与人、灵与肉的熬煎中辗转反侧。当然，正像普希金所言："你们辛酸的劳动并非徒然。"每一次抗争都部分地解决了某些矛盾，每一次抗争又是在继续解决同样的矛盾。无论人取得多少进展，这些两歧性矛盾却始终如一，在实质上并没有改变。主题重复的挑战是对人生终极意义的挑战。对主题重复，可以做两种理解。

一种理解是主题重复是暂时的、表面的，每一次重复都在改变主题，经过漫长而艰苦的努力，最终一切问题都可以解决。对于一般的矛盾，这种方式是适用的，但对于两歧性矛盾却不适用。生与死的矛盾的最终解决是永生或永死；时间与空间的矛盾的最终解决是永恒静止；理性与本能的矛盾的最终解决是泛理性化或本能放纵；个人与社会的矛盾的最终解决是个人与社会融为一体。这里无论出现哪一种情况，人都不再是人，而是神或自然。同时，即使可以出现某一种情况，也经不住意义的考问：如果人没有自我意识，所有社会成员像蚂蚁那样爬来爬去，只是为了类的保存和万古不朽，那么，这种寄生存意义于十分遥远过去的生存方式还可以接受，然而，对于已经有了自我意识的人来说，就是不堪忍受的了。人类每一代都不仅追求类的意义，而且追求自我的独特意义。如果人类世代相继，只是为了某一时刻出现一种伟大的转折，就会重复一种原罪意义。对有幸生活在那一时刻的人来说，岂不是欠下了那些世世代代重复苦难折磨的祖先们永远偿还不清的债务吗？他们的存在对那些战死者不是过于残酷了吗？如果这幸运的一代在反省，就会意识到，我们不接受这份厚礼，对先辈们也许是一种苦难的解脱。

主题重复之所以不可超越，是由人的本质决定的。人是实践的存在物，是自然和文化、物质和精神的统一。自然是文化的载体，物质是精神的载体，对立的双方都不可取消。有自然而无文化，有物质而无精神，人将蜕变为动物；有文化而无自然，有精神而无物质，人类将变成虚幻的存在。二者同时并有，就要不断改造、冲突。一切两歧性矛盾，也都由此而生。

另一种理解是接受主题重复的事实，从中导引出人生无意义的否定性结论。这就是悲观主义哲学的选择。为悲观主义忽视的是，主题虽然不断重复，但承受主体和解决方式却在不断改变。以超越死亡为例，道家讲长生不老，佛家讲一死百了，原始人视死如归，现代人千方百计研究医学、益寿延年，懦夫视死如虎，勇士以死相拼。每一种选择都体现着人之为人的独特个性。因此，主题重复并不等于意义重复。恰恰是不断的主题重复，才对人提出意义挑战。意义是人与对象之间的关系。人与对象是确定的存在，而二者之间的关系却是不确定的。主题重复实质是确定对象之间关系的重新组合，不断产生新的意义诱惑。自有文明以来，人类已经重复了上万年，并没有像悲观主义预示的那样，被毫无意义折磨得奄奄一息；相反，人类却一代比一代活得津津有味。其根源在于，每一代人都能从前一代留下的问题中发现自己的独特意义。

主题重复提出的挑战，意义并不在于改变主题和无休止地轮回，而在于向人提出人生终极意义的两歧性矛盾——自我拓展和自我确证的矛盾。

在主题重复中，直接的意义发现是自我拓展。自我拓展就是人通过与对象不断地互动，不断吞并对象世界来发展扩大自身。主题之所以重复，是因为人始终以克服对象及自身的对象化为目标。搏斗一次，人使部分对象世界人化，成为延长了的人的存在，使自我得到肯定。然而，扩大了的自我同时也扩大了与外界的接触，又回复到与对象世界的对峙状态。这样，主题重复实质上是自我不断发展的手段。

正是因为主题重复，才有文化和社会历史。主题重复使人不断地对同一对象开拓，从而导致了人与人之间的文化认同。相同的对象构成了人际沟通的中介。正是由于对象的不断重复，才使人无论走到天涯海角，都可以发现从事着同样性质活动的同类，才产生了人的类意识。这一点古人已经意识到了。在任何民族的神话中，死与不死，不能变幻和能变幻，都是人和神的界限，如果生与死的主题不重复，那就不再是人，或是神仙，或是魔鬼。

主题重复可以产生社会的内在自我凝聚力。孟子讲的"恻隐之心，人皆有之"，就是这个道理。在印第安人的原始部落中，来访者只要履行同样的仪式，比如跨过一条以红颜料象征的"血沟"，就被认为是同族，酋长就会对来访者说，从此以后，你的仇人就是部落的仇人，我的亲人就是你的亲人。主题重复使人们面临同样的挑战。这时，相同的主题就会泯灭个人差异，使人们采取合作态度对抗共同的挑战。

主题重复内在地造成了历史的连续性。后代必须解决前代未能解决的主题，这便是历史连续性。每一代都在解决相同主题——人与自然、人与人、物质与精神、社会存在与社会意识、生产力与生产关系、经济基础与上层建筑。正是这种主题重复，才使历史行为有规律性和共性。如果每一代人只解决属于自己的主题，那么，世代之间将联系中断，不同历史时代也将变得各不相干，从而导致历史的消灭。

主题不断重复，人的自我便不断拓展，由个人而社会，由社会而历史。外部世界是无限的，人的拓展也是无限的。无限的拓展和无限的世界之间便产生了两歧性。人开拓的世界越广阔，触及的外部世界也更加广阔。无尽的拓展，产生的并不是人的自我充实，而是自我否定。面对日益广阔的世界，自我相形之下显得日益狭小。中国古代有夜郎自大的传说，其实那并非夜郎王的错。当时人乘马行走的平均时速不超过 15 千米。从贵阳到重庆，即使晓行夜宿，至少也要两天时间，若到长安，取直线距离至少也要 6 天时间。至于环球航行，首航者麦哲伦率领的船队足足用了 3 年的时间。人对外部世界了解越少，自我则越显得宏大。那时，人以为日月星辰比地球小得多，几乎每一个民族都夸耀自己疆土的广大。可是，蒸汽机问世后，福特先生①就敢和人打赌，用 80 天环游地球。目前，乘坐超高速飞机环球，至多只需要 20 小时。内部世界随着外部世界的扩大而缩小，外部世界也随内部世界的缩小而扩大。麦哲伦环球时的外部世界不超出太阳系。福特先生环球时的外部世界已远远超出银河系。而现代，人

---

①　凡尔纳小说《八十天环游地球》中的主人公。

们已经观察到了 150 亿光年范围内的天体。外部世界在扩大，人拥有的内部世界则在相对缩小，于是人便拼命追求拓展自我。这是一对矛盾。自我拓展并不是外部世界压力造成的，而是自我拓展本身造成的。作为事实，人们可以接受；作为意义，却产生了终极性的困惑。自我拓展的目的何在？从功利角度看，自我拓展带来了人类进步。而人类进步的意义何在？无论怎样回答，恐怕都是为了进步而进步。为了更幸福、更美满与为了更进步是同义语。这种解释不仅是同义重复，而且是从需要和满足的本能性去解释人类发展和进步，并不能揭示人类发展进步的本质。

超越自我拓展，便产生了自我确证的问题。自我确证是人自为目的、自我完成的过程。自我确证是马克思提出的一种自我意识理论。马克思认为："实际创造一个对象世界，改造无机的自然界，这是人作为有意识的类的存在物……的自我确证。"[1] 自我在马克思那里，本质上是一个自由自觉的存在。然而，这种自由自觉的属性不是天赋的、本能的，而是后天的、自己造成的。因此，人必须自己证明自己是一种自由自觉的存在。对于人来说，实践既是自我创造过程，又是自我确证过程。创造是有目的的活动，确证就是一种合目的的过程。人在实践中能够实现自己的目的，也就确证了自己的本质。

自我确证是人的本质属性。人一生下来，只有本能是内在的，社会则是外在的。从幼儿开始，个人的本能就不断地与社会冲突。父母告诫儿童"不要随地便溺"，"客人来了要有礼貌"。这种冲突，使幼儿意识到那个本能的自我是不受欢迎的，而受欢迎的是来自社会的各种自我模式。对幼儿来说，对社会提供的自我模式的认同与创新，便形成他们的理想自我。实践既是按理想自我创造自我，又是对自我理想的确证。如果我能创造一个理想自我，那么我才是自由的，才获得了社会上的独立人格。如果不能，我就不是一个真正意义的人。

自我确证的实质是对"我是谁"的回答。由于一生下来并不是社会意义的我，我一开始并不知道我是谁，我得在实践中寻找答案。我创造了什么，我就是什么；我造就了谁，我就是谁。每一次文化创造，都是一次自我验证推测和理想的过程。虽然秦始皇可以说"我是天子"，但他很清楚，他是不是天子不取决于他的个人的宣言。于是，他修长城、修阿房

---

① 马克思：《1844 年经济学哲学手稿》，人民出版社 1979 年版，第 50 页。

宫，书同文、车同轨，焚书坑儒、放逐六国贵族，巡游四海、修造寝陵。所有这些行动，都是对"我是天子"的确证。只有通过上述行动，才能证明他的权力和天子称号是一致的。

自我拓展是自我确证的手段。马克思说："正是通过对对象世界的改造，人才实际上确证自己是类的存在物。"① 拓展是在对象世界中肯定自身，是在对象中寻找自我证明。人的一切自我规定都是对象性的。父亲以儿子为对象，男人以女人为对象，老师以学生为对象。创造一个自我和创造一个对象是同一过程的两个方面。

自我拓展是一种重复运动，自我确证也是如此。由于自我只能在拓展中确证自身，被证实的我和原初的我已经是两个我。英雄伟人大多数伴随着失落感。打进北京的李自成和商洛山山中的李自成不能同日而语。尽管打进北京是李自成的商洛之梦，但一坐到金銮殿上，他和那些同甘共苦的弟兄们也就形同陌路了。这样，每一次自我确证都是一次自我失落，原初的理想无法满足实现了的自我，于是每一次自我确证又是新的自我拓展的起点。人常说，盖棺方定论。只要人在实践，自我就无法完全确证。正是由于人始终搞不清"我是谁"，人才不倦地努力进取。

自我确证是寻找意义的活动。主题重复促使意义深化，人越是确证自我，越发现自我的无限可塑性，越回味无穷。自我好比是一个谜，这个谜越容易解，意义也越简单，自我发展也就越缺乏动力。谜底越复杂，对人才越有诱惑力。所以，传统农夫可以饱食终日，悠然自得；现代知识分子却躁动不安，不可终日。在主题重复中，人的自我不断变换与外部世界接触的角度和深度，使自我得以展示自身蕴含的多样性和层次性，从而深化了人的自我意识，实现了自身潜藏着的各种可能性。

因此，自我拓展只是人类自我发展的外显现象，自我确证才是发展的实质。自我拓展不过是以对象化的形式证明人的能力变成现实。这样一来，文化的否定性和肯定性实质上是人类自我确证的两个方面。文化的肯定性确证了人的自我创造性，文化的否定性确证了人的自我破坏性。主题重复就是自我创造、自我破坏的运动。自我创造性本身无法接受自我创造的结果。如果人接受这一结果，完全停留在这种结果之中，创造性就会被否定掉。为了实现创造性，否定先前创造成果就成为自我发展的前提。破

---

① 马克思：《1844 年经济学哲学手稿》，人民出版社 1979 年版，第 51 页。

坏是对再发展的激励，可以防止创造性的停顿。这种激励是一种两重性的挑战：应战成功，自我发展；应战失败，自我受挫。

这样，自我确证就成为人的历险。人越是确证自己，越能发现对自身了解、控制的有限，越要追求自由自主，同时，也就越会引起自我的拓展。随着自我拓展，人不断迈入未知的时空，承受被毁坏和死亡提前到来的威胁。为了寻找安全合理的发展，人不得不控制本能，扩大社会制约，从而不断迎来一个又一个两歧性的矛盾。正因为面临的是超越两歧性的挑战，自我确证才是一个不断重复的过程，也由此导引出自我确证的两歧性矛盾。

自我确证的两歧性矛盾是寻求意义的矛盾。在终极意义上，这是神圣和荒谬的矛盾。神圣是自我确证对终极意义的肯定，是人类自我完善的理想境界。自我确证在主题重复的过程中不断显示人的自我完善性。每一次确证，都是人类活动能力水平的提高和丰富，都显示出了人的主体性和优越性。随着主体性的提高，能力也不断实现，人的自我呈现出日益完善的趋势。这是对自我理想性的肯定，同时导致了人追求自我完善的倾向。所谓自我完善，就是一种存在，有能力通过自己的活动，不断弥补自身的不足，不断把自己的理想变成现实，最终达到没有缺陷、拥有完全的自由自主地位的状态。

正是因为自我完善的终极境界是至善至美，自我确证才有了衡量的标准。缺陷是相对于完善而言的。如果没有一个完善的境界，就体现不出存在的缺陷；理想都是对现实的超越。如果不提出一个理想境界，那就会陷入"凡是现实的都是合理的"命定论。如果现实的都合理，也就不会有什么缺陷可言。羊被狼吃了，何言缺陷？没有羊，狼岂不统统饿死？羊不被吃，那草地岂不变成沙漠？对缺乏理想性的存在而言，缺陷是不存在的。

神圣作为自我完善的终极境界，是自我确证的动力。主题重复是乏味的，但神圣的理想性却不断诱惑人从主题重复中发掘活下去的意义。由于神圣是至善至美，那么，每一次确证都是对至善至美的接近，又都留有缺陷。全部自我确证的意义都维系于神圣，否则，就会陷入循环论和轮回意识之中。既然神圣的境界始终促使人自我确证，那就等于说，现实的理想性都不是绝对的、终极的，也不是神圣的。那么，神圣本身就永远需要不断确证。这种理想和现实的矛盾提出了神圣追求的挑战——荒谬。

　　荒谬是一种无意义的追求，是对神圣的否定。神圣作为终极理想，象征着所有两歧都可以超越，而荒谬恰恰是对神圣的揭露——所有两歧都不可以超越。一方面是人类无限趋近至美至善，另一方面，这种趋近的实质是主题重复。每一次重复，不过是在更高的水平上再现同一主题。从封建社会到资本主义社会是历史的质变，然而，马克思明确指出：一切社会变革的实质都是生产方式的变化。任何生产方式的主题都是同一的——生产力和生产关系的矛盾。我们承认了社会基本矛盾，也就承认了神圣的相对意义。

　　因此，自我拓展与自我确证的两歧，最终归结到神圣与荒谬的意义冲突之中。神圣和荒谬是意义冲突的两极，两个基本的对立面。这一矛盾决定了人的自我意识的辩证性。人类自我意识始终在神圣和荒谬的冲突中发展。神圣和荒谬是互斥的，又是互补的。说它们是互斥的，是说二者性质上是对抗的。神圣是肯定的，至善至美的；荒谬是否定的，是无所谓的。说它们是互补的，是说确定神圣的意义在于克服荒谬。正因为有荒谬，人才追求神圣。荒谬代表了人的自我破坏，自我毁灭性，代表了人的痛苦和磨难。神圣的追求是人的自我抗争，代表了人类肯定人性、超越自然性的希望。人类社会之所以发展，就在于荒谬驱使人不断迈向神圣。所有两歧性矛盾的意义，就在于它们为人提供了自主选择的可能性，促进着人类历史的发展。

全球化过程中的文化诉求

丰子义[*]

丰子义[*]

随着全球化的深入发展，文化问题日益受到高度关注。对于全球化条件下的文化发展，要研究的问题很多，但从文化哲学视角看，重要的是关注全球化条件下民族文化的自我认识和把握，成功地引领社会发展。这就要求文化的发展能够引导民族合理地寻找"自我"并确立新的"自我"，进而找到适合自己的生存方式、发展方式，走出一条健康发展之路。可以说，这正是全球化过程中对文化的最基本的诉求。

一　全球化的文化内涵

近年来，全球化成为学界研究的一大热点。然而，有关全球化的理解存有诸多歧异，有人把全球化局限于经济活动层面，有人则把全球化从经济层面拓展到政治、文化等领域。不管作何理解，共同的特点还是分领域的研究，或者说，对于全球化的文化研究，主要是一个领域、一个层面的研究。这样的研究无疑是必要的，因为分领域、分学科的研究在任何时候都是必不可少的，但全球化作为一个整体概念，对其理解和把握终归不是某一学科、某一层面所能达到的。就全球化的文化研究而言，也应当确立这样一种总体性的思维方式，即不能将文化仅仅限于文化领域，而应当从全球各个领域、各个方面予以全面的观照。这就要求对全球化加以总体性的文化反思，揭示全球化的文化内涵。提出超越学科、领域的界限来把握全球化的文化内涵，主要源于这样的一些

　＊　丰子义，北京大学哲学系教授。

事实。

其一，文化不仅是社会生活的某个部分或某一领域、某一层面的现象，而且是一种普遍的社会现象，它存在于社会生活的各个领域、各个层面和各个部分之中。可以说，文化在社会生活中是无处不在的，它渗透于各个角落。随着文化影响力的日益增强，社会生活的各种现象均打上了"文化"的印记，文化也由此不再是生活世界的一个部门和层次，而成为生活世界的表征。值得注意的是，"文化"与"物化"也不再完全是作为对立物而存在的，文化往往是以种种物化形式得以表现和"出场"的，并以物化形式影响和支配着整个生活世界。这样，"文化不再被视为源于社会结构基础上的上层建筑，而是对指意的话语和体系的总括，是话语和体系之海，我们通过它们建构起生活经验"。①

其二，任何层面的全球化都无纯粹的意义。就直接的起因和主要表现来说，全球化无可置疑地是经济的全球化。但是，实际情况是，并不存在纯粹意义上的经济全球化，经济全球化本身包含着深刻的文化内容和文化意蕴。经济全球化之所以能够发展成今天这样的态势并产生如此巨大的影响，其原因主要不在于经济本身，而在于知识、文化以及由此引起的技术的发展。正是知识、文化的快速发展导致了知识经济的出现，而知识经济的发展又导致经济全球化的形成。如果说这还是从全球化条件下经济发展的知识含量、文化含量来讲的，那么，从经济全球化所内含的文化要求和文化规范来看也是如此。全球化的生产、贸易、市场、金融的运作必须有参与者所共同认可并遵守的规则，以此来保证全球经济的正常运行。这些规则和相应的体制就包含着一定的法律规范、经济理念、价值因素等，这实际上就是以不同形式存在的文化。离开了文化的支撑与驱动，经济全球化很难真正建立起来并持续发展下去。这里的道理其实很简单，我们无法设想在一个缺乏文明规范、制度约束的环境里来进行正常的经济交往，也无法设想在这样的环境里推进经济全球化。

其三，全球化的发展日益凸显了文化的内在价值。在全球化过程中，文化对于一个民族的重要意义，不仅在于它为实现该民族所要追求的目标而具有的外在的工具价值，而且在于作为该民族内在素质的重要组成部分，对于民族发展所具有的内在价值。众多国家、民族之所以对全球化的

---

① ［英］戴维·钱尼：《文化转向》，戴从容译，江苏人民出版社 2004 年版，第 233 页。

文化问题予以高度关注，其目的固然是实现和维护自己的利益，但也有着功利之外更为深远的考虑，这就是要在全球范围内展示和实现自身的文化价值或内在价值，确立自己的形象和地位。因此，全球化所包含的文化价值，不再是单一维度，而是多重维度，它是和民族发展的内在要求紧紧联系在一起的。在这方面，马克思有关人的发展的两种目的的分析极具启发意义。在马克思看来，人的发展主要受两种目的的支配：一种是外在目的，另一种是内在目的。所谓外在目的，就是由外在的强制性所规定的目的，如为满足直接肉体需要的目的，把劳动作为谋生手段的目的就是如此。所谓内在目的，就是以"超出对人的自然存在直接需要的发展"为目的，以"发展不追求任何直接实践目的的人的能力和社会的潜力（艺术等等，科学）"为目的，① 或者说，"不以旧有的尺度来衡量的人类全部力量的全面发展成为目的本身"。② 没有外在目的的实现，当然不可能维系人的生存，但外在目的的实现绝对不是最高目的，最高目的只能是人的全面发展、人的本质力量和价值的实现。这样的分析用于民族也是适宜的。在全球化条件下，任何一个民族对于文化的追求，并不完全是它的外在功用价值，更为重要的是它的内在价值，即借助文化发展提升本民族的精神品格，提高全民族的内在素质。就此而言，全球化确实是一个具有丰富人文内涵的发展过程。

事实上，随着全球化的深入发展，文化与经济以及其他社会生活日益一体化。经济文化化、文化经济化已经成为全球化的一个突出现象。特别是在当代西方社会，文化对社会的控制日益增强，以致成为一种新的意识形态。全球化的发展为何会把文化推向前台？这一方面是全球化本身的发展使然，另一方面也是由推动全球化的资本逻辑所决定的。资本要追求最大限度的价值增值，必然要冲破各种条件的限制，寻求相应的社会控制，尤其是文化控制。为此，资本不仅要把文化当作赢利的手段，而且要用来为其统治的合法性服务。资本的特权与文化的霸权之所以结合得如此紧密，原因概出于此。难怪当代一些西方学者把对资本主义的批判程度不同地指向文化批判，文化被赋予总体性的意义。

---

① 《马克思恩格斯全集》第47卷，人民出版社1979年版，第216、215页。
② 《马克思恩格斯全集》第46卷（上），人民出版社1979年版，第486页。

二　全球化过程中的文化与"自我"

研究全球化条件下的文化发展，时下谈论较多的是文化的软实力、文化产业以及文化帝国主义等，目的是共同的，就是如何增强我们的国际竞争力。这样的研究确实是非常重要和必要的，因为没有对策性的应对措施，很难在全球化进程中站稳脚跟；但是，从文化哲学的角度看，对于一个国家、民族来说，最为根本的、最为深层的似应通过文化的研究，在全球化这一大观园中达到自我的重新理解和把握，从而确立新的自我，用新的自主的文化精神引领社会健康发展。这实际上涉及一个国家、民族生存和发展的根基问题。假如在这方面出了问题，其余的问题很难得到有效的解决，其他的目标也很难顺利地实现。所以，在全球化过程中，首要的是自我定位，其次才是目标定位。"先立乎其大者"，正是文化哲学研究的首要任务。

提出自我及其认同的问题，这是由当代全球化发展态势引发的。在传统社会里，自我认同并不成为问题，人们世世代代生活在相对固定的环境里，家、国、天下也有比较稳定的联系，因而很少考虑到国家、民族的身份问题、角色问题。而在全球化条件下，这一问题日渐突出，以致"我是谁"竟出现了疑问。面对各种文化冲击，自我与他者变得扑朔迷离。诚如法国学者魏明德所说："当人生活在一个不容许对既定的态度和信仰提出质疑的封闭世界里，没有人会感觉他是依据一套'价值'而行动。他不过是做他该做的事而已。今日的情势正好相反。当代的人们遭遇的'他者'从根本上的挑战。他们知道，有时候世上有种种不同的规范与价值引导人们的行为和态度，随着不同的历史、社会和文化背景而不同。因此，对许多人来说，发现'他者'的存在使得他们认为价值完全是相对的。"① 自我问题的出现，对一个国家发展的影响是重大的。反观全球背景下各国现代化的进程，为什么一些发展中国家步履艰难、屡遭挫折？重要的一点，就是在发展上丧失了"自我"。一旦失去自我，其结果必然是不知不觉地跟着西方国家随波逐流，最后一步步走向新的殖民。要在这样

---

① ［法］魏明德：《全球化与中国：一位法国学者谈当代文化交流》，商务印书馆 2002 年版，第 35 页。

的处境下来谈论现代性的发展，不过是天方夜谭。美国学者亨廷顿在其
《文明的冲突与世界秩序的重建》一书中曾用"文化上的精神分裂症"来
形容那些文化上无所依归的民族的精神状态，不管其用意如何，这种状况
确实是存在的。从文化上的精神分裂走向民族心理上的分裂，将是一个国
家、民族发展的最大悲哀。就此而言，现代性与"自我"的主体性是相
依相存的。

全球化不仅影响着民族的自我认同，而且影响个人的自我认同。文化
并不简单地是意识观念和精神产品，同时作为历史积淀下来的行为规范和
行为模式，潜移默化地左右着人们的生活，因而文化又成为人的生存方
式。人是通过文化这种生存方式来确立"自我"的。文化的作用就在于
通过对人的活动的影响来提升人作为历史主体的价值，文化本质上是创造
价值的活动，是不断塑造新人的活动。如果文化受到剧烈冲击和破坏，那
么人的生存方式将会受到严重威胁，人的"自我"也就失去了依托，其
命运必然是漂泊的流浪汉。因此，自我的认同有赖于文化的认同。从实际
情况来看，在传统社会，个人与共同体的联系非常紧密，所受的文化熏陶
也基本稳定，因而自我的问题根本用不着多少思考。而在现代社会特别是
在全球化的条件下，情况就不同了：人与乡土之间的纽带被割断，人与传
统文化的联系被削弱，人们之间稳定的关系被稀释，一句话，全球化的流
变性、差异性和不确定性使既有的文化和社会生活受到前所未有的冲击。
面对斑驳陆离的文化图景，人们的文化家园变得越来越模糊，以致自我识
别、自我认同确实成了问题。这种问题带来的后果，不光是观念上的迷
离，更重要的是人的生存方式的动摇。一旦生存方式发生动摇，人的生
存、发展必然面临灾难。所以，今天讨论人的全面发展，不能不对全球化
的文化问题予以深刻的反思。

可以看出，无论是民族还是个人，自我认同的危机实质上是文化的危
机。既然是文化危机，那么，要克服这样的危机，必须要有一种高度的
"文化自觉"，即对文化的一种理性把握。按照费孝通先生的理解，所谓
"文化自觉"，"指的是生活在一定文化中的人对其文化有自知之明，并对
其发展历程和未来有充分的认识"。有没有文化自觉，对于回应全球化至
关重要。失败与挫折往往落于那些无思想准备的民族手里。强调文化自
觉，事实上就要求突出文化的"主体意识"或"自我意识"。这对于一个
国家的发展来讲非常重要。因为每一个民族虽然是一个独特的"我"，但

并非任何民族都有一个清醒的"自我"。为什么一些发展中国家的民族文化逐渐成为西方文化的附庸？为什么这些国家日益蜕变为西方文化的游乐园？重要的一点，就是在精神上丧失了"自我"。因此，要走出自我困境和生存发展困境，必须唤起自我意识，必须从自我反省开始。因为在全球化条件下，真正可怕的不是西方文化的威胁，而是我们自身的麻木不仁。在文化上不能自觉发现问题，就不会有所改进；没有改进，也就不会变被动为主动。从一定意义上说，谁能发现问题，谁就先胜一筹。

突出自我意识，并不是要排斥全球意识。全球化毕竟是一种客观事实，是一种历史发展的必然趋势。尽管我们可以对它做出不同的评价，但对这一事实与趋势却是无法回避和拒斥的。现代化的推进不可能在封闭的环境里进行，树立全球意识是现代化的必然要求。而且，自我意识也是借助于全球意识确立起来的。正像一个人的"自我"只有在与他人的关系中才能意识到一样，一个民族的"自我"也只有借助于"世界历史"之镜才能得到真正认识。没有对全球化的充分理解和把握，就很难生发出关于"我"在世界的存在及其价值的自觉意识。马克思曾经作过这样一个形象性的说明："在某种意义上，人很像商品。因为人来到世间，既没有带着镜子，也不象费希特派的哲学家那样，说什么我就是我，所以人起初是以别人来反映自己的。名叫彼得的人把自己当作人，只是由于他把名叫保罗的人看作是和自己相同的。"① 这一说明对于理解自我以及自我意识与全球意识的关系，也是完全适用的。

实际上，如同意识一样，文化的个性化（自我）与世界化是统一过程的不可分割的两个方面。不同民族的文化通过交往相互融合、补益，形成共同的文化财富，这是文化的世界化过程。在这种世界化的过程中，各民族又通过交往掌握作为共同财富的文化，彼此间相互形成和创造着具有个性的"自我"。这是文化的个性化过程或自我确立的过程。因此，个性不是通常理解的个体性、个别性，而是通过掌握人类文明成果并经过自身提炼而形成的个体性。二者就是这样相互生成、相互促进的。

在这里，应当正确区分后殖民主义与文化孤立主义的界限。在近年来的文化讨论中，这两种思潮常常混迹在一起，以致较难辨认。其实，二者仅有表面的相似，实质上是不同的。后殖民主义的文化批评是在全球化语

---

① 《马克思恩格斯全集》第 23 卷，人民出版社 1972 年版，第 67 页，注释。

境中，从发展中国家的历史出发为自身的文化寻求定位，旨在推翻西方文化霸权对发展中国家文化的殖民统治，像以赛义德、斯皮瓦克、霍米·巴巴等人为代表的后殖民主义文化理论大致如此。文化孤立主义则是无视文化的历史发展，无视全球化进程中各民族文化的相互影响、相互作用，只苟求于在一个封闭的环境里修复、构造自己原型。这就必然导致文化上的排他性，其结果只能是回避挑战，畏惧变革，最后导致本民族文化的停滞、衰微。可以看出，后殖民主义与文化孤立主义在文化视野上是大为不同的：前者是开放的，后者则是封闭的。在坚持文化个性时，切莫从文化孤立主义走向文化倒退主义。

三　民族"自我"的增强

认识自我，目的是增强自我。既然自我是通过文化来承载和体现的，那么，要增强一个民族的自我，关键是增强民族文化。如何增强民族文化？这是一篇大文章，需要多方面的探讨，也需要多方面的努力，这里仅从全球化的"文化认同"诉求角度，提出加强民族文化建设的一些具体意见。

（一）文化的整合与交流

随着全球交往的不断扩大和互联网的快速发展，各种文化纷至沓来，异彩纷呈。这样的文化景观既带来了文化的繁荣，也造成了一定的文化困境，迷茫、困惑、冲击、干扰随之而生。要顺利推进民族文化的发展，客观上要求文化整合。怎么整合？这里主要涉及这么三个问题：一是整合的主体。即由谁来整合？或者说，谁来整合谁？这是解决自我迷失的关键问题。应当说，不管全球化的文化局势怎样，文化整合的主体绝不可能只是西方文化，也不可能是所谓的"全球文化"，而只能是自己的民族文化。失去了主体地位，根本谈不上整合，毋宁说是被"同化"。正确的主张应该是以我为主，博采众长，为我所用。二是整合的标准。即以什么样的文化标准来进行整合。虽然民族文化在任何时候都是文化整合的主体，但在不同时期、不同历史条件下，民族文化又具有不同的内涵。今天我们所讲的民族文化，绝不是简单的传统文化，而主要是指能够体现时代精神和民族精神、满足社会发展需要的文化。文化整合，就是要按照这样的文化标准来进行。凡是符合这种文化要求的就应该吸纳，凡是与之排斥的就应该拒绝，一切都要接受这一标准的衡量。否则，整合出来的文化是难以有效地引领和推动社会发展的。三是整合的方式。对于世界各种文化，整合的方式绝不是谁吃掉谁，谁同化谁，而是要在平等对话的前提下，根据本国社会发展的需要和文化进步的内在要求，协调好各种文化之间的关系，摆正各种文化的位置，控制好各种文化发展的限度与空间，使其有利于社会的发展进步。在具体的整合过程中，提倡什么，反对什么，坚持什么，抑制什么，都应当旗帜鲜明。只有这样，才能真正做到弘扬主旋律，提倡多样化，从而使整合发挥更好的效益。

文化的整合往往与冲突相生相随。一般说来，文化冲突不利于文化和谐发展，不利于民族"自我"的确立。正因如此，才提出文化整合。但是，对文化冲突也不能仅仅作消极的、否定性的理解。文化冲突是文化交流过程中的一个必然现象。从一定意义上说，有冲突、有碰撞，才有文化的火花，才有思想的活力。正是在碰撞过程中，可能孕育着民族文化新的发展生机。从文化交流史来看，民族文化的发展进步往往是由外部的刺激引起的；异质文化的碰撞对于文化自身的发展有其重要作用，有时还会催生新文化的降临。因此，不能因冲突而轻视和拒斥交流，封闭起来捍卫"自我"不可能产生出强有力的"自我"。在交流的过程中不断增强文化的活力和能力，这是加强民族文化建设的重要途径。

（二）文化的创新与调适

人与其他动物不同，不是适应性的生存，而是以发展求生存，发展和变化成为保存和再生的条件。文化作为人的生存方式，其存在和延续，也是通过以发展求生存的形式实现的，不进则退。这样一来，创新便成为文化保存和发展的内在要求。文化认同也是如此。文化认同必须持守自己的文化传统，人们正是从文化传统中、从历史中认识到自己是谁、来自哪里，获得明确的民族意识和认同感。但是，文化传统和历史虽然可以给我们提供认同的基础和前提，但并不一定能建立起新的认同。因为一个国家的现代自我认同，直接涉及共同理想、价值指向、目标追求等，这些都不是传统文化所能提供的。新的认同并不是回到过去，恢复传统，也不是模仿照搬，全盘西化，而是要根据我国的发展现实，重建自己的价值体系和文化目标。因此，认同实际上是一个创造过程。既然是一个创造过程，那就要求与传统、与其他文化、与现代性形成一种积极的互动关系，尤其是处理好传承与创新的关系。文化认同无疑是以文化传承为前提的，非此便无精神家园可言，但文化传承并不是把过去的东西原封不动地拿来用于现在，而是需要经过创新改造。这样，否定便成为传承的必要环节。这里所讲的否定，并不是简单的抛弃，而是以扬弃的形式保持了传统文化的肯定因素。传承就是要有所超越，有所创新。没有否定性作为媒介，文化发展就只能在原有的水平上踏步，就不可能在新的起点上得到传承。事实上，一种文化要想生存下来并持久地延续下去，就必须不断自我更新，以适应现实的需要。也只有这样的创新，才能增强民族文化的自主能力，提高其国际地位和国际影响力，从而获得新的认同。

创新同时意味着文化的调适与转换。要使我们的民族文化在新的历史条件下获得新生和发展，必须在创新中实现自身的现代调适与转换。这里关键是要处理好调适与转换的历史向度问题。在全球化浪潮中，我们可以说是处于前现代、现代、后现代三个历史向度的交汇处。前现代的东西影响仍在潜移默化地影响着现代化的步伐；在前现代的影响尚未得到有效清理时，后现代的思潮又随着全球化的浪潮汹涌而至。这几种东西交织在一起，大大增加了文化调适、转换的难度，造成了前现代与现代因素、后现代与现代因素的双重紧张。文化究竟怎么调适、转换？这不是随意确定的，而必须从本国实际和本国在世界历史潮流中所处的方位出发。就我国的情况而言，我们正处于传统社会向现代社会的转变阶段，加快现代化建设是当务之急，这一客观现实正是研究文化调适、转换的出发点，也是其基本方向与目标。确立适应新的现代性的新的文化精神、文化理念，仍是我们文化研究的重要课题。按照这一原则，无论是对前现代因素还是后现代因素，都要接受"新型现代性"的审视与筛选。

（三）文化的生产与消费

文化作为人的生存方式是通过文化的生产与消费来实现的，推动文化发展进而推动人的健康发展也必然依靠这样的方式来进行。一方面，特定的文化成果是人们劳动创造的产物，这些产物凝聚着前人的智慧和力量，因而对后人来说具有客观的存在形式，并成为文化发展的前提和起点。另一方面，文化产品也会在人们的活动中被消费，其结果是转化为主体的本质力量，进而在主体的对象性活动中被重新创造出来，获得新的存在形式，形成新的文化成果。文化发展乃至文化认同就是在这种生产与消费的不断作用过程中进行的。全球化条件下民族文化的发展实际上也是如此。不同国家、民族在长期的实践过程中因不同的历史和传统创造了不同的文化，由此形成了文化差异，而世界性的交往又使各民族文化之间相互交融、补益，逐渐形成人类的共同财富。这是民族文化融入全球文明的过程。与此同时，各个国家、民族在全球化的过程中，通过消费作为人类共同财富的文化，加上自己特有的理解与消化，又形成具有特色的民族文化。这是全球文明转变为民族文化的过程。这一转变意味着世界先进文化成果已成为民族文化有机体的内在要素，因而是在原有文化基础上的新的积累。这种积累不光是对原有文化的丰富和发展，同时也是对整个民族文化品格、境界的提升，是对民族文化某些局限性的克服。因此，积极参与全球性的文化生产与消费，这是民族文化自立、自强的必由之路，也是适应全球化的文化诉求、推进社会发展和人的发展的有效途径。当然，这种生产和消费必须是有选择的，是经过过滤和重新配置的。

文化自觉与哲学主体性

贺善侃[*]

发展社会主义先进文化必须培育文化自觉，提升全民族文化素质。而文化自觉与哲学主体性有着不可忽视的内在关联性。要激发全民族的文化创造力，必须从现代主体意识的培育为切入口。文化自觉的根基在于哲学主体性。从社会历史看，文化自觉和哲学主体性的提升都以人类主体性的不断高扬为前提，因而都与人类主体性的发展相同步。

一 何为"文化自觉"

按照社会学家费孝通的理解，所谓文化自觉，即生活在既定文化环境中的人对其文化的"自知之明"，也即对文化的来历、形成过程、所具有的特色和发展趋势的了解，以加强对文化转型的自主能力，取得决定适应新环境、新时代文化选择的自主地位。[①] 十七大报告中提及的"全面认识祖国传统文化，……使之与当代社会相适应、与现代文明相协调，保持民族性，体现时代性"[②]，正是我们所说的文化自觉的要求体现。简言之，认知、理解和诠释自己的民族文化历史，联系现实，尊重并吸收他种文化的经验和长处，与他种文化共同建构新的文化语境，这就是我们所说的文化自觉。费孝通先生将此总结为 16 个字："各美其美，美人之美，美美

---

[*] 贺善侃，东华大学人文科学研究所所长、教授。
① 顾伯平：《论文化创新》，载《中国产业评论》第 3 卷，上海人民出版社 2005 年版，第 25 页。
② 胡锦涛：《高举中国特色社会主义伟大旗帜，为夺取全面建设小康社会新胜利而奋斗》，人民出版社 2007 年版，第 35 页。

与共，天下大同。"对此，可从纵向与横向两方面说明。

纵向的眼光即历史的眼光。从历史的眼光看，文化自觉就是要了解本国文化的根和种子，了解本国文化的传统。费孝通先生说，种子是生命的基础，没有生命得以延续下去的种子，生命也就不存在了。文化也是一样，如果脱离了基础，脱离了历史和传统，也就发展不起来了。"历史和传统就是我们文化延续下去的根和种子。"① 费先生认为，文化的历史和传统并不是虚拟的东西，而是切切实实发生在老百姓日常生活里的真情实事，是从悠久的文化历史中培养出来的精髓。主动自觉地维护一种文化的历史和传统，使之得以延续并发扬光大，这是文化自觉的第一层意思。

要延续并发扬光大，只有种子还不行，还要创造条件，让种子开花、结果。费孝通先生认为，传统和创造的结合是一个十分重要的问题，"因为传统失去了创造是要死的，只有不断创造，才能赋予传统以生命"，"创造一个新的文化的发展，也就是以发展的观点结合过去同现在的条件和要求，向未来的文化展开一个新的起点"。② 文化自觉应包含过去、现在和未来的方向，这样的文化自觉就不是回到过去，而必须面对现实。这种"从传统和创造的结合中去看待未来"是文化自觉的第二层含义。

横向的视野即面向全球的视野。确立全球的视野就要特别关注当前的外在环境，了解全球化需要共同遵守的行为秩序和文化准则。我们必须在此语境下反观自己，找到民族文化的自我，知道在这一新的语境中本民族文化存在的意义，了解本民族文化可能对世界的未来发展做出什么贡献。这是文化自觉的第三层含义。

在此，费孝通先生给文化自觉提出了一个坐标：纵轴是从传统和创造的结合中去看待未来，结合过去同现在的条件和要求，向未来的文化确立一个新的起点，这是一个时间轴；横轴是在当前的语境下找到民族文化的自我定位，确定其存在的意义和对世界可能做出的贡献，这是一个空间轴。"文化自觉论"是著名学者费孝通先生以一生的造诣和追求而形成的一个观点。既是他学术思想的结晶，又是他文化情怀的表露。

根据费先生提出的"文化自觉"坐标，首先，提高文化自觉，需要

---

① 乐黛云：《文化自觉与社会和谐》，2006 年 5 月 20 日在北京国家图书馆"文津讲坛"的演讲，http://theory.people.com.cn/GB/49157/49165/4432537.html。

② 同上。

进一步加深对中华文化的认识，阐析其内涵，把握其精华，发掘其价值；既不能对中华民族的文化遗产持历史虚无主义态度，一概加以否定，也不能采取历史复古主义，认为一切都是古人好，搞什么"中体西用"、"文化保守主义"，甚至宣扬"圣贤是文化之本，文化由历代圣贤创造"，中国一百多年的近代史都错了，走的都是所谓"文化歧出"、"以夷变夏"的道路；甚至认为1978年来的改革开放，也还是"沿着一百多年来文化歧出的路在走，中国文化仍然处在'以夷变夏'的过程中"，提出要解决百年来的"亡教、亡文化的危机"，就必须"把儒教重新定为国教，建立一个儒教社会"。[①] 这种倒退复古，明显排外的取向显然与文化自觉的境界背道而驰。文化自觉是一种深刻的文化思考，是一种博古通今的文化境界。

其次，提高文化自觉，需要进一步加深对中华文化与世界文化间关系的认识。要全面认识自己，必须离开封闭的自我，从外在的不同角度来考察、反观自身。当今世界，经济全球化的大潮正冲刷着我们这个星球的每一个角落。这一大潮，不可能仅仅局限于经济的河道里。如春潮泛滥，它必然流向政治、文化等一切人类生活的领域。正如吉登斯指出的："全球化的内容不仅仅是，甚至主要不是关于经济上的相互依赖，而是我们生活中的时空巨变。"因此，全世界所有国家和民族都是在全球化进程的影响下生活着、活动着。文化的全球化，也是一个不可抗拒的潮流。在这样一种大背景下，文化自觉当然需要一种面向全球的开阔境界。为此，我们要克服三种病态心理：一是妄自菲薄的自卑心态，贬抑本民族文化传统，宣扬"全盘西化"。二是唯我独尊的"大国心态"。这种心态好走极端，当国家贫弱时，它会演变成阿Q的精神胜利法；当国家逐渐强盛时，它就演变为企图覆盖他族文化的东方中心主义。三是作为民族自卑心理变态的"殖民心态"，表现为对非西方文化的排斥、轻视的心理。这三种病态心理都是不了解、不尊重当前文化语境（包括其他民族文化的过去和现在）的表现。不纠正这种心态，我们就不能在世界民族文化之林中，找到我们民族文化的自我，认清中华文化存在的意义，并对世界文化的未来做出贡献。

---

① 乐黛云：《文化自觉与社会和谐》，2006年5月20日在北京国家图书馆"文津讲坛"的演讲，http://theory.people.com.cn/GB/49157/49165/4432537.html。

　　文化自觉是民族文化的自觉，是中华民族对自身文化发展的自觉。发展文化事业的使命，就在于唤起全民族的文化自觉意识，使文化自觉上升到理性的层面，正确认识民族文化，正确对待世界文化，加强中外文化交流，推动民族文化和世界文化的发展。发展文化事业的使命还在于使国人确立起具有高度社会责任感的文化理念，把中华文化同火热的现实生活结合起来，与时俱进，开拓创新，使之成为推动经济社会发展的强大力量，成为造福民族和人民的千秋大业。要通过覆盖全社会的文化呼唤，将中华文化建设变成大家关心的事情，众志成城，齐心协力，通过共同的艰苦努力，实现中华文化复兴。

　　对于文化自觉，我们不应也不能只把它囿于文化人的小圈子里，而要最大限度地拓展它的范围，调动一切积极因素。因为文化是人类共同的财富，人人都拥有认识文化、享受文化、创造文化的权利。不同阶层，不同行业，不同人群，尽管他们对文化的理解有各自的角度，水平也会有所差别，但从对文化的认同感和积极性上来看，却是一致的。我们就是要立足这一基础，去努力发现不同层次的文化自觉，尤其是人民大众的文化自觉，即文化需求的满足、文化潜力的充分挖掘、国民文化素质的全面提高。

二　哲学主体性："文化自觉"的根基

　　文化自觉的根基在于哲学主体性。这首先是由哲学与文化的内在关联所决定的。众所周知，哲学是文化的灵魂，文化是哲学理念的外在体现。无论哪个时代的文化都体现着该时代的哲学精神，而每一个时代的哲学都是该时代精神的精华。因此，民众的文化自觉，从某种意义上说，就是民众对某种哲学精神的自觉，即哲学主体性的高扬。同时，为文化自觉提供理论支撑，是哲学本性使然。哲学的本性即哲学主体性。这里所谓哲学主体性，就是哲学理论所体现出来的人类这一实践、认识主体的种种特性和以对人的研究为中心而展开哲学各部分原理的特性。而把人作为理论研究的出发点和归宿，正体现了哲学的本性。在把人作为研究的出发点和归宿这点上，哲学与文化是高度一致的。

　　首先，哲学与文化都以人为研究对象。哲学所研究的，是以实践为基础的思维与存在相互作用、辩证运动的规律。具体地说，就是人类如何在实践基础上认识世界、改造世界，把自在之物转化为为我之物。而由自在之物向为我之物的转化包括三层含义：一是外在的客观事物被人所认识，去除假象以达到真理，体现出人类认识的选择性；二是外在事物被人所利用，体现了人的目的与愿望，具有善的价值；三是外在事物被人改造，打上人的意志印记，凝聚了人的本质力量，不仅为人类服务，而且成为人的美感对象。自在之物转化为为我之物的过程是达到真、善、美的过程。而无论是真，还是善和美，都离不开人的意志、愿望、情感。世界，只是有了人，才有真、善、美。当哲学研究真、善、美的时候，它归根到底是在研究人。可以说，哲学把真、善、美当作对象化的人的本质来对待的。文化所研究的也无不是人的意志、愿望和情感等。人是一种文化动物，文化是人的生存方式，体现了人的需要和目的，体现了人的本性。同时，人也是文化的主体、文化的承载者，文化只有在人身上才能体现出自身的生命和价值。有人所聚集的地方，就有文化的存在，也只有在人的身上，才能体现出文化现象。从这个意义上说，研究人与研究文化是合二而一的，研究人离不开研究文化，研究文化离不开研究人。

其次，哲学与文化都以提高人的素质、挖掘人的潜能作为自身的基本职能。哲学作为以世界观为内容，以认识论为本质的逻辑体系，其使命在于给人一种总的思维方法、世界观指导和认识论武器。哲学以世界观、方法论的形式间接指导着人们的实践活动。哲学的这一功能突出地体现了哲学的主体性。第一，哲学不是直接指向客观世界，而是直接指向人们的主观世界。哲学最直接的任务是改造思维，即改造人们的思维方式、意识结构、认识方法，从根本上提高人们认识世界的能力，改善认识主体的素养，改造主观与客观、思维与存在的关系。第二，哲学作为认识论的武器，不在于对客观世界作简单说明，其最高使命在于指导人们改造客观世界，充分显示人类在客观世界面前的自主性、能动性。而文化的功能也正在于此。我们发展文化，提高人的文化素养，其最终目的，就在于改造人们的思维方式、完善人们的生存方式、提升人们的生活水平。一句话，在于改造人、完善人、提升人。

最后，从理论构架看，哲学和文化都不是一般的知识体系、一般的科学，都内含着人的主体因素。哲学不同于一般科学知识体系的地方，就在于在构成哲学理论的那些基本要素中，不仅有知识，而且有想象、愿望、理想、情感、意志等一切人的主观因素；而作为一种广义的文化，正是内含于各门科学之内的指向人心的、凝聚着人的意志力量的精神因素。

以上三点足以表明文化自觉与哲学主体性的一致性。这种一致性还可从人类的历史发展过程加以说明。从社会历史看，文化自觉和哲学主体性的提升都以人类主体性的不断高扬为前提，因而都与人类主体性的发展相同步。

人类主体性的形成是以人类进入文明时期为前提的，因而文化的自觉和哲学主体性也起步于人类跨入文明时代。反映原始社会发展水平的原始意识缺乏主体性。首先，原始意识是自然意识。那时，人类虽然已经从动物界脱胎出来，已经作为能动的主体同自然客体区分出来。但是，人与自然的区别与对立并没有在人的意识中反映出来。原始人把他们自己与自然物同等看待，人与物的关系相当于物与物的关系。在他们眼中，人是一个物，物也相当于一个人。万物划一，物人划一。原始人并未把自己看作一个主体。其次，原始意识缺乏个体性。马克思称原始意识是"绵羊的或部落的意识"，即原始的群体意识。这种群体意识只能模糊原始人在自然面前的主体地位。他们不能把自己与群体区分开，因而没有"自我感"。显然，原始人没有文化自觉，相应地，那时也未形成哲学，谈不上哲学主体性。

随着人类实践水平的提高，人类进一步摆脱动物界，并终于在意识水平上把自身与自然界区分开来。此时的人类才懂得以自身为尺度去观察周围世界。不过，作为人类童年时期的主体性毕竟还是初创的，具有笼统、粗糙的特性，缺乏细致的分析，缺乏个性基础。与此相适应，虽然那时有相当繁荣的古代文化和哲学，如古希腊古罗马时代的哲学和文化、中国先秦时期的哲学和文化，表明当时的文化自觉和哲学主体性已经达到一定高度；但早期人类的文化自觉、哲学主体性毕竟是朦胧的、不清晰的。如古希腊哲学作为一种"知识总汇"，以研究客体、世界的本原为主，较少涉及人类自身，因而主体性特征也就不明确。在古希腊早期的宇宙论哲学中，人的观念只是朦胧地蕴含在"拟人说"中。例如，毕达哥拉斯把宇宙视为类似人的有机体，恩培多克勒把存在描绘成由爱和恨两种元素组成。哲学的人格化、主体化隐含在宇宙化、神灵化和自然化之中。

经过漫长的中世纪，社会的发展终于重新唤起人类的主体性。主体意识的苏醒推动着近代社会的发展，人类历史才达到一个真正文化自觉的时代。新生的资本主义生产方式一诞生，近代的主体性就开始凸显。作为新生资产阶级代言人的人文主义思想家们，在"文艺复兴"的口号下，充分肯定和宣扬人的价值、人的尊严和人的自然权利，呼唤着人们的文化自觉。在他们看来，自由乃是人类天生的本性，人们应该按照自己的需要自由地生活，以便充分实现人的主体性。他们将人抬到高于一切的地位，将人的主体性思想提高到一切思想原则之上。

随着资本主义生产方式的发展，近代的主体性意识愈益强烈。到了18 世纪，法国启蒙思想家又一次强化了主体性思想。他们高举"理性"的旗帜，把"理性"当作一切现存事物的唯一裁判者，强化了以理性为标志的主体性。这种思想与培根把人理解为"自然的解释者"及笛卡尔把人理解为一个"能思的主体"的观点一脉相承，都强调了受理性支配的主体性原则。在近代哲学看来，无论在社会活动中，还是在科学活动中，人都是理性的，人作为活动的主体是理性的主体。

现代主体性的凸显标志着现代社会的兴起。同传统人相比，现代人的主要标志就在于他们在主客体的相互作用中表现出来的更高的自主性、开放性和创造性。相应地，在现代社会，人们的文化自觉也进入一个新阶段。这种文化自觉是以哲学主体性的新发展为基础的。马克思主义哲学主体性的凸显是近现代哲学主体性发展的一个重要标志。

在近代哲学那里，对人类自身的研究则已达到相当水平。康德一生从事的哲学研究是围绕人的三种机能展开的。他的《纯粹理性批判》研究了人的认识机能，强调人的"统觉"能动性，强调人的知性为自然立法；《实践理性批判》研究了人的欲求本能，提出了人的道德自律，即实践理性的"绝对命令"；《判断力批判》则研究了人的快感机能、审美观念。康德哲学是近代意义上对哲学主体化的第一次强调和实施。黑格尔哲学以"最高理念"即所谓绝对观念为核心，把自然界看作绝对观念的外化，把人类社会看作绝对观念向自身的返回。绝对观念统摄一切，贯穿始终。而黑格尔的"绝对观念"不过是人的主观思维形式——概念的神化。这样，黑格尔的哲学实际上就是披着思辨学说外衣的人的学说。费尔巴哈在理论上把唯物主义和人道主义结合起来，创立了人本主义学说。他明确声称他的哲学以人为本。这无疑是对哲学主体化的公开申明。然而，他探讨的却是撇开社会历史过程的抽象的人，对人的活动作了直观的理解，因而未能科学地实现哲学的主体化。从理论上看，马克思正是在费尔巴哈人本主义基础上，沿着哲学主体化这条路线，创建辩证唯物主义和历史唯物主义的。在马克思主义哲学理论体系中，"人"的地位得到更为科学的确定，其主体化倾向得以更明显地揭示。

早在《关于费尔巴哈德提纲》中，马克思就把是否承认人的主体性地位看作是马克思主义哲学与旧唯物主义哲学相区别的一个重要标志，认为对事物、现实、感性，必须从"实践"、"主观"方面去理解。① 在此之前，马克思还曾提出过人类对象性活动中的"两个尺度"的思想，认为在人类劳动中，不仅客体事物本身的尺度起作用，而且主体人的内在尺度也起作用。② 马克思认为，科学的唯物主义不应该憎恨人类，不应该忽略"人的整个身心"，不应该排斥"情欲"和"诗意"而只承认冷冰冰的知识和理性。恩格斯、列宁也多次强调人类的认识不可能纯客观地描述客观世界，而必然包括人类主体的"理想的意图"、"理性的力量"、人类的"实践"和"需要"等。马克思主义哲学正是以现实的人为中心而展开的。正如马克思、恩格斯在《德意志意识形态》一书中所指出的："我们开始要谈的前提不是任意提出的，不是教条，而是一些只有在想象中才能撇开的现实前提。这是一些现实的个人，是他们的活动和他们的物质生活条件，包括他们自己的活动创造出来的物质生活条件。"③

从现代到当代，马克思主义哲学确立的哲学主体性无疑对人们文化自觉的提升起着重要的战略指导作用。

三　激发文化创造力：文化自觉的现实性

在中国特色社会主义事业进程中，提高全民族的文化自觉性具有重要的现实意义。推动社会主义文化大发展，是十七大报告提出的一个重要任务。建设社会主义核心价值体系，增强社会主义意识形态的吸引力和凝聚力；建设和谐文化，培育文明风尚；弘扬中华文化，建设中华民族共有精神家园；推进文化创新，增强文化发展活力，是推动社会主义文化大发展的几个重要环节。在这几个环节中，激发文化创造力是贯穿始终的一根红线。十七大报告提出："兴起社会主义文化建设新高潮，激发全民族文化

---

① 《马克思恩格斯选集》第 1 卷，人民出版社 1995 年版，第 54 页。
② 《马克思恩格斯全集》第 42 卷，人民出版社 1979 年版，第 97 页。
③ 《马克思恩格斯选集》第 1 卷，人民出版社 1995 年版，第 66—67 页。

创造活力"①，并把"加强文化建设，明显提高全民族文明素质"② 作为全面建设小康社会目标的具体内容之一。这是提升国家文化软实力的根本途径。依据现代化发展的一般规律，最难也是最关键的，就是人的素质和人的思维方式、行为方式，也即文化的现代化。无论哪个国家，只有实现了经济腾飞与文化的和谐发展，其现代化才能真正实现。

第一，提高文化自觉，最大限度地激发全民族文化创造活力，是解放和发展社会主义文化生产力的重要环节。十七大报告指出："解放和发展文化生产力，是繁荣文化的必由之路。"③ 文化生产力，既指渗透于物质生产力中的科学、文化因素，也指具有相对独立形态的精神生产力。

任何时代的社会生产力都是人类用以影响和改造自然的物质力量和精神力量的综合。生产力中的物质因素即人类改造自然的现实物质生产力（主要表现为实际的技术手段）；生产力中的精神因素则指人类对自然的认识和理解，既包括科学理论，也包括代代积淀的人类文化。物质生产力作为人类对自然界认识的物化，必然渗透着科学、文化因素；一旦离开科学、文化因素（不管是原始形态的科学、文化还是高度发达的现代科学、文化），任何自发的自然物质力都不可能为人类所控制和利用。渗透于物质生产力中的科学、文化因素的比例，随着生产力水平的提高而提高。随着现代生产力由传统的"物质要素主导型"转向"智力要素主导型"，凝聚在物质生产力中的知识、科技、管理等文化因素也由辅助地位上升到主导地位。从某种意义上说，现代生产力既是一种物质力量，也是一种文化力量。在现代化的先进生产力中，这种文化因素体现得更为充分。

在现代生产力的结构中，文化生产力从以下诸方面体现出来：第一，技术文化，即凝聚在劳动资料、劳动对象中的文化因素。第二，管理文化，即作为协调生产力各要素关系的管理观念、管理方式等文化因素。第三，教育文化，即教育观、人才观在生产力整体效应中的体现。同物质生产力相适应的精神生产力更是一种明显的文化生产力。

文化生产力在社会现代化进程中的地位和作用越来越重要。这是因

---

① 胡锦涛：《高举中国特色社会主义伟大旗帜，为夺取全面建设小康社会新胜利而奋斗》，人民出版社2007年版，第33页。

② 同上书，第20页。

③ 同上书，第36页。

为：其一，传统生产力向智力型占主导地位的现代生产力的转型凸显了科学、文化因素在物质生产力中的重要地位和作用；其二，随着知识经济时代的到来，信息和知识的精神生产已逐渐成为独立的生产部门，精神生产的规模越来越大，信息产业成为现代化社会的主导产业。在现代社会，"知识的生产力已经成为生产力、竞争力和经济成就的关键。知识已经成为首要的产业，这种产业为经济提供必要的和重要的生产资源。"① 精神生产在社会生产中的日益重要无疑把文化生产力的作用提到一个新的高度。

发展文化生产力，无疑是提升文化自觉的一条重要途径。因为文化生产力的发展最终要通过人的文化素质的提高得以体现。人是生产力中最具有决定性的力量。造就现代化的人才是推进先进生产力的关键。江泽民同志指出："包括知识分子在内的我国工人阶级，是推动我国先进生产力发展的基本力量。我国农民阶级和其他劳动群众，同工人阶级紧密团结，是推动我国社会生产力发展的重要力量。"② 因而，为了发展生产力，必须"不断提高工人、农民、知识分子和其他劳动群众以及全体人民的思想道德素质和科学文化素质，不断提高他们的劳动技能和创造才能，充分发挥他们的积极性主动性创造性"。③ 调动人的文化潜力，提高人的文化自觉性，是发展先进生产力的重要途径。

第二，提高文化自觉，最大限度地激发全民族文化创造活力，是提高国家软实力的根本途径。十七大报告首次提出"提高国家文化软实力"的战略目标。④ 文化的力量是一个民族生存和发展的内在动力，也是把一个民族结成一个统一的有机整体，并不断推动民族向前发展的内在力量。可以说，文化力是任何一个民族的生命力所在。表现为一种观念形态（感情、愿望、理想、价值观等）的文化力，蕴藏在每一个民族成员之中，是综合国力的核心、灵魂和精神支柱，也是构建社会主义和谐社会的灵魂和精神支柱。一个强盛的国家，不仅要有繁荣的经济，也要有繁荣的

---

① ［美］奈斯比特：《大趋势：改变我们生活的十个新趋向》，孙道章等译，新华出版社1984年版，第21页。

② 《江泽民文选》第3卷，人民出版社2006年版，第274—275页。

③ 同上书，第275页。

④ 胡锦涛：《高举中国特色社会主义伟大旗帜，为夺取全面建设小康社会新胜利而奋斗》，人民出版社2007年版，第33页。

文化；不仅要有强盛的经济国力，也要有强盛的文化国力。从这个意义上说，提高国民的文化自觉性，是提高国家综合实力的一个重要方面。

哲学主体性与文化自觉的密切关联性决定，提升文化自觉的根本途径在于提高全民的主体意识，促进人的全面发展。当今，人的素质的全面提升突出表现在现代化主体意识的培育和理想人格的塑造上。

社会的现代化需要现代化的主体意识。现代化的主体意识内涵丰富，涉及面广，就其主要精神，可概括为：经济观念方面的商品意识、竞争意识及公平、效益意识；政治观念方面的民主、法制、平等、自由等意识；道德观念方面的义利统一、个人与社会和谐发展的意识以及文化方面的重视科学、教育，尊重知识、尊重人才的意识。现代化主体意识造就现代人，现代化主体意识的培育是一项艰巨任务，它必须在与种种旧意识的纠缠、斗争中发展、壮大。

对现代主体意识的培育离不开理想人格的塑造。理想人格是哲学人格理论所关注的"最高价值物"。它体现了人们追求的崇高精神境界、完美人格和对自由的追求。马克思主义提出共产主义的理想境界和理想人格。这种理想境界和理想人格正是人的全面发展的最高境界，也是人的素质全面提升的最高境界、文化自觉的最高境界。

哲学的文化性与文化的哲学性

马天俊[*]

一　两种可能的文化哲学

哲学在其历史上已经累积了太丰富的遗产，其历史性已经盖过了其概念规定所能提供的指引，因此，了解哲学，就不得不在尊重其深厚历史性的前提下深入于哲学历史之中。文化哲学相对来说还年轻。文化哲学这一概念本身对理解和研究文化哲学仍然具有重要的指引性，文化哲学的内容和限度暂时可以在概念上进行估量。文化哲学，顾名思义，或者用文化的眼光理解、解决哲学问题，或者用哲学的眼光理解、解决文化问题。

第一，用文化的眼光理解、解决哲学问题，有如柏拉图在《理想国》中探讨"正义"的思路，将哲学问题置于一个更大的结构性或历史性的背景中加以考察，文化哲学通过文化的眼光使哲学显露出文化性。这可以视为哲学为了自身问题的推进乃至解决而谋求的一种可能的出路。需要留意的是，《理想国》通过在一个更大的背景中探讨"正义"，不仅深化了正义问题，而且放大之后就《理想国》本身而言是强有力地解决了正义问题，但是文化哲学在类似的意义上却不意味着必然解决哲学问题。不用说，文化哲学应运而生当然需要一个更大的前提，即哲学仍然有问题。幸好哲学至今依然有问题。

第二，用哲学的眼光理解、解决文化问题，有如黑格尔在《历史哲学》中描述精神奥德赛的方式，对文化的哲学本质加以历史—地理的展

　＊　马天俊，黑龙江大学哲学系教授。

开，或者说将哲学展开在文化及其历史之中，文化哲学通过哲学的眼光使文化显露出哲学性。这算得上是一种哲学的兑现或者落实，既应验哲学的自我期许，又深化甚至更新了对文化的理解。《历史哲学》之前黑格尔已经完成"哲学全书"，完成了自己的哲学，"历史哲学"的工作乃是哲学的"下凡"，显示出哲学比通常人们想象的要更为有用，很难想象黑格尔在没有这些前提的情况下能够形成《历史哲学》这样意味深长的作品。在这个意义上，用哲学眼光看文化的文化哲学乃是应用哲学或者哲学应用。显然，应用哲学在逻辑上后于哲学问题的解决。这种意义的文化哲学之于哲学乃是锦上添花而不是雪中送炭，哲学本身对此只能保持次一等的兴趣。

需要留意的是，这种意义上的文化哲学和哲学的区别，是逻辑上的或者结构上的，而不是心理上的或传记上的。事实上，有些哲学探究其初衷是文化危机或者文化遭遇，此类哲学探究不仅要深入于哲学之中，而且或隐或显地总要带出其初衷。尽管如此，解决文化问题的哲学探究在结构上还是先于文化问题及其解决的。当然，文化不总是有问题的，因为文化无微不至地笼罩着人，极具稳定性和弥散性，通常作为各类文明活动的背景而不被主题化，因而不被问题化。只有处身其中的人们在时间或空间上经历剧烈的变迁，文化问题才发生。况且，文化出问题也不必然激起文化哲学，文化哲学的历史前提是出问题的文化本身要具有深厚的哲学传统。

二　文化观点的文化哲学

为什么说从文化眼光出发的文化哲学能够更深刻地理解哲学问题，而同时却未必能够解决哲学问题呢？易言之，这种意义的文化哲学可能对哲学做出何种性质的贡献呢？从文化观点出发的文化哲学的确能够改变哲学的传统面貌。

首先，用文化的眼光看哲学，意味着一种对哲学更深入的理解乃至改造。

当人们发觉西方哲学原来是西方文化的特定产物时，当人们发觉中国哲学原来是中国文化的特定产物时，哲学问题所表征的哲学面貌就再不能像亚里士多德或笛卡尔所想象的那种样子了。20 世纪 20 年代，傅斯年在讲论战国思想时认为"哲学乃语言之副产品"，如果文化哲学在中国本地有一位这方面的先行者的话，大概可算傅斯年。傅斯年写道：

> 世界上古往今来最以哲学著名者有三个民族：一、印度之亚利安人；二、希腊；三、德意志。这三个民族有一个共同点，就是在他的文化忽然极高的时候，他的语言还不失印度日耳曼系语言之早年的烦琐形质。思想既以文化提高了，而语言之原形犹在，语言又是和思想分不开的，于是乎繁丰的抽象思想，遂为若干特殊语言的形质作玄学的解释了。……野蛮人一旦进于文化，思想扩张了，而语言犹昔，于是乎凭借他们语言的特别形质而出之思想，当做玄妙道理了。今试读汉语翻译之佛典，自求会通，有些语句简直莫名其妙，然而一旦做些梵文的功夫，可以化艰深为平易，化牵强为自然，岂不是那样的思想很受那样的语言支配吗？希腊语言之支配哲学，前人已多论列，现在姑举一例。亚里斯多德所谓十个范畴者，后人对之有无穷的疏论，然这都是希腊语法上的问题，希腊语正供给我们这么些观念，离希腊语而谈范畴，则范畴断不能是这样子了。

接着傅斯年又举证康德哲学的翻译之难，并说：

> 哲学应是逻辑的思想，逻辑的思想应是不局促于某一种语言的，应是和算学一样容易翻译，或者说，不待翻译。然而适得其反，完全不能翻译，则这些哲学受他们所由产生之语言之支配，又有什么疑惑呢？即如 Ding an sich 一词汉语固不能译它，即英文译了亦不像，然在德文中则 an sich 本是常语，故此名词初不奇怪。又如最通常的动词，如 sein，及 werden，这一类的希腊字，曾经在哲学上作了多少祟，习玄论者所共见。又如戴卡氏之妙语 Cogito ergo sum，翻成英语中已不像话，翻成汉语更做不到。算学思想，则虽以中华与欧洲语言之大异而能涣然转译，哲学思想，则虽以英德语言之不过方言差别，而不能翻译，则哲学之为语言的副产品，似乎不待繁证即可明白了。印度日耳曼语之特别形质，例如主受之分，因致之别，过去及未来，已充及不满，质之与量，体之与象，以及各种把动词变作名词的方式，不特略习梵文或希腊文方知道，便是略习德语也就感觉到这些麻

烦。这些麻烦，便是看来仿佛很严重的哲学分析所自出。

多年以后，傅斯年仍然强调这样的观点：

> 思想不能离语言，故思想必为语言所支配，一思想之来源与演变，固受甚多人文事件之影响，亦甚受语法之影响。思想愈抽象，此情形愈明显。①

笛卡尔、莱布尼茨曾经为了解决哲学问题而梦想一种普遍语言②，这种激进设计从未实现过。无论他们自己还是此前此后的哲学家，仍然只在使用历史流传的语言，亦即傅斯年所论及的梵语、希腊语、拉丁语、德语、英语、汉语之类的具体语言，这类支配着哲学的语言正可归入历史性地域性的文化之中。由此见解出发，则哲学就不能不是文化的，甚至可以说哲学的文化性乃是哲学的根本性质。这种理解的后果对于哲学来说是严重的。

第一，哲学的这种文化性必然带来哲学的分崩离析，哲学向来引为使命的对真理的要求从而对普遍性的要求就不得不陷于险境，因为具体语言乃是难以还原为一的多。有多少种语言，就可能有多少种哲学，有多少种哲学，就可能有多少种真理，一句话，就根本不会有真理。求不得真理的哲学还能是哲学吗？哲学势必遭受"脱胎换骨"的命运。在这个意义上，文化哲学并不是哲学的新进展，更不是哲学的新形态，毋宁说，这种文化哲学乃是哲学的悼念会。如果这种文化哲学还是哲学所急欲争取的，那么哲学就是在自杀。哲学死后，各种后现代的精神现象学便会大行其道，而文化哲学会是其中的名角。在推究道理之时，人们往往会动感情，哲学之死于文化哲学会令人受不了。但是感情归感情，思想仍然可能保持其严肃性，在这方面，R. 罗蒂或许堪称榜样，尽管用文化哲学来说罗蒂未必恰当。

---

① 傅斯年：《性命古训辩证》，广西师范大学出版社 2006 年版，引语，第 3—4 页。

② 关于普适语言及其哲学意义的构想，可参见［法］笛卡尔《探求真理的指导原则》，管震湖译，商务印书馆 1991 年版，第 18 页，第 108—111 页；［德］莱布尼茨《莱布尼茨自然哲学著作选》，祖庆年译，中国社会科学出版社 1985 年版，第 1—9 页。

　　亚里士多德曾说:"口语是心灵的经验的符号,而文字则是口语的符号。正如所有的人的书法并不是相同的,同样地,所有的人也并不是有相同的说话的声音;但这些声音所直接标志的心灵的经验,则对于一切人都是一样的,正如我们的经验所反映的那些东西对于一切人也是一样的。"①这一论断将语言之多归于心灵之一,更将心灵之一对应于事物之一。在这个意义上,语言仅仅表面上是不透明的,经过适当努力语言终归是透明的,语言仍然是哲学的驯顺工具,决不会出现傅斯年所看见的那类相反局面。因此,哲学在自身的历史上虽然也是多数的而不是单数的,但是它们都还怀着"万法归一"的信心,或者声称已然真理在握,或者至少坚持毫不含糊的真理追求,最差的也要声明对真理的关怀。亚里士多德的归一之法固然因其形而上学性而不可证伪,但不可证伪性不等于不可避免的强制性,因为相反的形而上学假设就其也是形而上学而言,一样不可证伪。在两个相反的不可证伪者之间,一定会出现偶遇或者选择,这既是合情合理的,也是不可避免的。在这个意义上,文化哲学也许刚好构成哲学的背面,也就是说,看见文化哲学的时候,哲学就不见了,看见哲学的时候,文化哲学就不见了。并且,作为哲学的背面,文化哲学不可能是统一的,因为语言不是统一的,文化更不是统一的;否则化多为一的哲学就会趁机还魂了。如果文化哲学是多不是一,那么文化哲学就转了个圈回到了起点,就是说,从文化观点出发经过哲学又回到文化,漫游的战利品就是哲学,就是哲学的文化化。

　　实际上,哲学的文化化不一定意味着"后哲学文化",原则上完全可以有前哲学文化和非哲学文化。待到众生平等,哲学作为文化也许可以复生,成为众文化之一,只要它不张嘴吃人。然而这等美景是很不可能的事。且不说哲学的真理意志本性难移,就是文化本身也远非谦谦君子。周秦时代、旧约时代以及我们这个现代,文化之间何尝有过真正的体谅和宽容呢? 莱布尼茨十分赞赏中国文化,② 据说他曾致信于康熙皇帝建议在北京设立科学院,③ 这是何等文明的善举! 然而与莱布尼茨同时代的西方殖

---

　　① [古希腊]亚里士多德:《范畴篇　解释篇》,方书春译,商务印书馆1959年版,第55页。

　　② 张西平:《中国与欧洲早期宗教和哲学交流史》,东方出版社2001年版,第415—443页。

　　③ [德]莱布尼茨:《人类理智新论》,陈修斋译,商务印书馆1982年版,译者序言,第xv页。

民者却正在非洲和美洲之间狂热地进行奴隶贸易，① 黑奴的白骨源源不断地化为文明欧洲的资本。② "后哲学文化"固然颇为雄辩地去除了大写的哲学、大写的真理和大写的人，一定意义上表明了美国新实用主义的新生活，但是文化哲学既已超越哲学的樊篱，就要更加打开视野，不光要注意美国哲学家说什么，还要同时注意美国的政府、银行家和军队在这个世界上正在做什么，这才是真正文化的视野。

　　议论至此，话题似乎越发沉重了。然而止步只不过表明了怯懦，如果文化哲学能够带出更加严肃的内容，岂不是文化哲学的造化？

　　第二，如果文化带有冷峻的残酷性，那么它也会一并体现在哲学上，换言之，文化之战发生时，哲学也是军队的一员。孔子曾说："夷狄之有君，不如诸夏之亡也。"（《论语·八佾》）礼乐虽是教化的原则，同时也是歧视的原则，这是不难想见的。毫不奇怪的是，孔子思想本身也曾遭受

---

　　① 马克思在《资本论》中写道："随着资本主义生产在工场手工业时期的发展，欧洲的舆论丢掉了最后一点羞耻心和良心。各国恬不知耻地夸耀一切当作资本积累手段的卑鄙行径。例如，读一读老实人亚·安德森的天真的商业编年史。这本编年史把下面的事实当作英国国策的巨大胜利而倍加赞扬：英国在乌得勒支和谈时通过阿西恩托条约，从西班牙人手里夺走了经营非洲和西班牙美洲之间贩卖黑人的特权，而在此以前，英国只经营非洲和英属西印度之间的这种买卖。英国获得了到 1743 年为止每年供给西班牙美洲 4800 个黑人的权利。……利物浦是靠奴隶贸易发展起来的。奴隶贸易是它进行原始积累的方法。直到目前为止，利物浦'上流人士'仍然是赞扬奴隶贸易的平达；奴隶贸易——参看前面所引 1795 年出版的艾金医生的著作——'使商业冒险精神达到了狂热，产生了出色的海员，带来了巨额的金钱'。利物浦用于奴隶贸易的船只，1730 年 15 艘，1751 年 53 艘，1760 年 74 艘，1770 年 96 艘，1792 年 132 艘。当棉纺织工业在英国采用儿童奴隶制的时候，它同时在美国促使过去多少带有家长制性质的奴隶经济转变为商业性的剥削制度。总之，欧洲的隐蔽的雇佣工人奴隶制，需要以新大陆的赤裸裸的奴隶制作为基础。"参见《马克思恩格斯全集》第 44 卷，人民出版社 2001 年版，第 869—870 页。乌得勒支和约涉及许多欧洲国家，其中英国和西班牙双方的条约签订于 1713 年 4 月，有效期 30 年。平达（Pindar），通译品达或品达罗斯，古希腊最伟大的抒情诗人。

　　② 马克思《资本论》的下述评论仍然具有当代意义："国际信用制度常常隐藏着这个或那个国家原始积累的源泉之一。例如，由于没落的威尼斯以巨额货币贷给荷兰，威尼斯的劫掠制度的卑鄙行径就成为荷兰资本财富的这种隐蔽的基础。荷兰和英国的关系也是这样。在 18 世纪初，荷兰的工场手工业已经远远落后了，荷兰已不再是一个占统治地位的工商业国家。因此，荷兰在 1701—1776 年时期的主要营业之一就是贷放巨额资本，特别是贷给它的强大竞争者英国。现在英国和美国之间也有类似的情形。今天出现在美国的许多身世不明的资本，仅仅在昨天还是英国的资本化了的儿童血液。"参见《马克思恩格斯全集》第 44 卷 [《资本论》第 1 卷]，人民出版社 2001 年版，第 866 页。资本使社会生活无限地中介化了，触目惊心的感性现实，血汗、尊严、生命的悲歌，在资本流通——特别是国际流通——中被过滤得干干净净。

严重的歧视。1816年黑格尔开始讲授"哲学史"，在长篇的导言中他结论性地断言："东方的思想必须排除在哲学史以外。"① 然而"所谓东方哲学"也要稍微讲一讲，为的是再也不理它。在不足一页篇幅中，孔子被黑格尔说成这样：

> 孔子的教训在莱布尼兹的时代曾轰动一时。它是一种道德哲学。他的著作在中国是最受尊重的。……他的道德教训给他带来最大的名誉。他的教训是最受中国人尊重的权威。……我们看到孔子和他的弟子们的谈话，里面所讲的是一种常识道德，这种常识道德我们在哪里都找得到，在哪一个民族里都找得到，可能还要好些，这是毫无出色之点的东西。孔子只是一个实际的世间智者，在他那里思辨的哲学是一点也没有的——只有一些善良的、老练的、道德的教训，从里面我们不能获得什么特殊的东西。西塞罗留下给我们的'政治义务论'便是一本道德教训的书，比孔子所有的书内容丰富，而且更好。我们根据他的原著可以断言：为了保持孔子的名声，假使他的书从来不曾有过翻译，那倒是更好的事。②

这是从海德堡大学的课堂里发出的声音，其鄙薄之意，淋漓尽致。同样重要甚至更为重要的是，与此同时英国东印度公司正以每年200吨左右的力度将鸦片输入中国，猛掏中国的银库。黑格尔去世不久，每年200吨就变成了每年1500吨。③ 白银外流，病夫遍地。如果黑格尔得睹此情此景，他大概会说："活该！"④ 而孔夫子于地下定然义愤填膺："礼乐受辱，民力遭劫，是可忍也，孰不可忍也？"

---

① ［德］黑格尔：《哲学史讲演录》第1卷，贺麟、王太庆译，商务印书馆1959年版，第98页。

② 同上书，第119—120页。

③ 蒋廷黻：《中国近代史》，上海古籍出版社2004年版，第19—20页。

④ 黑格尔曾有下述无情的名言："一个'世界历史个人'不会那样有节制地去愿望这样那样事情，他不会有许多顾虑。他毫无顾虑地专心致力于'一个目的'。他们可以不很重视其他伟大的、甚或神圣的利益。这种行为当然要遭来道德上的非难。但是这样魁伟的身材，在他迈步前进的途中，不免要践踏许多无辜的花草，蹂躏好些东西。"参见［德］黑格尔《历史哲学》，王造时译，生活·读书·新知三联书店1956年版，第72页。这是黑格尔哲学逻辑的题中应有之义，因此涉及文化主题，他的观点也会一仍其旧。

忍无可忍在现实上当然是奋起战斗，驱除外侮，争取解放，确保中国是中国人的中国。而在哲学上，表现则是特殊的。一般认为，胡适的《中国哲学史大纲》具有划时代意义，胡适在北京大学开讲"中国哲学史"比黑格尔开讲"哲学史"晚了将近 101 年，这段岁月乃是中国内忧外患的苦难史，它所引发的哲学思想上的效应之一是中国学者在"西学东渐"① 的潮流下努力确立中国哲学的哲学地位，简言之，要让世人——尤其是中国人自己——知道：中国也有哲学。这实在是很可怜的诉求。然而，通过中国哲学史的撰述所开显的中国哲学却已经离不开所谓西方哲学。蔡元培在给出版于 1919 年的《中国哲学史大纲》作序时申说撰述中国哲学史在材料和形式上均有难处，并就着胡适这书强调解决形式困难必须依靠西方哲学，对于中国哲学史，"我们要编成系统、古人的著作没有可依傍的、不能不依傍西洋人的哲学史。所以非研究过西洋哲学史的人不能构成适当的形式"。② 胡适留学美国，研究过西方哲学，但他撰述中国哲学史以什么样的西方哲学为启发却是不够清楚的。和黑格尔的要求对比起来，大概还有问题。黑格尔作为西方哲学的集大成者之一，坚持哲学是真理的科学体系，③ 哲学史乃是理念的历史展开，是真理的辩证发展，因此将哲学学说罗列一番，再凭才气品评一番，这算不得哲学史，至少算不得好的哲学史。胡适对哲学的定义是："凡研究人生切要的问题、从根本上着想、要寻一个根本的解决：这种学问叫做哲学。"④ 这是一个概念规定不很严整的定义，由此出发看见的哲学史带有明显的博物学性质：

> 这种种人生切要问题、自古以来、经过了许多哲学家的研究。往往有一个问题发生以后，各人有各人的见解、各人有各人的解决方法、遂致互相辩论。有时一种问题过了几千百年、还没有一定的解决法。例如孟子说人性是善的、告子说性无善无不善、荀子说性是恶

---

① "西学东渐"这个不咸不淡的说法是一个抽象，它从与之相表里的压榨欺凌和血雨腥风的文化历史中被抽象出来，仿佛曾经发生的仅仅是思想观念的碰撞和激发。在这个意义上，抽象带有意识形态性，是要面对道义责任的。

② 蔡元培：《中国古代哲学史大纲序》，载胡适《中国哲学史大纲》上卷，商务印书馆1987 年版，第 1 页。标点与今稍不同，悉依原书，下引同此。

③ ［德］黑格尔：《精神现象学》，贺麟、王玖兴译，商务印书馆 1979 年版，序言。

④ 胡适：《中国哲学史大纲》上卷，商务印书馆 1987 年版，第 1 页。

的。到了后世、又有人说性有上中下三品、又有人说性是无善无恶可善可恶的。若有人把种种哲学问题的种种研究法、和种种解决方法、都依着年代的先后、和学派的系统、一一叙述下来、便成了哲学史。①

不难看出，就其为哲学史家而言，胡适大概正是黑格尔所嘲笑的"缺乏哲学头脑的历史家"。② 但另一方面，胡适也根本没在乎黑格尔对所谓东方哲学的歧视性论断，③ 而径直继续议论"中国哲学在世界哲学史上的地位"：

　　世界上的哲学大概可分为东西两支。东支又分印度和中国两系。西支也分希腊犹太两系。起初的时候、这四系都可算作独立发生的。到了汉以后、犹太系加入希腊系、成了欧洲中古的哲学。印度系加入

---

① 胡适：《中国哲学史大纲》上卷，商务印书馆 1987 年版，第 2 页。

② 黑格尔极为重视有理念的哲学史："哲学史的研究就是哲学本身的研究，不会是别的。……为了从哲学出现在历史上时所取的经验的形态和外在形式里，去认识哲学的发展乃是理念的发展，我们必须具有理念的知识，……所以我们用不着感觉奇怪，何以会有这样多浅薄的哲学史，将一系列的哲学系统表现成一系列的单纯的意见、错误和思想游戏——这些思想游戏诚然炫耀了很大的聪明和理智的努力，并且就哲学的系统形式说来，也设计得尽美尽善，值得恭维。像这类缺乏哲学头脑的历史家，他们如何会有能力把握并表现理性思维的内容呢？"参见［德］黑格尔《哲学史讲演录》第 1 卷，贺麟、王太庆译，商务印书馆 1959 年版，第 34—35 页。在这个意义上，蔡元培说叙述中国哲学史之形式方面的困难，为此要依傍西方哲学，大概也是不透彻的，仅仅解决形式问题仍然不足以形成黑格尔意义上的哲学史。

③ 胡适写《中国哲学史大纲》时应该是知道黑格尔哲学的，因为他关于哲学和哲学史的论述把英文本的文德尔班《哲学史教程》列为参考书，标明"论哲学史、看 Windelband's A History of Philosophy 页八至十八"（胡适：《中国哲学史大纲》卷上，商务印书馆 1987 年版，第 33 页）。文德尔班《哲学史教程》这个页码范围大体就是其"绪论"，其中，文德尔班高度评价黑格尔在哲学史科学上划时代的贡献："然而，只有通过黑格尔，哲学史才第一次成为独立的科学，因为他发现了这个本质问题：哲学史既不能阐述各位博学君子的庞杂的见解，也不能阐述对同一对象的不断扩大、不断完善的精心杰作，它只能阐述理性'范畴'连续不断地获得明确的意识并进而达到概念形式的那种有限发展过程。"参见［德］文德尔班《哲学史教程》上卷，罗达仁译，商务印书馆 1987 年版，第 20 页。考虑到这一点，胡适对于黑格尔具体的哲学史观点也应当是明其主旨的。因此，本文认为胡适是没有"在乎"黑格尔的哲学史观。此外，前文所引胡适对哲学下的定义，也与文德尔班的哲学定义颇有相通之处，都较为倾向于价值论，文德尔班认为："所谓哲学，按照现在习惯的理解，是对宇宙观和人生观一般问题的科学陈述。"同上书，第 7 页。

中国系、成了中国中古的哲学。到了近代、印度系的势力渐衰、儒家复起、遂产生了中国近世的哲学、历宋元明清、直到於今。欧洲的思想、渐渐脱离了犹太系的势力、遂产生欧洲的近世哲学。到了今日、这两大支的哲学互相接触、互相影响。五十年后、一百年后、或竟能发生一种世界的哲学、也未可知。①

胡适言下之意，世界的哲学黑非洲的人是没份儿的，阿拉伯人是没份儿的，别的东亚、南亚人是没份儿的，因纽特人也是没份儿的，没准儿美国也是没份儿的。而且，随着印度系和犹太系的淡出，中国系和西方系正在"互相"接触和影响，并可能在未来融合出"世界的哲学"。这里东西之间平起平坐的架势，的确极为令人鼓舞——当然是中国人的鼓舞。胡适在具体讨论中也确实运用了不少西式哲学概念，例如"主义"、"进化论"、"名学"、"心理学"等。但是不管怎样，胡适的工作总是在为中国思想争取哲学地位，以便在西方文化面前不至沦落为某种土著文化。"东亚病夫"不仅不要再当"烟民"，还要拼力自我表明也很有哲学，这种需要在整个20世纪都是中国人难以缓解的焦虑。不遇残酷的文化倾轧，中国怎么会有"哲学"的需要呢？怎么会有写"中国哲学史"的需要呢？

实际上，即便不按西方哲学的范式来叙述中国哲学史，而是按中国思想自身的脉络叙述"中国哲学史"，也属于文化应激行为。胡适的《中国哲学史大纲》影响很大，批评性的反应也不少，例如钟泰在上世纪20年代末也撰述了《中国哲学史》，但有意反其道而行之，拒绝西方哲学的侵蚀。钟泰的《中国哲学史》声明："中西学术，各有统系，强为比附，转失本真。此书命名释义，一用旧文。近人影响牵扯之谈，多为葛藤，不敢妄和。"② 书中大凡相关处，总不失时机地批评胡适的书和胡适的见解。③

---

① 胡适：《中国哲学史大纲》上卷，商务印书馆1987年版，第5页。其后冯友兰1930年也撰述了中国哲学史，他比胡适彻底的地方在于更直白地主张依照西方的标准："哲学本一西洋名词。今欲讲中国哲学史，其主要工作之一，即就中国历史上各种学问中，将其可以西洋所谓哲学名之者，选出而叙述之。"由此造成的中国思想史的支离破碎也远远超过胡适的工作。参见冯友兰《中国哲学史》，中华书局1961年版，第1页。

② 钟泰：《中国哲学史》，东方出版社2008年版，凡例。

③ 例如在第19—20页批评胡适对老子"天地不仁"的理解，还捎带上了梁启超，在第46页批评胡适以进化论解释庄子，在第66—68页批评胡适对名家的归类，等等。然而钟泰讹称赫胥黎《天演论》为"达尔文之《天演论》"（第46页）似也不免拒斥西学过激之遗憾。

可是，"哲学"（Philosophy）本就不是"旧文"，而是经过东洋的西洋舶来品。如果坚持"命名释义一用旧文"，就应该首先不用"哲学"。中国本有历史悠久的经学和子学，后来无论谁论述中国"哲学"，其名下所涉及的内容，主要也是经学和子学。然而文化大俗看来是难以规避的，连钟泰这样保持高度警觉的学者也未能规避，其《中国哲学史》开篇就讲："中国哲学，至周代始有统系可言。"① 对于钟泰来说，中国哲学乃是天然的，与西方哲学一样同为哲学，只是"统系"不同罢了。从学术上来讲，考虑到不同文化异质的本性，"中国哲学"这一术语恰恰必须辨析，就像当年金岳霖评论冯友兰的《中国哲学史》时提示注意"中国哲学"和"在中国的哲学"那样。② 然而钟泰未曾这样做，其缘由一定意义上和胡适不在乎黑格尔对中国思想的歧视是一样的。

争执归争执，站在一个更高的层面来看，钟泰的用意和胡适其实是相通的，这就是在那样一个受压迫的时代自觉地建立起中国哲学史，建立起中国哲学。金天翮在给钟泰《中国哲学史》的序中说，钟泰"忾乎独肩砥柱东流之责，可谓忧世之深矣"。③ 这种同情的评论放在胡适身上谅必也是恰当的，放在蔡元培、冯友兰、梁漱溟以及李大钊、鲁迅、孙中山、毛泽东身上同样恰当，那个时代的文化命运向有识之士提出了时代性的任务。他们都是文化之战在不同战线上的战士。如果他们的活动能够有效地纳入文化哲学的视野，成为文化哲学的内容，文化哲学就真正充实起来了，哲学也就真正文化化了。

总括而言，在文化哲学视野之下，文化的语言性和文化的实际性日益突出，既有的哲学的问题及其演变，面貌都要大为改变。马克思曾经向往扬弃哲学，莫非文化哲学就是哲学的扬弃之道？当然，这类推测不能不有所保留。

其次，虽然文化观点的文化哲学开显了既广阔又严肃的问题领域，但对于哲学自身所传承的许多重要问题，文化哲学却不必然提供解决。

这对于文化哲学本身来说可能不重要，但对哲学来说可能很重要。即

---

① 钟泰：《中国哲学史》，东方出版社 2008 年版，第 3 页。

② 冯友兰：《中国哲学史》，中华书局 1961 年版，附录"审查报告二"（金岳霖撰）。

③ 钟泰：《中国哲学史》，东方出版社 2008 年版，序。金天翮（1874—1947），晚清著名讽刺小说《孽海花》的前期作者，著名的曾朴是后续完成作品的作者。

使在哲学内部，哲学问题也不总是经过适当努力即获得了解决，许多问题未尝解决就归入了历史档案，新的哲学问题顶替了旧的哲学问题，人们的问题意识和时代兴趣转移了。在这个意义上，哲学史与其说是一个问题解决史，不如说是一个问题的更新史和替代史。后来的哲学可以对先前哲学的问题之产生进行解释，如果解释得切中要害，澄清问题产生的前提机制，表明这种机制之悖理或无谓，问题本身也就化解了，不再需要回答。此类问题因此被归入历史档案，它们对哲学学习者通常仍然具有训练哲学思维的用处，但不再有时代和现实的紧迫感了。这种解释工作本质上还是哲学性的，是构成哲学自身传统的一部分，成为哲学史的实际内容。

　　不过这并没有包括全部情形，有些哲学问题仅仅因为世易时移而被废弃或忽视了。对此当然可以进行文化上的解释，但是解释不等于解决，哲学自己未曾做好的事情文化哲学也不能做得更好。在《哲学史讲演录》中，当黑格尔脚登七里靴快速穿过中世纪哲学的时候，1000 年的精神史只值约 100 页，大约相当于此前那 1000 年的 1/8，[1] 许多哲学问题或者未予阐释，或者草率置之。黑格尔沐浴着 18 世纪末 19 世纪初的启蒙光辉，在他眼里中世纪的哲学正是哲学的"中世纪"——黑暗是它的名。黑格尔这种做法的理由从纯粹哲学上讲并不充分，中世纪哲学是深刻的，也是伟大的，这已为 20 世纪以来的众多学术研究所阐明。[2] 不过黑格尔之轻视乃至忽视中世纪哲学也是有理由的，这种理由完全可以也应该从欧洲文化变迁的角度加以把握：欧洲的现代来临了，黑格尔所凭以小觑中世纪哲学的哲学理由，其实是文化理由。不过，如此进行解释，虽则可以谅解黑格尔，却不能补救黑格尔，更不能补救中世纪哲学。中世纪哲学在那里，

---

　　① 黑格尔说："哲学史的第一个时期共一千年，从公元前 550 年的泰利士到死于公元 485 年的普罗克洛，到异教哲学的研究机构于公元 529 年被封闭为止。第二个时期一直到 16 世纪为止，又包括一千年，我们打算穿七里靴尽速跨过这个时期。"参见黑格尔《哲学史讲演录》第 3 卷，贺麟、王太庆译，商务印书馆 1959 年版，第 233 页。这里所做估算，皆据《哲学史讲演录》中译本。

　　② 有关的争议性论述可参阅吉尔松《中世纪哲学精神》，沈清松译，上海人民出版社 2008 年版，第 1 章"中世哲学与天主教哲学"，特别是第 27—32 页；赵敦华：《基督教哲学 1500 年》，人民出版社 1994 年版，"序"卡洛斯·斯蒂尔撰，第 1—3 页；唐逸：《理性与信仰》，广西师范大学出版社 2005 年版，"绪言"。这些论述都反对将中世纪诬为黑暗时代，强调中世纪哲学对近现代哲学的滋养和启迪作用，并在后续具体内容讨论上展示中世纪哲学的精致、高深及其伟大意义。

它的问题在那里，问题的解决仍然要哲学地进行，即使要表明问题不可解或者问题没有意义，也只能哲学地进行，凡此种种，文化哲学都无法代劳。有人说理解即是宽恕，有时候，这样的理解也暗示着放弃。

文化观点的文化哲学松解了哲学问题本身拥有的思维规范性和内容紧张感，既然由此越发不能积极地或消极地解决哲学问题，那么文化哲学之不能成为哲学的一个可能的新形态，就是不难想见的。不仅如此，假如文化哲学试图对更广泛的哲学问题——也许是全部哲学问题——进行文化解释，那么，由于文化本身是一个日益历史—地理化的范畴，文化观点之下的哲学问题，其思维内容在解释中会被稀释和相对化，其思维规范会遭到历史性或地方性的拆解而失去规范性和引导性。理性崩解为历史性的和地方性的成规，直观散落为人类学的和文化学的习惯，真理的追求不过是可选的偏好，体系的严整不过是意识形态在历史性的发展面前暴露出来的观念活动的僵化和天真。尤其是在这个现代："一切固定僵化的联系，及其古来的遗绪、庄严的成见和主张，都一扫而光了；那些新的，还没定型也就过时了。坚固的化为云烟，神圣的遭到亵渎。"①

这在某种意义上的确可以实现哲学的自我治疗，但同样实在的是，这也不免是哲学追求的松懈和绝望。在无可奈何或宽宏大量的文化理解中，哲学仿佛苏醒之后的一抹梦痕，梦的紧张和美妙、神秘和崇高都成了或许会令人惋惜的淡淡回忆。

三　哲学观点的文化哲学

哲学观点的文化哲学在"文化哲学"以学科形象出现之前就已存在。大体说来，近代自然科学的巨大成就本身及其实验—数学方法论的典范作用，对哲学思想产生了关键影响，哲学也要求自身成为科学的（scientif-

---

①　原文是恩格斯校过的英译文：All fixed, fast frozen relations, with their train of ancient and venerable prejudices and opinions, are swept away, all new-formed ones become antiquated before they can ossify. All that is solid melts into air, all that is holy is profaned。笔者据自己的理解试译如上。通行的中文表述是："一切固定的僵化的关系以及与之相适应的素被尊崇的观念和见解都被消除了，一切新形成的关系等不到固定下来就陈旧了。一切等级的和固定的东西都烟消云散了，一切神圣的东西都被亵渎了。"参见《马克思恩格斯选集》第 1 卷，人民出版社 1995 年版，第 275 页。《共产党宣言》对现代性的这一时代性的诊断今天看来依然是强有力的。

ic）哲学，真理的强制性和普遍性在哲学研究上占有压倒性的优势。但是面对人类历史问题，这种风格的哲学的局限性也是明显的，因为它对有价值的文化差异是迟钝的。从维柯、伏尔泰、卢梭和赫尔德等人开始，民族、风俗、语言传统日益被哲学加以主题化，文化问题在历史哲学的名下获得日益深入的哲学研究，哲学上的另一个倾向开始与笛卡尔—牛顿—康德式的科学传统分庭抗礼。在这些著作家眼里，不同民族或不同时期的文化都显示了哲学精神或哲学理念，或者说，文化的人类历史就是哲学的显现场所。新哲学领域的展现是和一新生活世界的形成一道来临的，16 世纪以来由西方主导的世界历史时代的形成，将几乎全部地理世界卷入一个不可抗拒的潮流。这一新生活世界在观念上的对应物自然与古代世界的哲理沉思有所不同，历史文化问题从背景走向前台。但是关注历史文化问题的哲学家不是泛泛的博物学家，也不是传统意义上的历史学家，他们是带着由这个时代所赋予的哲学精神的指引而就历史文化问题发表见解的。

一般认为"历史哲学"一词为伏尔泰所创用，他撰写的《历史哲学》最终加在他的巨著《风俗论》之前作为导论，伏尔泰力图在看似不可整理的历史文化之纷繁中洞察到线索、秩序和趋向。他写道：

> 我对她（作者注：伏尔泰的好友夏特莱侯爵夫人）说：可是，如果您在那么多未经加工的素材中，选用可供您建造大厦的材料，如果删掉那些令人生厌而又不真实的战争细节，那些无关紧要的、只是无聊的尔虞我诈的谈判，那些冲淡了重大事件的种种个人遭遇，而保留其中描写风俗习惯的材料，从而把杂乱无章的东西构成整幅联贯清晰的图画；如果您力图从这些事件中整理出人类精神的历史，那么，您会认为这是光阴虚掷吗？①

伏尔泰是本着启蒙理性来从事这番去粗取精去伪存真的工作的，他的特殊风格也许在于用东方文明国度的文化来照亮他眼中西方世界时代性的愚昧，尽管此后西方思想的主流在类似议题上颠倒了伏尔泰拟定的东西方文化的价值秩序。可能更为重要的是，伏尔泰也多少意识到了处理文化历

---

① ［法］伏尔泰：《风俗论》上册，梁守锵译，商务印书馆 1995 年版，第 2 页。

史问题需要不同的方法论："在物理学上，让我们只接受业已证明的东西；而在历史学中，则只接受人们所承认的、可能性最大之事。"① 这种领域或题材上的差异意识当然还嫌粗糙，但也预示了此后十分热烈也十分激烈的自然科学、人文科学（或文化科学或文化哲学）方法论辩论。伏尔泰不是一个体系性的哲学家，不过指导其历史研究的哲学精神还是清晰可见的，正是这种哲学精神使他看到夏特莱夫人难以看到的文化历史所显现出来的人类精神。

与伏尔泰有所不同，康德是一个体系性的哲学家，当他涉足人类历史文化领域时，其既有哲学理解的准则作用具有毫无疑问的逻辑优先性。康德的"在世界公民底观点下的普遍历史之理念"一文提出了把握人类历史的 9 条原则，康德引导性地写道：

> 当我们见到人在世界底大舞台上的所作所为，又尽管在个人身上有偶尔闪现的智慧，但我们终究发现：在大体上，这一切均由愚蠢、幼稚的虚荣，甚至往往由幼稚的恶意和毁灭欲交织而成之时，我们禁不住会有某种不满。在此，我们终究不明白：对于我们这个如此以其优越性自负的种属，我们该形成怎样的一个概念。在此，哲学家底唯一办法是：既然在大体上，他根本无法在人及其活动当中预设任何理性的个人目标，他便探讨他是否能在人类事务底这个荒谬的过程中发现一项自然目的，不按个人计划行事的受造物却可能有一部合乎自然底一项特定计划的历史。我们想知道，我们是否会成功地发现这样一部历史之一条线索，然后任由自然去产生有能力依此线索撰写这部历史的人。自然便产生了一位克普勒，他以一种出人意表的方式使行星底离心轨道依从于确定的法则。自然也产生了一位牛顿，他以一项普遍的自然原因去解释这些法则。②

在这里，康德的目的论哲学思想的指导作用是显而易见的。而且，同样显而易见的是，我们固然不必把在这里引述的康德见解当作康德全部的

---

① ［法］伏尔泰：《风俗论》上册，梁守锵译，商务印书馆1995年版，第206页。
② ［德］康德：《康德历史哲学论文集》，李明辉译注，台湾联经出版事业公司2002年版，第5—6页。

有关思想，不过还是可以说，康德在探讨历史问题上对自然科学榜样的效法倾向，和前文已经指出的伏尔泰的方法论意识是不同的，倾向上是相反的。

这种在历史哲学名下的对文化问题的哲学探讨到 19 世纪奏出了自己的最强音。黑格尔凭着自己的具有巨大包容性和历史感的体系性哲学，在写完《哲学全书》之后，陆续讲了哲学史、艺术、宗教、心理、人种、历史等内容，还写了《法哲学原理》。对这些具体的同时也是重要的题材，黑格尔均将其视为精神的实存样式加以论述。应该说，以文化之大，黑格尔的工作不能说是完备的。但是，即使考虑到 19 世纪后期文化哲学作为一个主题化的领域被提出来从而日益获得专门的拓展和深化，迄今为止能够置于"文化哲学"领域的问题，在内容上也并不比黑格尔涉及的范围大出很多。不管怎样定义"文化"，从而规定文化哲学的性质和任务，黑格尔曾经探讨的诸多精神的实存样式，都无疑是文化的重要组成部分。虽然黑格尔哲学理论及其方法论意识不是唯一的，完全可以追求和构造异于黑格尔哲学的哲学理念，但有关研究在方法论意识的系统性和彻底性上，还是值得引黑格尔哲学为自身的榜样。①

如果以黑格尔的工作为楷模，那么如下两点大概是自然而然的。

第一，不管文化哲学有多么特别的问题意识，哲学还是优先于文化哲学，文化哲学是哲学在文化领域的展示和落实。在未有哲学及其问题的较为充分的解决之前，文化哲学仍是无规定的，文化史领域仍然如夏特莱侯爵夫人所见的那样一片混乱和荒谬。质言之，没有哲学就没有文化哲学，没有哲学的文化哲学必定是空疏的和任意的。

第二，受哲学规定的文化哲学因此不妨成为哲学的一个下属学科。这是依从于理论的逻辑结构而来的下属关系，与因应于现实历史偶然性的哲学学科分类的性质是不同的，文化哲学在这个意义上将与现有的哲学诸下

---

① 此外，19 世纪初受圣西门思想启发的孔德哲学也提出过强有力的哲学学说，它除了引出社会学的发展外，也对文化哲学具有深刻的启发性。傅立叶的历史哲学思想也具有发挥出文化哲学意蕴的潜力。19 世纪中期成型的生物进化论在文化哲学上或许更加令人浮想联翩。不用说，马克思主义传统的产生和发展因其复杂的跨领域性和理论原则的直白性对文化哲学思考显然有着巨大的推动作用。

属学科①有情形各不相同的交叉——也许只有逻辑学除外。既然如此，文化哲学显然也不是哲学的新形态，而是哲学的新分支和新领域，它在外延上丰富着哲学。假如问题意识限定在哲学本身的层次，哲学研究就必须哲学地进行而不能文化哲学地进行。

当然，应该强调指出，文化哲学之成立的确需要现实的历史条件，即文化已具有成问题性，并且成问题的文化本身要有哲学性传统。文化并不经常出现成问题性，因为文化太过广泛，极具稳定性和弥散性，若非出现广泛的交往和剧烈的碰撞，文化之问题很难被提出来。文化哲学所依赖的历史条件，当以《共产党宣言》所作的描述为最鲜明：

> 资产阶级，由于开拓了世界市场，使一切国家的生产和消费都成为世界性的了。……过去那种地方的和民族的自给自足和闭关自守状态，被各民族的各方面的互相往来和各方面的互相依赖所代替了。物质的生产是如此，精神的生产也是如此。各民族的精神产品成了公共的财产。民族的片面性和局限性日益成为不可能，于是由许多种民族的和地方的文学形成了一种世界的文学。
>
> 资产阶级，由于一切生产工具的迅速改进，由于交通的极其便利，把一切民族甚至最野蛮的民族都卷到文明中来了。它的商品的低廉价格，是它用来摧毁一切万里长城、征服野蛮人最顽强的仇外心理的重炮。它迫使一切民族——如果它们不想灭亡的话——采用资产阶级的生产方式；它迫使它们在自己那里推行所谓的文明，即变成资产者。一句话，它按照自己的面貌为自己创造出一个世界。②

这一形成于 19 世纪中期的论述，直接的含义是紧密依赖于那个时代的，也就是说，地理上的西方资产阶级的世界性活动，使一切其他民族的生活处于险境之中，使一切非西方文化成为问题性的。而且结论很明显，非西方文化如果不西方化，就要灭亡。在这个意义上，所谓世界文学，实质是西方文学，所谓世界性的世界，实质是西方世界。

---

① 即通行的类目：马克思主义哲学、外国哲学、中国哲学、科学技术哲学、伦理学、美学、宗教学、逻辑学。

② 《马克思恩格斯选集》第 1 卷，人民出版社 1995 年版，第 276 页。

但是今天看来，这一层直接含义是有局限的。事实上，的确有的民族及其文化灭亡了，在还未及处身于文化哲学焦虑中的时候就灭亡了，美洲的原住民作为民族文化的单元就是这样灭亡的。——或许他们还真不是因为不想"文明"化而灭亡的，因此应该干脆地说，灭亡的就是灭亡了，在这种灭亡之上加以哲理的思辨，不过是胜者的自娱。这当然不是事情的全部。西方资产阶级创造的世界中，被迫多少"文明"化而又没有灭亡的民族作为这个世界性的世界的不可或缺的部分，日益使这个世界复杂化了，资产阶级没有完胜。在这个世界性的世界中，不仅非西方文化是成问题的，西方文化同时也是成问题的。我们中国人对前者最有感触和思考，前文已有所讨论，此处不重复。就后者来说，《共产党宣言》之后到第二次世界大战结束，西方文化也被发现是问题成堆的。19世纪后期陆续开始出现并产生影响的诸多思潮如新康德主义、尼采主义、现象学、弗洛伊德主义、存在主义、法兰克福学派等，无不对作为文化的西方进行批判性的反思。来自社会学、人类学、文化学、历史学等领域的声音也多少不等地对西方文化提出多种多样的哲学性反思，其中给人印象较为深刻的当然是斯宾格勒和汤因比。20世纪后期以来，世界文化局面丝毫没有简化的迹象，反倒是更趋复杂，西方仍然是主导性的，但这种主导性与其说是榜样性的，不如说是问题性的：五百年来，西方的确把这个本就混乱的世界弄得更乱了。

不难看出，就文化哲学需要一定的历史条件来说，哲学观点的文化哲学经过一个曲折的通道会与文化观点的文化哲学关联起来，尽管这并不表明它们就是一回事。

四　文化哲学的野性

就文化哲学与哲学的关系来说，文化哲学是不安分的。文化观点的文化哲学可能破坏哲学的自律性和稳定性，同样，哲学观点的文化哲学也有这种可能性——或许是更加内在的可能性。

无论怎样规定文化，文化的范围都是广大的。在这样广大的范围里，哲学观点的文化哲学虽然可以从一定的哲学观点出发，但并不必然在结束的时候还能安然回到出发点。黑格尔大概是最幸运也最成功的哲学家，因为他从自己的哲学体系出发，无论在文化的哪个领域活动，除了对相关内容进行卓有见地的论述外，他还总能回到他的哲学基点。在这个意义上，他的"文化哲学"就是哲学的一个安分的下属领域，是用来显示和印证他的哲学的。但是这里也不免有缺憾，那就是黑格尔对具体领域材料的强力剪裁，在历史、艺术、宗教领域甚至多有武断剪裁之处。当然，从逻辑上讲，不剪裁是不可能的，而只要剪裁自觉地遵循内在一致的原则，不弄到自相矛盾的地步，应该说哲理论述就是成功的。不过，为了原则而奴役材料显然也是极成问题的。如果原则已然先定，无论什么具体题材的实情都不能动摇先定的原则，那么这样的原则就是一种贫乏的、自恋的原则。

另外，无原则的研究诚然是不可思议的，固不必论。实在的难题是原则与材料之间的常见的张力关系。马克思的《资本论》是未完成的著作，除了艰辛生活多有纷扰的原因之外，一个更为内在的原因恐怕是马克思以严谨的态度对西欧——主要是英国——典型资本主义情况以外的经济社会史材料的研究，使他对原已成型的历史唯物主义观点①感觉需要再深加思量。天不假年，马克思终于没有完成他的工作。马克思和黑格尔有许多不同之处，此处所指的不同应该也是很重要的。实际上，马克思只是一个中间类型，和黑格尔处于对极的情况是：原则在应用过程中或者在面对具体文化实情时遭到怀疑甚至瓦解。

没有什么先验的指导性准则来确定文化哲学该研究什么或不该研究什么，当文化哲学形式上可以视为哲学的下属学科展开工作的时候，哲学本身可能会遭到颠覆。20 世纪的两次世界大战是偶发的吗？奥斯维辛仅仅是个别的不幸吗？理性和疯狂究竟是何种关系？殖民地、监狱、精神病、女性、梦、同性恋、吸毒、自杀、安乐死、器官移植、基因重组、数码技术、金融战争、"恐怖主义"，等等，它们没有什么理由不能作为文化哲学的议题，但是什么哲学能够正视和妥为安置这些或旧有或新出的文化实情？黑格尔的"文化哲学"没有胀破黑格尔的哲学，但是文化哲学却并非全然不能胀破哲学从而瓦解文化哲学对哲学的形式隶属关系。这个时代流行"后"这"后"那，岂不是像哲学的丧钟在响吗？这丧钟岂不是文化哲学敲得最勤吗？在这个意义上，文化哲学可能根本不是哲学大家庭中驯顺的一员，相反，它包藏着可怕的野性。

---

① 例如著名的《政治经济学批判》"序言"中对历史唯物主义的经典表述。

哲学在历史上固然向无定论，但主流哲学作为理性之光却也是可以肯定的，当它只在自己照亮的地界巡行的时候，一切皆有秩序。黑暗就在光明旁边，连上帝也没有办法。① 黑暗躲避光明，这很正常，然而难题在于，当黑暗要求被照亮的时候，什么样的光能满足要求呢？根本上，能够照亮黑暗的光也就不再是光了。文化哲学上许多议题说来往往是被传统的哲学打入冷宫的，仿佛它们不存在，没有意义，而一旦它们要求出场，哲学的王国恐怕就要崩溃。康德认为"根本无法在人及其活动当中预设任何理性的个人目标"，只能转而探讨"是否能在人类事务底这个荒谬的过程中发现一项自然目的，不按个人计划行事的受造物却可能有一部合乎自然底一项特定计划的历史"，此时这个在柯尼斯堡度过一生的哲学家在哲学上造了一个不需要走出的柯尼斯堡，这个哲学王国什么都有，就是没有荒谬。当伏尔泰要求"删掉那些令人生厌而又不真实的战争细节，那些无关紧要的、只是无聊的尔虞我诈的谈判，那些冲淡了重大事件的种种个人遭遇"时，他也住进了一个柯尼斯堡，就像他长期在女友夏特莱侯爵夫人的领地上逗留一样惬意。然而世界的确不是柯尼斯堡。在这个意义上，文化哲学的命运大概就是充当哲学的掘墓人。假如文化哲学不敢肆此野性之举，归途只有一个，就是回到黑格尔。这张旧船票的代价是：既沦落于当代不可回避的难题丛中，又眷恋着形式惬意的黑格尔哲学范式。

本文结论如下。

第一，文化哲学看来可以有两种样式，一种是文化观点的文化哲学，另一种是哲学观点的文化哲学，前者显示哲学的文化性，后者显示文化的哲学性。

第二，就其与哲学的关系而言，文化观点的文化哲学可能扬弃哲学，却不会规范地解决哲学问题。扬弃哲学具有超出哲学的、很实际的现实意义。

第三，哲学观点的文化哲学，当其温良驯顺或竟无所作为之时，它就

---

① "上帝说：'光！'就有了光。上帝看那光好，便把它与黑暗分开。"参见冯象译注《摩西五经·创世记》1：3—4，香港，牛津大学出版社 2006 年第 1 版。该译文与通行本稍不同。冯象解释说："黑暗非上帝所造。光也不是肉眼可见的光：当时还没有日月星辰。"如依此说，最初的光正是隐喻的光，与哲学上的理性之光异曲同工。

是哲学的一个普通的下属学科，是哲学原则的自我印证。当其直面现实或竟有所作为之时，它不免会野性地埋葬哲学。哲学死后，文化哲学也就不必是文化"哲学"了。

　　不难看出，这几点结论只是形式上的，因为就内容而言，它们乃是问题和疑难的临时总结。

文化是人的工具

——文化工具论论纲

韩东屏[*]

从 20 世纪 80 年代以来，理论界有关文化问题的悬案越来越多，不仅早已有之的中西文化"体用之争"余音未绝，而且又相继燃起了诸如中国传统文化的价值之争、中国传统文化于现代化的意义之争、全球化时代文化发展的方式之争、先进文化的特质之争等新的战火。对各种文化悬案的回答，不可能不依据对文化本身的本质性把握，而对文化本性的不同把握，又势必会引出对文化悬案的不同回答。这里拟提出的文化工具论，将对文化的本质及功能给出一种新的解释，从而也为回答各种文化悬案提供一种新的方法与理论。

与那种较为普遍存在的把文化视为人之本或民族之本的文化本位论不同，文化工具论的要害是把文化看作人的工具。虽然在以往的中外文化哲学著述中，也偶尔可见"文化是人类活动的手段"、"文化是个人适应其整个环境的工具"这样的说法，[①]但由于此类说法均未相应得到言者的详细论证与阐发，也就始终未能由只言片语变成系统理论。本文提出的文化工具论主要由以下五个相互关联并层层递进的基本命题构成。

---

   * 韩东屏，华中科技大学哲学系教授。本文系国家教育部"985 工程"、华中科技大学"科技进步与人文精神"国家哲学社会科学创新基地和 GPSS MAP Program（全球审视科学与精神研究项目 GPSSMAP03）的研究成果。

   ① 庄锡昌、顾晓鸣、顾云深等编：《多维视野中的文化理论》，浙江人民出版社 1987 年版，第 119、378 页。

一　文化是人类创造力的果实

有关文化的说法甚多，美国当代文化学家克罗伯和克拉克曾搜集有160多种文化定义，而最近听说有国内学者将此记录提高到300多种。文化定义尽管如此众多，但有影响力的还是如下五类。

其一是将文化归结为生活方式。文化哲学的开创者之一，18世纪德国启蒙思想家赫尔德，在他的《人类历史哲学概要》中首先将文化定位于社会生活模式，认为人的每一言每一行都成为"这一"文化无可置疑的组成部分。美国人类学家克拉克洪也说："文化是历史上所创造的生存样式的系统，既包含显型式样又包含隐型式样，它具有为整个群体共享的倾向，或是在一定时期中为群体的特定部分所共享。"① 中国文化哲学的先行研究者胡适和梁漱溟同样把文化先后界定为"人们生活的方式"、"人类生活的样法"。

其二是将文化归结为人类活动本身。英国人类学家马林诺夫认为，"文化不过是人类的有组织的行为"。美国学者菲利普·巴格比在分析了众多文化定义的基础上，把文化界定为人类"内在的和外在的行为模式"。② 苏联学者卡甘刚说，文化是"人类在生产和生活范围内某种活动的类型，它并不包括人类的所有活动"。

其三是将文化归结为人类活动的结果。英国著名文化学家爱德华·泰勒1871年在他的《文化的起源》中将文化规定为包括知识、信仰、艺术、道德、法律、习俗、习惯等人类知识和经验的总和。不少苏联学者则给予更大范围的理解。如萨哈罗夫认为："文化从广义上讲，就是人类创造的结果的总和。"兹沃金说："文化是人类所创造的一切，与自然所赋予的一切是不同的。"谢班斯基说得更具体："文化是人类活动的全部物质和精神成果、价值以及受到承认的行为方式。"③

其四是将文化归结为人类活动结果的质量与水平。中国学者杨宪邦

---

① ［美］克鲁柯亨：《文化概念》，载庄锡昌、顾晓鸣、顾云深等编《多维视野中的文化理论》，浙江人民出版社1987年版，第117—119页。

② 衣俊卿：《文化哲学》，云南人民出版社2001年版，第11页。

③ 鲍良骏：《苏联文化以及的过去和现在》，载庄锡昌、顾晓鸣、顾云深等编《多维视野中的文化理论》，浙江人民出版社1987年版，第376—385页。

说："文化是一个社会历史范畴，是指人类创造社会历史的发展水平、程度和质量的状态。"①

其五是将文化归结为一套符号体系。如德国文化哲学家卡西尔就把文化看作是人运用符号所创造的符号体系，并把神话、宗教、语言、艺术、历史、科学视为这种符号体系的具体形态。② 国内也有学者将文化定义为"某一个群体所共同拥有、传承和遵循的一整套价值符号体系"。③

纵观以上五类文化定义，不难察觉，前两类文化定义思路都存在窄化文化外延的毛病，明显不可取。可以承认，人的行为方式和生活方式属于文化，但不能反过来说，文化就是人类的行为方式或生活方式。文化并不仅仅是行为方式和生活方式，只要我们不否认中国的大运河、埃及的金字塔、印度的泰姬陵、意大利的古罗马斗兽场和各民族的历史典籍等都是人类文化遗产，或者否认了就会感到荒谬，就能立刻意识到这一点。有鉴于此，笔者赞成对文化采取最为广义理解的第三类文化定义思路并修正为这样的表述：文化是人类创造力的果实，它包括人所创造的一切，如食品、用具、组织、社会、规则、语言、知识、科学、艺术、神话、信仰等，并且也包括人进行创造的方式方法，如技术、观念和思维方式之类。由于人的行为方式乃至生产生活方式总是由一定的规则（包括制度与习俗）与一定的技术结合而成，因而人的行为方式或生产生活方式也属人类自己的创造，同样被包含在这个文化定义之中。至于上述第四类文化定义思路，其实并不适宜定义文化，而只适合定义文明。"文明"是与"文化"最为相似的概念，经常被人们互换使用。但它们既然是两个词，我们就不妨对它们做个职能分工。如果说文化是人类创造力的果实，那么文明则代表人类创造力所达到的高度或发展水平。于是"文明"成为与"野蛮"一词相反对的概念，代表着人类或各个民族的创造力的进化程度和创造成果所达到的高度。第五类文化定义确切说并不是对文化的定义，而是对不包括器物类人类创造物在内的狭义文化的定义。若非如此处理，它也会产生窄化文化概念的问题。

---

① 杨宪邦：《对中国传统文化的再评价》，载张立文等主编《传统文化与现代化》，中国人民大学出版社 1987 年版，第 3 页。

② ［德］卡西尔：《人论》，甘阳译，上海译文出版社 1985 年版，第 81—91 页。

③ 程建明：《对于文化创新的几点认识》，《理论探索》2006 年第 2 期。

　　根据上文的定义，文化不是自然直接赋予人类的东西，而是人创造的东西。换言之，凡是留有人的创造印记的东西，就是文化的体现或文化之物。譬如原始人用过的石斧，尽管表面看与普通石头差不多，但就因其上面留下了人工打磨的痕迹，也便成为文物。创造是人的一种有意识、有目的的活动，这个特点表明，那些由人于不经意间留在世界上的痕迹，如脚印、手印、划痕、废弃物之类，尽管也似乎是非自然之物，但并非文化。生产作为重复发生的创造或创造的批量化重复，其产品自然也属文化之物。

　　著名哲学家康德也有将文化归为人的创造的意思，认为文化是在有理性的存在者为了使自然适合自己的某种目的的过程中产生而的。① 其实，从创造的维度定义文化，也符合文化的辞源意义。中国的"文化"一词，源自早期经典《易传》"关乎人文，以化成天下"之句，意为天下由人力化成。所以文化，即文而化之，即用人力文饰自然，化成天下。西语"文化"即 Culture，是由拉丁文 Culur 转化而来，此词原意为人们在改造外部自然界使之适应于人们的基本生活需求的过程中，对土地的耕耘、加工、改良。这一含义，同样象征性地凸显出文化是创造的果实，文化是用人力文饰自然之意。马克思未直接界说文化，但他关于人的类特性是"自由自觉的活动"，而这种活动的对象化就是对自然的改造，"社会就是自然的人化"，"人类史是我们自己创造的，而自然史不是我们自己创造的"等观点，② 实际上就等于是把文化看成了人化，即人的本质力量或创造力的对象化。

　　文化作为人创造的果实，有多种形态，分别是被人用不同的方式创造出来的。物质产品是人通过对自然存在物的加工、合成、重组而创造出来的；精神产品是人通过理论思维和形象思维创造出来的；社会组织及社会规则也是文化的体现，前者是人通过交往、联合创造出来的，后者则是人通过约定或制定创造出来的。

　　传统社会中人的创造，形成的是传统文化；现代社会中人的创造，形成的是现代文化。鉴于所有今人的创造总是在前人创造的基础上展开的，因而每个民族的当代文化中也总积淀着深厚的前人创造成果。而那些在一

---

① ［德］康德：《判断力的批判》（下卷），韦卓民译，商务印书馆1964年版，第96页。
② 《马克思恩格斯全集》第44卷，人民出版社2001年版，第428页。

个民族的历史中被不断传承并延续使用至今的前人创造成果，就是所谓的
"文化传统"。

二　文化是满足人需求的工具

如果说人能够创造文化是由于人是唯一有自由自觉活动能力的主体，
那人又究竟是为了什么要去耗神费力、不厌其烦地创造那么多形态不一的
文化？

归根结底是为了满足自身的需求。如果人像石头一样没有任何需求，
也就不会有任何创造。人的需求多种多样，因而人所创造的文化成果也多
种多样，于是世上各种形态不一的文化成果，也就分别指向人的不同需
求：粮食、果蔬、衣服、房屋、道路、车辆、船舶、飞机、避孕套等物质
产品满足的是人的吃、穿、住、行、性等方面的需求；弓箭、镰刀、斧
头、耕犁、锤子、机器等用具满足的是人为生活提供用品的物质生产的需
求；风俗、习惯、道德、法律、纪律、政策等各种社会规则满足的是人适
应环境、建立秩序的需求；组织、社会满足的是人的安全、交往、合群以
及增加自身力量和利益的需求；语言满足的是人相互表达、沟通的需求；
游戏、文学、艺术满足的是人的娱乐、倾诉、审美的需求；教育满足的是
个人学习知识与人类传承知识的需求；知识与科学满足的是人了解世界及
自身的需求；技术满足的是人提高自身能力和改造世界的需求；哲学与宗
教则是以不同的方式满足人对本原、生死、鬼神、灵肉、来世、幸福、意
义与至善等终极关怀的需求。至于禁忌、巫术、迷信、邪教之类似乎与人
的需求相悖的人类创造物，在早期社会，满足的是能力低下的原始人幻想
增大力量以应对神秘大自然的需求；在后来的社会，则逐渐变成了少数人
达到不可告人之目的的手段。正因人的需求构成了人创造的动机，所以我
们找不到任何一种人类创造物或文化成果竟然与人的需求无关。正因文化
源自人的需求又服务于人的需求，所以文化就是满足人需求的工具。虽然
各种不同形态、不同品种的文化之物的具体功能千差万别，但它们也都有
一共同点，就是均能满足人的需求。由此可知，文化的基本功能就是满足
人的需求。

正因为人是用文化作为工具来满足自己的各种需求，因而文化也就成
了人的生活方式。正因为每个人的生活都离不开文化这种工具，所以每

个时代的个人才都要学习文化，掌握对工具的用法，而这个过程就是个人被文化"文而化之"的过程。总之，人是为了满足自己的需求才创造文化，同时也是为了满足自己的需求才被文化所化。

既然文化是由人创造的满足人自身需求的工具，那么人自然就是文化的主体与目的，并对所有既存文化拥有不容置疑的主导权或支配取舍权。既然文化是由人创造的满足人自身需求的工具，就绝不存在与人的需求无关的、神圣化的、本体化的文化，也没有本身就是最高目的的文化，因而我们任何时候都不能像文化本位论那样，把文化看作人的根本，为了文化而文化，更不能让人的发展或不断变化的需求去适应既有文化。相反，我们应将人作为文化的根本，并让文化通过不断创新去适应人的不断发展及需求。既然文化是由人创造的满足人自身需求的工具，那么文化作为工具的效用，就如锤子对人的效用一样，绝不会因使用者的不同而发生变化，而只会因使用者的需求不同而发生变化。所以一种文化工具只要能满足我们的需求，就不要因为它的创造者或在先使用者的"非我族类"而拒斥它。

衣俊卿在《文化哲学》中说："文化是满足人的需要的创价活动和价值体系。"① 与衣先生一样，很多学者在谈到文化的起因时，喜欢使用的词汇也是"需要"而不是"需求"。但笔者认为，仅凭需要，人类其实根本无法创造文化。"需求"与"需要"是不同的概念，需求不仅包括需要，也包括想要，是需要和想要的统一。想要和需要，代表不同所指，有诸多明显差异。首先，需要是一切生物先天就有的生理性欲望，如吃、喝、暖、住、行、性等欲望，就是人生而有之的。而想要则是在后天人类社会生活中形成的社会性欲望，这种欲望只有人才会具有。其次，人的需要是人人都共同具有的客观性欲望，一个人即使不去想它也会产生，而人的想要则是主观性的欲望，起初总是被某个人刻意想出来的，不同之人又会有所不同。再次，人的需要是一种匮乏状态，如果得不到起码的满足，就立刻会危及人的生存。而人的想要则没有这种情况，它对人起的是锦上添花的作用，有利于人的进一步发展，即使它得不到满足，也不至于危及人的生存。最后，也是最重要的区别：先天而客观的需要之对象不可能指向世上还没有的东西，而只能指向世上既有之物，也总是靠世上已存在的

---

① 衣俊卿：《文化哲学》，云南人民出版社2001年版，第61页。

东西来获得满足。后天而主观的想要之对象才指向世上原本未有之物，是要用自己创造出的东西来求得满足。适如世上本无飞机，是人"想要"飞上天才发明了飞机。因此，实际上正是想要，才真正构成了人进行创造的直接动机，并将人从动物界中提升出来，与只有需要的动物相区别。同样，人之所以具有自由自觉活动的能力即创造力，其关键也是因为有了能"无中生有"的想要。

虽然需要不是人进行创造的直接动机，但它却是想要所不可或缺的基础和人进行创造的大前提。这就是说，人倘若没有需要，也就绝不会有任何想要，正如假设没有吃的需要，人类也不会想要创造一个可以用于狩猎的石斧一样。从这种意义上说，想要乃是需要的升华，它能让需要得到更好的满足。譬如人通过想要而发明的石斧和弓箭，让人捕猎到了更多满足吃的需要的猎物。正因为需要和想要如此密不可分，所以这里还是将"需求"而不仅仅是"想要"作为人创造文化的动因。

不过也须指出，想要虽总是以需要为基础，尤其最初的想要更是在需要的基础上产生的，但想要一旦出现，就逐渐有了其独立性，并能超出需要。换言之，越到后来的时代，人类想要的东西就与需要越远，有些甚至与需要的满足完全无关，比如烟酒、公园、纪念碑、原子弹、计算机、网络、火星探测器、信仰、共产主义等，就只是人想要的对象而非需要的对象。

正因为想要首先是个人的，并且不同之人会有不同的想要及创造，才使得满足人的某个特定需求的工具往往不止一种，并由此造成了各民族文化的差异性。正因为人总是不断想要创造新的东西来使自己过得更好，才使得人的需求对象成为一个开放的、不断发展变化的无限序列，才使作为人类创造力总和的人类文化越来越丰富多彩。

三　文化作为工具对人的报答力是有限的

不仅文化的诞生表明文化是满足人需求的工具，而且文化的变迁也进一步印证了这一点。不难发现，每一个具体品种的文化，在历史中都不是一成不变的。当它们从一种形态变为另一种形态，就发生了文化变迁。如从文言文到白话文是语言文化的变迁；从长袍马褂到西装革履是服饰文化的变迁；从轿子到轿车是交通文化的变迁；从驿站传书到电报电话是通讯文化的变迁；从传统戏剧的式微到电影电视的兴起是娱乐文化的变迁；从私塾的消匿到学校的普及是教育文化的变迁；从自然经济到计划经济到市场经济是生产文化的变迁；从君主制到共和制，是政治文化的变迁；西方从中世纪宗教禁欲主义到高扬人性的文艺复兴是整个西方文化的变迁；日本从明治维新前全面学中国到明治维新后全面学西方，是整个日本民族文化的变迁。

文化之所以会发生变迁，首先在于文化报答力的减弱或丧失。

文化既然是人为满足自己需求创造出来的工具，那它就应该具有满足人需求的效用，而文化也正是由于这个缘故才留传于世。反之，如果一个创造物没有达到满足人的某种需求的预期，那它就不具有这种效用，尽管它也是由人创造的，却不会被人使用，留传于世。而所谓文化报答力，就是指被人根据自身需求创造出来的文化，具有满足人需求的效用。文化的这种效用，就是文化作为工具对创造它的创造者即人的报答。一种文化满足人需求的效用大，它的报答力就大，反之则小。但这种效用或报答力无论大小，一般说来都不会是永恒不变的，而是逐渐衰减甚至消失于无的。

"随着人们的需要的变化，传统的行为和态度不断在被取代或改变着。正如没有哪个人永远不死，也没有哪种文化永远不变。"① 诚如斯言，文化报答力衰减和丧失的具体原因及形式虽不尽相同，但最终都与人的需求有关。其一是人的需求趣向发生了变化或转移。例如唐诗宋词元曲的交替，传统戏剧的由盛及衰，不同服饰的先后流行之类文化变迁，都是由需求趣向的改变导致的。其二是人有了更高的需求，如交通工具的变迁是由更快、更省力、更舒服的要求推动的，住所的变迁是由更舒适、更美观的要求推动的，制度的变迁，是由更适合人性的要求推动的。其三是人发现了能更有效满足自己需求的其他工具。如古代西方人之弃用羊皮书写文化，就是因为发现了中国的造纸术和印刷术；近代日本人的"脱亚入欧"，就是因为发现了比中国传统文化更利于强国的西方文化。其四是人的多种需求的排序发生了位移。如我国从计划经济生产文化改为市场经济生产文化，就是优先效率的需求取代了优先公平的需求。总之，正是人的不断发展变化的需求导致了既有文化对人的报答力的衰减与丧失，并构成

---

① ［美］C. 恩伯、N. 恩伯：《文化的变异》，杜杉杉译，辽宁人民出版社 1988 年版，第531 页。

文化变迁的根本动力。而这一点也再次呈明了文化是为人的需求服务的工具。

既然人的需求是会发展变化的，而任何一种文化之物最初又都是由首创者按照自己的想要创造出来的，那就可知，文化之物的报答力对首创者来说总是显得最大，也总是在该文化之物诞生之时显得最大，而对越来越往后的时代或使用者来说，则势必会呈现出报答力递减的趋势，其中道理不仅在于该工具会在使用的过程中逐渐暴露出创造者创造它时所始料未及的缺陷，而且也在于该工具难以一直做到还完全符合后来使用者的想要，于是后人也会按照自己的想要对该工具进行改造，或者创造出新的更适合自己的同类替代工具。

文化报答力的有限性规律，即文化报答力势必会由大变小，由强减弱乃至由有趋无的态势表明，任何一种人类创造物即文化之物都不会一劳永逸地满足人的任何一种需求，也不会在历史上永占主导地位或优势地位，当它们作为工具所具有的报答力随着时间的推移或世代的交替而日益减弱乃至消失于无，即再也不能有效地满足人的需求之时，便是它们的边缘化状态到来之日。此时，不论这些文化之物在历史上曾经如何辉煌，也没有了要求人们继续使用它的理由。

四　文化作为工具有好坏优劣之分

个人的想要及创造力的多样性存在，不仅会造就满足人的各种需求的种类繁多的工具或文化之物，而且也会造就多个同类不同种的工具对应人的每一种需求的情况。这些同类不同种的工具对人的同一种需求的满足，在效用或报答力上显然不可能是整齐划一的，而只会是有大有小，有长有短的。这就意味着，比较而言，在同一时期存在的同类不同种的工具或文化之物之间会有好坏优劣之分。其中，效用或报答力大的、长的工具为好为优，效用或报答力小的、短的工具为差为劣。至于那些原本创造出来是为了满足人的需求或自以为能满足人的需求而实际却起相反作用的工具，则只能称之为坏工具，比如能给人带来片刻精神快感，却使人身心长久痛苦的各种毒品；比如那种形同虚设，非但不能用于反腐败，反而实际上会鼓励腐败的制度安排之类，就是这样的坏工具。因此，只有有益于人的需求之满足的人类创造物才是真正的好的文化之物；相反，有害或有碍于人的需求的所谓创造物，就不是真正的好的文化之物。而在好的文化之物中，最能满足人的需求的文化就是所谓"先进文化"或"优秀文化"。

不过，对人的需求、特别是对充满理想色彩并惯于求全责备的想要来说，凡事有利亦有弊，包括人的每个具体创造物也是如此，全都不会尽善尽美，而是利弊并存，长短交织，既有正作用，也有副作用。所以所谓文化之物的好坏优劣有时也只有相对意义，并且会随着需求的不同及转移而发生相互转换。于是，当人们将对人的某种需求有益的文化之物指斥为或坏或劣的文化之物时，其正当理由只能是这种文化之物在满足人的此种需求的同时，损害了人的另一种需求或损害了他人的需求。"损害另一种需求"的情况可从计划经济虽能满足人平等拥有财富的需求，却不能满足人共同富裕的需求的事例中加以体认；"损害他人需求"的情况则可从等级制虽能满足少数剥削者的需求，却不能满足多数劳动者的需求的事例中获得认知。

五　对不同的文化应唯好是用

我们已知，文化是满足人需求的工具，而人则是文化的主体与目的；我们还知道，任何一种文化之物作为工具对人的报答力都不会永远最大。现在我们又知道了，满足人的同一种需求的同类不同种的文化之物作为不同的工具会有好坏优劣之分。

既然如此，我们在为解决自己的实际需求或社会问题而准备工具时，就不必一味地固守和依赖本土文化，而应放眼全球，详查各种同类工具，经过比较，发现哪种工具最好用就拿来为我所用，而根本不必忌讳它是属于哪种文化，由谁首创，也不必忌讳它是何"颜色"，是何"姓氏"。而判断或选取所谓"最好用"的工具的标准，具体地说，就是看其是否能最有效地解决我们所面临的问题，是否能最大效用（或利弊比最佳）地满足我们的这一种需求；抽象地说，则是看其是否符合我们共同认定的至善或社会终极价值目标这个最高的评价标准。考虑到进一步判断"是否能最有效解决问题"，也取决于我们在解决问题时所最想达到的目的或价值目标，不论我们准备做什么事情，只要确立了明确的目标，就有了评判工具好坏优劣的可操作化标准，就会知道在已有的工具和当下有可能被我们创造出来的工具中，什么才是最好用的工具，什么才是我们要找的

"先进文化",什么才是我们此时解决问题的最好选项。

有了这种唯好是用的姿态,在当今全球化时代背景下的文化相遇与文化发展过程中,本族文化与外族文化就不会是亨廷顿所说的相互否定、相互排斥的冲突关系,而是相互汲取、相互模仿的融合关系。而融合的结果,自然就是先进文化的大集合。考虑到中华民族的宗教意识不浓,对文化的宗教情怀远不如其他民族那般广泛、强烈、固执,这种对文化不论来源出处,不分种族教派的唯好是用的文化发展方式,更容易在中国被采用实行。

文化与启蒙

——阿多诺辩证的文化观念

谢永康

谢永康[*]

文化批判是阿多诺社会批判的重要领域，而其中最具代表性和深远影响的，无疑是对文化工业的批判，甚至人们会很自然地将文化工业的批判等同于阿多诺的文化批判。不仅如此，由于文化工业的批判主要地指向电影、广播、流行音乐等"大众化"文化形式，所以很多学者就此将阿多诺认定为保守的精英主义者。但事实上，阿多诺从一开始就拒绝在大众和精英、通俗和高雅之间做非此即彼的选择，因为这种截然的区分恰恰是需要批判的意识形态。[①] 阿多诺的文化批判的逻辑，首先并不是"赞成"某种文化形式或"反对"某种文化形式，而是对文化概念本身的批判性的理解，也就是一个辩证的文化观念。阿多诺的文化批判，从逻辑上正是辩证法的文化观念的展开。在这个展开的过程中，文化工业是其中的一个引人注目的方面，但不是全部。所以，我们应该从阿多诺的辩证的文化观念出发来理解文化工业的本质，而不是以文化工业的批判代替阿多诺的整个文化批判，从而得出一种片面的文化观念。

一　什么是"文化"

"文化"（Kultur）无疑是一个极为复杂的概念。几乎在任何一个人文

---

  * 谢永康，南开大学哲学系副教授。

  ① Theodor W. Adorno, "Cultural Criticism and Society", in *Prisms*, The MIT Press, 1981, p. 23.

社会科学领域，我们似乎都必须涉及文化问题。并且，这一概念的边界始终极为模糊，有学者曾统计出上百种"文化"的定义。但这些定义都没能使这个概念清晰起来，甚至起到了相反的效果。我们首先也需要对以往的文化概念作一番探讨，但不是为了给文化概念一个明确的界定，而是为理解阿多诺的辩证的文化概念提供一个背景。历史上出现的各种不同甚至对立的文化观念，为阿多诺的文化概念编织了复杂而有深度的背景。辩证的文化概念实质上乃是将这个背景中的矛盾引导到对文化本身的理解中。这些矛盾首先是描述性与规范性的矛盾，与此相关的是精神与物质的矛盾，最终是自由、自主性与统治的矛盾。这三者在文化概念的演变中相互交织，并集中体现在"文化"与"文明"（Civilisation）的矛盾关系中。

我们知道，"文化"一词来自拉丁语中的农业"colere"，意思是"耕作"、"培育"。引申到人类生活的领域，这个词便意味着"精神性事物"（die geistigen Güter）的培育，也就是所谓的"教育"或者"教化"。文学、艺术、宗教等都是这种精神教化的形式，其目的乃是获得高尚的精神。对人的教化是有价值导向和规范性的，对精神的教化自然要朝向善和美的方向发展。因此，"精神的教化"只是对文化形式性的规定，而其中包含的价值内容则是这个概念的内在规定。我们不难看出，文化这个概念至少可以同时从两个方面去理解，一是从精神教化的形式及其成果去理解，二是从精神教化活动中的价值内容去理解。这两种理解的方向在历史上导致了相互矛盾的文化概念。

如果从精神教化的形式去理解，那么很自然会得出一个描述性的人类学概念，它的重点在于精神活动的形式以及其取得并积淀下来的成果，包括"哲学和宗教、科学和艺术、生活的形式和习俗，总之就是一个时代的客观精神"①。当然，这些成果并不仅仅是精神，往往也有物质性的载体，于是书籍、绘画、建筑物之类的事物也往往被理解为文化的一部分。这就是在各种探讨中最广为接受的文化概念。但是它的边界并不是严格的。既然精神的物质性载体也属于文化，那么人类生活中的其他事物，例如生产劳动的形式、使用的工具以及其创造的财富，也理所当然地成为文化事物，因为人类的所有活动都有其精神性的内容，并且对人而言也都

① Theodor W. Adorno, "Kultur und Verwaltung", in *Gesammelte Schriften*, Bd. 8, Suhrkamp Verlag, 1997, S. 122.

具有"构成"和"塑造"的作用。因此,这个人类学的文化概念又不可避免地扩展到人类生活的所有领域,只要不是单纯的"自在"的自然物,只要被打上人类活动的印迹,都可以被称为文化,文化最终被等同于"人化"。在历史学、人类学和考古学的领域中,人们往往在这个意义上谈论文化。在这个意义上,文化也就等于"文明",例如我们说玛雅文化或玛雅文明,二者并没有显著的区别。

文化的描述性概念处于一个不断扩大的过程中。文化概念的扩大,事实上包含着精神概念的扩大。一开始精神仅限于伦理的领域,但最终扩展到了人类活动的所有领域。同时,教化的意义也发生了变化,从教育的范围扩展成了一般性的"构成"。而一旦人类学层面上的文化概念获得了"全体"的意义,那么它便有了本体论化的可能。如前所述,文化被理解为"人化",那么文化与人的"类"本质、人本身势必存在着内在的联系。因此,有学者就将文化上升为构成人类本质的活动及其成果。在这个意义上,关于人的哲学,就是文化哲学。最终,文化哲学从一个领域哲学上升为一般的本体论,文化也从一个人类学概念上升为一个本体论概念。

但如果我们从精神教化的价值规范内涵去理解文化,则将会得到另一种文化概念,它直接地与"文明"相对立。这种文化概念主要是在德语世界中流行。在英语世界,长期以来只有"civilization"一词,我们既可以将其理解为"文明",也可以理解为"文化"。只是近几十年来"culture"一词才被频繁地应用,但也并未与文明一词对立。但在德语语境中,文化长久以来就具有特殊的价值内涵。哲学人类学家普勒斯纳(Helmuth Plessner)曾说,"文化,德语中精神活动以及其成就的完美化身(Inbegriff),是一个难以翻译的词汇。它并不能被文明、文雅性(Kultiviertheit)和教育所覆盖,甚至不能被劳动所覆盖。这些都太平淡、贫乏,太形式化了。它们都缺少这个词在19和20世纪的德国意识中所关联着的那种厚重、饱满和丰富性,缺乏那种精神的激情"。[1] 在普勒斯纳看来,文化应当是鲜活的精神,而文明则是固化了的、呆板的东西。

这种对立最早可以追溯到康德,普勒斯纳所谓"精神的激情"最初应当到康德的道德理性中去寻找。康德说,"我们通过艺术和知识获得高

---

① Helmuth Plessner, "Die Verspätete Nation", in *Gesammelte Schriften*, Bd. 6, Suhrkamp Verlag, 1997, S. 84.

度的修养。我们被文明化，直到文明成为了负担，成为社会的训导和礼节。但是对于保持道德，这些还差得很远。因为道德的理念属于文化；但这个理念的运用，超越了名誉和外在礼节中类似道德的那些东西，它纯粹由文化构成"①。对康德而言，人们尽管被教育得互相有礼有节，富有格调，但所有这些还是缺少"文化"。因为，康德将文化的条件理解为"道德理性"，也就是说，人的行为能够有意识地朝向一个自在的善的目标。我们可以看出，康德的这个观念也可以说是一种人类学的考察，但却与他的道德哲学直接相连。道德哲学中的价值，直接就是文化的价值。因此，在康德看来，文化不是，或者主要不是一个描述性的概念，而是一个价值规范性的概念。

如果我们联系康德的整个哲学，那么便不难理解，文化意味着一种纯粹的道德精神。这种精神首先需要与物质生活区分开来，如同康德的实践理性必须与理论理性区分开，道德实践必须与技术实践区分开来一样。因此我们可以说，今天人类取得了高度的物质文明，由于科学技术的高度发展、生产方式的改进，人类创造了丰富的物质财富，但按照康德观念，但所有这些都不足以表明人类是有"文化"的，而至多是高度的物质文明。后来的教育家威廉·冯·洪堡（Wilhelm von Humboldt）用"内在的"人性与"外在的"人性来区分这种物质文明和精神文化。在他看来，人格的教育和发展属于文化，而纯粹实用的和技术的事物则属于文明。② 阿多诺也曾说，德语中的文化概念"是与管理（Verwaltung）相对立的"，"它想要成为高级的和纯粹的东西，不容侵犯，不允许因为任何策略和技术考虑而被修改。在教育的语言中，这意味着教育的自主性。流行的观点乐意将它与人格性（Persoenlichkeit）联系起来。文化展示出了纯粹的人类本质，而全然不考虑社会中的诸种功能性关联（Funktionszusammenhaenge）"③。我们已不难看出，从康德开始，这种文化概念与自由和启蒙有着内在关联。在康德那里，自由无论是作为"先验的自由"还是"实

① Immanuel Kant, "Idee zu einer allgemeinen Geschichte in weltbürgerlicher Absicht", in *Akademie-Ausgabe*, Bd. 8, 1963, S. 26.

② Wilhelm von Humboldt, "Ueber die Verschiedenheiten des menschlichen Sprachbaues und ihren Einfluß auf die geistige Entwicklung des Menschengeschlechts", in *Gesammelte Werke* 7, de Gruyter, 1991, S. 30.

③ Theodor W. Adorno, "Kultur und Verwaltung", in *Gesammelte Schriften*, Bd. 8, S. 122.

践的自由",都是超越于经验的领域,从而摆脱了自然的必然性,意味着精神的自由。文化作为一种价值规范,是纯粹精神的范畴,并因此而是自由的范畴。

现在我们已经可以明了德语语境中文化与文明的对立,它不仅包含着科学描述话语与价值规范话语的差异,而且也包含着纯粹精神与物质的差异,包含着自由与不自由的差异。应该说阿多诺的文化观念正是从康德以来的德国思想传统中发展起来的,但他却没有完全地接受康德以来的唯心主义的文化观,而是对这个文化概念进行了批判。在唯心主义哲学家那里,纯粹的精神性文化乃是一个排除了任何物质性要素和功能性考虑的自足的、自由的领域,但在阿多诺看来,这种自足性本身就是那个时代的意识形态,是非批判的。阿多诺曾说,"无论愿不愿意,任何人谈到文化都同时会涉及管理(Verwaltung)。"① 在现实的社会生活中,精神性活动的领域是必然地会成为一个管理和规划的对象,因而必然地涉及外在的"功能性"的要素。正是管理将文化与社会背景联系起来,这表明了文化的也有其物质性的、不自由的一面。按照阿多诺的辩证思维,尽管传统的文化概念一再排斥这些要素,但这正表明这些要素与文化概念的内在相关性。这样,阿多诺就得出了一个复杂的文化概念。它事实上是将康德以来的文化概念所面对的矛盾纳入文化这个概念之中。

当然,这种复杂的文化概念,并不是通过将文化的外延扩大获得,这种扩大我们可以在"作为文明的文化"那里看到。阿多诺的工作显然并没有这么简单。他的工作事实上还是立足于康德的这个传统之中,并对这个传统做出辩证的否定,立足于精神活动的领域,却将其意义扩展到这个领域之外。阿多诺考虑到文化的物质性的意义,却并不等于宣布物质性领域属于文化,因为物质是借助与精神的张力介入文化概念的意义之中的。

二　马克思:文化与生产

其实对康德以来的唯心主义文化概念的批判,并不是阿多诺的首创,我们不难在马克思的思想中找到先例。事实上,阿多诺批判传统文化概念的支点有两个,一是他对当代文化现象的观察和分析,而另一个则是马克

---

① Theodor W. Adorno, "Kultur und Verwaltung", in *Gesammelte Schriften*, Bd. 8, S. 122.

思的唯物主义社会理论。阿多诺说，作为纯粹、自由的精神文化与文明的对立，实际上反映了一种社会的现实，即"文化与物质性的生活过程的分裂，最终是社会中体力劳动与精神劳动之间的鸿沟"。① 可见，分工理论为阿多诺分析文化现象提供了基本的框架，而这种理论直接地来自马克思的历史唯物主义。不仅如此，马克思的历史唯物主义已经包含着文化领域的分析，并且已经超出了德国古典哲学的中的文化概念，也获得了一种辩证的文化观念。这些无疑都是阿多诺文化批判的重要思想资源。

应该说，文化在马克思的思想中并不是一个特别重要的范畴，马克思也没有对其做过特别的规定，在应用的时候也常显得有些随意。马克思曾将文化与文明相提并论，例如在《1844 年经济学哲学手稿》中，马克思在批判"粗陋的共产主义"时说，"平均主义"和"公妻制"的要求乃是"对整个文化和文明的世界的抽象否定，向贫穷的、需求不高的人——他不仅没有超越私有财产的水平，甚至从来没有达到私有财产的水平——的非自然的简单状态的单纯倒退"②。这里的文化是野蛮的对立面，表明了人类社会进步的状态。

但马克思更多地还是在精神活动的范围内谈论文化。在《哥达纲领批判》中，马克思曾指出，"孤立的劳动（假定它的物质条件是具备的）即使能创造使用价值，也既不能创造财富，又不能创造文化"。"随着劳动的社会性的发展，以及由此而来的劳动之成为财富和文化的源泉，劳动者方面的贫穷和愚昧、非劳动者方面的财富和文化也发展起来。"③ 在这里，马克思将文化与财富对立起来：财富指的显然是物质财富，而文化则是精神财富。与这种对立相应的是劳动者与非劳动者的对立，以及劳动者的被压迫状态与非劳动者的自由状态的对立。就文化与物质领域相对立这一点而言，马克思与康德等德国哲学家是一致的。但这种对立在马克思这里有了特别的意义。在康德那里，文化与物质领域的对立是因为文化自身的自足性和自由特性，而在马克思这里，文化的这种自由和独立的外表乃是这种对立的结果。在马克思看来，物质财富和精神文化统统是社会性劳动的产物，在劳动发展的过程中，分化出了劳动者和非劳动者，后者通过

---

① Theodor W. Adorno, "Kultur und Verwaltung", in *Gesammelte Schriften*, Bd. 8, S. 130.

② 《马克思恩格斯全集》第 3 卷，人民出版社 2002 年版，第 296 页。

③ 《马克思恩格斯选集》第 3 卷，人民出版社 1995 年版，第 300 页。

对前者的成果占有而从物质性劳动中解脱出来，从而能够进行文化的创造，而物质性劳动则专属于劳动者。马克思揭示了文化与物质性活动的历史性关联：文化是以物质性劳动为前提的。马克思还认为，文化活动也是一种精神的劳作，因此是生产的"特殊的方式"。①

　　文化活动所得出的成果，体现为一个社会的意识形态。马克思说，"统治阶级的思想在每一个时代都是占统治地位的思想。这就是说，一个阶级是社会上占统治地位的物质力量，同时也是社会上占统治地位的精神力量。"② 这种具有统治功能的精神力量就是意识形态。在马克思的意识形态概念中，同时包含了虚假和真实的要素。就意识形态表现为自在的存在而言，它是虚假的；但就其与社会现实的必然相关性而言，它是真实的。马克思的意识形态批判主要针对的是意识形态的虚假性。在马克思在《德意志意识形态》中批判了"青年黑格尔派"的观点。"青年黑格尔派热衷于一个幻想，认为要打的真正战役是观念的战役，认为对所接受的观念采取批判态度，就可以改变现实。"③ 青年黑格尔派没有认识到，观念的绝对独立性仅仅是假象。观念的独立性，只是由于体力劳动和精神劳动的分工，使精神劳动相对远离体力劳动而形成的。但这仅仅是相对的独立而已，观念必须要放到现实的矛盾中才能得到合理的解释。马克思的解释便是，观念自身乃是对现实矛盾的表达，无论这种表达是正确的还是歪曲的。

　　马克思对青年黑格尔派的批判表明，革命和解放的条件不在于纯粹精神的范围内，而在于物质性的历史过程之中。但这并不意味着文化领域在解放的过程中不再扮演任何角色。事实上，在马克思那里，文化的领域在一定程度上乃是自由的典范。尽管文化本质上乃是根源于物质生产过程的，但马克思并没有否认，文化的活动在一定程度上超越了物质生产的领域，在文化活动的范围内，人们可以自由地创造。马克思将艺术性活动和科学探索这两种精神活动视为人类自由活动的典范，通过它马克思的自由理想才得到了充分的表达。

---

　　① 《马克思恩格斯选集》第 3 卷，人民出版社 1995 年版，第 298 页。

　　② 《马克思恩格斯选集》第 1 卷，人民出版社 1995 年版，第 98 页。

　　③ ［英］约翰·B. 汤普森：《意识形态与现代文化》，高铦等译，译林出版社 2005 年版，第 37 页。

　　马克思一开始曾经试图用一种审美性质的活动将人类活动中的自由和不自由的要素综合起来。马克思说："只要人自身的劳动还没有造成人的对自然的兴味，人的对自然的感觉，也就是人的自然的感觉，那末感觉和精神之间的抽象的敌对是必然的。"① 在他看来，在异化的条件下，劳动对象或者感觉对象对人而言是陌生的，成为人的外在统治，并与精神的自由相对立。只有在克服异化的条件下，在回归了人的本性之后，二者才能够统一起来，感觉才成为自由的感觉，劳动才成为自由的创造。这里，马克思将文化的自由要素整合到劳动之中，在他看来，这本就是人的类本质始终所具有的，本真的人类劳动就是具有审美性质的。"动物只是按照它所属的那个种的尺度和需要来构造，而人懂得按照任何一个种的尺度来进行生产，并且懂得处处都把内在的尺度运用于对象；因此，人也按照美的规律来构造。"② 马克思与古典哲学家一样，认为审美的活动具有解放的性质。

　　后来马克思以另外一种方式表达了这种解放的性质。在《资本论》最后的手稿中，马克思通过"时间"的划分重新规定了自由。马克思说："自由王国只是在必要性和外在目的规定要做的劳动终止的地方才开始；因而按照事物的本性来说，它存在于真正物质生产的彼岸。"③ 与康德一样，这里马克思明确将自由理解为摆脱外在目的的状态，而要摆脱外在的目的在根本上就要摆脱物质生产的领域。物质生产，或者说人"和自然之间的物质变换"，都必须遵循物的法则，是生存和发展的需要。随着人们的生产能力的提高，为了生存所付出的劳动时间就会减少，那么不自由的此岸的范围也就变小，作为彼岸的自由的范围就会扩大。那么自由的彼岸意味着什么呢？马克思在逻辑上的规定主要是摆脱了"必要性和外在目的规定"。如果我们联系到前面的探讨，那么不难断定，马克思说的只能是文化的领域，特别是审美的领域。④

　　在这里，马克思似乎又回到康德的立场上来，强调文化的独立性和超越性，从而也就是自由的特性。但二者的理论前提却是不同的。康德那里

---

　　① 《马克思恩格斯论艺术》第 1 卷，人民文学出版社 1960 年版，第 202 页。

　　② 《马克思恩格斯选集》第 3 卷，人民出版社 1995 年版，第 274 页。

　　③ 《马克思恩格斯全集》第 46 卷，人民出版社 2003 年版，第 928 页。

　　④ 关于马克思的自由观念与审美活动的关联，可参见王南湜《马克思的自由观及其当代意义》，《现代哲学》2004 年第 2 期。

文化的自由和独立是一种自在的、无条件的自由和独立，而在马克思这里，这种独立和自由却是相对的和有条件的。文化领域的存在本身依赖于物质性的生产活动，文化的发展，也必须以生产活动所创造的自由空间为前提。从而文化与物质生产之间就产生一种张力，二者不能相互分离，但也不能相互等同，文化始终与物质生产保持一定的距离。从马克思的思想中，我们可以导出一种辩证的文化概念。

三　文化与启蒙的辩证法

如上所述，就基本结构而言，马克思与阿多诺的文化概念是同构的。尽管马克思的历史唯物主义已经为辩证的文化概念提供了基础，但马克思并没有做过专门的文化批判。或者说，在马克思那个时代，文化问题还没有被突出出来，也不是马克思历史唯物主义的首要问题。而在阿多诺这里，文化问题已然成为一个显著的社会问题，所以他才将文化批判作为重大主题来对待。在马克思那里，文化的辩证意义和批判意义还没有完全展开，而这正是阿多诺的文化批判的任务。由于时代背景的不同，阿多诺的文化批判道出许多超出马克思思想的东西。按照马克思的理论，文化作为自由的领域应当存在于物质生产的"彼岸"，在阶级社会中这主要属于脱离劳动的阶级。而社会的发展，在劳动者获得"自由时间"的情况下，也能够通过文化活动而享受自由。但是阿多诺对当代社会的观察却发现，恰恰是在大众的文化生活中，在不需要劳动所创造的"自由时间"中，自由仍是不可能的。因此，阿多诺的文化批判不仅指向古典唯心主义的文化观念，而且指向当代社会中的文化工业。

阿多诺文化批判的逻辑动力来自于文化概念的内部。无论在马克思还是在阿多诺那里，文化概念内部都存在着一种内在的张力和矛盾，精神与物质、自由与不自由的矛盾。要深入理解这种矛盾，就不得不涉及启蒙的辩证法。在自康德以来的传统中，文化具有启蒙的性质，而阿多诺则要将文化重新放入启蒙的历史之中，考察它在这个历史之中的辩证角色，并由此出发对当代社会的文化现象，特别是文化工业做批判性的分析。因此，阿多诺文化批判是遵循启蒙辩证法的逻辑的。

阿多诺切入历史的角度与马克思不同，他不再直接叙述生产力和生产方式的演变史，而正面叙述启蒙的历史，并且将这个历史追溯到古希腊神话之中。在那里，文化已然扮演着重要的角色。在对荷马史诗《奥德赛》的创造性解读中，阿多诺发现了现代资产阶级主体的原型奥德修斯。奥德修斯历经磨难，走向成熟，"最终为自己锤炼出一种生活的统一性和个性的统一性"①。这个过程寓示着凭借经济和技术的发展，逐步征服和控制自然并确立自身主体性的过程。在这个过程中，"塞壬之歌"的出现意味深长。阿多诺认为，塞壬之歌代表着"过去发生的一切"，也就是人类未启蒙的那种自然生活状态。"塞壬之歌"借助"人们对过去的迷恋"，诱惑人们走向启蒙相反的方向，最终走向疯狂。奥德修斯"用蜡塞住水手们的耳朵，让他们竭尽全力地划桨，想要活命，就绝对不能听到海妖们的诱惑之声"，而他"把自己绑在桅杆上，去听那歌声，这诱惑之声越是响亮，他越是把自己绑得更紧"。② 这样，水手们集中精神勇往直前，他们只知道歌声的危险，却不能体会歌声的美妙，而奥德修斯听到了歌声的美妙的同时也能够涉险逃生。

　　在阿多诺看来，这个过程包含着社会的最初分化，也就是体力劳动与精神活动的分化。水手们"把奥德修斯牢牢地绑在桅杆上，只是为了拯救奥德修斯和他们自己的生命。他们使他们的压迫者连同自己一起获得了再生，而那位压迫者再也无法逃避他所扮演的社会角色。实际上，奥德修斯绑在自己身上的那条无法解脱的绳索也使塞壬远离了实际：她们的诱惑显得毫无作用，只成了沉思冥想的一个单纯对象，成了艺术。被缚者就像出席了一场音乐会，他静静地聆听着，像别的晚上光临音乐会的观众一样，他兴高采烈地呼唤着解放，但这终究会像掌声一样渐渐平息下来。这样，艺术享受和手工劳动自打史前时代的那个世界就分开了。史诗中包含着与其相应的理论。文化财富与遵令而行的劳动有着严格的呼应关系，而对自然进行的社会控制为二者奠定了不可抗拒的强制性基础。"③ 文化财富和物质性的劳动都属于启蒙的过程，但却从不同的方面体现了启蒙。物质性的劳动借助技术理性对自然进行直接的控制，艺术对自然的控制则是通过精神战胜神话，"挽救已逝的过去，将它变成活生生的现实"。但这

---

　　① ［德］马克斯·霍克海默、西奥多·阿多诺：《启蒙辩证法》，渠敬东、曹卫东译，上海人民出版社2003年版，第29页。

　　② 同上书，第31页。

　　③ 同上书，第31—32页。

种重新实现是以与物质性的生活过程相脱离为条件的，人与自然直接统一的状态是未启蒙的神话状态，而一旦这种状态与"实践分离开来"，那么它就成了艺术。① 但是强制是这二者的基础——无论是对水手的强制还是对奥德修斯的强制。

这个分化的过程同时包含着人对人的统治。阿多诺引证黑格尔的著名的"主奴辩证法"：把他对物的独立性的一面让给了奴隶，让奴隶对物进行加工改造，而自己则可以尽情地享受。"最终，奥德修斯作为有产者没有参加劳动，甚至最后他不再对劳动进行指挥。然而，他的水手们虽然与自己的劳作对象非常亲近，却不能享受劳动，因为这种劳动是在强制下进行的，他们在劳动中没有希望，感官也被彻底堵塞了。奴隶在肉体和灵魂上受到了双重奴役，而主人却相反。"② 随着启蒙的发展，这种统治导致了两个方面的结果：一是文化逐步纯粹化，以致最终走向极端，割断自身与物质性的生活的联系，这最终导向了近代资产阶级的意识形态，前面我们探讨的康德的文化观念就是其代表。二是由于强制劳动和感官的被"堵塞"，劳动者的想象力下降，被"非文化"化。对于被统治者来说，生活的唯一原则就是技术理性的同一性原则，"通过理性化的劳动方式，消除人的本质以及把人变成单纯的功能等做法从科学领域进入了经验世界。这些做法无非是在一次使人的经验类似于两栖动物的经验。"③ 而在生产力高度发达的今天，按照马克思的理论，物质生产已经为文化领域创造出了足够的空间（时间），人们已经拥有了丰富的闲暇，但理性劳动的模式还是渗透到这个领域之中。启蒙的进步没有带来大众在文化上的进步，甚至带来了退步。"今天大众的退步表现为他们毫无能力亲耳听到那些未闻之音，毫无能力亲手触摸那些难及之物，这就是祛除一切已被征服了的神话形式的新的欺骗形式。"④ 在这个方面，文化显然又走向了另一个极端，文化非但没有拒绝物质性劳动的逻辑，反而毫无保留地接受了这个逻辑。

这两个方面都是启蒙的结果，共同构成了启蒙辩证法在文化领域中的

---

① ［德］马克斯·霍克海默、西奥多·阿多诺：《启蒙辩证法》，渠敬东、曹卫东译，上海人民出版社2003年版，第30页。

② 同上书，第32页。

③ 同上书，第33页。

④ 同上。

一个悖谬结局。从这个结局出发，我们就可以理解阿多诺文化批判的观念。它是对资产阶级的唯心主义文化观的批判。前面我们已经指出，唯心主义的文化概念本身具有批判性，它可以在坚持文化的纯粹性和独立性的基础上对现实保持批判姿态，表达一种"应当"的方向。但事实上这种批判的内在结构本身是非批判的，文化的绝对独立性和自由无非是一种假象。在阿多诺看来，"就其自身的意义而言，没有任何真正的艺术品和真正的哲学将自身消耗在自身之中，消耗在它的自在之物之中。它们总是处于与社会的现实生活—过程的关系中，但自身又区别于这个过程。它们对那种来自盲目和冷酷地再生产着自身的生活的协助的拒绝，对独立性和自主性的坚持，表明其至少是无意识地许诺了自由得以实现的条件。"[1] 显然，阿多诺并没有走到另一个极端，将文化宣布为生产过程的附属物。事实上，作为内在于德国哲学传统的哲学家，阿多诺还是肯定了文化的自由特性，当然，这种自由是被物质生产过程限定了的自由。

　　这种被限定了的自由成为阿多诺批判的另外一个极端，也就是文化工业的支点。与古典的文化观念不同，在文化工业的范围内，文化与物质生产和经济的逻辑完全合而为一，上述文化与生产之间的张力完全消失了。在阿多诺看来，这形成了不自由的根源，但文化工业在其外表上却是自由的，似乎无处不体现着启蒙的理想。所以阿多诺认为这是一种十足的欺骗。由于文化工业是当代才出现的社会现象，所以阿多诺将其列为启蒙辩证法的模式之一，并造成了深远的影响。人们一般地将阿多诺的文化批判直接等同于对文化工业的批判，但在我们阐明了阿多诺的文化观念之后就不难发现，文化工业的批判仅仅是其文化批判的一个部分，但却是其中最为精彩的部分。

---

① Theodor W. Adorno, "Cultural Criticism and Society", in *Prisms*, The MIT Press, 1981, p. 23.

两种不同文化下的"生态文明社会"构想

——论岩佐茂的生态社会主义思想

王建辉*

岩佐茂是日本著名的马克思主义哲学家，他的著作《环境的思想》被誉为"日本版"的生态马克思主义理论的经典之作。他以大量翔实的环境问题资料为依据，从环境保护运动的实践出发，探求环境保护实践与马克思主义的结合处，从而形成了自己独特的"环境保全"哲学。他坚持马克思把环境问题归因于资本主义制度的社会批判立场，指出解决环境问题的关键是要从社会关系的变革入手。一方面，他承认日本等资本主义发达国家解决环境问题的重大成就，总结和分析了日本消除公害和环境保护活动的经验和局限，认为在资本主义文化和政治条件下，也有可能建立一定程度的生态文明；另一方面，他认为生态文明是社会主义的本质属性，只有社会主义才能建成真正的生态文明社会。他从多个层面说明了社会主义和资本主义两种文化关于"生态文明社会"构想的本质差异。

一　资本的逻辑和生活的逻辑

阐明环境危机的根源以及实现环境保护的途径是岩佐茂写作《环境的思想》的基本出发点。他指出，全球性的生态危机是由"大量生产—大量消费—大量废弃"的现代生活方式直接造成的，这种生活方式发源于西方并成为西方占主导地位的生活方式，而造成、支持以及负担"大

* 王建辉，中南财经政法大学马克思主义学院教授。

量生产—大量消费—大量废弃"的现代生活方式的正是发达的资本主义。这种生活方式的基础是"大量生产","大量消费"、"大量废弃"是由大量生产的体制带来的，而大量生产的体制则是资本的逻辑派生出来的。他所说的资本的逻辑是指，"追求利润、让自身增殖的资本的本性"。① 资本主义社会是资本逻辑贯穿的社会，企业是根据利润最大化的资本逻辑运转的。通过大量生产来追求资本不断增殖以及利润最大化的资本本性，决定了资本主义的生产方式在本质上是破坏自然、掠夺自然的。

岩佐茂不赞成笼统地说资本主义生产关系是环境公害的原因，他认为，应该将资本和资本主义生产关系两个概念区分开来。尽管资本在资本主义生产关系中是占支配地位的，但资本并不是资本主义生产关系的全部。如果我们在说明环境破坏的原因时，具体列举的是资本的本性，使用的却是"生产关系"概念，这就存在着逻辑上的混乱。因为，在资本主义生产关系中，存在着资本和劳动两个对立面。虽然劳动也是资本主义生产关系的一方，与资本一起共同构成资本主义的生产关系。但是，劳动的本性在于以生产来使人类生活得到维持和发展，其目的是生产产品及其使用价值而不是商品及其价值，劳动遵循的是生活的逻辑。

生活的逻辑是贯穿于社会主义社会的逻辑。所谓生活的逻辑，是与劳动的本性相一致的，是在以满足人的生存和发展需要为目的的劳动本性的基础上产生的，它充分尊重人的环境权，以及人的全面发展的需要。环境的保全，不能从资本的逻辑中引导出来，但它对生活的逻辑来说是必不可少的。"这里所说的生活的逻辑，是指在人的生存或'更好的生存'中发现价值，在劳动生活与消费生活的各个方面重视人的生活的态度和方法。对人的生存来说良好的环境是不可缺少的，因此生活的逻辑也就必不可少地包含环境保全之意"。② 在环境问题上，资本与劳动、资本的逻辑与生活的逻辑是尖锐对立的。生活的逻辑必然要求良好的自然环境，环境保护运动是建立在生活逻辑之上的。然而，生活的逻辑只有在与资本的逻辑的对立、斗争中才能展开，只有在生态社会主义中才能实现。

岩佐茂通过对资本主义生产活动的分析，说明了资本的逻辑是如何破坏自然环境的。

① ［日］岩佐茂：《环境的思想》，韩立新等译，中央编译出版社 2006 年版，第 148 页。
② 同上书，第 149 页。

第一，在生产的目的上，资本的逻辑是把满足人的需要的生活资料作为商品来生产的，生产的目的是为了获得更多的利润。资本的逻辑把包含人格在内的一切东西都贬低为追求利润的手段。

在资本的逻辑所贯穿的生产过程中，"劳动"受"资本"的支配，"劳动的生产力"被包摄在"资本的生产力"中，作为"资本的生产力"而起作用。在此情况下，资本所关心的是在大量生产有利润的产品的方向上让生产力得以发展，对于环境的考虑必然是次要的，甚至是不加考虑的。岩佐茂尖锐地指出，日本的产业公害表明，资本的逻辑是为了获得利润而不惜破坏环境，生产力以这样的方式增大并不是生产力的发展，而是生产力的破坏。

第二，在生产的手段上，即用什么原材料进行生产以及应用技术的性质上，资本主义也是只服从于赚取利润的目的，而不考虑环境保护以及人的生命健康的需要。

在"怎样生产"的考虑上，资本为了追求利润积累资本，总是要尽可能地降低生产成本的。除了千方百计地降低工资外，就是尽可能地压缩不能带来利润的其他经费的支出。在资本主义的生产系统中，对环境问题的考虑几乎不被纳入视野，环境是否受到破坏，资本的逻辑对此漠不关心。

在技术的使用上，现代科学技术已经异化为资本主义的赚钱工具。首先，技术的开发是按资本逻辑运动的，因为环保技术的开发需要大量资金投入，增加了企业生产成本，资本家是不会愿意投资的；其次，即使进行了能够减轻环境负荷的技术开发，只要不能提高利润就不会被采用。最后，用于环保的设备投资也是需要花钱的，这种赔本的事情企业是不愿意做的。

在处理废弃物的经费问题上，从资本的本性来看，则肯定要服从于节约的冲动。这种节约是《资本论》所说的"在充分使用不变资本上的节约"，① 马克思将其看作是由于资本本性而产生的节约。对资本的逻辑来说，如果没有法律的限制，无偿地接受来自环境、大气、水等方面的自然资源，又在生产过程中把污染的大气、水排放到自然环境中去，这是理所当然的事。至于环境被破坏的结果，资本的逻辑是毫不关心的。

---

① 《马克思恩格斯全集》第 25 卷，人民出版社 2002 年版，第 92—120 页。

　　由于资本逻辑的自我贯彻是在与劳动的逻辑、生活的逻辑的对立中进行的，资本逻辑在多大程度上可以贯彻自己的意志取决于两者的力量对比关系。因此，即使在资本主义生产关系下，如果劳动的逻辑和生活的逻辑力量强大也是可以缓解环境矛盾的，然而，由于资本的逻辑始终占主导地位，资本主义不可能从根本上解决环境问题。生态文明的社会在资本主义的框架内是不可能实现的，只有在与追求利润为最高目的的资本的逻辑进行决裂的基础上才能实现。

　　岩佐茂还严峻地指出，即使是社会主义生产关系下的经济活动，如果急于产业化、工业化，热衷于与发达资本主义国家进行经济竞争，从"生产第一主义"的立场出发，节约处理废弃物的经费，也会引发环境破坏。因此，从历史唯物主义的观点来看，关于社会主义社会公害发生的原因，不仅需要从资本主义的"胎记"和官僚主义，以及从偏离社会主义的错误中去寻找，而且还必须从造成这种偏离的经济活动的方式本身中去寻找。

　　社会主义是遵循和顺应生活逻辑的社会，是生态文明的社会。按照马克思的观点，社会主义扬弃了资本主义对社会生活的异化，那么首先就必须在社会主义社会废除以获得利润为目的并主导生产的资本的逻辑，使其不能继续贯彻下去。建立废弃和不能贯彻资本逻辑的制度和体制，是社会主义必须完成的基本课题。

二　无理念的资源循环型经济体系和
有理念的环保型循环经济体系

　　岩佐茂赞同美国生态马克思主义理论家福斯特的观点，认为人与自然之间的物质代谢关系及其被破坏是马克思的一个重要观点。[①] 马克思所说的人与自然之间的物质代谢也即物质循环，把对生态环境的破坏看作是人与自然之间物质代谢过程的"断裂"，强调要控制人与自然之间的物质代谢过程，也就是控制人与自然之间的关系。岩佐茂在马克思人与自然之间"物质代谢"理论的基础上展开了他的"循环经济""循环社会"思想。

　　首先，他运用马克思的生产方式理论揭示了"大量生产—大量消费

---

① J. B. Fost, *Marx' Ecology*: *Materialism and Nature*, Monthly Review Press, 2000, p. 157.

—大量废弃"的生活方式是由资本主义的生产方式决定的，主张"把生活方式的变革与社会经济体制变革统一起来"。①

马克思系统地阐发了社会生产关系总体系中各个环节（生产、交换、分配和消费）之间的相互作用和相互制约的关系，认为广义的生产包括交换、分配和消费。岩佐茂据此把生活方式区分为广义的生活方式和狭义的生活方式。广义的生活方式"包括为了生产的劳动生活与消费生活在内的全部生活活动的方式"。而人们一般所指的生活方式是狭义的生活方式。狭义的生活方式把生活限定为消费生活，把生活方式限定为消费生活方式。劳动生活的方式与消费生活的方式都是由生产方式规定的。生产与消费是相互依存的关系，消费是由生产决定的，消费生活明显地依赖于生产提供的生活资料。例如，一次性产品的生产和销售带来了一次性消费的流行，大量、快速地生产带来了高消费和多消费。在发达国家，为了追求利润而进行的"大量生产"是造成大量消费生活方式的根本原因。也就是说，大量生产的社会必然既是大量消费的社会，也是大量废弃的社会。因此，要改变"大量消费—大量废弃"的生活方式，必须首先从变革"大量生产"的生产方式及经济体制入手。

其次，"大量生产—大量消费—大量废弃"的生活方式必然造成人与自然之间物质代谢过程的"断裂"。

岩佐茂指出，在"大量生产—大量消费—大量废弃"的生活方式中，我们从自然中获取了对自身有益的物质，而返回给自然的是对自然生态有害的废弃物。废弃物的问题，实际上是人与自然的物质代谢关系问题，废弃物对环境的污染，是由于人与自然不公平的物质交换，即物质代谢出现"断裂"和被"搅乱"的结果。如果在人类的生产和消费中，产生了过多自然无法分解与同化的废弃物，生态环境就会遭到破坏，呼吸空气、饮水、吃饭这些人与自然之间的物质循环就不能正常进行。

最后，建立在"人与自然共生"理念之上的循环社会才是真正的环保型社会。

岩佐茂区分了两种不同的循环型社会：一种是实行以大量生产、大量消费、大量再利用的循环经济体系的社会；另一种是确立了以不破坏自然界物质循环平衡为前提的循环经济体系的社会。他称前者是无理念的循环

———————

① ［日］岩佐茂：《环境的思想》，韩立新等译，中央编译出版社 2006 年版，第 31 页。

社会，后者是有理念的循环社会。前一种意义上的循环型社会只是对由大量生产、大量消费造成的大量废弃物加以大量再利用。这样虽然实现了资源循环，但是作为以往社会延伸的浪费社会的本质却没有变化，只是把过去的"大量生产—大量消费—大量废弃"型社会中的"大量废弃"改成了"大量再利用"，从而变成了"大量生产—大量消费—大量再利用"，这样的循环型社会只是一种"回收再利用型的浪费社会"，缺乏构建循环型社会的理念。所以它不是可持续发展社会，不是真正意义上的循环型社会。

岩佐茂试图通过批判无理念的循环型社会，构建有理念的循环型社会。他认为，"真正的循环型社会以自然与社会的共存为目标，可以说它是可持续发展的社会"，而可持续发展的社会"不外乎就是不断追求并实现人类与自然共存的经济活动方式"。为了实现可持续发展，就必须建立这样的社会经济体制，即：保障"人类的经济活动不破坏包括人类生命在内的自然界的物质循环的均衡"。这就是循环型社会的理念。

在有理念的循环型社会中，"循环"的概念包含自然的物质循环和循环经济这两层意思。循环经济以自然的物质循环为前提，并作为一个环节纳入自然的物质循环之中。这种循环型社会使人类的经济活动不破坏自然界的物质循环的平衡，而且还要通过资源循环实现减轻环境负荷，保护环境的目的。也就是说，这种循环型社会以环境保护为基本理念，将资源循环利用包含在环境保护的大概念之内，坚持"把环境保护放在优先位置来考虑的经济发展"，力求建立环保优先型的经济活动方式。

岩佐茂认为，两种循环型社会是根本不同的，甚至可以说两种循环社会的构想从根本上是不相容的。他强调要把如何构想、实现环境保护型循环社会或可持续发展社会作为一个重大理论和实践课题来研究。他认为，只有未来的社会主义，即扬弃现存资本主义的新的社会主义才是人与自然和谐共生的、资源节约型与环境保护型相统一的循环型社会。

三　地域性视野和全球性视野

西方生态马克思主义者已经充分说明，资本主义制度是全球环境危机的社会根源。岩佐茂吸取并扩展了他们的思想，着重从环境问题的解决上，提出了"地球问题和地域问题相统一的观点"，认为地域性的生活环境破坏与全球性的生态危机，具有同质性和连续性，应该把它们作为一个整体来把握。考察环境问题的成因及其解决，不仅需要国内的、地域的视野，更需要国际的、全球的视野。

岩佐茂批评了在日本及其他国家存在的两种认识上的片面倾向。一种是热衷于地球环境问题，却漠视身边的生活环境破坏及公害问题；另一种是热衷于本国或本地区的公害问题及环境保护运动，却对与自己"无关"的其他的环境破坏毫不关心。实质上，无论是本国的生活环境问题，还是全球的环境危机，都是对人类生存条件的破坏，不管是哪一种环境破坏我们都要坚决反对。他强调，要把地域的生活环境问题与地球环境问题作为一个整体来把握。因为生活环境和全球环境本来就是相互联结、不可分割的关系，任何地区都是地球整体的一部分，任何局部的破坏环境行为，都会引起全球性的反应；而全球性环境问题的存在，也势必影响每一个地域、每一个国家、每一个人的健康和生存。

岩佐茂指出，日、美等资本主义国家从本国、本地区的狭隘视野出发对待环境问题，在关注本国环境的同时，却破坏着全球的生态环境。一方面，资本主义生产方式的全球化，已经直接导致了全球环境的恶化，威胁着全人类的生存与发展。另一方面，资本主义还通过推行生态帝国主义，对发展中国家进行"生态掠夺"和向发展中国家转嫁生态危机。他们指责发展中国家的人口增长和对资源的开发威胁着生态平衡，却为自己破坏生态的大量生产—大量消费的生活作辩护。他们在获得高消费需求的满足以及本国环境质量改善的利益时，是以牺牲发展中国家基本生活需求的满足，并且向第三世界国家转嫁环境污染，如肮脏工业和有毒有害的废弃物为代价的，他们对自己继续恶化全球环境质量的行为缺乏有效的约束。在利益的驱使下，资本主义国家很难超越狭隘的地域视野，在全球视野下来建构资源循环体制。

岩佐茂提出了如何从国际的、全球的视野解决全球性环境问题的两种途径。

首先，必须树立"地球人"意识。"地球人"意识是一种现代生态意识，它把地球看作一个整体，是由有机联系的各种物质要素构成的生态系统，是全人类共同的家园。整体性是地球生态系统最重要的特征。全人类都是生活在这个地球上的"地球人"，保护生态系统的和谐平衡是全人类的共同利益，人类应该与地球上的其他生命和自然界和谐共处，保护好自然环境是人类生活的一部分和应当承担的责任。要使人们明白，如果地球环境遭到破坏，人类将不得不作为"地球人"，在"宇宙船地球号"里同患难共命运。1972 年，在联合国召开的人类环境会议上，通过了《人类环境宣言》，确认环境危机具有全球性，宣告"为这一代和将来世世代代保护和改善人类环境，已经成为人类的一个紧迫任务"。会议的口号是"我们只有一个地球"，这些表明，人类作为一个整体的生态意识已经形成。1992 年联合国环境与发展大会通过《关于环境与发展的里约宣言》以及《21 世纪议程》，把实施可持续发展战略，改善人类赖以生存的生态环境作为人类共同的目标和使命。它规定了各国在防止地球温暖化问题上"共同而又有差别的责任"。这两个国际会议标志着人类对生态环境的保护由理论向实践、由各国的地域性行动向国际合作的全球共同行动的转化。

在现实中，发达国家和发展中国家、资本主义国家和社会主义国家以及资本主义国家之间都存在着经济上的竞争、摩擦和对立，大多数国家的政府都把本国的利益——实质上是国家利益名义下的统治阶级的利益——放在第一位，而不是以"地球人"的意识去行动。因此，"地球人"的观点，不可能自发地确立，它要通过各个国家以及国际范围的环境保护运动联合起来、共同协力才能建立起来。

其次，要在环境保护实践上，确定两个目标：一个是缔结一系列保护全球环境的国际条约及协定，掀起迫使各国政府批准、履行这些条约的世界性的环保运动。另一个是认真解决本国、本地区与全球环境破坏相关的问题。也就是说，既然全球性环境破坏是各个国家、地区环境破坏积累的总和，那就应该把全球性问题当作本国国内的问题去解决。岩佐茂强调，为了更好地保护地球环境，"从全球着眼，从地区做起"固然重要，但把这一口号明确为"把全球问题作为地区问题去考虑、去行动"更为重要。也就是说，把地域环境问题纳入全球视野来考虑，以保护全球环境的根本目标来审视本国的环境问题。

岩佐茂把全面解决环境问题、建立可持续发展社会的希望寄托于未来的生态社会主义。他在对未来社会前景的展望中指出，只有在扬弃资本主义基础上构筑新的生态社会主义，才能有解决环境问题的全球视野，才能够把环境保护的理念作为新社会的重要支柱，才会彻底废除"资本的逻辑"这一产生环境问题的社会根源。

　　综上所述，岩佐茂从三个层面分析了资本主义与社会主义关于生态文明构想的本质差异，由此证明：资本主义不可能全面解决生态环境问题，建立真正的生态文明社会；只有社会主义才能消除资本的逻辑派生的全球环境问题，建成真正的生态文明社会。与众多西方生态马克思主义者相比，岩佐茂的研究更有具体性、实践性。他的"环境保全哲学"既有批判性的解构，更注重现实性的建构。他作为一个马克思主义哲学家关于环境问题的思想观点，对于我们坚持把生态文明作为社会主义现代化的重大战略目标具有极为可贵的参考价值。

全球化的两种可能性

刘国胜[*]

近年来有关全球化以及与此有关的文化、价值的问题引起了学界的广泛讨论。笔者认为，论争中有些问题涉及历史观问题，它是马克思主义哲学中的根本原则。是在全球化的语境中构建普世价值体系还是回到世界历史之中维系民族文化传统及其价值观？这两种进路都直接关乎全球化的本质的理解。只有从全球化的历史本质出发，我们才能阐释全球化进程中的两种可能性及其矛盾，从而对当下普世价值的论争有一个历史的认识。

一　全球化进程及其本质

众所周知，全球化作为历史存在的方式，已成为不可争议的事实。无论我们从何种意义上肯定或批评它，全球化作为现代社会变迁的重要标志已呈现在感性活动之中。这是一种主流观点，基本上得到了学界的共识。当然，也有人提出了不同的看法。他们将全球化进程直接理解为人类史，认为人类社会的发展进程就是全球化不断展开的过程。笔者认为，这种观点是不能成立的。这种观点不仅将人类历史预设为一个原点，完全忽略了地域史、民族史的历史存在，取消了民族史、地域史和世界历史的根本区别，而且从根本上抹杀了工业活动在人类历史进程中的变革作用，将人类社会的发展纯粹看作是一个量变的过程。全球化是一个现代意义上的概念，有其特定的历史内涵和本质。为了弄清这个问题，笔者认为有必要对全球化的历史进程作一番梳理。

---

　*　刘国胜，中南民族大学马克思主义学院副教授。

　　从历史的视角来看，全球化进程可追溯到 15 世纪末的地理大发现。作为彰显人类历史进程的一个重要标度，地理大发现不单是一个地理学意义上的探险活动，而更主要的是一个社会学意义上的重大历史事件，它从根本上改变了人类前资本主义的交往范围和交往方式，将民族内部的交往发展为人类的普遍交往形式，开启了资本主义的全球化进程，并推动"历史向世界历史的转变"。当然地理大发现不等于全球化。从历史学的意义来看，地理大发现所呈现的是一个事件，是一个名词，而全球化则表征为一个过程，是一个动词。尽管到目前为止，我们对这个动词的主词还有所争论，但全球化作为一个过程，则是在纯粹经验的基础上就可得以确证的事实。纵观人类历史进程，全球化是近代工业、商业与交往的产物。我们之所以将全球化与地理大发现联系起来，就是因为地理大发现是全球普遍交往开启的标志，而普遍交往和工业化是互为因果的关系。15 世纪末，在文艺复兴思潮的影响下，随着美洲新大陆的发现，社会交往的范围超出了历史也超越了想象，世界越来越真实。各种现实利益考量这一历史重大"发现"，并且驱动全球性的普遍交往。这种普遍交往是以经济活动为轴心的，它推动工业和商业的迅速发展。真正意义的世界概念形成于近代工业、商业和交往活动之中。但是从历史的视角来看全球化的作用，绝不是从表层指认地理学上发现几个新的"地理单元"之类的意蕴，而是指从经济和社会的层面考察它给人类各个民族带来的深刻变化。

　　一般说来，全球化进程可以分为三个历史时期：从地理大发现到工业革命的历史时期可以称之为全球化的萌芽、初始阶段。在这个时期，随着资产阶级革命的胜利，社会生产力和交往出现了较大的发展，民族和地域界限日益被工业化进程所消解，商业活动和商品交换呈现出全球性的特征。从工业革命到第二次世界大战结束为全球化的大发展阶段。在这个历史时期，科学技术和工业革命主导了社会生产力的巨大发展，世界市场基本形成，工业活动完全取代了农业生产在社会中的支撑性地位，世界开始连接为一个统一的市场，以前以地域关系为基础的民族历史开始向世界历史发生重大转变，人类进入了一个真正意义上新的时代——全球化时代。这是一个充斥资本"气息"的时代。资本不仅在资本主义体系内部主宰一切，而且还支配整个世界。从第二次世界大战结束到现在，可以称之为全球化进一步发展阶段。在这一历史时期，全球化真正获得了自身存在的意义，因为不仅资本的全球性扩张以前所未有的方式进行，资本主义对全球的影响占据主导地位，而且广大的发展中国家也以各种方式融入全球化运动和现代化进程之中。可以说，全球化对人类发展进程的影响已经毫无遮掩地锁定在感性现实之中，这本身也是全球化的结果。

与以往不同的是，当代全球化有着两条交错的发展路径：一条路径是资本主义发达国家主导的全球化，它是目前影响并改变世界的显性的资本进程。从全球化的起源和形成来看，建立在资本主义社会大工业化基础上的全球化时代，实质上是资本主义化时代。全球化是资本主义化的现实形式，是资本主义生产方式扩张的外部表现。另一条路径则是广大发展中国家积极参与的全球化，它虽然仍受西方资本逻辑的强大影响，但在运行中逐渐具有独立性，进而发展为一种强大的反全球化力量，这是一种隐性的文化力量，推动着这些后发国家的现代化进程。全球化这两种力量的分野与斗争，是一系列全球性问题不能真正解决的根源，而这正是全球化本质的反映。

全球化的发展必然产生与之相关的全球性问题，这可以说是全球化长期以来负面效应累积的结果。全球性问题不是一个表面的自然现象，而是近代以来人类社会矛盾的折射，它表征着全球化的进程及其本质。在当代，在全球化的影响下，全球性问题并不单单表现在人和自然关系上的全球性问题，即当前所说的生态环境问题。当代全球性问题是以学科群的形式出现的。除了人和自然关系上的全球性问题外，还有人和社会、人和自身方面所表现出来的全球性问题。人和自然关系上的全球性问题，是当代全球性问题的外部表现。这个问题是目前关注的热点。像环境污染、生态失衡、粮食不足、人口膨胀、能源短缺、资源枯竭等等，都是当代人和自然关系上所呈现出来的全球性问题，即生态环境问题。生态环境问题的形成有其复杂的原因，在笔者看来，这和全球化资本主义化的历史进程有着密切的内在关系。换言之，生态环境问题实质是资本主义运动中人与人的社会关系上的各种矛盾、冲突，特别是民族之间的利益矛盾和冲突在全球范围内人与自然关系上的表现。全球化没有消除各个民族、各个国家之间的差异与矛盾，反而使西方发达资本主义国家和广大发展中国家在民族生存和发展等根本利益问题上的矛盾与冲突越来越激烈。不管西方发达资本主义国家如何粉饰自己的行为，这丝毫掩盖不了资产阶级总是以牺牲广大发展中国家的利益以维护其自身利益的阶级本质。这就是全球化本质的历史根据。早在19世纪40年代，当全球化以一种巨大的力量逐渐展开的时候，马克思就敏锐地论析了全球化的本质："它迫使一切民族——如果它们不想灭亡的话——采用资产阶级的生产方式；它迫使它们在自己那里推行所谓的文明，即变成资产者。一句话，它按照自己的面貌为自己创造出一个世界。……它使未开化和半开化的国家从属于文明的国家，使农民的民族从属于资产阶级的民族，使东方从属于西方。"① 全球化的本质决定了全球化的两种主要可能性：经济全球化之现实可能性和文化全球化之抽象可能性。至于其他领域所发生的现象，实质上都可归于这两类问题。为了不使主题枝蔓，本文不在此探讨之。

二　经济全球化和文化全球化：两种可能性

当代全球化作为世界发展的一个重要特征，其影响力无论是从规模、层次还是从结构、功能上，都是以前不可比拟的。但我们必须辩证地认识全球化，既要认识到全球化形成的历史必然性及其深远意义，也要看到全球化的负面效应。全球化的历史进程实质是资本主义化、西化过程，究其原因，这是和全球化本身是有密切关系的。从全球化的进程和影响来看，它已渗透到世界政治、经济、文化、军事等不同领域，从这个意义上讲，全球化具有大范围、共时性等特征，但是这并不意味着世界政治、经济、文化、军事各个领域都一体化了。从历史进程看，全球化始终伴随着冲突和斗争。冲突和斗争的结果是，不同的领域、不同的地区全球化以及其程度并不一样。目前看来，全球化最彻底、最全面的地方主要体现在经济领域。从这个意义上讲，全球化也就是经济全球化。这在学界已取得了共识。经济全球化既是全球化的前提，又是全球化的主要内容。当今世界经济越来越一体化，就是经济全球化的结果，也是全球化的表现形式。那么，经济全球化何以可能？就笔者看来，经济全球化有三个基本要素：资本、市场和技术。这三者是经济全球化的内在性力量。正是这三个要素的作用，经济全球化才会在世界范围内深度扩张。

资本不是抽象物，它是现实经济关系的反映。"资本不仅是若干物质产品的总和，并且也是若干商品、若干交换价值、若干社会量的总和。"②

---

① 《马克思恩格斯选集》第 1 卷，人民出版社 1995 年版，第 276—277 页。

② 同上书，第 345 页。

从资本的表现形态来看，它是以独立形态存在的历史力量。不管资本如何改变自身的形式，其本性不会改变。资本总是按照经济学的原则以一种现实的社会方式实现各种经济要素的结合，追求利益的最大化。资本是现代经济发展的现实力量。目前波及世界的金融危机从一个侧面见证了资本全球化之于全球经济的影响。市场是全球化演绎的空间。市场配置、交换各种经济要素与资源。市场的发达与否，在一定的程度上是现代化的标志。全球化的发展可以说是以市场为标度的，地理大发现的原动力就是市场发展的需要，而其结果就是世界市场的开辟。全球化的进程就是世界市场的形成、展开过程。世界市场以一种经济学的规律作用于不同的国家、民族，使整个世界经济越来越结合在一起，形成一个相互联系、相互依赖的经济共同体。资本的作用是通过世界市场实现的。真正意义上的技术是近代科学意义上的，换言之，只有在近代科学发展的意义上技术才在工业活动中发挥着重大的历史作用。技术既是全球化发展的推动力量，又是经济全球化演进的中介系统。在近代科学和工业之间，技术是起着重要作用的中介系统。近代技术和科学的划界只是相对的，随着工业活动和普遍交往的发展，技术科学化和科学技术化呈现出双向互动关系，特别是当代技术已发展为一个高、新、尖的，在当代先进科学水平基础上发展起来的大技术系统，更是对全球范围内的经济发展有巨大的推动作用。资本、市场和技术都是具有独立形态的社会变革力量，它们也总是和一定的现实经济发展联结在一起的，它们从属于一定的历史发展及其社会关系，但又是具有超越具体社会形态的现实力量。经济全球化之所以可能，就在于这三个要素本身都具有普遍性的规定，它们并不属于哪一个民族、国家，也不属于哪一个具体的社会制度。从历史与现实两个层面来看，资本、市场和技术是经济全球化现实化的决定性力量。

　　但是经济全球化并不意味文化全球化。换言之，全球化能否像在经济领域一样，在全球范围各个领域全面布展呢？通过考察全球化运动以来的历史进程，我们似乎得不出这样的结论；从今后发展趋势来看，这也好像没有历史根据。我们所论及的全球化，作为一个整体来看，还只是一个价值目标，尽管经济全球化已从可能变为现实，但文化全球化在现时代只能以文化融合的形式出现而不能以整体的形式出现，这是历史特殊性的一种表现。在全球化的语境中，经济和文化之可能性是不同质的，前者是现实的，后者则是抽象的。其实，马克思早在《哥达纲领批判》一文中就已指出：在"现代民族国家的范围内"经济处在"世界市场的范围内"，而政治仍"处在国家体系的范围内"①。这就是说，在全球化的运动中，经济已真正成为"世界"的了；而政治则仍处在"国家体系"的范围内。尽管马克思在这里没有明确表达文化全球化的意思，但他这里很清楚地阐述了全球化的政治路线图仍是"国家"的而非"世界"的意蕴。政治全球化如此，文化全球化亦是如此。

那么，文化全球化何以为一种抽象的可能性？笔者是从全球化的历史进程及其本质中作出如此判断的。从理论上讲，文化一旦全球化，就意味着全球文化整体化、一体化。事实并非如此。尽管全球化以来确乎出现了人类共同关注的文化问题，改变了某些民族文化中的表现形式，认可了部分人类需要共同信守的价值准则和道德规范，但毕竟没有从整体上形成全球文化的总体性体系。全球化的文化问题十分复杂。下面，笔者从两个方面考察文化全球化的可能性问题。

在笔者看来，全球化的本质决定了文化发展的两种态势：文化融合和文化冲突。尽管我们不能认同文化全球化，但我们不能否认全球文化在一定范围、领域融合的历史事实。全球文化融合和经济全球化的作用是分不开的。在人类历史进程中，经济全球化的历史潮流已将不同地域、不同社会形态的国家冲刷到共同的经济河道上来，促使全球不同文明、不同民族的文化彼此进行交流直至相互渗透。文化是实践的"语言"。民族交往实践的全球化，扩大和深化了不同民族文化融合的态势。特别是在人类面临越来越多的全球性问题的时代，如资源问题、生态问题、人口问题等一系列全球性问题，这些问题都是以文化的形式表现出来的，这就为各民族文化提供了共同关注的时代课题。经济全球化为民族文化走向世界、实现文化融合提供了可能性。马克思曾经对全球化中的文化向度作过描述："过去那种地方的和民族的自给自足和闭关自守状态，被各民族的各方面的互相往来和各方面的互相依赖所代替了。物质的生产是如此，精神的生产也是如此。各民族的精神产品成了公共的财产。民族的片面性和局限性日益成为不可能，于是由许多民族的和地方的文学形成了一种世界的文学。"②马克思这里所表达的"世界的文学"就是全球文化融合的一种历史事实。

---

① 《马克思恩格斯选集》第 3 卷，人民出版社 1995 年版，第 308 页。
② 《马克思恩格斯选集》第 1 卷，人民出版社 1995 年版，第 276 页。

　　全球文化融合的历史事实表明：世界不同民族文化中存在着共同关注的全球性问题，这为文化全球化提供了一定的可能性。那么，在经济全球化的作用下，全球文化融合的向度是否能发展为文化全球化这一目标？笔者认为，从全球文化融合真正走向文化全球化，在现实中是没有历史根据的。我们所说的文化全球化是一种抽象的可能性就是基于这一点。迄今为止，全球化还不是真正平等意义上的发展进程。广大发展中国家，由于历史的原因，还没有实力在资本、市场和技术三个方面与发达资本主义国家展开全面竞争，相反，在历史向世界历史转变的过程中，广大发展中国家还必须融入经济全球化的浪潮中，在资本、市场和技术三个要素的全面影响下，加快本民族的现代化进程。这是后发国家的现实选择。无论是从历史进程还是从逻辑力量来看，经济全球化是资本主义特别是发达资本主义主导的经济一体化运动。资本、市场和技术，无论哪一个要素，都是和发达资本主义国家紧紧相连的。"资本不是一种个人力量，而是一种社会力量。"[①] 在当代全球经济领域，发达资本主义国家始终以资本、市场和技术的先发优势主导、支配、控制全球经济的运行和走向。经济全球化为文化融合提供了历史条件，但也成为文化全球化难以现实化的制约因素。2002 年在美国社会主义学者大型年会上，西方学者就敏锐意识到全球化和反全球化就是资本主义化和反资本主义化。"西方学者们认为，全球化虽然会在一定程度上推动发展中国家的经济发展，但其本质上是帝国主义对不发达国家的经济、政治和文化的侵略，不仅会对发展中国家的政治、经济和文化产生很大的负面影响，而且危害了世界的公平和正义。发展中国家正是为了反对帝国主义的侵略，维护全球正义，而开展反全球化运动。"[②]

　　在资本和技术的推动下，全球经济越来越依赖于世界市场。以资本为基础的市场将世界分割为两个体系：一边是西方发达资本主义国家，另一边是广大的发展中国家。为了维护自身利益，西方发达资本主义国家在全球化运动中一直牢牢占据主导权。长期以来这个主导权是通过政治、军事的方式实现的。但自冷战以来，西方发达资本主义国家政治、军事的方式

---

　　① 《马克思恩格斯选集》第 1 卷，人民出版社 1995 年版，第 287 页。

　　② 何萍：《反思当代反全球化运动——2002 年社会主义学者会议简介》，《国外社会科学》2003 年第 1 期。

受到了世界民族解放运动和共产主义运动的直接挑战。在新的形势下西方发达资本主义国家调整了其全球战略部署，开始谋求于非武装干涉方式，转向和平演变、文化诉求，即向全球推广其政治模式和理念：资产阶级式的民主政治。在他们看来，西方文化是这种民主政治推介的最佳选择。但是，另一方面，二战以后世界范围的共产主义运动和民族解放运动蓬勃兴起，世界历史进入了一个新的历史阶段。世界历史克服了全球化的"虚假意识"，它指向更具广泛意义的现代化。这种具有复杂性的世界历史进程，不仅孕育着不断生长的社会主义新生力量，而且还蕴藏着日益觉醒的民族解放运动。在复杂多变的当代世界秩序格局中，文化始终是广大发展中国家维护民族根本利益的最后阵地。

文化不同于经济，文化虽然以经济为基础，但它又具有相对独立性和特殊的内部结构与历史传承机制。资本、市场和技术虽然对文化的发展具有一定的影响，但它们并不是文化的内在性要素。文化是社会发展的高级形态、人的存在形式。从文化和经济之间的关系来看，经济落后的民族和国家并不意味文化的滞后。相反，许多经济落后的民族、国家在文化上都具有悠久的历史和灿烂的文化。尽管发达资本主义国家的文化呈现出多样化的样态，但这并不意味其文化样态就处于领先地位。人的种的文化形式是以民族为文化单元表现出来的。不同的文化形态之间存在着异质性。在不同历史条件的条件作用下，不同的民族文化呈现出鲜明的个性特征。民族文化是一个庞杂的总体性范畴，包括知识、信仰、艺术、道德、法规、习俗乃至各种习惯，它既是既往民族情感和民族意识的积淀，又是当代民族时代精神和价值取向的凝结。概括地说，民族文化是一个民族传统文化和时代精神的再现。民族文化的特质是在各民族特定的实践方式和文化交往中形成的。作为一种生存智慧，每一个民族在其适应和改造生存环境中都创造了优秀灿烂的民族文化。可以说，一部民族文化史就是一部民族生产史、交往史、思想史，它是民族集体智慧的结晶。民族文化反映了不同民族的基本精神风貌。在当代全球化的过程中，西方发达国家无视文化的异质性，以民主和自由为幌子大力倡导西方文化价值体系，妄图借世界文化的名义消解民族文化的存在。这和民族文化的本性是相矛盾的。全球化虽然包含着普遍主义的因素，但不可能取消民族文化的特殊性。正是在西方发达资本主义国家文化霸权的扩张过程中，发展中国家越来越认识到作为民族精神支柱的民族文化的重要地位。为了维护本民族文化的生存和维系本民族的精神支柱，广大发展中国家在经济全球化运动中纷纷采取各种样态的文化保守主义等对策，与西方所谓文化自由主义相抗衡。这就是全球化运动中文化冲突的由来。由此可见，文化冲突不仅是全球化的产物，而且本身也呈现出全球性特征。文化冲突是经济全球化内在矛盾的外在表现。

三　价值认同和价值观冲突：文化全球化如何不可能

　　文化融合和文化冲突是全球化进程中的两种文化现象。这种现象呈现了文化全球化的可能性问题，但要论证文化全球化是一种抽象可能性，还必须深入到价值这一层面。价值观是文化的核心。价值认同和冲突从文化的深层结构中反映了全球化的历史本质和内在矛盾。

　　随着经济全球化的日益扩张，当代文化融合也表现出深入的态势，最终的成果就是在价值认同方面取得了重大进展。价值认同从可能逐渐变为现实，其根源在于人类自身的需要。如上所论，在当代全球化时代，各种全球性问题成为人类共同面对的时代课题，而这是需要人类共同努力的，单靠哪一个民族、国家，是无法作为的。"当代的全球化所带来的各种全球问题已对整个人类的生存和发展构成了严重的威胁，从而以否定的形式促成了人类共同利益的形成。"① 正是基于人类的生存和发展的共同责任，不同的民族、国家在面临全球性问题的时候，在人类整体利益、长远利益和根本利益的前提下纷纷采取共同行动。这种全球性行为也就必然要求相应的行为标准和价值尺度。与这种要求相适应的就是当代价值认同作为一种重要的文化现象的产生。价值认同是全球文化融合的必然要求，也是全球文化融合的必然结果。从内容上看，价值认同的伦理原则是世界历史本质的真实反映；从形式上看，价值认同的一般尺度是见诸各民族、国家的普遍有效的规范或标准。从价值认同内容和形式两个层面来考量，我们就不难从普世价值的论争中把握问题的实质所在。孤立地、抽象地谈论普世价值是没有意义的。所谓孤立的、抽象的方式，就是离开了世界历史真实意义的思辨。经济全球化是近代以来的工业化、现代化的反映，但它只是

---

① 汪信砚：《汪信砚论文集》，中华书局 2009 年版，第 225 页。

历史进程中的表象。这种表象所表达的正是近代以来西方发达资本主义国家所主导的全球性经济活动。但近代以来历史发展的真实意义是无产阶级作为历史主体所开创的世界历史。这是真正体现历史精神的人类发展进程，它以阶级解放和人类解放为核心价值目标、以现代化为基本主题，是旨在重新确立人的根本地位、彻底实现民族平等的历史，而这在全球化时代是无法依靠西方发达资本主义国家来实现的。西方发达资本主义国家所主导的全球化运动，意在全球范围内确立资本主义制度，这显然是以阶级剥削和阶级压迫为前提的。在这种前提下，普世价值就是西方价值、特殊价值。也就是说，普世价值有着特定的西方色彩的政治意图。就笔者看来，当下西方执意推行的普世价值，和黑格尔苦心经营的绝对精神、世界理性并无二样，纯属观念活动。资本主义并不是永恒的、终极的。在世界历史的时代，无产阶级是历史的真正领导者、代表者和创造者。只有在无产阶级作为真正的历史主体的前提下，普世价值才能由可能变为现实。从这个意义上讲，价值认同和普世价值是不能画等号的，换言之，在当代全球化历史境遇中出现的价值认同，只是现时代人类就某些共同关注的全球性问题作出的价值判定和价值选择，它不可能代表对人类根本利益的价值认识，而只是西方发达资本主义国家意识形态全球战略的直接告白。这个问题也曾于 2003 年 8 月在土耳其召开的第 21 届世界哲学大会上引起了与会学者的共鸣。土耳其约安娜·库丘阿迪教授就认为，西方发达资本主义国家以自身的发展作为全球发展模式，进而以"文化认同"概念来强化这一观念，"其实质就是要发展中国家放弃自己的价值观念和自身的权利，放弃自己的发展方式，去遵从西方的发展模式和价值观念"[1]。

事实上，与全球化相适应的、深刻反映全球文化冲突的一个重要现象就是价值观冲突。民族文化是一个民族传统文化和时代精神的体现，既具有自身的传承方式和存在优势，又不可避免地呈现出自身的狭隘性和片面性。在历史向世界历史的转变过程中，各民族文化都要面临全球化的挑战，接受其他文化的辐射。价值观是文化的核心部分，而价值观是多样化的。不同的民族，由于民族活动方式和生活方式上的差异，价值观的内涵和表现方式并不一致。从全球范围来看，世界秩序格局中存在"中心"

---

① 何萍：《全球化与西方哲学话语霸权的消解——第 21 届世界哲学大会纪实》，《国外社会科学》2004 年第 3 期。

和"边缘"之分，所以经济全球化过程实质是一个不平等的竞争过程。全球化是源于西方文化的重要术语。处在"中心"地带的西方发达资本主义国家，从不停止它们的文化战略，具体表现为，一方面通过经济全球化来主导全球经济发展模式和原则，推行资本主义生产方式，把世界都纳入资本主义经济体系之中；另一方面，西方发达资本主义国家力图通过价值观的输出，将所谓的普世价值推到全球，从而在世界范围内确立符合西方价值观体系的意识形态。无疑，在后一种文化战略的背后，掩盖着西方发达资本主义国家的种种政治蓝本和利益诉求，即通过全球化理论替代现代化思想，以"西方中心主义"替代马克思主义。

在全球化的话语霸权支配之下，近几年来普世价值的传播尤为迅猛。不可否认，这种文化思潮确有较大的影响力，它在尽可能的范围内消解着广大发展中国家的传统价值观。这种现象逐渐引起了广大发展中国家的高度关注。如何遏制以普世价值为名的西方文化的强势扩张，成为包括中国在内的全球学者广泛讨论的重要问题。这本身也似乎论证了文化全球化的现实性。但这只是说明全球文化问题的存在。文化全球化是全球文化、价值一体化、整体化，换言之，文化全球化就是去民族化。历史地看，到目前为止，还没有一种真实的全球同质的文化和全球同构的价值。约安娜·库丘阿迪教授曾倡议以"文化的价值综合"为基础发展全球文化，要注意的是，约安娜·库丘阿迪教授的"'文化的价值综合'否定全球认同某一种价值观，而是强调每一种文化都是独立存在的，都是有价值的"[①]。笔者认为，在全球化时代，普世价值只能是以一种可能性的方式而存在，而这一可能性是以民族文化及其价值体系的认同为前提的。如果否认这一民族文化及其价值的认同性，那么普世价值的可能性也会失去其最终的现实基础。

民族文化走向世界文化的过程，既是民族文化的普遍性提升过程，也是民族价值体系的重塑过程。在当今全球化时代，对任何民族文化及其价值观体系来说，都是相互影响的，不存在优劣之分。所以，每一个民族文化及其价值观体系对外来文化及其价值观体系既要有开放精神，又要有选择性。从世界历史的发展来看，发展民族文化、提升民族价值观体系水平

---

① 何萍：《全球化与西方哲学话语霸权的消解——第 21 届世界哲学大会纪实》，《国外社会科学》2004 年第 3 期。

的前提，是保持文化的开放性而不是固守其保守性。开放性是人的交往本性。在全球化时代，人的交往实践已扩大到世界交往形式。随着人的交往实践不断深入，民族的生存智慧、文化创造力会得到不断提高；民族文化的丰富性会不断提升。民族文化的生命力蕴藏在民族开放式的生命智慧创造活动之中。

民族文化及其价值观体系水平的提升，既与民族的交往实践有关，也与民族文化及其价值观选择分不开。文化及其价值选择是从深层次对全球化作出的理性选择，其实就是民族的生存方式的选择，它既包含着对本民族优秀传统文化的继承，又表现在对外来文化批判的吸收。优秀的民族传统文化及其价值观体系构成本民族文化的精神脊梁。所以继承本民族优秀的传统文化是民族价值选择的前提，否则，必然在历史虚无主义思潮的诱导下瓦解民族价值体系，丧失民族赖以生存的精神家园。当然，一个民族传统文化既有优秀的思想文化资源，也有一些糟粕之类的东西。含有糟粕之类的封建文化是不符合人类社会发展的文化单元，它与集权政治、皇权思想、宗法统治、男尊女卑等消极因素联结在一起，是与现代化背道而驰的东西，我们必须加以摒弃。这本身也是价值选择的重要表现。价值选择的根本原则是既要合符本民族的根本利益，又要适应现代化的发展要求。尊重科学，倡导理性，建构人文精神，是价值选择的基本内容。只有面向现代化，发展现代科学精神和人文精神，民族文化及其价值才能生存和发展。归根结底，全球化时代的文化及其价值的冲突与竞争，其实就是民族智慧的生存与创新。价值选择是经济全球化扩张和文化生存的必然要求。

当前中国正在致力于社会主义市场经济建设，经济全球化既为我们带来历史发展机遇，同时也向我们提出严峻挑战。为了在新的世纪实现中华民族复兴的伟大目标，我们既要紧跟世界历史的步伐，大力发展经济，创造出更多、更优秀的属于本民族同时也属于世界的文化；又要着力构建以马克思主义为指导的、以中华民族文化为基础的、面向世界和未来的社会主义核心价值体系。因此，建立社会主义核心价值体系是维系中华民族文化生存和发展的价值选择，也是我们面对普世价值思潮、应对全球文化冲突的正确选择。

风险生存及其历史扬弃

贾英健[*]

现代科学技术在当代的迅猛发展，生产力发展水平的大幅度提高，尤其是人类全球交往活动的普遍化，使人类实践中的生存风险变得更为迅速、更为广泛、更为深刻，推动着人的生存风险走进全球风险，出现了风险社会中的人的风险生存问题。风险生存作为当代人类的一种崭新生存方式，对人的生存和发展产生了重要影响。如何正确认识和把握风险生存及其影响，积极探寻扬弃风险生存的历史之路，也就成了马克思主义人学理论当前所面临的一项迫切而重要的任务。

一

何谓风险生存？其实，回答这样的问题是与对其何以产生的追问联系在一起，并由人类实践活动来得到解释的。只要人在生活、活动，就无法回避风险。不过，风险生存的真正出现，却是与工业文明的发展密切有关。工业文明不仅有力地推动了人类实践的大大扩展，大大提高了人类利用自然、征服自然、改造自然的能力，而且也使人类在实践的扩张中能够更多地将自然界运动的后果与人类的现代生活联系在一起，使工业社会中的人类面临着超出纯自然风险更大、更多的社会生活风险。当然，这种风险来自于人类实践带来的风险威胁。不仅如此，伴随着人类实践的深度扩张，人类交往得到了深度扩张与普遍提升，人类历史在打破了民族的和地域的狭隘限制之后，开始了历史向世界历史的转变。在这种情况下，一方

---

[*] 贾英健，中共山东省委党校哲学教研部教授。

面人类实践迅速扩张而导致的社会生活的风险不仅数量增加、种类增多、程度加深，而且总量也迅速扩张。与此同时，由于实践水平的提升，人类对外部世界的认识能力和改造能力都大大增强，人类应对和规避单纯自然风险的能力也得到极大提高。所有这一切，都凸显了人类实践风险正在成为社会生活中的一种主要的风险类型。另一方面，工业社会的风险发展不仅在数量和类型上增加，在规模和范围上扩张，并引发了全球性、世界性的社会风险的形成，形成了与传统社会不同的人类生存的风险景观。这说明，人类实践在给自身的生存和发展带来积极后果的同时，也带来了消极后果，这种消极后果即风险生存。"工业社会的社会机制已经面临着历史上前所未有的一种可能性，即一项决策可能会毁灭我们人类赖以生存的这颗行星上的所有生命。仅仅这一点就足以说明，当今时代已经与我们人类历史上所经历的各个时代都有着根本的区别。"① 正因为如此，吉登斯才在被制造出来的意义上来把握风险和风险生存问题。

实践之所以会带来生存的风险，是因为：第一，实践是一种创造性的活动。人在自己的创造性活动中，一方面将自己的主观目的客体化，另一方面也将客体主观化，形成了主客体之间的双向对象化的运动。就前者来说，是主体的创造性过程，就后者来说，是主体的受制性过程。正是在这种意义上，马克思把人的这种主体的创造性看成是一种"能动的受动"。但是，人在自己的实践活动中，常常因为强调人的创造性而忽视客体对人的活动的制约性，当出现这些情况的时候，就会对实践带来消极的影响，这也表明，人的实践活动本身内蕴了风险的可能。第二，人的实践活动还是一种创造活动。人在自己的实践活动中，不断地通过将自己的本质外化，在自然界中打上人的印记，这样，人的实践活动结束之后，作为实践的结果是一种属人的价值存在。但实际上，这种属人的价值存在只不过是那种合乎人的实践目的的结果，这是人的实践创造价值结果中的一种结果。当这种价值变成现实的时候，就意味着这种结果的出现而使得其他价值结果得到了抑制，并以实践结果的负价值的形式而存在着。对于人类面前的自然界来说，由于它本身已经是被人化了的产物，所以，它除了具有原本意义上的资源价值之外，还具有了环境价值，这两种价值构成人的生

① ［德］乌尔里希·贝克：《从工业社会到风险社会》，《马克思主义与现实》2003年第3期。

存价值。实际上，人在追求对自然的环境价值的过程中，却由于牺牲了它的资源价值，而容易引发对人的风险问题。当然，由于自然界本身具有一种自我修复的能力，因此，在面对人类对其改造和消费造成的生态环境的破坏时，总会通过自我修复使人为的破坏得到补偿。但是，当人类对自然界的消费超出了自然界的自我修复能力限度时，就会造成生态系统的稳定和平衡的破坏，从而使人类失去生存环境，其后果就是人类要面对这种人为地制造出来的风险。① 换言之，一旦这种负价值超出了正价值，人的生存风险就会出现。第三，实践是一种反思性的活动。人类实践活动与其他活动的一个重要不同在于，人的活动总是反思性的，这种反思性的活动伴随着人的实践活动的每一个环节之中，人类通过对实践的不断反思，及时地审视实践中的问题，并将那些与人的实践目的相背离的因素及时排除掉，确保实践活动沿着正确的轨道向前发展。但是，人的反思性活动恰恰又是建立在对客观事物规律的科学把握基础之上的，面对无限多样的客观世界，人类对其的认识和实践都是有限的，这也决定了人的反思能力的有限性。正是由于这种反思能力的有限性，难免会使人要面对不确定的风险。实践还是一种历史的超越性活动。实践不仅是感性的，而且也是超越性的，作为感性的活动，它满足人的自然需要的活动，作为人的超越性活动，它又是以满足人的精神需求的活动。物质生存需要和精神生存需要，构成了人的生存的基本需要，也成为人的实践活动所致力于追求的目标。然而，在实践中，人的这两种目标的实现往往只是一种美好的理想，事实上，人在追求物质需要的过程中，往往会牺牲人的精神需要的发展目标；同样，人对精神需求目标的追求，也往往会导致人的物质需求的降低。正因为如此，导致了人的生存实践中存在着生存悖论：人既是超越的、至上的，又是非超越的、非至上的；人既是现实的存在，又是理想性的、未完成的存在；人的世界既是现实的世界，又是人所要求的、人类不断创造的世界；人既是感性的存在，又是理性的存在，人的感性和理性永远处于矛盾之中；人既是"小我"，又是"大我"，"小我"与"大我"永远处于矛盾之中。正是人的生存悖论，决定了人每时每刻都处于经验和超验、理想和现实、肉体和精神的矛盾、痛苦和纠葛中。这种生存的悖论，随着实践的不断发展和扩大而得到不断加剧，使人类不得不承受着因为这种生

---

① 张兴桥：《人类生存的悖论与发展伦理学》，《理论探讨》2003 年第 1 期。

存悖论而带给自己的风险。

　　接下来的问题是，对风险生存作何理解的问题。从表面上看，风险生存总是通过否定性的形式表现出来的，但实际上，这种否定并不完全是在消极的意义上来谈论的。风险作为一种反思性的概念，它所表达的意义是一种面向未来的积极的思考和努力。吉登斯早就这样说道，"风险总是要规避的，但是积极的冒险精神正是一个充满活力的经济和充满创新的社会中最积极的因素。生活在全球化的时代里意味着我们要面对更多的、各种各样的风险。我们在支持科学创新或者其他种类的变革中，可能应该表现得更为积极些，而不能过于谨慎。毕竟，'风险'一词（risk）的词根在古葡萄牙语中的意思是'敢于'。"① 现代风险与其说会使心理生活更加不安全，倒不如说能让人的生存规划未雨绸缪。尽管风险常常会使人产生一种反感的态度，但并不能成为我们拒绝风险的理由，事实上，风险并不是完全可以得到克服的。有些风险已超出人的能力控制范围，因此，对风险的分析，其"基点必须是：生活不可避免地会与危险相伴，这些危险不仅远离个人的能力，而且也远离更大的团体甚至国家的控制；更有甚者，这些危险对千百万人乃至整个人类来说都可能是高强度的和威胁生命的。"② 不拒绝风险，并不是要人们害怕风险，甚至造成人心理上的紧张与生活上的不安全感，也不是要人们否定社会进步和人们生活质量不断提高这一事实，而是通过对遭遇得越来越多的风险的思考，降低对风险的心理紧张的边际效应，造就出应对生存风险的稳健心态。除此之外，对风险生存的强调也绝不是否定人们整体生活水平提高的事实，而是反思周遭生活继而追求更美好生活的理性表达，是人生自由程度不断提升之后的一种客观与全面的把握，是人生规划未雨绸缪的主体自觉。③ 最后，风险生存表示的还是一种可能性的范畴。作为可能性的范畴，它并不等同于风险事实。贝克指出："风险与毁灭并不一样。风险并不是指已发生的损害，否则，所有的保险公司都要破产了。然而，风险确实有毁灭的危险。风险概念表述的是安全和毁灭之间一个特

---

　　① ［英］安东尼·吉登斯：《失控的世界——全球化如何重塑我们的生活》，周红云译，江西人民出版社 2001 年版，第 32 页。

　　② ［英］安东尼·吉登斯：《现代性的后果》，田禾译，译林出版社 2000 年版，第 115 页。

　　③ 钟明华、龙柏林：《人生风险：社会境遇与多元治理》，《学术研究》2007 年第 3 期。

定的中间阶段的特性。在这个阶段，对有危险的风险的'感知'决定
了人的思想和行为。"① 人们之所以这样理解，是因为，通过强调风险
生存，使人们树立一种风险社会的风险意识，以科学的风险生存观来指
导对风险社会的风险认识。可以看出，风险生存作为风险社会生活中可
能发生的种种生存危机，不能仅仅从一种消极的意义上来理解，而是需
要确立一种积极的建设性的风险生存理念，自觉地将其纳入人的生存和
发展之中。

二

　　既然人的活动离不开风险，而且伴随着人的交往实践活动不断地走向
全球化，风险生存也就成为当下人类的一种经验性存在，并对人的生存和
发展产生许多消极影响。

　　首先，风险生存形成了对个体生存的焦虑。在风险社会中，之所以出
现个体的生存性焦虑，是因为社会的"不确定性"。吉登斯认为，社会生
活的"例行化"是个体行动的外在条件；每一个个体置身于例行化的社
会环境中，遵循着习以为常的惯例，就会有一种"本体性的安全"感。
风险社会打破了人们生活中已有的经验、既成的惯例，挑战人的本体性安
全，如果说传统社会，已有的经验和习以为常的惯例构成人们的生活重心
的话，那么，现代风险社会则围绕着未来这一重心来展开人自己的生活。
但是，未来究竟是什么样子？面对风险社会，没有任何人能够给出确定性
的回答。这样，生活在不确定的风险社会中的人，因为失去了根基，而犹
如漂泊的浮萍，导致存在性焦虑。风险社会的人的生存状态，还表现为人
与人之间的信任危机。吉登斯从信任是以确定性为前提的承诺与认同这一
认识出发，不仅区分出"当面承诺"与"非当面承诺"；而且也区分出对
人的信任与对抽象体系的信任两种信任关系。前者指的是在共同在场的情
况下，社会关系所体现和维持的信任关系；后者指的是从象征标志和专家
系统的抽象体系中发展出来的信任关系。传统社会，人与人之间的信任关
系是建立在当面承诺这一"共同在场"的对人的信任基础上的，在这里，
信任双方处于高度融合的时空中进行面对面的交流，在当代风险社会，由

---

　　① 薛晓源、周战超：《全球化与风险社会》，社会科学文献出版社 2005 年版，第 137 页。

于"在场"与"不在场"的界限，出现了时空分离，"即社会关系从地方性的场景中'挖出来'并使社会关系在无限的时空地带中'再联结'。确切地说，这种'挖出来'就是我所说的抽离化的内涵，对于由现代性所引入的时空分离的巨大增长而言，抽离化是关键因素。"①抽离化机制以象征标志与专家系统为主要类型，建构起了人与人之间的信任关系。这不仅会造成个体时空的迷失，而且也削弱了个体对交往对象的真实性体验。可靠性的存疑，更重要的是，由于抽象体系的泛化，造成了个体对自己切身体验的不信任，并形成对专家的过度依赖。

其次，风险生存也造成了对群体生存的威胁。人的存在不仅是个体的，而且也是群体的，任何个体都总是存在于社会关系之中。马克思在对社会关系的进一步分析中，当他从社会关系的角度来考察个人的存在的时候，所表明的是人的社会生活过程，表明人是社会的一部分。同时，以人的社会联系为存在对象的"现实的个人"，并不意味着人的任何实践行为在任何情况下都注定要采取集体活动的形式；社会性只是对人的个性的成全，是把个性理解为对社会性的诠证。从而认为，"首先应当避免重新把'社会'当作抽象的东西同个体对立起来。个体是社会存在物。因此，他的生命表现，即使不采取共同的、同他人一起完成的生命表现这种直接形式，也是社会生活的表现和确证。人的个体生活和类生活不是各不相同的，尽管个体生活的存在方式是——必然是——类生活的较为特殊的或者较为普遍的方式，而类生活必然是较为特殊的或者较为普遍的个体生活。"②可见，马克思主义关于人的存在是一个包括了一个广阔范围的多样性活动的实际关系。传统社会是一个群体本位的社会，在这样的社会中，人与人之间遵循一种"我群主义"的狭隘观念。这样，人与人、群体与群体之间经常围绕着"我群"利益和"他群"利益而展开争斗。这种群体之间的冲突对双方所造成不确定损害的可能性就是一种"群体生存风险"。群体生存风险是从人与人之间的"群性关系"出发，对局部性的群体存在以及个体生命产生破坏性影响的生存风险，它主要是对局部性的个体的肉体生命活动（种生命）产生影响。它与较为落后的生产力水

---

① ［英］安东尼·吉登斯：《社会的构成》，李康、李猛译，生活·读书·新知三联书店1998年版，第302页。

② 《马克思恩格斯全集》第3卷，人民出版社2002年版，第122—123页。

平以及人类狭隘的不文明的思想意识直接相关。因此，群体生存风险则只是对个体生命或局部性群体存在产生影响，它可以消灭个体的肉体生命，至多使局部性社会消失。表面上看来，群体生存风险十分残忍，比如人与人之间血淋淋的厮杀，人群与人群之间的钩心斗角、争权夺利，国家与国家之间的彼此争战、互相屠杀，等等，但群体生存风险只是影响局部人类的生存利益。群体生存风险在民族国家产生以后表现为国家与国家之间的争斗。群体生存风险在当代社会也仍然十分突出。在当今全球化时代，虽然和平与发展已成为当今时代的主题，但局部战争、民族争端、种族歧视、宗教冲突、恐怖主义、跨国犯罪等依然不断，甚至愈演愈烈，之所以如此，就在于人类只是站在狭隘的群体本位立场，将我群以及自己所在的群体、组织、集团、社会、民族、国家与其他的群体对立起来。这种群体生存风险如果局限在有限的范围或地区，只会对局部群体的生命活动造成损害，但是当其超越地域的限制，就可能对整个人类的生存造成威胁。在当今全球化的时代，人类的交往关系日益密切，相互依赖程度日益加强，交往手段日益高科技化，在这种情况下，群体生存风险就有可能转化为对整个人类的威胁，成为一种类生存风险。尽管从总体上看，群体生存风险正在越来越大的程度上被类风险所取代，但是，这也并不表明群体生存风险的不存在。只要有群体存在，就会有群体生存风险的存在。

最后，风险生存还促成了类生存的悖论。在人类实践活动过程中，不仅存在着个体生存风险和群体生存风险，而且也孕育着类生存的悖论即类风险。在当今的经济全球化时代，人类交往实践活动在全球范围内的展开，使历史日益成为世界历史。在这种条件下，全球相关性日益加强，不仅个体与类之间，而且在群体和类之间都形成了高度复杂的依赖关系。这一方面体现着人类发展的进步，另一方面也使实践风险在全球范围内展开：原来个人的、局部的、区域的风险转化为全球性的风险，风险主体从个人、区域、局部主体转换成为人类主体——风险从原来对单一个人、局部、少数人的影响转变为对整个人类的影响，风险程度从原来对单个人、少数人生活某些方面的影响转变为对整个人类生存和发展的根本威胁。如此丰富的联系与交往，个人、国家和整个人类的生存和发展与整个世界的存在和发展结合如此之紧密的情况，这是人类在以往从没体验过的事情。但是，高度的复杂的依赖性关系，也同时将人类送进了一个高度复杂的风险社会或"失控的世界"，根本的原因在于，在当代社会实践中，存在着私人利益与公共利益的分裂、局部利益与全球利益等的分裂。这种利益上的分裂通过人的实践表现出来。实践具有二重性，它一方面可以带来物质财富的富足和自由的增加，另一方面也带来风险机会的增加和加剧。这两个方面的相关性关系本来是相互制约和相对平衡的，这种相对平衡性使风险对人类而言处于一种合理的限度，即使存在风险，一般也不会发生从根本上威胁人类的生存和发展的情况。但是，当今的世界，由于存在着私人利益与公共利益、局部利益与全球利益的分裂，这就使人这一主体在权衡自己的得失利弊的时候，总是着眼于将私人利益作为一切行为的出发点。正是人对这种私人利益、局部利益的过度追求造成了实践的两个方面内容的相对平衡的破坏。平衡一旦打破，人们对增加物质财富的追求就会失去限制和约束，世界范围内的风险便由此而发生，并对人类的存在与发展产生根本的威胁。当然，这样说并不是指只要存在私人利益与公共利益分裂就必然会导致全球风险的存在，风险的出现只有在世界历史实践的基础上才会产生。在高度风险的社会里，风险性、急剧变动性、多样性、不确定性等因素的复杂性关系的存在，不断地造成人的时空经验的断裂，各种不可预料性也伺机形成对每个人的经历的吞没、粉碎和颠覆，使其难以再像过去那样获得对自身经历连续性的感受。在这种情况下，原本自己感受到的那种整体的自我，不断地出现时空感觉的碎片化。不仅如此，在一种全面、复杂而快速变换关系的旋涡中，人的身份再也不是固定的、稳定性的了，而成为一种跳跃、即时的东西，从而使个人不断地在追问"我是谁？我从哪儿来？身在何处？"的过程中迷失自我。一方面，个人将自我视为一种"无负担的自我"，消除了种族的、宗教的、历史的以及其他各种类型的结社在自我认同中的重要性；另一方面，无负担的自我也使个人在这种自我认同危机中难以成为一种有健全人格的道德主体。他们在理所当然地享用经济全球化给他们带来的各种自由和权利的时候，却没有而且也不可能产生有关责任和义务的问题，这是一种原子式的个人观，它排斥了社会成员之间共享"公共善"的可能，难以在人们之间建立一种和谐的相互承诺的关系。当自我不能够从共同体中来寻找自己的归属的时候，也就只能将社会和他人当作一种异己的存在，在他们之间根本不可能建立起一种责任和义务的关系，当然也就很难保证个人能够以一种理智的行为来参与实践交往以及处理交往中遇到的矛盾和冲突，甚至成为引爆人类风险的导火索。

三

风险生存对人的影响是双重的，它在对人的生存和发展产生消极影响的同时，也产生诸多积极影响。

首先，风险生存为个人生存的自我开拓和能力提升提供了机遇和可能。一方面，风险生存为个体提供自我发展的良好机遇。对于当代风险问题，人们常常习惯于站在安全的对立面来理解和把握，但实际上，风险与不安全感有关，但是，它更是一种机会、创新和责任。正因为如此，吉登斯在人生"命运时刻"的意义上把握风险，并将其视为个体切实地感到即将可能面临的风险。在这种情况下，有人选择逃避，有人选择反抗，也有人选择对风险的主动追求。显然，在"命运时刻"里，个体的本体性安全受到了惊扰，从而将人推到生命的转折点，在这种转折关头，过去的例行化的和有序性的东西已经失去了意义和价值，逃避显然是一种消极的选择，面对陌生的、不确定的新情况，正确的人生态度便是，正视自己的局限性，走出旧我，重塑新我。为此，需要主体勇敢地融入社会，积极地汲取资源，唤醒并激发生命中的潜能，以自己的改变应对生命的挑战。吉登斯也正是在这种意义上指出，制度性风险环境或其他个人化的风险活动，构成一个人主动创造命运的重要的环境条件。因此，培养对风险的主动性参与，对构筑个体的本体性安全有着重要的意义，它更多地表现为能够在多数人认为平淡无奇的环境中发现机会。因此，个体"培养"风险参与的过程，既是遭遇危险的过程，也是危险解决的过程。或许一个人所选择的策略可能会在其后数年难以复制，但至少在某些相似的情境中有个心理准备。这就要求个体在面对风险的时候，要使自己努力做到：一是要重新思考并定位自己，通过积极地反思，寻求发现展示自己的机会，实现自我超越；二是通过对自己生活的不断反思，形成一种面向未来的责任意识；三是在面对种种不确定性的时候，要敢于超越传统思维，使创新成为一种积极的人生状态。还要看到，风险生存也有利于促进个体进行反思性的选择。"风险"被人们定义为"可能发生的危险"，可能发生的风险，并不等于危害本身。"风险的概念因此刻画出了安全与毁坏之间的一种特有的、中间的状态，这种状态对具有威胁性的风险的认识决定了思想和行为。"① 可见，人们正是在面对风险时懂得了思考，在对风险进行的行为诠释中演绎着自我生存逻辑的生活状态，并向人们表达着一种生活的指向，即"风险仅仅暗示了什么不应当做，而不是什么应当做"②。在风险社会中，传统为人们提供的确定性、规则和权威不存在了，一切都变成了不确定性的。这既可能因为不确定大量存在导致人们对一切东西都变成了不信任，同时也为人们在复杂多样而又瞬息万变的现实面前作出选择打开了大门。这是因为，面对风险社会，生存于其中的个体需要优先考虑的是对自我的一种保护，是对自我生存逻辑和生存事实的一种认可，是对生存利益的自我维护，是通过特定的方式来对自我合理性进行的一种假定，是对自身的一种理解和对风险的一种行为解读。这样，在风险社会中，当某种"绝对"或上帝已经失去它应有的解释力之后，人们逐渐将自我生存视为自己思考的全部。"人们不仅意识到自己的意识活动，而且意识到主体自我，人们能够以自己为对象来揭示自己的本质力量，来塑造自己。"③ 在这个自我理解和自我构建的时代，自我的丰富性以前所未有的广度和深度凸显出来。在风险社会中，人们在塑造着一种自我的生存方式，"所需要的是一个有活力的日常生活中的行动模式，这个模式把自我置于其中心，为它分配并开辟行动的机会，并且以这样的方式，允许它通过正在出现的有关个人自身生涯的可能性和决定，以一种有意义的方式发挥作用。在肤浅的理智外表之下，这意味着为了生存，必须形成一种以自我为中心的世界观，它对自我和世界的关系负起责任。"④ 这种世界观同时也就表现为自我的风险意识，在这种意识的支配下，构建人们的精神世界并外化为生存的方式。但是，真正的选择是反思性选择，是人类基于自我认识、自我反省而进行的思考。这种思考具有批判视角，超越个人眼前利益并符合人类的审美追求，同时兼顾他人利益和社群利益。对于生活在风险社会环境中的个体来说，选择已经成为一种生活方式，因而提升选择能力既是风险社会的需要，也是风险社会对个体素质的促进。

---

① 〔德〕乌尔里希·贝克：《世界风险社会》，吴英姿、孙淑敏译，南京大学出版社2004年版，第175页。

② 同上书，第182页。

③ 冯契：《冯契文集》，华东师范大学出版社1997年版，第390页。

④ 〔德〕乌尔里希·贝克：《风险社会》，何博闻译，译林出版社2004年版，第166—167页。

其次，风险生存有助于在形成群体主体风险意识的基础上努力寻求对各种社会风险的积极应对。传统社会和工业社会中，作为群体的国家承担着保护环境和公众安全的责任。但是，在风险社会中，"风险冲突将会使公共机构非合法化。虽然公共机构继续正常运转，而且还将否认风险，但风险仍然具有上述这种不寻常的作用，它像病毒似地侵入公共机构，并从内部使它们动摇"①。这使得现代国家对于风险的真实态度是"有组织的不负责任"，国家在无法把握的风险面前失去了其稳定性基础。而在风险社会环境中生活的普通民众不具有正确预知风险的能力，不能区分什么是危险的、什么是不危险的，大家都盲从那些自相矛盾的专家和各种公共机构的意见，风险于是成为现代社会中每一个人面临的问题。"现在，人为的不确定性意味着风险成为我们生活中不可避免的一部分，每个人都面临着未知的和几乎不可能预测的风险。风险变成了'没有人知道'的另一个词。我们不再选择冒险，我们已为其所害。我们生活在暗礁中——一个随机的风险社会中，没有人能够逃脱。我们的社会由于随机的风险变得令人迷惑。"② 与此同时，"在全球性风险的推动下，这种等级式的阶级分配逻辑会被打乱，从发展趋势来看，随着风险的扩大，会出现风险分布平均化的局面……那些大肆制造风险的人迟早会自食其果。"③ 这表明，风险社会也消除了阶级、贫富之间的区分，淡化了阶级、民族、人类和自然的界限。总之，在风险社会中，旧工业体系已经过时，民族国家已经无力应对威胁整个人类的现代风险，正如贝克所指出的，"在全球风险时代想要回归到工业现代化的理论和政治哲学注定是要失败的"④。这必然要求并引发社会结构的深层变化和国家治理方式的深刻变革。"有组织的不负责任"实际上就反映了现代治理形态在风险社会中面临的困境，说明尽管现代社会的制度高度发达，但是它们在风险社会来临的时候却无法有效应

---

① ［德］乌尔里希·贝克：《自由与资本主义》，路国林译，浙江人民出版社2001年版，第131—132页。

② ［德］乌尔里希·贝克：《风险社会政治学》，刘宁宁、沈天宵编译，《马克思主义与现实》2005年第3期。

③ ［德］乌尔里希·贝克：《自由与资本主义》，路国林译，浙江人民出版社2001年版，第138页。

④ ［德］乌尔里希·贝克：《风险社会再思考》，郗卫东编译，《马克思主义与现实》2002年第4期。

对，难以承担起事前预防和事后解决的责任。同时由于无法准确界定几个世纪以来环境破坏的责任主体，各种治理主体反而利用法律和科学作为辩护其进行"有组织的不承担真正责任"的活动。尽管如此，这并不意味着风险社会群体对风险问题一筹莫展。相反，却要求风险社会群体对这种风险要有"反思性"、"自我批评"意识。"风险社会从本质上表明自己是个自我批评的社会，不仅是针对个别情况进行自我批评，而且还在原则上进行自我批评。"① "这种反思是通过在政治上平等参与尊重所有公民道德和实践关怀的政策确定活动而完成的"。② 反思的社会群体还从对科学权威的迷信的反思中认识到，"风险社会的教训是：政治和道德正在获得——必须获得！——替换科学论证的优先权。"③ 为此，需要确立政治和道德对科学的"优先权"，通过对现存的政治制度的反思和改革，使有关科学技术领域中的决策由非政治化朝着政治化方向发展，即公司的决定、科学研究议程、新技术的发展和部署计划都必须经过一个讨论过程，并将这一过程纳入法律和制度化的框架之中。"借助于把风险费用转回到康采恩身上的办法，强迫它们使风险内在化并因此而小心谨慎地行事"。④ 这一切的实现，并不主要是依靠民族国家群体，而主要是依靠绿色运动等非政府组织及其运动。贝克认为，现在民众的风险意识已经开始形成，并发起了意为"第二次启蒙"的社会运动。非政府组织的会议及运动"事实上正在形成一种至少是处于起始阶段的调控体系，它对民族国家层面上的偏离者绝对具有某种约束力"。⑤ 这表现在世界性的环境保护运动和消费者行动越来越享有高度的合法性。贝克进一步认为："风险社会时代的政治问题，不再被理解为是一个国家内部的政治问题，而只能被理解为国家与国家之间的政治问题。因为在全球处于存在巨大风险和灾难之可能性的状态下，其社会运作机制不会去过多地考虑国家或州郡层面上的问题，

---

① ［德］乌尔里希·贝克：《自由与资本主义》，路国林译，浙江人民出版社2001年版，第161页。

② Jorge M. Valadez, *Deliberative Democracy, Political Legitimacy, and Self-Determination in Multicultural Societies*, USA: Westview Press, 2001, 32.

③ ［德］乌尔里希·贝克：《风险社会政治学》，郗卫东编译，《马克思主义与现实》2005年第3期。

④ ［德］乌尔里希·贝克：《自由与资本主义》，路国林译，浙江人民出版社2001年版，第148—149页。

⑤ 同上书，第159页。

也不会过多地去考虑国家或州郡内部的经济和军事集团的联盟机制问题。"① 因此，替代性治理形式必须能够恰当解决全球层面的国家间协调问题。

再次，风险生存为当代人类本位的确立和类意识的形成提供了现实基础。确立作为人的实践活动的产物，是在人的全球交往中产生的。人的交往活动的全球化发展，不仅使不同地区、不同国家、不同民族的人们之间建立起了全方位的、日益紧密的联系，使人的生存方式在很多方面公共化，人类的共同利益越来越多，而且也越来越多地将整个人类带入了一个全球风险社会之中。今天，人类所面临的诸如生态破坏、环境污染和人口爆炸性的增长等问题，都成为严重威胁着整个人类的生存和发展的全球性问题，而现代的核武器的积累已经足以把整个人类从地球抹掉的时候，这一切都提醒着人类必须摆脱以往的群体本位和个体本位，走向一种更高、更优化的类本位。风险社会中凸显出来的人类发展的这种类本位的发展趋势，正在使马克思当年所构思的人类生存和发展的三形态理论变成一种在今天可以经验到的事实而存在。马克思认为，人的历史发展可以区分为"人的依赖关系"、"以物的依赖性为基础的人的独立性"和"建立在个人全面发展和他们共同的社会生产能力成为他们的社会财富这一基础上的自由个性"② 三个依次更替的阶段。这三个阶段即群体主体、个体主体和自觉的类主体的依次发展阶段。在自然经济状态下的前资本主义社会，由于生产力水平低下，人与人之间相互依赖，缺乏独立自由活动的能力和条件，人们只能是以群体为本体，人的生存方式和发展方式主要是个人对各种各样群体的依赖。后来历史的发展到了资本主义社会，由于商品生产和交换的发展，打破了人的依赖关系，使个人从对群体的依赖中解放出来，确立了人的独立性。市场经济的实质就是由群体主体向个体主体（"以物的依赖性为基础的人的独立性"形态）转变的历史阶段。但是，由于资本主义雇佣制度的存在，又形成了人对物的依赖性关系，人被物化了，成了商品的奴隶。只有随着社会物质条件的丰富与完备，人们才会逐步摆脱来自"人"和"物"的双重依附，达到人的最高发展阶段——类本位阶段（即"建立在个人全面发展和他们共同的社会生产能力成为他们的社

---

① 薛晓源、周战超：《全球化与风险社会》，社会科学文献出版社 2005 年版，第 116 页。
② 《马克思恩格斯全集》第 46 卷（上），人民出版社 1979 年版，第 104 页。

会财富"这一基础上的自由个性形态)。从这个意义上说,风险社会在为当代人塑造了一种新的生存方式,即风险生存方式。正是在这种风险生存方式的基础上,形成了当代人一种风险共存、共担的生存新理念,即源于风险共存和共担基础之上的责任意识。由于任何一种责任都是对他人同样渴求的一种责任的承诺,因此,这种责任意识的确立,同时也是建立在对其他个体的诚信这一前提之上的。正如吉登斯所说,"基本信任的建立是自我认同的精致化,同样也是与他人的和客体认同的精致化的条件。"①如果人与人的交往之间缺乏一种信任在里面,那么,就不仅会加重交往双方之间的矛盾,而且也可能会诱发一些不确定性和风险性的产生。所以,一个有责任意识的人,同时也是一个秉承诚信原则的人。责任当然主要是在人与人之间的关系中展开,但是它也涉及人与自然之间的责任问题。当前人类所遇到的环境危机,实质上是整个人类自身的生存危机。西方国家向不发达国家转嫁环境危机这自不用说,即便是科技发展,其所带来的"问题"的全球化,也主要的是由人为的、主观的或社会的原因造成的,即由于人们只着眼于科学技术的最近的和最直接的有益效果,而忽视了其长期、长远的社会影响而造成了科技的负面结果,这与人们如何使用有很大关系,说到底,与人们对科学技术发展问题上所持的一种科学主义的方法论有关。因此,人们不仅要确立一种人与人之间的公共的风险责任意识,而且也要在人与自然之间建立一种可持续的公共的风险责任意识。

可以看出,风险生存既体现着人的生存和发展的风险化,也体现着人的生存和发展的创造性。换言之,人的生存活动本身就蕴含着走向自己反面的风险性,正是这种风险的存在,不断地推动着人自己通过不断改进技术来解决风险,但这同样又可能会让人类走向一种更大的风险轮回中,风险—风险的解决—新的风险,构成了人的活动的一个重要规律,正是在这一规律中,蕴含了风险生存的历史扬弃问题。

四

风险生存的扬弃,既需要实践为其提供现实基础,也需要人的努力为

---

① [英]安东尼·吉登斯:《现代性与自我认同——现代晚期的自我与社会》,赵旭东、方文译,生活·读书·新知三联书店1998年版,第46页。

其提供主体条件，其目的是通过扬弃风险生存，走向人的自由全面发展这一人类生存的理想图景。

首先，实践为扬弃风险生存提供现实基础。既然不能离开实践来解决风险生存问题，那么，就需要围绕着该问题展开深入的思考。就实践目的而言，尽管人在实践活动之前，总是将对实践的结果以目的的形式表现出来，但是，这种实践的目的是否正确，往往既取决于对不同层次的利益的把握和立场，也取决于对长远利益与近前利益的合理定位，以及当代利益与后代利益的分配等问题。这三个方面都对实践目的的选择与确定，起着至关重要的作用，也直接关系到风险后果的分配。从实践的结果来看，由于人对该结果的预知总是有限的，况且，由于实践过程本身的复杂性和易变性，因此，也并不一定都会如期变成现实，即使能够变成现实，也往往要承担一定的代价和风险。从实践的手段来看，现代实践的发展是借助于现代科学技术这一中介来实现的。技术从本质上说是一个的感性实践活动有关的问题，它不仅是人的实践活动的一种中介和手段，而且也负荷了特定社会中人的价值，技术所体现的是人的一种本质力量，表征着人的存在和人的发展。技术不仅为人类提供了超越现实、求得自由与全面发展的条件和手段，而且它本身也构成了这种超越和实现活动的基本形式，并内蕴着对于人（主体）的正价值、正效应。但是，伴随着技术的片面扩张，一种由技术进步刺激起来的物欲主义也广为流行，它与人类在征服世界过程中不断膨胀起来的幻觉一起，促成了以人与自然关系的紧张为特征的生态危机，将人类抛入一个机械力量横行、钢筋混凝土建筑林立、环境污染及社会危机空前加剧的世界之中，技术由此成了人类异化的根源。在技术异化的世界中，任何技术产品都变得刚性、冰冷和单调，它在带给人们便利和力量的同时，也严重地侵犯着人性的自由。技术作为一种双刃剑的事实日益得到彰显。当代人所面临的技术化生存问题，从一定意义上说是技术作为人的精神层面上的存在被遮蔽所造成的，也是自然主义技术化生存的后果。总之，技术的应用一方面带来了社会的发展和进步，另一方面也导致了风险社会的出现。可见，无论是从实践的目的、结果和手段来看，其自身的有限性和局限性都有可能会给实践的目的和结果带来不确定性，并最终影响实践的结果。但是，立足于这种认识，尽管会对解决风险生存有利，但却无法从根本上扬弃这种风险生存。这表明，扬弃风险生存，除了要立足于实践之外，还应该反思能够将人的实践风险带到风险社会的特殊性原因，即私人利益与公共利益的分裂。按照马克思的观点，实践具有二重性，物质的富足和自由的增加与风险的增加和加剧是相一致的，它们之间相互规定、相互限制，形成相对平衡的关系。正因为如此，风险的存在对人类而言处于合理的限度，就不会对人类的生存和发展产生根本性的威胁。但是，当人类进入私有制社会，尤其是发展到资本主义的私有制社会时，由于出现了私人利益与公共利益的分裂，因此，对私人利益的过度追求便使实践的相对平衡遭到损害，物质财富的增加，不仅不意味着人类发展的自由程度的提高，而且也使其失去了对实践风险应有的限制和制约作用。这样，便出现了两种截然相反的现象，即物质财富的极大增长和实践风险的无限扩展与加剧，形成对人类的存在与发展的根本威胁。但是，真正将这种风险引入全球风险社会的，还离不开世界历史的实践基础。"在世界历史实践基础上，风险社会的直接促生因素是私人利益与公共利益的分裂与对立。因此，消除这种分裂与对立是跨出风险社会，扬弃人类生存和发展悖论的根本历史出路。"①

其次，人的塑造为扬弃风险生存提供主体条件。从主体的角度来看，思考风险生存的历史扬弃，需要从个体、群体和类这三个方面着手。但是，就当前来说，最为困扰人们的风险集中体现为个体生存风险和群体生存风险，因此，风险生存的历史扬弃，最重要的是在个人与群体两个层面展开。一方面，从群体的层面和维度看，当代风险生存最突出的是表现为民族国家认同的危机，因而，扬弃风险生存理应将着力点放在民族国家认同的基点之上。显然，解决民族国家认同的危机，不能像过去那样仅仅固守于原来意义上的认同，因为"随着人类社会的进化过程沿着它自己的轨迹的不断发展，人类个体在把它们全都包含在其中的既定的和有组织的社会生活过程中所具有的连锁性（interlocking）相互依赖状态，也变得越来越错综复杂、越来越紧密结合、组织程度越来越高了……走向形成完全统一的整体的境地。"② 这客观上需要人们有一种全球的视野和自觉的类意识。在这种情况下，人们首先认同的既不是国家，也不是民族，而是人类以及建立在这一认识基础之上的人类共同利益。但是，所有这些都不能

---

① 庄友刚：《风险社会：人生存的悖论及其扬弃》，《山东科技大学学报》2005年第3期。
② ［美］乔治·赫伯特·米德：《心灵、自我与社会》，霍桂桓译，华夏出版社1999年版，第334—335页。

成为否定对民族国家认同的简单理由。既然现代性和全球化对民族国家的冲击，不能够消除人们对于民族国家的认同，而原来的认同又在很大程度上出现了某种程度上的危机，那么，我们唯一能够做的就只有对民族国家的生存认同进行重建，这实际上又涉及如何来看待民族国家认同与超国家认同、民族认同和类认同等的关系问题。而在如何对待上述两种关系的问题上，一直存在着上面所说的用对一个方面的强调来否定另一个方面的做法。在我们看来，解决这种对立的办法就是要从对特殊性、差异和普遍性、同质的张力的关注中来把握二者之间的关系。另一方面，从个体的层面和维度看，当今时代发生的风险生存，完全是由于在人类出现了类意识的情况下个人利益与公共利益之间的分裂所致。扬弃风险生存，从个体的角度看，就需要在走出这种个人利益与公共利益之间分离的误区，在个人利益和公共利益相统一的基础上建构一种新的个体风险认同。其一，要拥有健全的人格自我。一个健全人格的人，必定是一个在自然、社会、精神三方面属性都得到协调发展的人，而这样的人也必然是一个有着归属感和身份感的人。在当前的经济全球化进程中，生存风险最主要的是表现就是指自我身份感、归属感的危机。因此，解决这种危机，就需要通过不断培养自己的健康人格，寻找一种有意义的风险认同。其二，要做一个自信而守信的人。一个拥有自信的人，通常表现为是一个敢于面对来自各方面复杂的认同焦虑和危机的人，也表现为是一个有足够的勇气承担各种焦虑和危机的人，还表现为是一个能够坚信自己能够走出焦虑和危机困境的人。一个人的自信主要表现在：能够始终保持一种良好心态；在面对困难的时候，能够显示出非常强的驾驭复杂性问题的能力；是一个有道德自律和责任感的人；是一个守信的人，真诚地守信，不仅应该成为人与人交往所遵循的原则，更应该成为我们践行的自觉。

最后，人的全面发展是扬弃风险生存追求的价值理想。人的自由全面发展是人类发展的最高的、理想的价值目标。马克思在《共产党宣言》、《资本论》和《哥达纲领批判》等一系列著作中，对这一价值目标进行了多次阐述。马克思通过对人的发展的价值理想的反复论述，最后将人类发展的目标确定为：消灭剥削，消灭阶级，极大地发展生产力，创造出巨大的社会财富，实现人的自由全面发展。人的自由全面发展，是马克思针对旧式分工将个人局限于某一特定的职业或工种而造成的个人发展片面性的状况而提出的。马克思认为，个人"是受分工支配的，分工使他变成片面的人，使他畸形发展，使他受到限制"，① 要使个人得到全面发展，就应消灭这种旧式的分工。这样，基于对个人片面性的超越而提出的人的全面发展的价值理想：其一，是指个人的能力的充分发挥；其二，也指人与人之间社会关系的全面形成和扩展；其三，还指每一个"个体人的全面发展"。总之，人的自由全面发展是指人的劳动能力、社会关系和个体素质等方面自由而又全面的发展。应该看到，人的自由全面发展，作为人类生存和发展的一种理想，在马克思那里，它与共产主义是同义语的。马克思指出："这种共产主义，作为完成了的自然主义＝人道主义，而作为完成了的人道主义＝自然主义，它是人和自然界之间、人和人之间的矛盾的真正解决，是存在和本质、对象化和自我确证、自由和必然、个体和类之间的斗争的真正解决。"② 共产主义使"人以一种全面的方式，就是说，作为一个总体的人，占有自己的全面的本质"。③ 共产主义作为人的本质的复归，消解了人的风险生存，是对"以往发展的全部财富的"④ 历史性扬弃。但是，如果马克思把人的风险生存的彻底消解，仅仅诉诸逻辑的解决，那么他就不能把自己同空想社会主义、浪漫主义以及黑格尔的思辨哲学真正区别开来。因此，马克思进一步指出："共产主义对我们来说不是应当确立的状况，不是现实应当与之相适应的理想。我们所称为共产主义的是那种消灭现存状况的现实的运动。这个运动的条件是由现有的前提产生的。"⑤ 也就是说，共产主义作为对人的风险生存的历史"扬弃"，是一个漫长的历史过程。共产主义作为"自由王国"，"存在于真正物质生产领域的彼岸"，因为"自由王国只是在必要性和外在目的规定要做的劳动终止的地方才开始。"⑥ 只有到了共产主义时期，人才能摆脱各种束缚自己全面发展的社会条件，消除人生存中的风险代价，使人的生存成为自由自觉、自主自愿的生存，这是人的风险生存的真正历史解决，也标示着人的自由全面发展的历史性生成。需要指出的是，马克思所说的全面发展是对人类发展的至高理想目标的一种理论上的设定，或者说是一种以完整人

① 《马克思恩格斯全集》第3卷，人民出版社2002年版，第514页。
② 同上书，第297页。
③ 同上书，第303页。
④ 同上书，第297页。
⑤ 《马克思恩格斯选集》第1卷，人民出版社1995年版，第87页。
⑥ 《马克思恩格斯全集》第46卷，人民出版社2003年版，第928页。

为价值目标的终极关切，它的最大价值在于为人的发展提供了一个生成的价值视界，在现实中永远都不存在，而只能存在于可能性的领域中。相对于全面发展来说，现实中的一切永远都是作为片面的东西而存在的。从这个意义上说，人的发展的全面性只能是一个人永恒趋近但却无法达到的终极目标。从这里，我们不难看到，马克思视野中的现实的人，与传统哲学的最大不同就是实现了一种由现实世界到可能世界的意义域转换：人所追求的完整人的统一的人类世界并不是现实，而是人类应为之奋斗的理想。而随之而来的是，一种以研究人类可能世界和理想世界的意义论的马克思哲学将成为一种新哲学。不过，马克思所描绘的人类理想目标，与旧哲学的抽象的乌托邦式的简单重复不同，他不是将其看作是一种与现实的历史运动没有任何联系的无时间的、静态的哲学思辨，而是看成一种现实的历史运动。这一理想目标以完整人的价值理念的重建及其实现为宗旨，并以此为前提，把实践看作完整人的现实基础，看作统一主观性和客观性的根本途径，通过对象化的实践活动，改变现实，把对人的经验研究与形而上学沉思结合起来，从而将世界变成人类的理想的现实，使人变成完整的人。因此，在马克思那里，全面发展的人也就是完整的人，体现了理想与现实、规范尺度与描述尺度的统一。这样，在现实面前，任何"全面"和"完整"都将被贬为"片面"、"不完整"，并促使其跨越风险生存，走向一种更高水平的"全面"和"完整"。总之，马克思的全面发展的人类发展的价值目标，表达的是作为信念和生活支撑，以及价值和意义之源的对人的一种终极关怀。

马克思主义哲学与
文化哲学研究

简论文化生产力

李德顺[*]

  理解文化生产力要从理解文化生产开始。马克思的"三大生产"理论指出，人类的物质生产、精神（知识、思想、理论、观念等）生产、个人生命的生产和再生产，是人类生存和发展的基本形式、普遍形式。"从历史的最初时期起，从第一批人出现时，这三个方面就同时存在着，而且现在也还在历史上起着作用"[②]，它们"是一切人类生存的第一个前提，也就是一切历史的第一个前提"[③]；只要人类存在，就意味着物质生产、精神生产和人的生产这"三大生产"每天都在进行，不能停止；而它们的运动和不断地采取新的形式，就造成并表现为"历史"[④]。总体意义上的文化生产，是指人类全部生活以及人自身的生产和再生产，文化生产渗透于这三大生产之中，是它们的共同内容和共同成果。而我们通常所说的文化生产，则主要是特指其中的精神生产。人类的精神生产既包括关于自然和社会一切知识、理论等思想形式的生产，也包括价值观念即"表现在某一民族的政治、法律、道德、宗教、形而上学等的语言中的精神生产"[⑤]。最初的精神生产并不具有独立形式，而是作为其中的"隐形"或辅助因素，与人们的物质活动直接交织在一起。随着人类社会文明的形成和发展，精神生产的形式和内容变得越来越丰富多样，其功能也越来越强大。到了今天，不仅人类的全部物质经济生产和生活都

---

  * 李德顺，中国政法大学人文学院教授。

  ② 《马克思恩格斯选集》第 1 卷，人民出版社 1995 年版，第 80 页。

  ③ 同上书，第 78 页。

  ④ 同上书，第 80 页。

  ⑤ 同上书，第 72 页。

已经渗透着精神文化生产的成果，而且随着文化产业的兴起，精神文化
生产日益走上社会生活的前台，精神生产本身也成为强大的经济生产领
域，在思想文化和经济生活两个方面都构成国家社会的"核心竞争
力"。

　　正如物质生产是社会物质生产力的运动，文化生产也是社会文化生
产力的实现。顾名思义，文化生产力就是创作和制造文化产品以及提供
文化服务的社会能力。由于精神文化产品往往是"无形"的东西，如
知识信念、政治取向、道德操守、宗教信仰、审美情趣、生活样式、人
生境界等，它们可以附着、也可以不附着于一定物品上，所以文化生产
力的构成，主要不在于外在的实体（硬件），而在于内在要素（软件）。
一般说来，构成文化生产力的基本要素是：①作为主体的文化劳动者或
生产者，主要是他们的素质、积极性和社会组织状况。正因为"人们是
自己的观念、思想等等的生产者"①，所以文化生产力的解放与人自己
的解放始终密切相关，它们之间互为因果、互成正比；②文化资源，包
括历史资源和现实资源，是指作为文化创造来源的对象和条件，如一切
可资凭据或有待开发的思想材料、风格样式、技术手段、人文环境等。
历史资源在于民族和世界以往的文化积累，现实资源在于当下生活实践
的内涵开发。由于精神文化生产是基于历史积累而不断创新的事业，这些
资源愈是广阔和深厚，就愈是能够形成先进而强大的文化生产力。

　　生产力从来不是静止凝固的，而是永远活跃、变动、前进的。从动态
上看，文化生产力一定要在文化产品的"生产—流通—消费"的循环中，
才能得到不断的实现和发展。因此文化体制、文化生产与消费的互动机
制，以及文化生产力自我更新的效率等，也是构成文化生产力的动态基本
要素。文化生产力的动态构成是其生命力的决定性条件。在多元文化的世
界上，文化生产力的动态发展正在成为不同意识形态和文化体系之间文化
竞争的制胜因素。

　　在人的精神生活中，各种文化产品从生产到消费有着极其多样化的链
条和环节，它们大体可以划分为三个方面或层次，相应地，文化生产力也
表现为以下三个基本的层次或环节。

　　（1）以科学研究（尤其是人文社会科学研究）和文学艺术创作为

———————

　　①　《马克思恩格斯选集》第 1 卷，人民出版社 1995 年版，第 72 页。

代表的基础性或"原创型"精神生产。这种生产的最大特点是创造力本身的发展和成果的前沿性、开创性，它的第一成果总是"新"的、"深"的、"一次性（不重复）"的。它以吸纳提炼、总结概括最新文化成果来超越现有水平，用"新而又新、精益求精"的文化推进和提升人的精神生活，满足社会文化发展的需要，因此成为文化创新的深层起点和"第一道工序"。科学研究和文艺创作是原本意义上的精神文化生产，因此可以说，一个社会在科学研究和文艺创作方面所具备的综合能力，是第一个"基本的文化生产力"，或直接意义上的"第一文化生产力"。正因为如此，繁荣和发展我国的哲学社会科学研究和文学艺术创作，理所当然地成为解放和发展我国先进文化生产力首先采取的一个战略举措。

（2）以文化教育、大众传播和推广普及为代表的应用性或"中介型"再创造活动，是精神文化的"再生产"。它是将科学理论、价值观念等方面的文化创新成果推向社会，通过对公众进行宣传普及，或制定应用政策、对策、规则等加以实施，来进一步实现和检验原创型文化产品的价值，同时也对其做出丰富和发展。这一"文化再生产"环节具有文化生产和消费的双重属性：一方面，它是将原创的（精英、高雅）文化成果转化为大众消费，并启动和引导大众文化向新的层次和境界提升的原创形态；另一方面，它又是面向大众消费，依据大众文化需求来选择和改造精英文化成果的必要环节。目前世界上正在兴起的"创意文化"和"创意产业"表明，这一环节本身有着十分巨大的发展空间，可以造就多样化极具活力的新型文化产业，推动整个文化建设。这种在再生产环节上的文化创新能力，事实上已经构成第二个层次——实践应用层面上的文化生产力。正因为如此，通过文化体制改革特别是发展文化产业来释放和壮大我国的这一层次文化生产力，是具有特别重要意义的战略决策。

（3）以社会和大众的文化消费和精神生活为代表的大众文化参与活动，能够成为推动文化生产力发展更新的原动力。消费是对已有文化成果的占有和享用，消费的结果则会产生新的基础上的新的需要。因此消费既是一定生产的终点，也是新的生产的起点。与物质生活相比，精神文化生活中"生产直接是消费，消费直接是生产"的特征更为鲜明和普遍。丰富多彩、日新月异的生活实践不仅时时产生着新的文化需求，同时也提供着新的文化资源。我们的文化是面向现代化、面向世界、面向未来的，民族的、科学的、大众的社会主义文化，是为人民服务的文化。因此，就要充分尊重并落实人民群众的文化主体权利，就必须要始终面向大众、贴近大众，形成文化生产与消费的"良性互动、和谐发展"局面，一方面让文化消费的需要特别是它的发展需要，尽可能成为文化生产的需要和动力，以获得"取之不尽，用之不竭"的发展资源，促进文化生产的发展更新；另一方面让文化创新生产的成果，尽可能快地转化为消费的需要和动力，以帮助大众文化不断地上升到新的境界。这既是我国文化体制改革的原则之一，也是它的目标之一。

当代马克思主义哲学研究的
"中国图景"

——近十年中国马克思主义哲学研究新进展

韩庆祥　张艳涛*

近年来，不少学者从各自视角出发，对当代马克思主义哲学进行了深度耕犁，其关注的问题涉及马克思主义哲学研究的方方面面，具体包括研究主题、研究视阈、研究路径、本质特征、历史流变、当代价值、未来走向、范式转换、中国问题、形态建构，等等。但我们认为，近十年来，中国马克思主义哲学研究的最新进展突出体现在研究对象和研究方法上，前者涉及马克思主义哲学"研究什么"，后者涉及马克思主义哲学"怎样研究"，二者背后则是研究主体之"思维方式"在引导与支撑。当代中国，引领时代发展的理论创新，富于独立精神的哲学创见，注重学术含量的思想创造，既需要研究对象与时俱进的更替，更要有方法论的高度自觉，关键则在于研究主体（学者）和学术共同体（学派）整体思维方式的转换，切实关注"中国问题"。反思当前中国马克思主义哲学研究呈现的几种路径，如无论是"回到马克思"还是"面向中国问题"，无论是"回归现实生活世界"还是"开辟新的哲学道路"，无论是"哲学范式转换"还是"阐释与创新"，大都基于马克思主义哲学的本质特征，都显示出马克思主义哲学当代出场的可能性，最终也都是要建构马克思主义哲学的当代新形态。

---

* 韩庆祥，中共中央党校哲学教研部教授；张艳涛，厦门大学马克思主义学院副教授。

一　研究什么——中国马克思主义哲学研究对象的新进展

历史的车轮驶进 21 世纪的大门，中国的马克思主义哲学研究呈现出一些新特点和新图景，"一元独尊"的时代已经结束，"多元互竞"的格局基本形成。学者们在继续关注马克思主义哲学范式转换这一共同主题之下，以不同研究基地和学术群体为依托，以学术论坛和学者社区为平台，在研究对象方面初步形成了几种各具特色的研究取向，并在若干重大现实问题上聚焦，昭示出哲学发展的新动向①。

（一）文本研究：面向文本

对于马克思主义哲学，过去我们是一本教科书、一个体系、一种理解、"一统天下"，甚至"定于一尊"，现在则基本形成了各具特色的研究路径和研究方法，这是一个巨大进步，也是改革开放以来思想解放、理论创新的积极成果。

世纪之交，在中国马克思主义研究领域，泛起一股"思想淡出，学术凸显"，"回到马克思"，回归"文本研究"的思潮。此种思潮的产生有其复杂的背景，即文本研究的勃兴是对以往政治压制哲学的矫枉过正的产物。这对于破除政治与哲学混为一谈、使哲学走出政治"婢女"的境地，克服马克思主义哲学研究中的学术意识淡泊和文本意识缺失，都具有一定的合理性。但文本研究也隐含着马克思哲学主义研究"专门化"和"专家化"之倾向。文本解读这一研究范式的代表人物主要有南京大学张一兵教授、北京大学聂锦芳教授。其研究特色及最新进展主要表现为：张一兵从语境角度（如今强调思想构境论）出发，运用文本学方法对文本进

---

① 主要成果有：韩庆祥主编的《哲学理论创新》丛书（10 本，云南人民出版社 2001 年版）；《马克思哲学研究系列》丛书（4 本，江苏人民出版社 1999 年版）；《当代中国哲学家系列》丛书（北京师范大学出版社 2004 年版）；杨耕主编的《当代马克思主义哲学研究文库》（12 本，中国人民大学出版社 2004 年版）；赵剑英等主编的《马克思哲学论坛文丛》（8 卷，社会科学文献出版社 2006 年版）；衣俊卿主编的《国外马克思主义研究论丛》（6 本，黑龙江大学出版社 2007 年版）；袁贵仁等主编的《当代学者视野中的马克思主义哲学·中国学者卷》（上、下两卷，北京师范大学出版社 2008 年版）；等等。

行解读，近年来尤其注重对列宁"伯尔尼笔记"的研究，努力"回到列宁"，试图彻底解构苏联哲学教科书体系，克服以前一些"似是而非"的理解；聂锦芳从研究的本真思维出发，努力使马克思文本研究回归学术层面，注重对马克思文本进行精细爬梳，试图从历史性研究中延伸出现实意义，其对《德意志意识形态》中《圣麦克斯》一章的解读具有填补理论研究空白的意义。此外，北京大学王东教授倡导一种"以马解马"的解读方法，以区别于"以苏解马"和"以西解马"的解读模式，对文本研究也具有推动意义。

面对文本研究热潮①，我们应充分肯定其学术价值、理论价值、创新价值甚至其现实意义。文本研究的语境意识和专业精神是值得钦佩的。我们主张对文本研究持"同情式理解"的态度，当代中国马克思主义哲学应重视文本研究。文本研究具有基础性、前提性和艰苦性。也许中国文本研究者最想说的就是："知我者，谓我心忧；不知我者，谓我何求。"文本研究不仅成为学术研究的基础性和前提性工作，而且在马克思主义哲学整体研究布局中，少数学者专门从事文本研究也是十分必要的，这有助于矫正对马克思文本的误读、误解和误用。一定意义上，文本研究能力已成为制约当代中国马克思主义学者的瓶颈之一。然而，当代中国马克思主义哲学研究既要解读好马克思的文本，更要解读好当代中国现实、当代中国实践和当代中国问题。因为理论创新的真实动力在于直面社会现实而不是回归文本。当下中国颇为流行的文本学研究路向具有自身的意义，但也有其限度。正如有的学者指出的，"文本权威性和考据重要性只构成马克思哲学研究的基本方面，将之抬高到绝对规范的高度不仅不是学术的荣耀，反而是理论的失落。"② 如果是为了所谓"学术的严格性"和"概念的明晰性"而不断向原点"退回"，那么，这种不是"向前看"而是"向后看"、不是"以我们正在做的事情为中心"而是"以马克思的文本

---

①　在此方面，以下几部著作都进行了有益的探索。张一兵：《回到马克思：经济学语境中的哲学话语》，江苏人民出版社 1999 年版；聂锦芳：《清理与超越：重读马克思文本的意旨、基础与方法》，北京大学出版社 2005 年版；鲁克俭：《国外马克思学的热点问题》，中央编译出版社 2006 年版；王东：《马克思学新奠基：马克思哲学新解读的方法论导言》，北京大学出版社 2006 年版；韩立新主编：《新版〈德意志意识形态〉研究》，中国人民大学出版社 2008 年版。

②　胡大平：《从文本到理论：马克思、恩格斯文本研究的若干基础问题》，《学术月刊》2009 年第 2 期。

为中心"的思路,是值得反思的。① 我们要警惕把马克思主义哲学研究导
向"学院化"、"烦琐化"和"纯哲学"的学风和文风。因为马克思主义
哲学在本性上不是把哲学研究学院化,搞纯粹书斋里的学问,而是以哲学
的方式研究问题,以人本立场关注现实人的生存境遇,以通俗易懂的语言
影响民众。实际上,按照诠释学的方法,仅靠文本研究未必可以解读出
"本真"的马克思。在此方面,吕贝尔所开创的"西方马克思学"已证实
了这一点。②

　　总之,文本研究的根基不是所谓的学术规范和文本本位,而是历史语
境和现实需要。真正的解读是要读出文本的"言外之意"和"弦外之
音",是要从历史"语境"走向现实"构境"。反思当下国内"盛行的对
待经典文本的种种文本主义、诠释主义的取向,实质上根源于中国强大的
文本诠释文化传统,不过是这一传统在新的历史条件下的遗传和沿袭。然
而,中国改革开放和现代化的实践呼唤新的理论建构而非仅仅既有理论的
诠释。在此意义上,当代中国文化的命运和当代中国学者的历史使命恰恰
在于从诠释走向建构"。③ 我们认为,只有将"中国问题"作为马克思主
义哲学理论创新的基点、研究过程的基调和理论建构的旨归,合理运用马
克思主义哲学的立场、观点和方法来破解"中国问题",才是对马克思主
义哲学的真正发展。

(二) 中国问题研究:面向"中国问题"的"中国理论"

　　随着中国在全球化浪潮中迅速崛起,现代性研究日益受到学界的广泛
关注。作为"后发外源型"现代化国家,现代性研究在当代中国早已不
是隔岸观火的事情,而是一个"未竟的事业"。当前,对多元现代性的探
究已深入到具体的"中国现代性"、"中国问题"、"中国经验"和"中国

　　① 参见马俊峰《马克思哲学概念辨析》,《光明日报》2008 年 2 月 19 日第 9 版。

　　② 张志丹、侯惠勤:《马克思文本研究的基本方法论探要》,《学海》2007 年第 4 期;韩庆
祥、张艳涛:《马克思是如何以哲学的方式解读现实问题的:兼论当代中国马克思主义哲学的解
读方式》,《江海学刊》2008 年第 1 期;何中华:《马克思哲学研究范式:非此即彼还是互补整
合》,《山东社会科学》2008 年第 11 期;崔平:《哲学格调的中国提升:从文本走向存在》,《江
海学刊》2009 年第 1 期;胡大平:《从文本到理论:马克思、恩格斯文本研究的若干基础问题》,
《学术月刊》2009 年第 2 期;孙亮:《原创法度:面向事实抑或面向文本:中国问题与马克思主
义理论创新》,《理论探讨》2009 年第 1 期。

　　③ 侯才:《从诠释走向建构:理论研究的三种范式和境界》,《哲学动态》2009 年第 2 期。

理论"① 之中。我们认为，关注并研究中国，本质上首先要关注并研究"中国问题"。"中国问题"可从三方面把握：在性质上，它主要包括在中国存在并成为各个学科研究思考对象的问题和阻碍中国社会发展的问题；在外延上，它主要包括"中国总问题"、"中国具体历史方位中的首要问题"和"一定时期需要中国人着重加以关注和解决的根本问题"；在存在方式上，它既在中国历史和现实中客观存在同时又在思想理论中存在的问题。研究中国问题，凝练中国经验，完善中国模式，提升中国共识，是摆在中国思想者面前的现实课题。

　　在研究"中国问题"中推进马克思主义中国化。马克思主义中国化既是马克思主义本性使然，也是解决"中国问题"的现实需要。所谓中国问题，是指"中国特有"、"历史形成"、"普遍存在"、"根深蒂固"和"长期影响中国发展"的根本问题。中国问题具有总体性和特殊性，但核心是传统社会的权力结构和权力运作方式。研究中国问题固然要有世界眼光，但更要有中国立场。我们强调"中国问题"不同于"中国本位"②。实际上，当代中国马克思主义哲学研究者只能在马克思主义"中国化"和中国马克思主义"国际化"、马克思主义"中国化"和中国传统文化"现代化"的张力中，在理论和实践双重维度上，不断推进马克思主义中国化。

---

　　① 刘奔：《唯物史观和现当代中国问题》，《教学与研究》2005 年第 3 期；陈先达：《哲学中的问题与问题中的哲学》，《中国社会科学》2006 年第 2 期；冯平：《面向中国问题的哲学》，《中国社会科学》2006 年第 6 期；韩庆祥：《走向面对"中国问题"的马克思主义哲学》，《学术研究》2007 年第 8 期；韩庆祥、张艳涛：《马克思主义哲学视阈中的"中国问题"》，《社会科学战线》2008 年第 11 期；汪业周、韩庆祥：《建构面向"中国问题"的政治哲学研究范式》，《江苏社会科学》2008 年第 6 期；韩庆祥：《面向"中国问题"的马克思主义政治哲学》，《中国社会科学》（内刊）2008 年第 1 期；韩庆祥：《社会层级结构理论——面向"中国问题"的政治哲学》，《中国社会科学》2009 年第 1 期；韩庆祥：《建构面向"中国问题"的政治哲学》，《中国社会科学院报》2009 年 3 月 17 日；韩庆祥、田志亮：《"中国问题"与"中国理论"》，《中央党校学报》2009 年第 4 期；韩庆祥、张健：《世情国情新变化与发展中国特色社会主义必须破解的"中国问题"》，《中央党校研究报告》2009 年第 6 期；韩庆祥、张艳涛：《破解"中国问题"需要"中国理论"》，《哲学动态》2009 年第 9 期；张曙光：《中国：问题、经验与理论》，载《学术研究》2009 年第 1 期；吴炫：《理论原创的中国立场》，《江海学刊》2009 年第 1 期。

　　② 此前，梁漱溟、叶青、陶希圣均在"中国本位"的旗号下强调中国的特殊性，问题在于他们把普遍性与特殊性割裂开来。与此不同，我们强调"中国问题"、"中国经验"和"中国理论"，则是为了在"全球向度"和"中国向度"的统一中更深入地推动马克思主义中国化，更自觉地提升中国经验，建构中国理论，破解中国问题。

　　中国共产党成立后，在怎样学习实践马克思主义这一重大问题上，大体有两种截然不同的态度，一种是"教条主义的态度"，另一种是"实事求是的态度"。当初毛泽东提出"马克思主义中国化"主要是针对教条主义，他提醒中国的马克思主义者要面对"中国问题"而不能囿于概念和书本。可是，教条主义者无视马克思主义经典作家的许多观点是根据欧洲无产阶级革命实践经验总结而来的，生搬硬套地将它用到中国这样经济文化相对落后的东方社会，结果犯了"水土不服"的毛病。这样做，看起来仿佛取到了马克思主义的"真经"，实际上却抛弃了马克思主义"具体问题具体分析"活的灵魂；看起来思想无比革命，实际上思维十分保守；看似离马克思主义最近，实际上离马克思主义本真精神最远。一旦用这种理论指导实践，很容易给社会主义革命、建设和改革带来严重损失。

　　与之相对应的就是"实事求是的态度"，就是用马克思列宁主义这根"矢"，去射中国问题这个"的"，就是用中国化的马克思主义破解中国问题。随着中国经济的长足发展和中国特色社会主义建设的全面展开，我们已迎来一个新的理论发展期，这需要在"中国经验"的凝练与"中国向度"的提升中进一步推进马克思主义中国化。在此过程中，如何基于马克思主义哲学的本性，对当代资本主义和中国特色社会主义进行理性审视，为中国发展提供思想驱动力，为中国人的发展提供引导力，构成了马克思主义中国化的一项重要内容。中国特色社会主义作为马克思主义中国化的历史性创造，体现在实践上，就是开辟了中国特色社会主义道路（其本质：走自己的路）；体现在理论上，就是形成了中国特色社会主义理论体系（其本质：面向中国问题建构中国理论）；体现在政治上，就是要高举中国特色社会主义伟大旗帜（其本质：回归以人为本的社会主义基本价值）；体现在哲学上，就是使马克思主义哲学走向现实生活世界（其本质：马克思主义哲学的大众化和人性化）。

　　马克思主义中国化的关键是要讲新话。所谓讲新话，一方面是要全面理解马克思主义中国化。中国化的马克思主义一定是立足于中国传统文化和现实实际，充分吸收马克思主义经典理论和一切外来的文明成果基础之上发展着的理论。长期以来，学界在对马克思主义中国化的理解上存在偏颇，只注重与中国现实实际相结合，即主要是马克思主义与中国革命、建设和改革的现实问题相结合，忽视与中国的哲学、历史和文化相结合。因此之故，许多人只讲马克思、恩格斯、列宁是"老祖宗"，忘记了老子、孔子、墨子、孙子、荀子等中国的"老祖宗"。① 这是我们在马克思主义中国化实践中遭遇困难的重要原因之一。老祖宗不能忘，但要讲新话。所谓讲新话，另一方面还应突破思维定式，讲自己的话。他人的合理思想应当吸收，但更要讲自己的话。很长一段时期，中国马克思主义哲学研究者习惯于以马克思主义经典作家的名义而言说（当然这也是必要的），用"别人的"话表达自己的思想，现在更注重以自己的名义来表述，用"自己的"话表达自己的思想，这是马克思主义哲学研究的新进展。

综上可见，把握时代需要理论，破解问题也需要理论。当代中国，需要根据人类社会发展趋势，从未来的视角来研究"中国问题"。未来中国马克思主义哲学最有可能在国际思想舞台上占据重要地位的，也许是面向"中国问题"的"真正中国化的马克思主义哲学"。

（三）政治哲学研究新进展

从学术角度看，改革开放以来，中国经济体制改革的成就不小，政治体制改革也有进展，但政治体制改革不尽如人意，原因之一就是缺乏深入的理论研究。面对现实生活层出不穷的新情况和新问题，我们的政治哲学理论研究相对滞后，"主义"研究有余而"问题"研究不足，"思辨"研究有余而"实证"研究不足，"他者"（西方）研究有余而"自我"（中国）研究不足。这使得我们面对中国政治生活中的复杂问题，如权力结构与权力运作方式、合法性、社会公正等问题，在理论上还拿不出一个令人信服的解释（说法），因此在实践上还得不到合理的解决（做法）。

政治生活的任何一个问题，都存在政治哲学介入的可能性，当代中国马克思主义哲学已经介入中国政治生活，政治哲学已成为当前中国马克思主义哲学研究领域的显学，这是当代中国马克思主义哲学研究的一个新进展。当前政治哲学研究的主要任务是：亟须政治哲学研究为推进政治建设提供政治智慧和先进理念，建构面向"中国问题"的马克思主义政治哲学。

政治哲学不能缺失人本关怀，当前中国政治哲学研究的另一个新进展，就是注重政治活动的"属人性"。当今中国的政治哲学研究关注人、尊重人，强调政治要关注人的权利，这是一种历史进步。

当代中国政治哲学研究的第三个新进展，就是逐渐形成不同的研究路

---

① 许全兴:《马克思主义哲学家的自我革命》,《中共南京市委党校学报》2008 年第 1 期。

径。在建构当代中国政治哲学问题上，归纳起来，主要有六条研究路径：一是在宏观层面与微观层面，有的学者强调当代中国应建构微观政治哲学；① 二是在理想层面与现实层面，有的学者强调应建构现实性的马克思主义政治哲学；② 三是在西方政治哲学话语与中国政治现实上，有的学者用西方政治哲学话语解读中国政治现实；四是在权力与能力方面，有的学者注重围绕权力来建构中国政治哲学；五是在学术意识与问题意识上，有的学者陶醉于纯粹的学术探讨，沉醉于政治思想史的精细爬梳，迷醉于西方问题的分析框架，对当代"中国问题"视而不见甚至不屑一顾；六是在中国问题与中国理论上，有的学者强调既要解构传统的社会层级结构，还应建构面向当代"中国问题"的政治哲学。③ 鉴于在中国社会，总问题是政治权力与人的权利的关系问题，由此，当代中国政治哲学研究在理论关切上应回归马克思的推翻和扬弃"使人成为受屈辱、被奴役、被遗弃和被蔑视的一切关系"（政治解放），为实现人的自由而全面发展的"自由人的联合体"（人类解放）创造条件。可见，微观政治哲学能够分析日常生活世界的一些问题，但不能解决中国政治问题，因为中国问题的根子在于权力至上，欲解决权力至上问题恐怕还要从宏观入手。现实性的马克思主义政治哲学具有一定的合理性，但把经典马克思主义政治哲学指认为理想性的政治哲学，认为现阶段中国需要的是现实性的政治哲学，这对于当代中国现实政治而言，极容易重新走回哲学与政治不分的困境。单纯的拿来主义的政治哲学对于中国而言是"水土不服"的，由于中国和西方所处历史方位的落差和中国属于"政治型经济"，使得试图从西方"经济型政治"的理论中寻求中国问题的解决无疑是"缘木求鱼"。纯粹的学术探讨也是必要的，但没有切中中国问题的命脉。实际上，当代中国出现的大量问题，大多是由于政治领域至高无上的权力侵入市场而造成经济领域资本力量运作缺乏规范所产生的，权力至高无上且对权力缺乏制衡的问题不解决，其他问题也很难解决。因此我们认为，当代政治哲学首先应准确

---

① 衣俊卿：《论微观政治哲学的研究范式》，载《马克思主义政治哲学：阐释与创新》，社会科学文献出版社 2007 年版，第 387—397 页。

② 王南湜、王新生：《从理想性到现实性：当代中国马克思主义政治哲学建构之路》，《中国社会科学》2007 年第 1 期。

③ 韩庆祥：《社会层级结构理论：面向中国问题的政治哲学》，《中国社会科学》2009 年第 1 期。

判定当代中国所处的历史方位，找出中国问题的症结，然后逐渐解构传统的社会层级结构，消解中国问题的世俗基础，进而建构面向中国问题的马克思主义政治哲学，以先进政治理念引领当代中国政治发展。

（四）西方马克思主义哲学研究新进展

近十年来，西方马克思主义哲学研究新进展总体而言体现为，开始更为客观地梳理西方马克思主义哲学的理论逻辑及其深层问题，并在研究方法上有所推进。当前，中国学者对待西方马克思主义哲学，在总体研究逻辑上经历了重大转换，即从过去的流派和人物介绍到对其内在逻辑的批判分析；从对结论的评论走向对提问方式的质询；从外在的旁观式观察走向内在的参与式交流；从相互否定到彼此借鉴与欣赏；从"初级阶段"向深化发展。而隐藏其中的，则是中国学者自身学术心态的成熟、理论信心的提升和思维方式的改进。

具体而言，俞吾金从思维方式转换这一核心问题切入，以马克思哲学与西方哲学的关系为突破口，不仅对马克思哲学提出了一些富有启发性的新见解，而且也推动了对西方哲学的理解①；张一兵致力于"重新解读列宁"，已取得不少成果，中国的"列宁学"研究呼之欲出；陈学明把对"西方马克思主义"的研究引入到整个马克思主义的研究之中，深化了对西方马克思主义的理解；除传统的欧美马克思主义研究外，进一步扩展到对俄罗斯、古巴、越南、朝鲜等各世界各国，乃至大洋洲、非洲、拉丁美洲等各洲马克思主义理论的研究上。当然，在国外马克思主义整体图景中，最具思想原创性的依然是西方马克思主义②。在此方面，"复旦大学当代国外马克思主义研究中心"和"南京大学马克思主义社会理论中心"积极推动着马克思主义哲学与现代西方哲学的对话，已取得丰硕成果。这不仅拓宽了中国马克思主义哲学研究者的视野，而且也提升了中国马克思主义哲学研究的国际化水平。

如今，应继续深化西方马克思主义研究，同时也应适时提升单兵作战（学者）的研究方式为集团式攻关（学派），建构具有本土特色的马克思

---

① 参见俞吾金《实践诠释学》，云南人民出版社2001年版。

② 其中主要围绕"历史规律与革命实践的关系、马克思与黑格尔的关系、科学技术与意识形态的关系、现代性与后现代性的关系、新的社会运动和马克思主义的关系"，而展开探索。

主义哲学研究的中国学派，唯有如此，才能在世界马克思主义哲学研究中具有中国的声音。然而"国内的哲学工作者尽管人数众多，但在总体上却是一盘散沙，缺乏有效的学派整合与理论互动。这种过分强调个性化、单兵作战、独行侠式的研究方式无疑大大落后于时代的需要，也不能胜任重大哲学创新的历史使命。"①

（五）文化哲学研究呈现向"形上"和"形下"拓展的新景象

文化哲学研究的兴起是马克思主义哲学研究深化的必然，也是中国现代化建设实践深入发展的必然。综观马克思主义哲学研究现状，文化哲学研究在理念超越的"形上"之思与关注现实生活世界的"形下"之用之间保持理性平衡，在世界历史和中国问题之间保持必要张力，这对于破除中国现代化进程中的文化阻滞力，对于增进中国人的文化自觉，对于更好地关注中国人的生存境遇和发展命运，无疑都具有重要意义。

综上所述，当前中国马克思主义哲学研究正处在分化、深化、转型和整合之中，在对话与整合的基础上建构当代中国的马克思主义学派和建构马克思主义哲学当代形态，应该是所有马克思主义哲学研究者共同努力的方向。问题在于，如何对话？如何整合？关键是学者要保持宽广的学术视野和宽容的学术心态，努力塑造自己的学术个性，不要迷恋"话语霸权"，而应追寻"交往理性"。实际上，每一种研究路径和方式都具有合理价值，彼此是不可替代的。学术思想只有通过互相对话与深度交流才能取长补短，也才能避免有意的曲解和无意的误解。

二　怎样研究——中国马克思主义哲学研究方法的新进展

研究对象的性质决定研究方法，而方法又影响结论。方法是学术研究的重要工具，也是理论发展的主要标尺。仔细分析，任何理论观点上的重大分歧大都导源于研究方法上的细微差别。反思哲学发展相对迟缓的重要原因之一，也许就在于哲学方法论的相对落后。因为，用老方法研究新问

---

① 张一兵、张亮：《学术流派的本土建构：新世纪中国哲学发展的一项重要使命》，《吉林大学社会科学学报》2004 年第 2 期。

题往往不能奏效，新问题只能用新方法去研究。近十年来，中国马克思主义哲学研究取得的进展不仅体现在研究对象（问题域）的变迁上，而且也体现在研究方法（治学方式）的改进上。改革开放以来，中国马克思主义哲学研究是在"分化"与"整合"双重逻辑中展开的，但不可否认，时下中国马克思主义哲学研究存在"个性化和分化有余而沟通和整合不足"的问题（方法论个人主义和视角主义）。破解这一难题，马克思主义哲学研究者进行自觉的方法论反思和研究方式的根本性转换，无疑是非常必要的。在此意义上，自觉反思马克思主义哲学研究方法论问题则具有基础性和前提性意义。当然，哲学研究方法论反思不能与具体的研究绝对分离开来，否则方法论反思就容易流于坐而论道、纸上谈兵，于现实无补，与大众无关。我们认为，如果要激活马克思主义哲学研究，就必须基于马克思主义哲学的本性，摆正马克思主义哲学位置，解决好"研究什么"和"怎样研究"的问题，这就是要为人立命、为时立言。就此而论，当代马克思主义哲学研究者任重而道远。

（一）从"文本"和"主义"走向"问题"

从学术研究方法来看，马克思主义哲学研究大都是以文本和对文本的解读评价为中心，其研究方法主要是"书斋性"的。面对马克思文本，如何更加准确深入地理解和把握文本精神，关键在于方法的前置和自觉。只有运用正确的方法，才可能挖掘出马克思主义哲学的本质特征。正如巴甫洛夫所言："方法掌握着研究的命运。"研究方法是一种内涵丰富的所指。着眼于当前马克思主义哲学研究的现状，有学者强调学术规范、文本基础和比较视野三个方面，而完整的文本研究应包括前后相续、层层累积而又相互支持和融通的三个步骤、三个阶段，即版本考证、文本解读和思想研究。[①] 有学者强调马克思主义哲学研究的政治立场和主义风格，认为中国的马克思主义哲学研究就是要彰显马克思主义特色。有学者强调当代中国马克思主义哲学研究应研究"中国问题"和建构"中国理论"。实际上，不同研究路径各有其价值，彼此是不可取代的，但也各有其自身的不足，需要彼此借鉴和互补。无论是"文本"（学术性）中心，还是"主义"（政治性）中心，抑或是"问题"（现实性）中心，都带有一定的偏

---

① 聂锦芳：《文本研究对马克思思想的理解》，《中国社会科学》2007 年第 5 期。

狭性。合理的路径也许是，从方法论入手，以文本为根基，以主义为依托，以问题为导向，推进研究方法的创新。当前中国马克思主义研究正逐渐走出思辨传统，走向以问题为中心，这也是中国马克思主义哲学研究的进步。问题的关键在于，中国学者不要满足于从西方借来概念，然后对所谓的"中国问题"高谈阔论，而要做具有扎实学术根基的思想者。当然，以问题为中心，并非仅仅关注"中国问题"，而是蕴含着丰富的研究方法和坚定的研究立场。真正具有现实关怀的哲学家，虽然要关注理性和理论的逻辑，更要关注历史、现实和实践的逻辑。

(二) 从理论独白走向思想对话

中国马克思主义哲学研究大体经历了一个从集体"合唱"到理论"独白"再到思想"对话"的发展历程。这一历程大体与"讲坛哲学"（教科书哲学）、"部门哲学"、"论坛哲学"相吻合，其背后所折射的是中国马克思主义研究者思维方式的进展。如今，拒斥"宏大叙事"和"乌托邦冲动"，从更为现实、务实和真实的视角审视当代中国问题，形成了各具特色的研究方法，共同为当代中国问题的破解提供了推动力。我们认为，当代中国马克思主义哲学研究者既要有"学科意识"，又不能形成"门户之见"。"学科"是学者的学术基地和精神家园，舍此，不会有创新；"门户"① 是学术研究和思想创新的大敌，有此，不会有创新。如果说思想是学术的灵魂，那么创新则是学者的生命。其实，真正的学术创新大多是奠基在充分的学术交流、思想交锋和平等对话之上的。为此，不应盲目跟风，跟着别人所谓的种种"转向"往往把自己搞得"晕头转向"，而要用创新性思维去引领学术走向。学者是知识的冒险者，他们在各自领域探究知识，凝聚创意，生产思想，建构典范，最终可能影响社会发展的轨迹，甚至可以改变一个国家的命运。② 关键在于，学者应努力成

---

① 实际上，只要依附性人格存在，就会有依附性存在——无论是人身依附还是思想依附。正如有学者指出的：一流学者立门户，二流学者守门户，三流学者靠门户。

② 此前的一些研究课题，如世界历史理论、社会形态理论、东方社会理论、意识形态理论、生产理论、交往理论、人的全面发展理论、马克思主义中国化、现代性、全球化，等等，仍在继续深入展开。除此之外，又开辟出一系列新的生长点，如政治哲学、发展哲学、人学、文化哲学、价值哲学、经济哲学、生存哲学、历史哲学、中国问题、资本与劳动，活力与和谐、自由与秩序、学术性与现实性、理性化与人性化，等等。

为"思想巨人",而不要沦为"精神侏儒"。

(三) 从诠释走向建构、从阐释走向创新

如果当代中国马克思主义哲学研究想要取得实质性的进步,那么无疑需要整体研究方法的改进,主要就是从诠释和阐释走向建构和创新。在中国,诠释和阐释具有传统,现实中也有一定的市场,但如果借助于未来的眼光,建构和创新则是中国马克思主义哲学研究发展的必由之路。我们主张,新哲学既要"深刻"又要"通俗",哲学家们既要有理论思辨又要有现实关怀,应成为大众的"心灵鸡汤"。这首先需要中国马克思主义哲学研究者既要借鉴"西方理论"又要创建"中国理论",应努力成为"中国雄鸡"(要想成为"鸡汤"首先要成为"鸡")。遗憾的是,现在却存在一种反常的心理,很多研究者对中国现实问题漠不关心,对中国过去的问题却念念不忘,试图从"老祖宗"那里获得解决中国问题的灵丹妙药(虽然是必要的);很多研究者对"中国问题"视而不见,对"西方问题"和"西方理论"却情有独钟(虽然在一定意义上这也是必要的),试图从"洋先生"那里获得破解中国问题的答案。这既折射出一些中国学者问题意识之缺失,又反映出一些学者缺少独立思考的能力。如果不能从复古和崇洋的窠臼中走出来,从诠释走向建构、从阐释走向创新,那么,中国马克思主义哲学研究所取得的成就当是非常有限的。

(四) 从"路径依赖"到"方法论自觉"

从诠释走向建构、从阐释走向创新的现实阻滞之一,就在于根深蒂固的路径依赖。在范式转换过程中必然要提出破除路径依赖的问题。路径依赖根源于思维惯性,具体表现为:一些人习惯于用老办法来解决新问题,一些人习惯于用过去的办法解决现在的问题,一些人习惯于传统的研究方法和写作方法,对方法论创新显得认识不足和动力不足,对于新方法不想用、不会用、不愿用。我们检视今日的哲学论著,不难发现,存在着随意、功利、庸俗、空泛等诸多弊端。哲学研究方式趋同与写作方式雷同具有一致性。如何扬弃研究与表述的"同质化",值得我们深入探究,其中"方法论自觉"是一个重要切入点。中国马克思主义哲学研究若要健康发展,必须具有思想高度和理论深度的哲学批评与自我批评,必须要有"方法论自觉"。遗憾的是,学者们"争先恐后"(争着向前唯恐落后)

地在学术场域中疲于奔命，很少能够静下心来反思自己的学术和思想，很少自觉进行方法论反思、批判和自省。这既造成了学术成果的低水平徘徊和简单重复，又造成了一些研究者"自以为是"，过于执迷于自己的一孔之见，很少能够对自己的研究成果"自以为非"。张一兵教授早年是看重"语境论"的，如今更注重"构境论"，这就是学者的一种"方法论自觉"。

三　研究主体用什么思维方式进行研究——中国马克思主义哲学研究思维方式的新进展

思想引领时代。时代的发展需要哲学理论创新，国家、社会和民众对哲学尤其是马克思主义哲学的期待非常高，要求当代中国马克思主义哲学要走"高水平、有特色"的研究道路。当前，我国马克思主义哲学研究正处于自我革命之中，哲学革命实质上就是哲学家的自我革命，哲学研究范式转换实质上就是哲学家思维方式的转换。哲学家是哲学的对象化，有什么样的哲学家就会有什么样的哲学。"研究什么"和"怎样研究"固然重要，但最重要的是研究主体（学者与学派）。学术研究从对象和方法看，主要包含"研究什么"和"怎样研究"两方面，而"研究什么"（对象）和"怎样研究"（方法）需要思维方式（主体）的引导与支撑。哲学理论最重大、最根本的变化就是哲学范式的转换。

"范式"（paradigm）理论是托马斯·库恩（Thomas Kuhn）哲学的核心，也是一种哲学区别于其他哲学的本质内容。所谓"范式"，是指某一科学共同体在某一专业或学科中所具有的共同信念，这种信念规定了他们的共同的基本理论、观点和方法，为他们提供了共同的理论模型和解决问题的框架，从而成为该学科的一种共同的传统，规定了共同的发展方向。"'范式'一词无论实际上还是逻辑上都很接近于'科学共同体'这个词。一种范式是也仅仅是一个科学共同体成员所共有的东西。反过来说，也正由于他们掌握了共有的范式才组成了这个科学共同体。"①"范式是一个成熟的科学共同体在某段时间内所接纳的研究方法、问题领域和解题标准的源头活水。因此，接受新范式，常常需要重新定义相

---

① ［美］托马斯·库恩：《必要的张力——科学的传统和变革论文选》，纪树立、范岱年等译，福建人民出版社1981年版，第291页。

应的科学"。① 在库恩看来，范式的本质特征是"革命性"和"不可通约性"，"科学革命"的实质，就是"范式转换"。我们可以接着说，哲学变革的实质，就是哲学范式的转换，而哲学范式转换的核心是哲学思维方式的转换。② 关于哲学研究范式，当前，存在着概念不清，前提不明的问题，也存在着把中国哲学研究中原本是多样化的研究路径名之曰多样化的研究范式即把哲学研究范式泛化的倾向③。实际上，"哲学范式不是指某种具体的哲学分析方法，而是指哲学的总体性的活动方式，是指哲学理性分析、反思和批判活动的最基本的方式和路数。"④ 哲学研究范式从根本上说主要是指哲学思维方式的变迁。

改革开放以来，我国马克思主义哲学研究所取得的一个创新性成果，就是推动和实现了哲学思维方式的创新。概括起来，主要就是确立了实践思维方式、功能思维方式、交互主体性思维方式、类思维方式、人类学思维方式、中介思维方式、张力思维方式、边界思维方式、共生思维方式和实力主义思维方式等。哲学思维方式是理论研究的总观念与总开关，也是哲学范式转换的实质与核心。因此，当代中国马克思主义研究者如果要取得实质性的进展与突破，就必须在精心研读马克思主义文本的基础上，切实转换并确立新的哲学范式，从追问"哲学是什么"到追问"哲学如何成为是"⑤，从探讨"马克思主义哲学的革命"到探讨"马克思主义哲学家的自我革命"。由于哲学研究的水准与哲学研究主体素质密切相关⑥，

---

① ［美］托马斯·库恩：《科学革命的结构》，金吾伦、胡新和译，北京大学出版社2003年版，第95页。

② 2007年10月在苏州召开的全国第七届"马克思哲学论坛"，主题就是"马克思主义哲学研究范式：转换与创新"。

③ 参见卜祥记《马克思主义哲学研究范式辨识》，《学术月刊》2009年第4期。

④ 衣俊卿：《西方马克思主义的哲学范式转换及其启示》，《江苏社会科学》2006年第2期。

⑤ 问题的提法变了，答案自然不同，哲学的进步往往体现于此。从"什么是哲学"的追问到"哲学如何成为是"的探寻，是哲学研究的历史性进步，前者探究的是哲学的外延，后者探究的是哲学的内涵。

⑥ 如今活跃在中国马克思主义哲学研究界且走在学术前沿的学者，大多出生在20世纪五六十年代，他们在学术传承过程中起着承"上"启"下"的作用。值得注意的是，20世纪70年代出生的一批后起之秀，其批判精神浓，创新意识足，反省意识强，这些青年才俊既有外语上的相对优势，又有实证的比较优势，如果注意培养，使之在个性化研究与通约性研究之间保持必要张力，假以时日，必有作为。关键在于，学术研究心态要健康且成熟，不要为了争夺所谓的"话语权"而论争（"自相残杀"），而要为了学术增量和思想增容而论争（"相映成辉"，要有"吾爱权力，吾更爱真理"的境界）。

下面我们主要从研究主体思维方式的视角来审视中国马克思主义哲学研究的进展。

（一）从本质思维走向功能思维

从本质思维走向功能思维是哲学研究者思维方式的巨大进步。近十年来，本质思维日益式微，功能思维逐渐凸显。前者注重定性分析，后者注重描述性分析、生存论分析和功能性分析，二者的区分折射出近代哲学思维方式与现代哲学思维方式之分野。以前，很多研究者不是从问题出发来切实分析问题，然后得出结论，而往往是先给出一个结论，然后极力寻章摘句地来证明这个结论，这实质是从需要出发而工具化地对待马克思主义哲学的做法。随着时代的进步，本质思维日益暴露出不可忽视的弊端，功能思维便应运出场。从时代主题看，如果说本质思维是适合于"革命与战争"为主题的时代，那么功能思维则适合"和平与发展"为主题的时代。从思维向度来看，如果说本质思维注重前定、命定、给定，那么功能思维则是注重后定、选定、待定。由此看来，功能思维的提出具有思想解放的意义，它使人们从"是什么"的追问中解脱出来，追寻"如何成为是"。当代中国马克思主义哲学注重人本价值观和以人为本，实际上注重的就是功能思维。以人为本是一种共同价值观。价值观的变迁，是经济社会变化的观念反映，随着经济社会的进一步发展，必然提出建构社会主义核心价值观的问题，而社会主义核心价值观则必须是一种具有权威解释力、涵盖力、包容力和凝聚力的全社会普遍认同的价值观。只有这样的价值观，才能为广大人民群众提供一种共同的价值导向，才能为人的自由全面发展创造条件，才能为经济社会持续、健康和快速发展提供价值支撑。实际上，只有坚持以人为本的社会共同价值观，才能在多元价值之上建立更高的共同价值统摄，从而形成广泛的遵从动机，构建普遍的伦理秩序。在思维方式上，人本价值观和以人为本要求我们在分析和解决一切问题时，把符合客观规律同反映人性发展要求结合起来，把科学尺度与价值尺度结合起来，用功能思维扬弃本质思维。

（二）从自闭思维到开放思维

从前，一些中国马克思主义研究者大多局限于就哲学论哲学，其结果总是对马克思主义哲学认识不清。如今，学者们更注重从经济学、政治学、人类学等语境来解读马克思主义哲学，加强不同学科之间的融通，注重多元视角的探究。以经济学视角为例：张一兵教授倡导从经济学语境解读马克思哲学，对中国马克思主义哲学研究具有示范性效应；陈先达教授也指出，没有经济理论的支撑，哲学会永远浮在社会的表层，不能进入社会的深处，流于空论，因此他呼吁走出哲学对话的领域，提倡哲学、经济学与科学社会主义学说之间的对话，以强化马克思主义哲学与现实的联系①；此前孙伯鍨先生也曾指出"不懂得马克思的经济学，就不可能理解马克思哲学"。无独有偶，施密特也指出，在马克思那里"唯物辩证法在任何地方都没有脱离经济学的内容"。② 中国马克思主义者要想真正对马克思主义哲学作出独特贡献，就必须钻研政治经济学和科学社会主义，走哲学、政治经济学和科学社会主义"联盟"之路。

从前，一些哲学研究者多"引经据典"地以马克思、恩格斯、列宁、毛泽东的名义言说，这在今天也是必要的。而如今，大多数哲学研究者具有哲学自觉和自我意识，这从论著中"我认为"、"我理解"、"在我看来"等表述日益增多可见一斑，一定程度上也表明学者们逐渐从"正统意识"的束缚中解放出来，释放出"宽容意识"与"独立精神"。从"人云亦云"到"独立思想"，从"重复别人的话"到"说自己的话"，从"照着讲"、"接着讲"到"自己讲"，从"独断的言论"到"谨慎的认同"，从"插旗"③到"打井"，从"断言"判断走向"假言"判断，这些都可看作是研究主体之思维方式进步的种种体现。当前，中国马克思主义研究学术共同体正逐步以"生产性的逻辑"替代"同义反复的逻辑"，正努力走出"科学主义"与"人本主义"、"方法论个人主义"与"方法论集体主义"的二元对峙，从更为宽广的视阈来考量马克思主义哲学研究在整个哲学发展史中的地位和价值。如今，中国马克思主义哲学研

---

① 参见陈先达《马克思主义哲学关注现实的方式》，《中国社会科学》2008 年第 6 期。

② 参见［德］施密特《马克思的自然概念》，欧力同、吴仲昉译，商务印书馆 1988 年版，第 46 页。

③ 李德顺教授呼吁："少插旗子多种树"，这与胡适先生的"少谈点主义，多讲些问题"和马克思的"少发些不着边际的空论，少唱些高调，少来些自我欣赏，多说些明确的意见，多注意一些具体的事实，多提供一些实际的知识"，以及列宁的"少来一些政治空谈，少发一些书生的议论，多深入生活，多注意工农群众这样在日常工作中实际地创造新事物"，同样引人深思！我们呼吁，学术研究要有一定的"连续性"，这内在要求学者要打一口学术"深井"，而不要"浅尝辄止"，否则既破坏了学术生态，也事倍功半！

究者学术创新意识日益浓郁，学术心态日趋成熟，在学术成果评价方面，"宁可少些，但要好些"也渐成共识，学者们更加注重学术成果的"含金量"和对学术思想的"实质性贡献"（学术增量）。这都是中国马克思主义哲学研究的新进展。

（三）从旁观式观察到介入式思维

近年来，国内重要学术期刊多以组稿的形式刊发相关学者的论文就是一个转向，这标志着从"独唱"到"合唱"、从"自言自语"到"参与对话"时代的来临。这不仅是思想碰撞和学术整合的有效形式，而且也是"学术共同体"和马克思主义研究"中国学派"建构的重要途径。当前，一些学者不甘于做"沉默的大多数"，而能够自觉地用"同情式理解"和"理性对话"的态度进行学术批评与商榷，试图冲破"论坛哲学"与"讲坛哲学"彼此疏离与相互隔离的困局。近十年，"马克思哲学论坛"①、"青年哲学论坛"②、"马克思主义哲学创新论坛"、"全国马克思主义青年论坛"、"马克思学论坛"③ 等学术论坛和"北京大学马克思主义文献中心"④、"复旦大学当代国外马克思主义研究中心"、"南京大学马克思主义理论研究中心"、"黑龙江大学文化哲学研究中心"等，共同推

①　"马克思哲学论坛"，是由《中国社会科学》杂志社作为常设主办单位，联合我国高校马克思主义博士点共同举办的一个年度学术论坛。自 2001 年创办以来至 2009 年，已成功举办九届。如今，该论坛已成为我国马克思主义哲学研究和创新的重要的学术交流平台、思想交锋舞台和学术品牌，对引领当代中国马克思主义哲学研究，对于当代中国马克思主义哲学整体研究水平的提升，均发挥了重要作用。

②　"青年哲学论坛"，是由中国社会科学院哲学研究所发起，全国十几所高校和科研机构的青年哲学工作者共同组织的开放式的学术论坛。自 2002 年 9 月成立以来，在学术前辈的支持下，立足北京，面向全国，开展了一系列自由平等的学术活动，给中国马克思主义哲学研究吹来一缕新风。

③　"马克思学论坛"，是北京地区致力于马克思文本解读研究的中青年学者于 2007 年 3 月 31 日共同发起成立的，旨在倡导"建立在扎实文献学基础上的马克思文本解读研究"新理念，积极推动中国马克思学研究者之间的学术交流与思想对话。

④　该文献研究中心成立于 2000 年 5 月 5 日，以文本研究为前提，以基础理论研究为重心，以解决当代中国与世界面临的重大现实问题为目的。在这里，对马克思主义文献的重新搜集、重新整理、重新翻译、重新解释、重新研究，是重要的研究起点、必要前提和学术特色；而中心环节、主要工作和思想重心，则放在基础理论的深入开掘、系统阐发、学术创新上；开掘了研究马克思主义，最终目的还是解决当代中国与世界面临的时代课题。因此，历史文献、基本理论、现实问题，三者是有机结合在一起的。

动了马克思主义哲学的研究和交流。这对学术生态建设,对于学者社区的构建,都具有积极作用。

当前,中国的改革开放正向纵深发展,中国社会"共时态"的变革急需哲学观念的引导,"历时态"的转型也需要哲学理论的支持,社会发展和人的发展中的问题更需要哲学家来"诊疗"。中国现代化的命运如何,中国特色社会主义命运如何,乃至中华民族的历史命运如何,在很大程度上都取决于我们对重大时代课题能否作出合乎时代水平和要求的合理回答,取决于我们能否在重大现实问题上作出富于时代精神与中国特色的理论创新与实践创新。这就需要走出张曙光教授所说的"古今中西"的框架,转向"全球化与地方性"的新框架,用后者来分析现代性与中国问题。实际上,现代性从西方到东方,不仅是一个"家族相似"的开放概念,而且也是现代进程中政治、经济、文化和社会诸层面的矛盾和冲突的焦点。现代性并非一个单一的过程和结果,毋宁说,它自身充满了矛盾和对抗。西方是中国的"他者",中哲是马哲的"他者",当代中国马克思主义哲学研究,只有通过"他者"才能认识"自我",也只有通过"他者"才能建构"自我"。

(四)从"静态思维"到"张力思维"

如何增强马克思主义哲学的解释力和生命力,如何加强马克思主义哲学的影响力和吸引力?关键在于马克思主义哲学的发展和创新。而发展和创新马克思主义哲学,不仅需要具有战略思维与世界眼光,而且还需要有人本情怀与中国立场;不仅要让大众了解哲学,而且要让哲学走近大众;不仅引导学者倾听人民的声音,从中寻求学术的动力、目标和路径,而且还要倾听同行的声音,从中吸取学术的灵感、思路和眼光。这内在需要马克思主义哲学研究者原创意识、问题意识、专业意识和沟通意识都要有所增强,也需要研究方向、研究方法、思维方式都要有所创新。问题的关键还在于研究者要从"静态思维"走向"张力思维"。所谓静态思维,通常是把马克思主义哲学理解成"铁板一块",凸显的是"'要么……','要么……'"的对立逻辑;所谓张力思维,强调从"唯一"到"之一",凸显的是关系思维。当前,处理好"研究性文章"与"宣传性文章"(学术探究与理论宣传)、"研究"与"生存"(很多人只把哲学当成"谋生"的饭碗,而没有当作"谋道"的事业)、学风(研究方式)与文风(表述方式）的关系，无疑都需要确立张力思维。总之，张力思维强调哲学研究要在实证性与思辨性、理性化与人性化之间寻求平衡。

本来，中国社会百余年来的巨变，社会神经受到强烈刺激，学术思想的原动力应该是不成问题的。但为什么原创思想凤毛麟角呢？深层原因主要是哲学家的人格独立这一问题没有得到解决。要想有原创性的成果，研究者的思想必须相对独立。为此，中国学术研究者必须有追而赶之、赶而超之的凌云壮志，更要有脚踏实地的上下求索精神，这不仅需要有时代意识、注重学术积累，还要有问题意识且拓宽研究视野，更要有历史意识并提升研究境界和理论志气①。

概括起来，哲学研究大体有五种类型：一是既不"顶天"也不"立地"。这种哲学既缺乏思辨上的超越维度，又缺少现实生活根基，只能飘浮在空中②；二是"顶天"但不"立地"。这种哲学研究能够走到学术前沿，但思辨有余而关注现实人的生存境遇和发展命运不足。其实，中国学者更需要关注民众、追求真理的"泥土"精神；三是"立地"但不"顶天"。这种哲学能够关注现实问题，但思辨性和超越性欠缺，且没有走到学术前沿，思想的牵引力是非常有限的；四是"顶天立地"。这种哲学既有现实的深度，又有理论上的高度，能够成"一家之言"；五是"开天辟地"。这种哲学属于"无中生有"式的原创哲学。当前中国马克思主义哲学研究大多集中在前三种类型。如果要为中国哲学创新找寻一个可靠的基地，那么，在直面"中国问题"中推进马克思主义哲学的中国化，无疑是我们需要确立的重要路向之一。

---

① 有学者倡导建立"中国马克思学"，以与吕贝尔开创的"西方马克思学"和梁赞诺夫首创的"苏联马克思学"相对应。2007 年 1 月 12 日，北京地区致力于马克思文本解读研究的中青年学者在清华大学哲学系举办首届"马克思学论坛"。这标志着酝酿多年的"中国马克思学"研究正式亮相中国学术舞台。

② 古希腊有一个神话传说，大意是：安泰是海神波塞冬和地神盖雅的儿子，很有力量，无人能敌，战无不胜，攻无不克。后来敌人发现了安泰双脚踩着大地母亲的时候，就能获得源源不断的力量，最后敌人将安泰举在空中将其扼杀。可见，哲学研究脱离现实生活根基，不仅是自我放逐，更是自取灭亡。

论中国特色社会主义文化矛盾与
马克思主义文化领导权

任 平*

在建设中国特色社会主义的全部历史过程中，始终贯穿着多元、多样、多变的社会文化倾向与坚持马克思主义在意识形态一元领导地位之间、社会主义核心价值与多样价值之间、中华民族共识与多种最高价值及各层价值之间的文化矛盾。除了对抗性文化矛盾以外，大量存在着非对抗性的文化矛盾。这些文化矛盾既是在全球化、市场化、现代化三大语境中发生的，也是社会利益格局不断差异化的思想文化表现。在协调社会利益差异的基础上不断解决这些文化矛盾，科学实现马克思主义文化领导权，是马克思主义中国化的当代议程。今天，实现马克思主义文化领导权存在着"一体两翼"的文化路径：所谓一体，就是通过"社会主义核心价值体系"建设，积极回应社会主义初级阶段文化矛盾的挑战，在建设中国特色社会主义过程中坚持、发展和巩固马克思主义文化领导权。所谓文化领导权，就是坚持马克思主义在意识形态领域的指导地位，以及充分发挥对整个社会价值体系的积极引领和主导作用。所谓两翼，其一是在人民内部的非对抗性文化矛盾中建立由社会主义核心价值体系引领的文化统一战线，把充分实现马克思主义文化领导权与充分调动和发挥人民内部的文化积极性结合起来。其二是在不断扩大社会主义思想共识的基础上建设和谐文化。实现马克思主义文化领导权和社会主义核心价值的引领作用，还必须严格区分两类性质完全不同的文化矛盾，在大量的非对抗性的人民内部

* 任平，苏州大学政治与公共管理学院教授。此文为教育部人文社会科学研究项目"坚持马克思主义在意识形态领域指导地位"最终成果。

的文化矛盾中建立社会主义的文化统一战线，推进和谐文化建设。

一　建设中国特色社会主义的基本文化矛盾

提出"如何在新时期新阶段坚持和发展马克思主义文化领导权"问题，首先基于一个时代的挑战。马克思说过：任何思想都是时代的思想。一个时代的思想文化纲领的出场，总是对这一时代文化矛盾的解答。我们必须清醒地认识到：在建设中国特色社会主义的全部历史过程中，始终贯穿着一个基本的文化矛盾。我们要有效地坚持、发展和巩固马克思主义在意识形态领域的文化领导权，必然始终面对这一文化矛盾。所谓"中国特色社会主义的基本文化矛盾"，就是指由于我们今天的社会是一个在经济利益、社会生活和政治生活充满差异的差异性社会，各种利益差异表现为思想文化层面，必然存在着各种文化矛盾。

我们正处在一个思想大活跃、观念大碰撞、文化大交融的时代，先进文化、有益文化、落后文化和腐朽文化同时并存，正确思想和错误思想、主流意识形态和非主流意识形态相互交织。造就这一基本文化矛盾主要根源在于以下三大历史语境。第一，全球化的思想撞击和文化冲突。文化矛盾的凸显，首先是由于在开放条件下，西方基于物质科技方面的明显优势，力图通过强大的文化、思想、媒体的攻势来实施所谓"文化霸权"，在意识形态和思想文化方面占领制高点，并通过电影、电视、书刊、网络、学术和其他商业化等多种途径，以及多样化、多元化的文化、观念、思想和生活方式，大量渗入并影响我国人们的日常意识，从而与我国马克思主义争夺思想文化的领导权。第二，社会主义市场经济体制的建立，经济体制的深刻变革、利益格局的深刻调整、社会结构的深刻变化，不仅使社会经济成分、收入和利益格局、人们的就业结构、生活方式、社会组织方式出现多元、多样和多变的特征，而且在人们的思想观念、价值追求、文化向度上也相应出现多元、多样和多变的趋势。我们正在进入一个既不同于以往"阶级对抗性社会"也不同于未来共产主义的"大同社会"的差异性社会。可以说，差异性社会是整个社会主义历史时期特别是社会主义初级阶段的基本特征。社会分化、分层正在加速，社会正在按照新的差异原则在差异化地重新组合，差异化的利益结构、收入结构、生活方式、身份结构、组织形式、社会分层正在被纳入一种规范化的秩序之中，人们的身份多元化、文化需求多元化、多层次化、多样化，使各种价值之间存在着明显的甚至尖锐的文化矛盾。第三，转型社会的挑战。走向现代化的过程就是社会大变革、大转换的过程。走向现代化的中国社会必然出现变革社会的各种利益调整和结构转型，反映在文化上，就是文化矛盾，因此必然出现先进文化与落后文化乃至反动文化的矛盾，交织着对变革发展的利益相关者的各种文化心态之间的矛盾。可以说，在社会主义初级阶段的文化矛盾的挑战中，除了少数敌对文化和反动文化造成的对抗性矛盾之外，大多数属于人民内部矛盾。后者是人民群众在文化的长远和根本利益一致的基础上存在着的文化差异和价值矛盾。由于整个社会主义初级阶段的矛盾性质所决定，这一文化矛盾将贯穿整个社会主义初级阶段的始终，存在于文化的各个层次、方面和向度的差异，成为建设中国特色社会主义文化的基本矛盾。

在社会主义初级阶段，其文化矛盾至少表现为以下三个方面：其一，"一元与多元"的矛盾。马列主义、毛泽东思想、邓小平理论和"三个代表"重要思想作为我国先进文化的核心和一元化的指导思想，与多元、多样、多变的文化之间客观上存在着矛盾。面对这一矛盾，我们既要坚决反对在国家意识形态层面上搞指导思想的多元化，又要积极探索马克思主义在这一历史阶段必然存在的多元、多样、多变的文化领域引领社会文化思潮的路径。其二，"一元"与"多样"、"差异"与"共识"的矛盾。差异化、多样化的价值观充满活力，有利于马克思主义创新，有利于社会主义文化总体的繁荣与发展。但是，差异价值观之间的矛盾和冲突又必然消解共识资源，使社会隔膜、疏远甚至离散。因此，需要加以积极引导以促进共识。核心价值是达成共识、凝聚民心、促进和谐的思想基础。中国化马克思主义应当在多样文化空间上找到自己的当代出场路径，在多元对话中引领思想前行。在多元差异的文化中，通过多元主体的精神交往、协商和话语实践，我们应当努力形成中国特色社会主义的共同理想、共创中华民族复兴的伟业，努力构建全民族的共识，扩大共识资源。其三，最高价值与多层次价值、一般价值的矛盾。马克思主义、共产主义世界观和价值观是人类最理想境界和社会主义先进文化的最高价值。但是社会价值分布是多层次的。因此，先进文化要着力掌握大众，特别是影响和掌握"中间公众"，必须要有一整套自己的核心价值和整合方式。没有正确的联合和领导的方式，就不可能引领这些价值大众跟着最高价值走。最高理想和世界观必须通过多层次、扩展的和联合的核心价值体系，才能真正引领这一时代多层次、多样化的公众价值观。

虽然这一基本文化矛盾贯穿于建设中国特色社会主义的整个历史过程和各个文化领域，但是在各个阶段、各个文化领域中的矛盾具有特殊性和差异性。在社会主义初级阶段，由于西方发达国家在经济、政治、文化方面相对强势而我国暂处弱势，因而表现在文化价值方面的矛盾就会相对尖锐化。就空间领域而言，由于高等学校一方面肩负着培养中国特色社会主义合格建设者和可靠接班人的重任，以及传承文明、交流文化、创新理论、咨政育人、服务社会的文化功能，因而是马列主义、毛泽东思想、中国特色社会主义普及教育和深化武装的重镇；另一方面又由于高校的文化开放性和自由性特点，必然受到各种文化价值思潮的影响。大学生思想活跃，容易接受新思想、新观念、新事物，但是正确世界观、人生观、价值观尚待确立，大学生来自社会各个阶层、各地区、各个方面，有各种家庭生活经历、受各种社会影响，会把社会的多元、多样的文化价值统统带进高校。因而，高校作为一个接受知识、传承和创造文化的单位，如今成为社会基本文化矛盾的聚焦点。每个大学生的思想和人生的成长都伴随着一系列文化矛盾的交错、碰撞和冲突过程。因此，高校的文化矛盾成为社会文化矛盾的突出景象。

历史实践表明：由于差异性社会多元、多样、差异的利益格局必然要表现为文化的差异，中国特色社会主义的文化矛盾是基本的、长期的和普遍的。在整个建设中国特色社会主义历史过程中，一方面，我们社会主义国家必须坚持马克思主义在意识形态中的一元化的指导地位，不可能搞国家指导思想层面的意识形态多元化；另一方面，在社会层面，相当长的时期内客观存在着合法的多元、多样、多变的思想文化，因而两者之间必然长期存在着一元与多元、核心价值与一般价值的文化矛盾。我们既不能幻想超越这一历史阶段或通过"文革"那样的方式企图消灭这一文化矛盾，更不能"自我放逐"，将马克思主义边缘化，消解一元化的指导思想地位。因此，解决这一文化矛盾具有长期性。此外，这一文化矛盾存在于所有思想文化领域的各个方面、各个环节，因而具有普遍性特点。矛盾无可回避，解决需要统筹。科学解决矛盾、坚持和发展马克思主义话语权、领导权的基本思路，不是传统的而是创新的，不是单一的和片面的，而是"一体两翼"的创新格局。所谓"一体"，就是要通过社会主义核心价值体系的倡导，推进创新的马克思主义实现文化领导权；所谓"两翼"，一是要以创新时代的马克思主义为指导，建立文化统一战线；二是积极推进社会主义和谐文化建设。这就是科学解答"中国特色社会主义基本文化矛盾"的纲领。

二　解决中国特色社会主义文化矛盾的基本路径

（一）建设社会主义核心价值体系

社会主义核心价值的提出是对基本文化矛盾的新解答，具有重大的历史意义。

马克思主义指导思想，中国特色社会主义共同理想，以爱国主义为核心的民族精神和以改革创新为核心的时代精神，社会主义荣辱观，构成社会主义核心价值体系的基本内容。作为马克思主义中国化的最新成果，它是对中国特色社会主义建设中基本文化矛盾问题的新分析，是对解决文化矛盾问题的新认识，是对马克思主义意识形态理论的新概括与新发展。从历史的角度看，应当说，新中国成立60多年以来，我们党在建设、改革和发展的各个时期针对当时的情况下都提出过若干思想文化建设的方针和总体战略：从"双百方针"到"四个坚持"，从社会主义精神文明建设到培养"四有新人"，等等，都表明我国思想文化建设一直走在时代前列。今天，提出社会主义核心价值体系建设，既是对以往理论的继承，更是对中国特色社会主义文化矛盾认识的深化与拓展。

倡导社会主义核心价值体系建设，是在文化矛盾语境中实现马克思主义文化领导权的主要路径。首先，面对多元、多样、多变的社会文化思潮，一元与多元、唯一与多样、最高价值与多层次价值的文化差异和文化矛盾，马克思主义如何实现有效的领导、如何巩固自己的指导地位？最主要的路径就是通过社会主义核心价值体系的建设，来有效地扩展指导思想的存在。作为揭示人类社会发展规律、社会主义发展规律的科学世界观和方法论，作为社会主义国家意识形态的思想灵魂，马克思主义指导思想构成社会主义核心价值体系的最高价值和思想本体，支配着整个社会主义核心价值体系，通过掌握核心价值体系的指导地位而实现对整个文化价值体系和意识形态的领导权。坚持马克思主义指导地位，为社会主义核心价值体系科学解答文化矛盾和价值冲突指明了根本方向和思想指导。社会主义核心价值之所以在众多价值之林中成为一个社会的价值核心，其最重要的是因为有居于指导地位的马克思主义特别是当代中国化的、创新的马克思主义，科学阐明了整个人类、当代中国社会的发展规律，创造性地形成了科学指导中国发展的中国特色社会主义理论体系，科学阐明了中国特色社会主义文化矛盾的本质特点和发展趋势，从而为社会主义核心价值体系解答文化矛盾提供了最重要的科学世界观和方法论。因此，马克思主义在意识形态的指导地位，必然首先表现在对整个社会主义核心价值体系中的灵魂地位和指导地位。

其次，在社会主义核心价值体系所包括四个方面的基本内容中，坚持、发展和巩固马克思主义文化领导权成为贯穿整体的本质与灵魂，而中国特色社会主义共同理想、以爱国主义为核心的民族精神和以改革创新为核心的时代精神、社会主义荣辱观都是马克思主义指导思想的具体展开和实现方式。从指导思想到核心价值体系，是由一而多、由最高到多层的扩展体系和布展体系，因此，在这一意义上说，坚持马克思主义文化领导权是这四个方面相互联系、相互贯通，共同构成辩证统一的有机整体的关键。社会主义核心价值体系，就是在马克思主义这一思想灵魂的指导下，科学解答文化矛盾、积极引领社会思潮、推动整个社会文化价值健康向上、奋发图强的坚强核心。因此，建立社会主义核心价值体系，必须坚持马克思主义在意识形态领域的指导地位，牢牢把握社会主义先进文化的前进方向，大力弘扬民族优秀文化传统，积极借鉴人类有益文明成果，充分调动积极因素，凝聚力量，激发活力，进一步打牢全党全国各族人民团结奋斗的思想道德基础，形成全民族奋发向上的精神力量和团结和睦的精神纽带，为构建社会主义和谐社会提供重要保证。

再次，建设社会主义核心价值体系是建立社会主义的文化统一战线与和谐文化的共同思想基础、精神纽带和文化前提，因而成为实现马克思主义指导地位的主体路径。文化统一战线需要有思想的领导核心，和谐文化也需要有共同的思想基础，这都在客观上需要建设社会主义核心价值体系。坚持马克思主义指导地位只有通过社会主义核心价值体系的有效建设，才能够更为广泛而有效地引领和影响各个层次、各个方面、各个向度的价值，同时从大众化的价值体系中深切感知人民不断增长和发展的文化需求，不断把握社会生活的文化走向，汲取人民大众文化价值的营养成分，也才能够成为不断适应时代需要、表达广大人民群众愿望要求的创新体系，成为不断巩固全国人民思想道德共识的精神纽带，为构建社会主义和谐社会提供重要保障，成为积极借鉴人类有益文明成果，推进中华民族伟大复兴并影响全球的文化体系。

最后，坚持马克思主义在意识形态领域的指导地位，是坚持社会主义核心价值体系面对和处理文化矛盾所依据的本质和灵魂，而社会主义核心价值体系是这一灵魂的价值存在形式。中国特色社会主义的共同理想，时代精神与民族精神，社会主义荣辱观，都是在马克思主义作为文化多元化的环境中的时代表现。例如，社会主义荣辱观中"坚持什么、反对什么"、"倡导什么、抵制什么"的鲜明价值导向，其最深刻的理论根据仍在于马克思主义的世界观和价值观。创新的中国化马克思主义需要通过多样化的机制来实现自己的存在，引领大众文化和社会思潮。共产主义道德理想是全人类的最高理想，也是社会主义核心价值体系的最高标准。但是，现实生活是复杂多样的，人们的思想观念和道德水平也是多层次的。"精英文化"与"大众文化"、"理性文化"与"娱乐文化"之间始终有层次分明的差别。从最高理想到"底线伦理"之间存在着若干层次。最高理想如何通过引领和提升多层次道德来体现自己的核心价值，就是一项主要任务。

（二）建立社会主义文化统一战线

中国特色社会主义基本文化矛盾存在的普遍性和广泛性特点表明：在核心价值与一般价值之间存在着客观的差异与矛盾性，要实现好马克思主义对文化的领导权，一方面，要不断建设和巩固社会主义核心价值体系，坚持用马克思主义中国化的最新成果武装全党、教育人民，用民族精神和时代精神凝聚力量、激发活力，倡导爱国主义、集体主义、社会主义思想，加强理想信念教育，加强国情和形势政策教育，不断增强对中国共产党领导、社会主义制度、改革开放事业、全面建设小康社会目标的信念和信心，加强马克思主义理论研究和建设，增强党的思想理论工作的创造力、说服力、感召力，等等。另一方面，就是要坚持以社会主义核心价值体系引领社会思潮，尊重差异，包容多样，最大限度地形成社会思想共识，其中一个最重要的创新形式，就是要建立社会主义文化统一战线。

"统一战线"是我们党战胜一切困难的制胜法宝之一。在新民主革命时期，我们党依靠"党的领导、武装斗争、统一战线"三大法宝，团结一切可以团结的力量，组织起浩浩荡荡的革命大军，终于战胜了貌似强大的敌人，取得了新民主主义革命的胜利。新中国成立60多年来，我们党又将"统一战线"弘扬光大为一种在中国共产党领导下的"多党合作与政治协商"的民主制度，在党的领导和执政下，与各民主党派、党外人士之间保持"长期共存、互相监督，肝胆相照、荣辱与共"的亲密合作的政治关系。实践证明：这一政治制度是具有中国特色的社会主义民主政治制度，是符合我国国情、适合于人民需要、行之有效、具有强大生命力的制度。但是，实践也表明：思想文化的共识是政治共识的精神基础。没有思想文化的统一战线，就没有巩固的政治统一战线，或者说政治统一战线就因为缺乏思想基础而不能巩固和完备。我们不能幻想在利益呈现多元、多样的差异性社会中，人们的思想文化是同质性的而非差异性的。面对现实，"一切从实际出发"的思想路线要求我们只能在差异、多元、多样的思想文化中寻求统一。"差异性共识"或"重叠共识"的基本形式就是文化统一战线。

所谓文化的统一战线，就是在坚持马克思主义指导地位的前提下，以社会主义核心价值体系为主体，进而团结人民群众的各种具有积极的、健康的、向上作用的思想文化，共同抵制消极、腐败、堕落的文化，长期共存，相互学习，坚持"双百方针"，紧密团结，共同为发展中国特色社会主义事业而贡献力量。可以说，文化统一战线思想应当成为我们党关于政治统一战线在文化事业上的继续，成为全面贯彻落实社会主义和谐社会文化建设纲领的重要战略方针，成为坚持和发展马克思主义文化领导权的重要路径。

建立文化统一战线，关键是科学把握统一战线的对象、确立文化统一战线的领导核心及主体、建立文化统一战线的基本方法等三个环节。从对象方面来说，首先就是要正确区分两类不同性质的文化矛盾。一类是建立在阶级对抗性矛盾基础上的文化矛盾，应当说，在全球化、市场化和现代化进程中，西方的"西化"、"分化"等企图始终存在，思想文化渗透和斗争始终存在，这一类文化矛盾是新形势条件下敌对意识形态不断侵蚀的必然产物。我们与西方在意识形态上的对立和斗争是一个长期过程，而且随着我国开放程度越来越高，这一方面的问题也越来越多，不能掉以轻心。但是，马克思主义不怕开放、不怕斗争和不怕争鸣。因为马克思主义就是在与形形色色的思潮的论战和对话中发生、发展和成熟起来的。在这一过程中，敌对思想文化势力成为打磨马克思主义锋刃的砺石。没有与各种错误思潮的论战，共产主义"幽灵"就不会出场。正因为有反动、腐朽、堕落的文化，才有建立起我们的文化统一战线的必要性。另一类是建立在非对抗性的差异性文化矛盾基础上。这是在社会主义初级阶段条件下，人民群众内部在根本利益和长远利益一致的基础上的局部利益、眼前利益的差别，尽管在社会主义市场经济条件下这一利益差异正在扩大，而且形成了形形色色的相互不同的利益集团和阶层。他们的思想取向、道德原则、文化品位和价值追求也随之出现各种差异，但毕竟是中国特色社会主义的建设者内部的文化差异，是个人或某些群体对自身利益和文化价值的一种合理表达的差异，是对社会、人生、国家、家庭、中国特色社会主义建设事业等问题的不同理解之间的文化差异。这一差异的信仰、文化、思想、价值、道德、意识形态等都是合法存在的，只要文化持有当事人不触犯宪法和法律的底线，他们的信仰自由就是受法律保护的。这一类文化矛盾，显然具有文化的双面性。一方面，总体上是适应我国目前差异性社会状况的主体文化，具有广泛的社会代表性和社会适应性。即是说，有些（传统）文化还根深蒂固，具有很深的历史根源；有些适合大众口味，具有广泛的群众基础。我们不能再用"左"的方式企图对其实行思想"专政"，用处理敌对文化矛盾手段粗暴地简单禁止。这些文化都有一定存在的合理性和合法性根据，都成为中国特色社会主义现实合法的文化系统的一部分。另一方面，这些文化价值之间显然有各种差异、歧见和矛盾，彼此之间不同程度上发生着或显或隐的争论和争鸣，在影响和支配着人民群众中各个群体的思想与行动。毫无疑问，在利益差异性的社会基础上，文化的差异和矛盾是一个必然的存在形态。在中国特色社会主义条件下，各种思想文化和意识形态的多元共存仍然是一个常态，但是占主体部分是非对抗性的，人民内部的，因而只能用非对抗性的方式去对待、解决。"团结—批评—团结"或者"说服教育"的方法，目的在于团结，在于建立一个文化的统一战线，紧密团结在社会主义核心价值体系周围，团结在意识形态占指导地位的马克思主义周围，建立一个中国特色社会主义的文化体系。

　　从文化统一战线的主体来看，坚持马克思主义对文化统一战线的领导权是关键。任何统一战线必须有一个领导核心。我们尊重所有文化统一战线内部的各种思想文化持有者的主体地位，从团结的愿望出发，通过各种平等讨论、建设性对话和争鸣来形成这一统一战线，并不是否定核心价值的必要性，更不是否定要有思想凝聚的核心，要有科学的指导思想。提出马克思主义对文化统一战线的领导权，再次向世人展现了我们党思想上精神上的旗帜。改革开放以来，我们党根据自己的实践，成功探索出一条中国特色社会主义道路，使古老的中华民族以崭新的姿态屹立于世界民族之林，创新的、中国化的马克思主义即中国特色社会主义显示了巨大的优越性。我们坚持中国特色社会主义，从经济体制上说，要坚持社会主义市场经济体制，坚持公有制为主体、多种所有制经济共同发展的基本经济制度，坚持按劳分配为主体、多种分配方式并存的分配制度；从政治体制上说，要坚持人民民主专政、人民代表大会制度、中国共产党领导的多党合作和政治协商制度；从意识形态上说，要坚持马克思主义的指导地位。与这些根本性的制度和要求相适应，必然要有一个主导全社会思想和行为的指导思想和核心价值体系。这既是巩固全党全国人民团结奋斗的共同思想基础的需要，更是保证文化统一战线巩固和发展不断取得胜利的根本基础。马克思主义的指导是社会主义国家的主心骨，是中华民族的灵魂。社会主义核心价值体系，是全面建设小康社会、努力构建和谐社会进程中的根本思想基础，是中华民族伟大复兴的共同精神力量，是引导全社会在思想道德上共同进步、保持文化发展正确方向的必然要求。当今时代，世界多极化和经济全球化的趋势深入发展，在各国综合国力激烈竞争的同时，意识形态领域也是风云激荡。在复杂多变的国际环境中，我们必须立足国内现实、把握时代潮流，建设好文化统一战线，借鉴人类有益文明成果，坚持马克思主义在意识形态领域的指导地位，确保我国现代化建设沿着正确的方向前进。

文化统一战线是实现马克思主义文化领导权的重要路径和重要方式。应当看到，有两点需要把握。

第一，文化统一战线具有由"核心"到"外围"的三个层次。作为文化统一战线的领导权和处在意识形态的领导地位的是马克思主义，特别是当代中国的创新发展的马克思主义——邓小平理论、"三个代表"重要思想、科学发展观所构成的中国特色社会主义理论体系，成为文化统一战线的灵魂和核心。坚持马克思主义指导思想。马克思主义是我们立党立国的根本指导思想。在我国文化统一战线建设中，马克思主义为我们提供了正确的世界观和方法论，提供了正确认识世界和改造世界的强大思想武器。只有用马克思主义的立场、观点、方法来正确认识经济社会发展大势，正确认识社会思想意识中的主流与支流，才能在错综复杂的社会现象中看清本质、明确方向。第二层则是由马克思主义指导下的社会主义核心价值体系，这是由马克思主义直接支配和表现的主体性思想文化，是总体上代表先进文化、引领全社会思潮和文化统一战线前进方向的价值体系，是全民族共同的思想基础和社会共识。第三个层次是由所有一般价值和其他差异性思想文化构成的整个文化统一战线共同体，包括所有赞成、支持、建设中国特色社会主义或者倡导中华民族伟大复兴的文化，一切人类积极进步的文化，具有一定社会积极作用、合法存在的文化。通过指导思想、核心价值体系到整个文化统一战线共同体，马克思主义不断实现自己的文化领导权。文化统一战线也需要借以实现的文化形式和表现方式，例如，传统媒体和网络、通信等新媒体，对于文化统一战线的作用，需要认真加以研究。

第二，在文化统一战线内部，马克思主义对文化的领导权实现方式是不断创新发展的。首先，"百花齐放、百家争鸣"的方针依然是繁荣发展文化统一战线的正确方针。人民内部的思想文化差异，只要不是敌对的、非对抗性的，凡属于思想认识问题，都应当通过"双百方针"来解决。通过讨论和争鸣，差异的文化利益可以得到协调，文化矛盾可以得到解决，人民的根本利益和长远利益得以彰显，社会主义和谐文化建设可以得到促进。新中国成立 60 多年的历史表明：什么时候贯彻"双百方针"，思想文化事业就繁荣发展；什么时候忘记这一方针，思想文化事业就遭受挫折。其次，要不断改善领导方式。马克思主义要实现自己的思想文化指导，首先需要虚心学习、汲取一切其他文化价值中的优秀成果，不断充实和丰富自己，这是本土化、创新发展马克思主义理论的基本方式，是有效地实现文化领导权的路径。马克思主义对思想文化的领导权不是官僚主义、高高在上的原则领导，不是唯我独尊，而是要深入大众各种文化中，认真学习，虚心求教，先当学生，后当先生。毛泽东同志说过："从孔夫子到孙中山"的中国优秀传统文化遗产，我们都要继承；一切国外优秀思想文化，我们都要虚心学习；一切来自人民群众的优秀文化价值和道德，我们都要发扬光大。马克思主义不是宗派的教条，而是以全人类最优秀思想智慧和文化价值铸就的结晶。只有在汲取人类文化价值最优秀成果基础上，才能成为最先进文化的杰出代表，马克思主义只有在永葆先进性品质基础上，才能够有资格实现文化的领导权。马克思主义"与时俱进"、保持先进性的根本路径在于实践，同时需要不断汲取时代的和民族的优秀文化成果丰富自己。因此，只有通过虚心学习、平等对话、积极汲取，才能实现文化领导权，这是马克思主义作为文化的先进性品格决定的。在这一意义上，实现文化统一战线的领导权对于我们的马克思主义者要求将更高。我们决不能做一个只懂得"马克思主义词句"而对被领导的其他文化一无所知的人。文化统一战线的有效领导者必须是某个被领导思想文化领域和意识形态研究的专家。我们党需要研究和熟悉一切被领导文化领域和样态的知识，深刻地理解它们，才能够实现超越和正确领导。在文化上贴近群众、贴近实际、贴近青年，这需要更高的知识修养和文化领导水平。我们党需要一大批这样的专家型文化领导者。否则，我们永远在做形式化的领导、空头领导和原则领导，而无法深入诸如信教群众（特别是亿万信仰基督教、藏传黄教、红教等群众）、现代网络青年文化的心灵深处，成为他们思想和文化价值提升的真正引路人。各级党组织和政府既需要一大批"聚精会神搞建设、一心一意谋发展"的干部，也需要懂得各种差异文化并善于领导的干部。最后，尊重多样、包容差异，需要有博大的文化胸怀。"海纳百川，有容乃大"。作为"中华民族先锋队"的执政党，其指导思想必然是具有最科学的开放性精神的思想体系。依据差异性社会的现实需要和对多样性思想价值的尊重，以及对差异性文化的包容，都是持科学态度的表现。

（三）构建社会主义和谐文化

构建社会主义和谐文化，是构建社会主义和谐社会的重要内容和条件。一个社会要有序协调发展和保持团结稳定，除了建立组织和制度，协调社会成员之间的政治、经济、社会关系之外，还必须形成以主流文化体系为核心的和谐文化形态。这是与社会主义和谐社会相适应、相促进的文化形态，也是实现马克思主义文化领导权的最现实的路径。

坚持马克思主义在意识形态领域的指导地位、建设社会主义核心价值体系、建设中国特色社会主义文化统一战线，层层推进，其结果形态必然是社会主义和谐文化。但是，与通过建设社会主义核心价值体系主体路径相比，在构建社会主义和谐文化中实现马克思主义文化领导权，两者存在着本质与形态的差异。换言之，在本质上，两种路径都是一样的，都是为了更好地坚持马克思主义指导地位和文化领导权；但是在实现方式和实现结构上，两者之间又有某种区别。如果说，建设社会主义核心价值体系所包括的四个层次的内在关系逻辑不是平行作业的，而主要是自上而下的扩散的纵向逻辑关系，由高而下、由一而多，纵向贯穿；那么，在构建社会主义和谐文化的框架内，主要是横向的平等对话、多元交融、协商统一、自觉认同的关系，而不是居高临下的"训导"、"灌输"关系。"和而不同"的差异性思想文化，在社会主义和谐文化平台上首先是相互尊重、自主平等的交往关系。马克思主义指导地位、文化领导权的实现，不是依靠权力的强制，不是依靠"训导"和"灌输"，不是居高临下的行政命令，而是靠在平等交往对话中达到视阈融合和民族共识，由其科学性和先进性而被多元差异的文化持有者自觉认同、内心折服、选择首肯的结果。因此，思想、文化、精神的交往关系，成为构建社会主义和谐文化框架的基本关系。在这一精神的交往关系中如何达成共识，实现马克思主义指导地位和文化领导权，就成为我们时代创新的课题。

为了解决这一难题，我们要明确构建社会主义和谐文化所需要的交往关系的基本要素和特点。

其一，文化的多元主体性，而不是单一文化主体。和谐文化的交往关系不是单一主体的独白，也不是集体同质调的文化奏鸣，而是差异性、多元性文化主体间的"和声"。多元、差异的文化主体的存在，是构建社会主义和谐文化的前提条件。也只有存在着多元差异的文化，才需要和谐、可能和谐。"和而不同"指向的差异性而非单一性或同质性。因此，我们决不能要求和谐文化框架中众多文化没有任何区别地同质鸣响，更不能设想"罢黜百家、唯我独尊"，而是要以开放的心态欢迎人民内部不同的、差异的、多元的文化进入交往关系，彼此对话协商，尊重差异，包容多样，达成共识。

其二，多元文化主体之间的平等性。在这一交往关系中，马克思主义实现文化的领导权不是通过居高临下的"压服"和"训诫"达成的，而是通过其思想的科学性、先进性来影响、引导，使差异的文化自觉认同而达成的。因此，每一个进入社会主义和谐文化交往关系框架中的文化，彼此首先要有平等待人之心，平等参与对话、交往和融合，具有平等自主地选择权。在社会主义和谐文化格局中，马克思主义应当尊重差异，包容多样，在尊重差异中扩大社会认同，在包容多样中增进思想共识，团结不同阶层、不同认识水平的人们共同前进。最大限度地形成社会思想共识，形成全民族奋发向上的精神力量和团结和睦的精神纽带。这无疑是实现马克思主义文化领导权的一个行之有效的具体路径。

其三，社会思想共识与和谐：建设社会主义和谐文化的目标追求。建设社会主义和谐文化的目标取向，主要是通过寻求社会思想共识来凝聚社会发展的合力，以文化和谐促进社会和谐与发展进步。事实上，社会主义和谐文化作为差异性意识形态的统一体，它的内容无疑是多元化的，其形成过程也将是长期的，其中，有党和政府的主导和提倡，但主要是要达到全社会的认同和接受，如建设社会主义核心价值体系。社会主义核心价值体系在全社会的所有价值目标中处于统摄和支配的地位，但在经济体制深刻变革、社会结构深刻变动、利益格局深刻调整、思想观念深刻变化的新形势下，社会主义核心价值体系得以确立、被社会成员所遵循并成为真正的社会动力的关键，必须基于全体社会成员的认同。其他文化价值都应得到尊重和包容，呈现和谐文化的整体格局。只有在这一环境中，马克思主义的文化领导权才能被社会所认同和接受。

其四，多元价值整合，需要差异文化对话、商谈、交往达成共识，是"重叠共识"或"交叉共识"，这些共识既是支撑马克思主义文化领导权的思想基础，更是文化统一战线共同体的形态表现。这一结果之所以如此，是由精神交往的特点决定的。文化的精神交往是双向建构、双重整合，构成一个公共性的话语空间。所谓"双向建构"是指交往一方面构建与交往层次同类的诸多主体性，另一方面构建同层次的交往关系和交往结构。主体、交往、结构三者共构。也就是说，文化交往的层次、性质、水平对应设定或产生参与主体的性质，人们在何种意义、何种层次上参与交往，就成为何种意义上的主体；人们在何种层次、意义上发生文化的交往，也就必然形成什么意义上的文化交往结构。所谓"双重整合"，就是文化的交往一方面整合成为多元主体，各主体决不因为交往而完全同质化而丧失自己的个性差异；另一方面又必然在差异基础上整合为共识体系、核心价值体系，这是促进民族团结和国家安定必不可少的推动力量。社会主义和谐文化的有机整合，本身就是一个多元的价值体系，最大限度地体现了社会的多元诉求，因而更加贴近百姓，也更容易为全社会所接受和认同。

其五，在构建社会主义和谐文化的交往关系中实现马克思主义文化领导权是一个平等参与、交往对话、协商共识、加强引导的过程。马克思主义不仅在多元文化中始终坚持自己"一元"的立场、观点、方法，而且还应当积极参与、引导对话、引领交往、引入共识。可以说，多元文化的对话，是一个围绕时代问题和发展实践为中介的对话。马克思主义是否是时代精神的精华、文明的活的灵魂，是否始终代表着先进文化的前进方向，判断的唯一标准就是实践。时代实践作为检验真理的唯一标准不断判断着对话各方的真理性，从而将马克思主义令人信服地推上被信服、自觉认同的高度。在这一过程中，马克思主义应当始终坚持以时代实践为标准，积极地解答时代问题，揭示时代本质，成为"我们的时代不可超越的旗帜"。建设社会主义核心价值体系，适应了社会主义市场经济发展的要求，适应了社会主义先进文化建设的要求，适应了现阶段社会主义思想道德建设的要求，有利于引导全社会在思想道德上共同进步，形成全民族奋发向上的精神力量和团结和睦的精神纽带。

构建社会主义和谐文化应当从当代中国社会利益和思想文化的差异这一现实出发。差异性社会是当代中国特色社会主义建设面临的最大现实。脱离这一实际，任何和谐文化建设必然失去现实根基。但是，和谐文化应当坚持和谐统一、协调一致的共同理想。我们的文化不是为了消极地机械地承认文化差异和矛盾，而是要积极地解答文化差异和矛盾所带来的问题，引导人民走向统一的理想价值，牢固建立共同的民族精神。没有马克思主义文化领导、社会主义核心价值体系的引领和主导，构建和谐社会、建设和谐文化就会迷失方向。只有深刻认识和正确把握社会主义核心价值体系，才能保证社会主义的正确方向，才能抓住社会主义价值需要、价值创造和价值实现的关键，也才能在文化建设和意识形态建设中突出重点、抓住根本。现在，我们正处在一个思想大活跃、观念大碰撞、文化大交融的时代，先进文化、有益文化、落后文化和腐朽文化同时并存，正确思想和错误思想、主流意识形态和非主流意识形态相互交织。要在这样的条件下发展先进文化、建设和谐文化，必须努力构建具有广泛感召力的社会主义核心价值体系，用以引领和整合多样化的思想意识和社会思潮，使先进文化得到发展，健康文化得到支持，落后文化得到改造，腐朽文化得到抵制，实现文化自身的和谐。

马克思的文化哲学及其传统

何 萍*

在马克思主义的文化哲学研究中，最难研究也是最必须研究的一个课题，就是马克思的文化哲学。说它最难，是因为从字面上看，马克思从来没有用过文化哲学的概念，更不用说有意识地、系统地论述他的文化哲学体系了。这就使人们感到，研究马克思的文化哲学缺乏文本的依据。正是由于这一原因，至今国内外还没有一部系统论述马克思的文化哲学论著；说它必须，是因为从 19 世纪下半叶开始，凡是从事文化哲学研究的马克思主义者，无不以马克思的哲学为根据，以马克思的实践和辩证法为马克思主义文化哲学的活水源头。所以，当代的马克思主义哲学家们尽管没有写出一部马克思文化哲学的专著，却又在客观上提出了这一课题，以致如果不研究马克思的文化哲学，人们就很难理解当代马克思主义文化哲学的深层内涵。现实中提出了研究马克思文化哲学的课题，而理论上却找不到文本的根据，这就是当前研究马克思文化哲学的难题。如何解决这一难题呢？笔者认为，研究马克思的文化哲学，绝不能停留在马克思著作的字面上，而应该深入马克思的哲学范式、马克思哲学文本的意义中去。

的确，马克思从来没有使用"文化哲学"这一概念，但是，这并不等于说马克思没有接受文化哲学的思想。在 19 世纪，文化哲学是通过浪漫主义思潮、历史哲学、文学向理性哲学和非理性哲学渗透的，所以，在那个时代，任何一个哲学家都不能不受到文化哲学的影响，只是有的哲学家明确地提出和研究文化哲学，比如新康德主义，有的哲学家只是借助于文化哲学的范式来阐发自己的思想。马克思就是后一类的哲学家。马克思虽然

---

* 何萍，武汉大学哲学学院教授。

没有在他的著作中使用"文化哲学"一词，但是，他早年接受了赫尔德、维科的以文化哲学为内核的历史哲学思想①，接受了浪漫主义思潮②，晚年又接受了文化人类学的思想。他把这些思想融入了他的哲学创造之中，创立了以实践和辩证法为内核的马克思主义哲学传统。据此，可以说，马克思是把文化哲学的精神融入了他的哲学之中。今天，我们研究马克思的文化哲学，就是要把那些凝练在马克思的实践和辩证法中的文化哲学思想发掘出来，弄清这些思想的来龙去脉，完整地展现马克思的文化哲学理论。

从马克思本人的思想发展看，有三部著作最能表达马克思的文化哲学思想。第一部是马克思的博士论文：《德谟克利特的自然哲学和伊壁鸠鲁的自然哲学的差别》（以下简称博士论文），着重体现了马克思对人的生命的文化哲学阐释；第二部是马克思的《1844 年经济学哲学手稿》，着重表达的是马克思文化哲学的历史主义原则；第三部是马克思晚年的《民族学笔记》及有关书信，着重表达的是马克思关于文化发展规律的思想。这三部著作的思想共同构成了马克思的文化哲学范式，成为西方马克思主义文化哲学的重要资源。鉴于此，本文以这三部著作为文本，阐释马克思的文化哲学及其传统。

一　对人的生命的文化哲学阐释

19 世纪，西方文化哲学派别繁多，但归结起来，不外两个路向：一个是沿着历史主义的路向，走向对人的文化生命的研究。狄尔泰、斯普朗格、柏格森的生命哲学都属于这一路向；另一个是沿着逻辑主义的路向，走向对文化的认识论和方法论的研究。新康德主义就是这一路向的典型代表。马克思从青年黑格尔派那里接受了自我意识的学说，却没有像青年黑格尔派那样使哲学停留在黑格尔现象学的水平上，而是从自我意识的矛盾中走向了对人的生命的文化哲学研究。这在文化哲学的研究路向上似乎更接近于历史主义，却又与历史主义有很大的区别。历史主义把人的文化生

---

① 关于马克思和维科思想关系的详细考证，参见何萍《马克思"实践的唯物主义"的文化哲学品格》，《求是学刊》2007 年第 3 期。

② 马克思受浪漫主义思潮的影响在他早期的诗歌中已有明显的表现，以后，马克思把这一思想贯穿于他的共产主义理论之中，创造了他的理想辩证法。

命的研究封闭于人的精神世界，而马克思则力图从人的精神世界中发现挣脱这个精神世界的内在欲望和实现这一欲望的必然性与现实性。由于这一发现，马克思创造了一种实践的文化哲学。这个哲学的基本构架就体现在马克思的博士论文中。

在博士论文中，马克思用以阐发实践的文化哲学的核心范畴是偶然性。以偶然性作为哲学的核心范畴，这本身就是对黑格尔精神现象学的颠覆。因为黑格尔的精神现象学秉承西方理性主义哲学的思维传统，坚持必然性为核心范畴说明人的精神创造活动，其结果陷入神学目的论。为了克服黑格尔哲学的神学目的论，青年黑格尔派展开了宗教批判，弘扬了人的自我意识，却没能使人的精神返回到现实的世界。与青年黑格尔派不同，马克思从哲学思维方式的批判入手，通过对哲学史上的偶然性范畴的清理和重新阐释，建立了新的哲学研究范式，从而把人的精神研究从认识论的范式中剥离出来移入本体论的范式之中，把人的自我意识转化为人的文化生命的存在。

在对哲学史上偶然性范畴的重新清理和阐释、把自我意识转化为人的文化生命的存在中，马克思以评价伊壁鸠鲁哲学为题，做了三个方面的工作。

首先，马克思清除了哲学史上对偶然性的认识论规定，确定了偶然性的本体论意义。在马克思看来，无论是把偶然性定义为认识论范畴，还是定义为本体论范畴，这是两种哲学传统的根本分歧。这一点在德谟克利特和伊壁鸠鲁的偶然性定义中得到了鲜明的表现：德谟克利特把偶然性定义为认识论范畴，认为，偶然性只是必然性的表象，是"主观假象"、"仅仅存在于意见中"①，而伊壁鸠鲁则把偶然性定义为本体论范畴，认为，偶然性是人的感性世界，是人的客观的、真实的存在。马克思认为，德谟克利特与伊壁鸠鲁对待偶然性的这一差别是与他们的哲学任务相关的：德谟克利特的哲学任务是探究外部自然世界的本质。为了实现这一任务，他必须排除人的主观因素，强调外部自然界的必然性，与之相应地，在哲学思维方式上，他重视必然性而轻视偶然性，视偶然性为必然性的认识形式，以便在哲学中消除主观性。与之不同，伊壁鸠鲁的哲学任务恰恰是要研究人的主观世界、研究人的自由，为此，他必须把人的主观、人的感性

① 《马克思恩格斯全集》第 1 卷，人民出版社 1995 年版，第 22 页。

世界当作客观的对象，把偶然性当作比必然性更为重要的方面，于是，在哲学思维方式上，他强调偶然性是本体、是本质，必然性只是偶然性的外部条件，是需要不断否定的方面。应该说，德谟克利特和伊壁鸠鲁分别采取的这两种截然不同的思维方式对于解决他们各自的哲学任务来说，是合适的；德谟克利特的哲学思维方式代表了西方理性主义的哲学传统，伊壁鸠鲁的哲学思维方式代表了西方人文主义的哲学传统。但是，近代西方哲学家们却用理性主义的思维方式来探讨人的自由的问题，力图以外在的必然性来说明人的自由、人的感性存在，这就使哲学的思维方式和研究对象发生了错位，从而陷入了神学目的论。黑格尔的精神现象学的错误也就在于此。因此，要消除神学目的论，从人的内在本质、人的活动中去解决人的自由的问题，仅仅开展神学的批判是不够的，必须深入哲学思维方式的批判之中，以偶然性的本体论取代必然性的本体论。马克思比较德谟克利特和伊壁鸠鲁哲学、分析他们在定义偶然性范畴上的差别，就是为了实现这种哲学思维方式的变革和哲学本体论的转换。所以，在论及伊壁鸠鲁有关人与天体关系的思想时，马克思以同样的方式强调了伊壁鸠鲁的结论："因为天体的永恒性会扰乱自我意识的心灵的宁静，一个必然的、不可避免的结论就是，它们并不是永恒的。"① 通过对哲学传统的这种清理，马克思确立了研究人的自由的本体论基础。这个基础就是偶然的、感性的世界。

其次，马克思吸取和改造了伊壁鸠鲁哲学的伦理学原则，探讨了偶然性的特征，从而把人的自由定义为人的价值生命的存在。马克思十分赞赏伊壁鸠鲁把伦理学原则贯通于哲学之中，把哲学当作人追求幸福、享有自由的境界。他说："伊壁鸠鲁在哲学中感到满足和幸福。他说：'要得到真正的自由，你就必须为哲学服务。凡是倾心降志地献身于哲学的人，用不着久等，他立即就会获得解放，因为服务于哲学本身就是自由。'因此，他教导说：'青年人不应该耽误了对哲学的研究，老年人也不应该放弃对哲学的研究。因为谁要使心灵健康，都不会为时尚早或者为时已晚。谁如果说研究哲学的时间尚未到来或者已经过去，那么他就像那个说享受幸福的时间尚未到来或者已经过去的人一样。'"② 马克思引用伊壁鸠鲁的这一观点，是要说明，伦理学是哲学的最高境界，人只要达到了这一境

---

① 《马克思恩格斯全集》第 1 卷，人民出版社 2002 年版，第 59 页。
② 同上书，第 24 页。

界，就获得自身的价值生命，就获得了真正的自由。当然，马克思在赞赏伊壁鸠鲁哲学的伦理学原则时，绝不认同伊壁鸠鲁哲学的悲观情调，而是努力消除伊壁鸠鲁哲学中的消极因素，赋予感性生活世界以能动的创造性，把感性的生活世界看作是人的价值生命创造的呈现。为了说明人的生命创造活动，马克思阐发了偶然性的两个特性：其一，偶然性是一种"抽象的可能性"。"抽象的可能性"是相对于"实在的可能性"而言的。"实在的可能性"是"存在着一系列的条件、原因、根据等等"① 的可能性。这种可能性，严格地说，就是必然性，因而是决定论的、实证科学的根据，讲的是客体存在的问题。与之相反，"抽象的可能性"恰恰是要消除一系列的条件、原因和根据等对主体的限制，它的目的是服务于主体，证明人的自由是人的可能性的存在。正是这种"抽象的可能性"打开了人的创造空间，决定人是自我创造的存在物。据此，马克思强调，"抽象的可能性"是偶然性的哲学规定。这一规定的实质就是人的创造性存在；其二，偶然性是以时间标志的生命存在方式。在马克思看来，偶然性作为人的感性世界，其本质的规定是时间，而不是空间。空间固然也是现象的形式，但它只是指的自然界的存在，时间则是人的感性的"形体化"，是"感性世界的存在着的自身反映"②，也就是说，它是人的生命现象的存在。因此，以哲学本体定义偶然性，必须以时间为其本质。正是在这个意义上，马克思说：时间是"偶性的偶性"，即"现象的绝对形式"；空间"仅仅是具体自然界的被动形式，时间则是它的主动形式"③。通过对偶然性的这两种特性的说明，马克思区分了人的生命的存在方式和自然的存在方式。在马克思那里，自然的存在不仅仅指外部自然界的存在，也包括人自身的自然存在，即人的肉体的生命。这种与人的肉体的生命相对的生命也就是人的有价值的生命，而可能性的存在、时间的存在就是人的有价值的生命的存在方式。这是典型的文化哲学说明人的存在的方式。

最后，马克思借助伊壁鸠鲁的原子偏斜学说探讨感性世界的内在矛盾，确立了实践在人的生命活动中的地位。马克思认为，黑格尔现象学的深刻矛盾在于没有把它的原则——精神生成的辩证法贯彻到底，而使这个

① 《马克思恩格斯全集》第 1 卷，人民出版社 2002 年版，第 27 页。
② 同上书，第 53 页。
③ 同上书，第 52 页。

原则与体系之间发生了矛盾。这种矛盾表明，黑格尔并没有真正理解他自己提出的原则。青年黑格尔派的宗教批判只是从外部消除了黑格尔哲学的原则和体系的矛盾，却没有从原则的内部消除黑格尔哲学的矛盾。在青年黑格尔派那里，人的自由依然悬置于精神世界中，并且始终保持着自身的同一性。这表明，青年黑格尔派同黑格尔一样，没有理解黑格尔哲学的原则。因为黑格尔的哲学原则是坚持矛盾和发展，但是，矛盾和发展不可能在单一的精神世界中、在哲学的同一性思维方式中得到真正的说明，而只能在精神世界与现存世界的矛盾中、在精神世界和现存世界的双重批判和扬弃中找到自己的根据。所以，马克思说："哲学的这种直接的实现，按其内在本质来说是充满矛盾的，而且它的这种本质在现象中取得具体形式，并且给现象打上自己的烙印。"① 在这里，马克思提出了三个观点：第一，哲学的直接实现就是"哲学的实践"②。这就是说，实践本身就是"一种哲学的内在规定性和世界历史性"③。第二，人的自由的、感性的世界是充满内在矛盾的世界。马克思以分析伊壁鸠鲁的原子偏斜学说揭示了感性世界的内在矛盾。马克思认为，伊壁鸠鲁的原子偏斜学说从两个方面说明了感性世界的矛盾：一个方面是以原子偏离直线的原理说明人的感性世界是由个体和整体、精神和物质、形式和质料的矛盾构成的，其中，个体的、精神的、形式的东西是能动的、主动的方面，规定着感性世界的性质，整体的、物质的、质料的东西是被动的却是不可消除的方面，它是主体精神呈现自身、人的创造活动实现的环节，正是由于这两个方面的矛盾存在，感性世界才成为生命创造的过程，表现为人的自由；另一个方面是伊壁鸠鲁以"排斥"说明人的活动，把人的自由看作是一种自我否定的活动。这种否定就是精神转变为现实的"实践力量"④。这种"实践力量"规定着感性世界沿着人性的自我创造和不断完善的方向发展，而人性的自我创造和不断完善本身就是人的文化的形成，亦是人的价值生命的形成。这又决定了"实践力量"的本质规定。这样，马克思就从伊壁鸠鲁的原子偏斜学说中揭示了实践的文化内涵，从而确定了"实践"的哲

---

① 《马克思恩格斯全集》第 1 卷，人民出版社 2002 年版，第 75 页。

② 同上。

③ 同上。

④ 同上。

学性质。第三，实践本质上是"表现"而不是"反映"。"反映"是人对外部世界的认识关系，"表现"是人对自身生命价值的确认。为了确认自身的生命价值，人以自己的作品，他所创造的感性世界作为自己本质的现象。在这里，人的创造活动，亦即实践，是本体，外部世界、人所创造的感性世界，是现象。这也就是马克思所说的哲学的内在本质"在现象中取得具体的形式，并且给现象打上自己的烙印"的含义，也是马克思对实践的哲学定位。

　　以上三个方面的工作表明，马克思的博士论文虽然是以"自我意识"为主题，但在探讨感性世界、确认人的价值生命上，在肯定实践与人的创造活动的关系上，都已经融入了文化哲学的精神，并在哲学的思维方式上超越了青年黑格尔派乃至整个近代的理性主义哲学。在这个意义上，可以说，马克思在博士论文中，通过清理和改造偶然性范畴，创造实践的哲学范式。这个范式因其采用了文化哲学的思维方式，又可以称之为实践的文化哲学范式。

二　文化哲学的历史主义原则

　　《1844 年经济学哲学手稿》是马克思阐发他的实践哲学的极其重要的著作。在这部著作中，马克思沿着他在博士论文中形成的思路，对"实践"作了理论的和历史的考察，确立了考察人的生命活动的历史主义原则，亦即文化哲学的历史主义原则。

　　在对"实践"的理论考察中，马克思提出了"自由的有意识的活动恰恰就是人的类特性"[1] 的论断。这一论断通过对人的类特性的考察，阐明了人的生命创造的能动性。马克思所说的类特性，指的是"一个种的整体特性、种的类特性"[2]。马克思认为，一个种的整体特性是由生命活动的性质决定的，而人的生命活动的性质就是"自由的有意识的活动"。所谓自由的有意识的活动，在马克思那里，有两层含义：一是"使自己的生命活动本身变成自己意志的和自己意识的对象"[3]，这是人建立自我

---

① 马克思：《1844 年经济学哲学手稿》，人民出版社 2000 年版，第 57 页。

② 同上。

③ 同上。

意识的活动。通过这种活动，人在精神上使自己二重化了：一重是生命的意识，另一重是生命本身。这种二重化的活动是人的意识的分离和抽象能力的实现，而分离和抽象的能力又是人创造文化的前提条件，因而也就是人的一种文化创造的能力。卡西尔在《人论》中，明确地把分离和抽象作为人的文化本性。他说："我们在人那里确实发现了一种在动物世界所没有的特殊类型的关系思维。在人那里已经发展起一种分离各种关系的能力——即在其抽象意义上考虑那些关系的能力。要把握这种［抽象］意义，人不能再依赖于具体的感觉材料，即视觉的、听觉的、触觉的及动觉的材料，而要考虑这些关系'本身'——如柏拉图所说，就其本身来考察它。"① 卡西尔说的"关系本身"就是符号。因此，人的分离、抽象思维的能力就是人创造符号，即文化的前提性条件。它表明，人之所以创造文化、具有文化的存在特性，是因为它在生理上具有创造文化的本能。这正是人区别于动物的本质特性。可见，马克思以"使自己生命活动本身变成自己意志的和自己意识的对象"来区分人的生命活动与动物的生命活动，实质上是对人的文化创造能力的肯定，是把人的文化创造能力看作是人的天赋；二是"通过实践创造对象世界，改造无机界，人证明自己是有意识的类存在物"②。在马克思那里，人创造世界、改造无机界的活动，本质上是一种对象化的活动。马克思在这里所说的对象化活动，不是像我国学者所理解的人化，而恰恰是人与对象分离、抽象的活动。对此，马克思本人有明确的说明："劳动的对象是人的类生活的对象化：人不仅像在意识中那样在精神上使自己二重化，而且能动地、现实地使自己二重化，从而在他所创造的世界中直观自身。"③ 马克思所说的"在意识中那样在精神上使自己二重化"是自我意识的分离活动，也是前一层意义的生命活动的特性，而马克思所说的"能动地、现实地使自己二重化"才是后一层意义的生命活动的特性。人能动地、现实地二重化，即是把人自身自然的存在与人的超自身自然的存在分离开来。马克思通过比较人的生产与动物生产的差别，把人的超自身自然的存在概括为：全面的生产、不受肉体需要的影响的生产、再生产整个自然界、自由地面对自己的产品、

① ［德］卡西尔：《人论》，甘阳译，上海译文出版社 1985 年版，第 49 页。
② 马克思：《1844 年经济学哲学手稿》，人民出版社 2000 年版，第 57 页。
③ 同上书，第 58 页。

懂得按照任何一个种的尺度和需要生产、按照美的规律来构造。① 马克思把这些能力统称为人的生命的创造活动。这种活动本质上是人的文化活动。这样，马克思就分别从自我意识和现实创造活动两个层面上揭示出，人的生命本质即是人的分离和抽象能力的实现，它在自我意识层面表现为人对自身生命的能动性；在现实创造层面表现为人对外部自然界的能动性。这两个方面的能动性与人的文化创造相联系，体现了人的历史创造的特点。这一特点构成了马克思历史主义原则中的能动性内容。

在对"实践"的历史考察中，马克思提出了"异化借以实现的手段本身就是实践的"② 论断。这一论断以"异化劳动"说明了人的文化创造活动的历史性特征。事实上，当马克思把人的分离和抽象能力作为人的特性时，就已经蕴含了异化劳动的思想。分离和抽象就是异化劳动，两者是一个意思，只是运用的范围不同。分离和抽象是从静态的角度说明人的生命活动的特性，而异化劳动是从动态的角度说明人的生命活动的特性。这些还只是"异化劳动"的抽象的、理论的意义，除此之外，异化劳动还包含着现实生产的内容，是一种历史性的活动。马克思把这种活动的内容概括为四个方面：第一，人同外部世界、自然世界相异化。这是物的异化。第二，人同自己的生命活动相异化。这是人本身的异化，即自我异化。第三，人同自己的类本质相异化。第四，人同人相异化。从理论上分析，这四种关系分别表现了人的生命活动的外在实现和内在发展。前两种异化是人的生命活动的外在实现，后两者异化是人的生命活动的内在发展。这一思想与马克思的博士论文中对自我意识的理解是一致的。在博士论文中，马克思强调人的自由是通过人的个体性与人自身自然的分离，通过人与其他人的关系的分离完成的。人的个体性、人与他人的关系，就是马克思在《1844 年经济学哲学手稿》中所说的人的类本质，而人的个体性与人自身自然的分离，人与其他人的关系的分离，也就是后两种异化形式。与博士论文不同的是，马克思不再满足于在自我意识中完成这一分离，而是要求在人对自然界、人对自身的能动的、现实的关系中完成这一分离。这就是马克思强调的前两种异化。马克思从考察国民经济的事实出发，强调后两种异化是前两种异化的结果，但是，如果从人的类特性出

---

① 马克思：《1844 年经济学哲学手稿》，人民出版社 2000 年版，第 58 页。

② 同上书，第 60 页。

发，从人的自我实现的内在欲望和要求出发，我们就会得出相反的结论，即前两种异化是后两种异化的实现。这就是说，后两种异化是前两种异化的目的和内在必然性，前两种异化是后两种异化的实现手段和外在表现。我们认为，这才是马克思的异化劳动理论所表述的最深刻的哲学思想。马克思正是根据这一思想，才把异化劳动以及展现它的历史形式——私有制作为人的发展和人类历史发展的一个环节。这样，马克思就以"异化劳动"理论阐发了文化哲学的两个重要思想：其一，人的文化创造是一个不断地把人从外部自然和人自身的自然分离出来、抽象出来的过程，亦是人的自我创造、自我发展的过程。异化劳动就是人的自我实现的历史前提，也是人的一种文化创造方式。这种创造方式的特点就是突出了文化的生存意义和内容。因此，异化劳动也是人的文化创造的明证。其二，社会关系系统是人的文化创造的基础。马克思认为，人不是孤立的个体，不能直接地面对自然界，而是以人与人之间的社会关系为中介与自然界发生关系。社会关系是人进行文化创造的基础。这一思想维科也曾经提出过。但是，维科所说的社会关系指的是民政制度，而马克思的社会关系却有十分广泛的含义：有以生产对象为中介形成的人与人之间的物质联系，有人们的生产行为之间的关系，有人与他的生产产品之间的关系，有作为单个个体的人与他的社会属性之间的关系，有人与他人的关系，等等。这些关系相互交错，构成了复杂的社会系统。马克思认为，这些关系都是在异化劳动中被创造出来的，"通过异化劳动，人不仅生产出他对作为异己的、敌对的力量的生产对象和生产行为的关系，而且还生产出他人对他的生产和他的产品的关系，以及他对这些他人的关系。"① 异化劳动创造出社会关系系统，一方面把人与自身和外部自然界分离开来，形成了人对自身和自然界的抽象的、能动的关系；另一方面又使自己成为人与自身、外部自然界发生联系的中介。这个中介系统就是人的文化系统，它包括人的经济、宗教、政治、哲学、艺术和文学等活动。这一中介系统的发展，就是文化的发展，亦即实践的发展。马克思强调，"异化借以实现的手段本身就是实践的"②。马克思这一思想不仅强调了中介系统在人的生命活动中的作用、揭示出人是中介性的存在，而且以异化劳动说明社会关系的形成和对

---

① 马克思：《1844 年经济学哲学手稿》，人民出版社 2000 年版，第 60—61 页。

② 同上书，第 60 页。

人的发展的作用，把社会关系置于一个动态的系统中加以考察，说明人是一种历史的创造性存在。这一点构成了马克思文化哲学的历史主义原则的历史性内容。

在上述两个方面的内容中，强调人的文化创造的能动性，是文化哲学的历史主义原则的前提，这是任何文化哲学家都承认的。在这一点上，马克思的文化哲学与其他文化哲学是一致的，但是，以异化劳动说明人的文化创造的历史性特征则是马克思的文化哲学所特有的，它构成了马克思文化哲学的历史主义原则的独特内容。西方马克思主义的文化哲学正是从一个方面发展了马克思的文化哲学。

三　文化发展规律

马克思有关历史规律的理论是由两个部分构成的：一部分是资本主义理论；另一部分是东方社会理论。在资本主义理论中，马克思以生产方式的历史运动揭示了人类历史发展的普遍规律；而在东方社会理论中，马克思转而关注各民族文化发展的特殊道路，探讨人类历史发展的特殊规律。当然，马克思在探讨各民族文化发展的特殊道路时，绝不是像西方文化相对主义者那样，排斥和否定生产方式对于各民族文化发展所具有的普遍性意义，而恰恰是以承认生产方式的历史运动的普遍意义为前提的。在马克思看来，各民族文化发展的特殊道路不过是生产方式历史运动的不同的表现形式和在不同民族的独特风貌。因此，在资本主义世界发展的背景下，东方民族文化发展道路的特殊性不外是世界现代化的不同形式。于是，发现普遍规律的特殊表现形式、探讨东方民族现代化的特殊道路，就构成了马克思文化规律的独特内容。这一内容集中表现在马克思晚年的《民族学笔记》和有关书信中。为此，本文以马克思的这两个文本为依据，阐发马克思有关文化规律的思想。

在马克思看来，文化的规律包括文化发展和文化选择两方面的内容。这两方面的内容在东方社会现代化中表现得尤为突出。所以，马克思着重从这两个方面考察了东方社会的现代化问题，从而揭示出现代化的文化规律。

所谓文化发展，是指不同民族文化传统碰撞、交融引起的历史进步。在东方社会现代化中，文化发展的具体含义是，西欧资本主义传入东方，究竟会给东方文化的发展带来什么样的影响？是积极的影响，还是消极的影响？在这一方面，马克思通过考察印度、阿尔及利亚等亚、非国家和俄国的资本主义发展，分析了西欧资本主义传入东方的两种方式：一种是西欧殖民主义者以西方资本主义的方式改造东方传统的公社制度。这是印度、阿尔及利亚等亚、非国家社会形态更替的模式；二是东方社会在现代化的压力下，主动地向西方学习、进行改革，走上资本主义道路。这是俄国的社会形态更替模式。马克思注意到，这两种方式所产生的效果是完全不同的。西欧殖民主义者的行为给东方社会发展带来的是负面效果。马克思在《马·柯瓦列夫斯基〈公社土地占有制〉一书摘要》中特别注意到，英国殖民主义者在按照他们的方式改造印度的公社土地占有制，使其私有化时，并没有使印度的农业采用资本主义的生产方式，而是导致了奢侈之风，由此而形成了高利贷的发展。① 我们知道，在任何一个社会，生产总是进步的基础，消费只有与生产相适应，才能对社会的发展起积极作用。反之，如果社会的消费超过了生产允许的限度，或者只消费不生产，那么，这个社会就处于萎缩状态。英国殖民主义者对印度所做的，就属于后一种情形。英国殖民主义者的行为破坏了印度原有的生产方式，却没有在印度建立有效的资本主义生产方式，而是代之以资本主义奢侈之风，可见，社会形态的更替并没有给印度带来活力和进步。这种社会形态的更替，严格说来，是一种社会倒退。与印度不同，俄国 1861 年的改革却使俄国农业逐渐形成了资本主义生产方式，并在此基础上演化出商业资本主义和工业资本主义，因此，俄国资本主义的发展一开始就具有生产性特点，给俄国文化注入了新的活力。这种社会形态更替带给俄国的是社会进步、文化更新。印度与俄国的差别表明，西欧资本主义传入东方，无论如何都会使东方社会走上私有化道路，或迟或早地进入资本主义社会形态，这是受世界历史必然性所支配的，但这并不意味着，东方社会就因此而进步，东方社会只有接受西方资本主义中的积极因素，建立起有效的生产方式，才能进步，反之，如果接受西方资本主义中的消极因素，首先发展起奢侈之风，就只能退步。西方资本主义传入东方所导致的这两种后果，要求东方社会在接受西方资本主义文化时，必须进行文化选择。于是，文化选择就成为东方现代化的内在要求。

---

① 《马克思恩格斯全集》第 45 卷，人民出版社 1985 年版，第 300 页。

　　所谓文化选择，是人们依据一定的价值系统选择自己的生存方式。在东方社会现代化中，文化选择的具体内容是，东方社会应该以什么方式实现自身的现代化。在这一方面，马克思不是仅仅在西方资本主义对东方社会的积极和消极影响中两者择一，而是从解决资本主义矛盾入手，探讨东方社会应该以什么方式接受西方资本主义的积极成果，实现自身的现代化。在这个问题上，马克思的基本观点是，东方社会应该以无产阶级革命的方式解决资本主义的发展问题，以社会主义的方式来实现自身的现代化。这一基本观点突出地表现在对俄国问题的思考中。在《共产党宣言》俄文版序言中，马克思、恩格斯提出："《共产党宣言》的任务，是宣告现代资产阶级所有制必然灭亡。但是在俄国，我们看见，除了迅速盛行起来的资本主义狂热和刚开始发展的资产阶级土地所有制外，大半土地仍归农民公共占有。那么试问：俄国公社，这一固然已经大遭破坏的原始土地公共占有形式，是能够直接过渡到高级的共产主义的公共占有形式呢？或者相反，它还必须先经历西方的历史发展所经历的那个瓦解过程呢？对于这个问题，目前唯一可能的答复是：假如俄国革命将成为西方无产阶级革命的信号而双方互相补充的话，那么现今的俄国土地公有制便能成为共产主义发展的起点。"① 在这里，马克思、恩格斯把资本主义与社会主义既看作是两种社会形态，也看作是两种不同的现代化。作为两种社会形态，社会主义是高于资本主义的文明形态，表现着人类历史发展的必然性；作为两种不同的现代化，社会主义和资本主义是可供东方民族选择的发展方式。马克思主要从后一层意义上理解社会主义，必然突出文化选择的意义。据此，我们认为，马克思所说的以无产阶级革命解决资本主义问题，以社会主义实现现代化，本质上是一种文化选择活动。

　　在以上说明中，马克思紧紧扣住了说明历史规律的两个核心范畴，"人的活动"和"历史必然性"，并赋予它们以文化哲学的内涵。

　　"人的活动"是全部历史的出发点。在马克思看来，在历史运动中，"人的活动"应该包括两个方面的内容：一是理性的创造活动。这是创造物质生产方式的活动，也是实现人的外化的历史运动；二是价值的创造活动。这是创造人的生存意义的活动，也是实现人的内化的历史运动。对于人类历史的进步而言，这两种活动缺一不可：没有理性的创造活动，人类

---

① 《马克思恩格斯选集》第 1 卷，人民出版社 1995 年版，第 251 页。

历史就失去了物质基础，历史的发展就只有精神的虚幻，而没有现实的解放，更重要的是，人的历史进步缺乏客观的尺度；没有价值的创造活动，历史的创造就没有生命的价值意识，人只能理性地面对外部世界，因而只能获得认识的自由，而失去了感性的、生存的自由。19 世纪下半叶以前，现代化主要在理性创造活动的支配下发展，产生了片面的理性进步观。19 世纪下半叶，现代化经过东方民族的文化批判而发生了转向，生存意义被置于现代化的重要地位，文化进步观也由此取代了片面的理性进步观。马克思始终对现代化的片面理性进步观持批判态度。在早年的《1844 年经济学哲学手稿》中，马克思以异化劳动理论批判现代化对人性的摧残，在晚年的民族学研究中，马克思要求结合民族文化的发展和更新来探讨现代化规律。前者是以否定的方式阐发文化进步观，后者是以肯定的方式阐发文化进步观。在这个意义上，我们可以说，马克思晚年对"人的活动"的规定和说明，是他早年思想在历史规律研究中的运用和发展。

"历史必然性"，即历史的规律性。马克思认为，历史向世界历史转变是在东西方民族文化的碰撞中实现的，因此，支配世界的历史规律只能是文化的历史必然性。文化的必然性具有内部必然性和外部必然性之分，内部必然性是指西欧社会和东方社会内部的生产关系及其矛盾运动，外在必然性是指西欧社会和东方社会发生碰撞中形成的外在压力。在世界历史运动中，外在必然性比内在必然性具有更重要的意义。因为外在必然性能够打破系统的封闭性，从外部激活该系统的内在活力，使其由封闭走向开放。这无论对东方社会，还是对西方社会来说，都是很有意义的。西方现代化作为东方现代化的外在必然性，打破了东方社会传统的农村公社结构，激活了东方社会的内部机制，使其转变为新的文明形态；东方社会现代化作为西方现代化的外在必然性，打破了西方现代化的单一性格局，从而也否定了西方的现代性，推动西方社会的现代化不断改变自己的形态。当然，在世界历史中，内在必然性与外在必然性本身是不确定的，两者以人的活动为中介发生相互转化，东方现代化就是把作为外在必然性的西方现代化转化为内在必然性，转化为自身发展的逻辑起点的结果。可见，在世界历史中，历史必然性不是一个内部矛盾概念，而是一个系统概念。这个概念不是与人的活动相对立、不是排斥人的活动，恰恰是以人的活动为前提的，是人的活动参与的必然性。在这个意义上，我们可以说，世界历史中的历史必然性不是外在于人的活动的物质生产方式的必然性，而是人的活动的必然性，是文化的必然性。

通过对马克思的博士论文、《1844 年经济学哲学手稿》和晚年《民族学笔记》及有关书信的文化哲学解读，我们可以看到，马克思的文化哲学思想不是偶然的闪光，而是贯穿于他早年到暮年的哲学探索，贯穿于他哲学创造的各个层面：在自我意识层面，马克思以偶然性和人的自由为主题，分析感性人的存在的内在矛盾，建构了人的自我创造活动的本体论和实践的文化哲学研究范式；在市民社会批判层面，马克思以实践、异化劳动为主题，分析人的历史性存在和发展，阐发了充满否定辩证法的历史主义原则；在历史规律层面，马克思以资本主义、民族发展为主题，探讨了人的创造活动与历史规律的关系，建构了文化哲学的历史理论。这三个层面以不同的形式表达了一个共同的思想：感性人的自我创造和自我否定是历史的根据，历史即是感性人的自我创造和自我否定的过程。这个共同思想及在不同层面的表现形式一齐构成马克思的一整套文化哲学理论。正是由于有了这一理论，马克思才超越了近代理性主义哲学传统，创立了自己的实践哲学传统，而拉法格、拉布里奥拉等第二国际的马克思主义理论家和西方马克思主义哲学家也就是在不断地解读马克思的文化哲学理论中，发展了马克思的实践哲学。因此，如果不研究马克思的文化哲学，就很难在理论的深层上理解马克思实践哲学变革的意义，亦难以理解当代西方马克思主义的文化哲学。

马克思文化哲学思想的展开逻辑

邹广文[*]

一 问题的提出

马克思究竟有无文化哲学思想？这是近年来马克思主义研究领域和文化哲学研究领域争论的热点问题。有学者认为，马克思生前没有对文化理论作过专门系统的论述，没有对"文化"概念下过专门的定义，因而也没有明确提出过"文化哲学"这一概念，在马克思的思想著述中，对"文化"一词的使用比起对"生产"、"社会"、"经济"、"政治"等词汇的使用次数要少很多，因此指认马克思有文化哲学思想的说法是非常牵强的。笔者认为，这不应该成为我们忽视马克思文化哲学思想的理由。我们可以从以下三个方面来理解。

其一，马克思文化思想的形成基于近代西方文化哲学自身的展开逻辑。我们知道，西方文化哲学思潮肇端于 19 世纪中叶，成熟于 19 世纪末期，而这期间正是马克思思想建树的黄金时期。就当时的文化背景而言，科学理性精神弥漫于整个 19 世纪，工业化大生产开始成为人类的主要实践活动方式，这种实践形式充分展开了人与自然的对立统一关系，也充分展示了人类工业化背景下的文化景观。如何直面这种日新月异的文化巨变，进而拥有一种文化自觉？在这种情形之下，反思康德式的启蒙与现代性便成为西方文化哲学思想发端的直接诱因。在最一般的意义上，"现代性是现代社会或工业文明的缩略语"①，而这种崭新的时代视野，恰恰构

---

① 安东尼·吉登斯：《现代性——吉登斯访谈录》，尹宏毅译，新华出版社 2001 年版，第 69 页。

成了马克思天才世界观形成的客观基础。马克思作为资本主义现代性的自觉批判者，其对文化问题的关注是以唯物史观作为价值旨归、通过对资本主义文明的历史分析这一独特视角展开的。① 所以我们说，在马克思的唯物史观中渗透着较为自觉的对 19 世纪文化精神的反思，这是马克思思想发展的真实写照。

其二，众所周知，关注现实、批判现实是马克思哲学实践的第一要义，这种批判的、革命的哲学品格，决定了哲学不能仅仅满足于用不同的方式去解释世界，而问题在于改变世界。马克思在界定自己的哲学与从前的思辨哲学的本质区别时，特别突出地强调了其哲学的实践本性，强调哲学的理性思考要与现实的社会文化生活紧密联系。马克思在其相关著述中所使用的"文明"、"自然"、"精神生产"、"精神生活"、"现代社会"、"现代世界"以及"意识形态"等概念，却标示了马克思文化哲学思想构建的基本轮廓。因此，正是在对社会生活与文化的深切关注中，马克思形成了自己独到的文化哲学观。

其三，对文化理论问题的关注实际上贯穿于马克思一生理论研究的全过程，因之他的文化哲学思想一直是其理论运思的重要组成部分。可以看到，从马克思《1844 年经济学哲学手稿》到晚年的文化人类学研究笔记，内在地具有一种逻辑一贯性。在这种一贯性中，其基本主题就是人的现实解放、人的自由以及人的全面发展，进而建立一个"以每个人的全面而自由的发展为基本原则的社会形式"即共产主义社会。在《1844 年经济学哲学手稿》中，马克思第一次以共产主义制度的实现为出发点和目的，对无产阶级和人类解放问题进行了系统的研究，指出共产主义是对私有制的扬弃，是人对自己本质的真正占有，"它是人和自然界之间、人和人之间的矛盾的真正解决，是存在和本质、对象化和自我确证、自由和必然、个体和类之间的斗争的真正解决"②；在《共产党宣言》中，马克思更为明确地宣称："共产党人可以把自己的理论概括为一句话：消灭私有制"③，认为通过私有制的扬弃所建立起来的社会"将是这样一个联合体，

① 参见邹广文《马克思的现代性视野及其当代启示》《中国人民大学学报》2004 年第5 期。

② 马克思：《1844 年经济学哲学手稿》，人民出版社 2000 年版，第 81 页。

③ 《马克思恩格斯选集》第 1 卷，人民出版社 1995 年版，第 286 页。

在那里，每个人的自由发展是一切人的自由发展的条件"①；在《资本论》中，马克思研究资本主义社会经济的目的同样是给人的解放和自由提供论证。马克思认为，对劳动的需要本身并不构成对人的自由的一种限制，"在这个必然王国的彼岸，作为目的本身的人类能力的发展，真正的自由王国，就开始了。但是，这个自由王国只有建立在必然王国的基础上，才能繁荣起来"②。而晚年马克思的文化人类学研究，则是对自己过去的思想进行的概括和总结，他在其关于文化人类学的诸篇笔记中，尤其对于人类文化发展的价值尺度问题予以了特别的关注。通过这种研究，马克思极大深化了对于人的社会历史内容的研究，进而使唯物史观具有更为普遍的指导意义。可见，马克思的文化哲学思想作为马克思理论体系的重要组成部分，渗透于他的一系列著述之中，具有完整的内在逻辑关联。

总之，紧紧围绕人、人的解放和人的价值实现这一主题展开文化哲学建构，这是马克思文化哲学观最鲜明的特色。我们不能把马克思的人学思想同马克思的政治经济学研究对立起来，同样也不应该将马克思的文化哲学观同马克思的整个学说割裂开来。从马克思博大精深的思想体系中研究归纳其文化哲学思想，这既是深化马克思主义哲学研究的重要课题，同时也是深化当代文化哲学研究、建立马克思主义文化哲学的前提性工作。从这一基本点出发，可以看到，马克思实际上以人与自然的关系为逻辑起点、以主体文化为核心、以完善唯物史观为目标旨归并把现代性批判作为个案分析，进而以严谨、鲜明的逻辑层次拓展了其文化哲学思想。

二　逻辑起点：人与自然的关系

文化创生于人与自然的关系之中。文化就是人与自然相区别，就是人与自然的疏离。人类文化越往前追溯，我们与自然的联系越紧密。在马克思看来，人是一种二重性存在——灵与肉的复合体。人双重地存在着：主观上他为自己存在着，客观上又存在于自己生存的这些自然无机条件之

---

① 《马克思恩格斯选集》第 1 卷，人民出版社 1995 年版，第 294 页。
② 马克思：《资本论》第 3 卷，人民出版社 1975 年版，第 927 页。

中，因而，"人对人的关系直接就是人对自然的关系"显然，无论从何种意义上说，人与自然的关系都是人类一切文明展开方式中最为基本的关系，是人类一切文化实践得以展开的基本前提。因为人类要生存，就必须从自然界获取生存所必需的物质生活资料；同时人又是自然界有机构成的一部分，人与自然处于一种内在和谐与统一，人类所创造的一切文化都必须在人与自然的这种统一中展开。

马克思在考察人与自然的关系时，首先强调指出，人和自然的关系实际是人类社会和自然的关系，而不是人和外部世界的关系。一些非马克思主义思想家在考察人与自然的关系时往往存在两个基本缺陷：一是只注意个别的具体的人认识自然过程中的活动和成果，这容易造成自然与人的对立倾向，从而只将自然视为人的生存工具和掠夺的对象；二是以抽象的人作为主体来分析人和自然的关系，忽略了人的社会性和实践性，忽略了作为社会的人的实践是人和自然、人和人联系的中介环节，忽视了作为社会的人在改造外界自然和人本身的重要作用。与此相反，马克思却注重从人的社会性这一根本点出发来分析人与自然的关系，指出只有合理地解决人与人之间的关系，才能最有效地解决人和自然的关系，社会才能以最佳的组织形式和自然进行物质变换的实践，才能使人和自然长期稳定地协调发展。从这一原则出发，马克思在《1844年经济学哲学手稿》以及1845年《关于费尔巴哈的提纲》中，从文化哲学的角度对人与自然关系的合理内涵作了揭示。其基本点是：第一，人的本质"在其现实性上，它是一切社会关系的总和。"[①] 第二，人和自然存在有机联系，"所谓人的肉体生活和精神生活同自然界相联系，不外是说自然界同自身相联系，因为人是自然界的一部分。"[②] 第三，马克思强调了实践在人与自然关系中的中介作用，"环境的改变和人的活动或自我改变的一致，只能被看作是并合理地理解为革命的实践"[③]，"哲学家们只是用不同的方式解释世界，问题在于改变世界。"[④]

很明显，马克思这里旨在强调，人与自然的关系如何，代表了人的一

---

① 《马克思恩格斯选集》第1卷，人民出版社1995年版，第56页。
② 马克思：《1844年经济学哲学手稿》，人民出版社2000年版，第56—57页。
③ 《马克思恩格斯选集》第1卷，人民出版社1995年版，第55页。
④ 同上书，第57页。

种根本的文化态度。从最原初的意义上来说，通过实践的中介，人与自然的关系是一种双向对应、相互塑造关系，"人对自然的人化"同时也就是"人的更深刻的自然化"，人类文化创造活动的结果不应该是越来越远离自然，而应该越来越贴近自然。在自然中，人才能充分展示自己的自由本性。在《资本论》中，马克思对自己在《手稿》中的这些核心观点又进行了深入具体的论证。在马克思看来，"劳动首先是人和自然之间的过程"①，人在劳动中既对自然物进行加工改造，同时也在改造自己。劳动所调节和控制的是"人和自然之间的物质变换"，就是说，人用自己肉体方面的各种力量，例如头、脚和手，去创造和占领自然的物质财富，从而满足自身的生存需要，也提高了自己的支配自然的能力。自然提供了人的劳动手段和劳动对象，发挥了人的本质力量，人在自然上面也打上了自己的印记，双方协作互利，共同推动了人类文化历史的进步。这一表述亦体现了马克思在《手稿》中所强调的人道主义与自然主义相统一的思想。人与自然的这种统一和联系本来就是通过人的"身体"这个自然建立起来的，主体通过人自身的活动使自然人化，自然在这个意义上就不再只是纯粹的客体了，人与自然成了一种生命与生命的印证关系——人使自己扩充到自然，自然也使自己进入了人。在这里，人区别于其他动物的主体能动性和创造性（即文化特性）便得到了充分的展示，"动物只是按照它所属的那个种的尺度和需要来构造，而人懂得按照任何一个种的尺度来进行生产，并且懂得处处都把内在的尺度运用于对象。"② 这里所讲的"尺度"，指的是标准或规律；这里说的造型，指的是制造出来的客观事物的对象。马克思是要说明：由于动物的活动是本能的，只能直接满足它的肉体或本能的需要，因此，它的活动只有一种"尺度"，那就是它的种族已经给它们规定了万世不变的标准，它们是本能地世世代代照着这个标准生存的，蜜蜂造窝、蚂蚁做穴，无不如此。这样，动物既感觉不到自己的活动有什么创造性的喜悦，也对自己的活动结果无所谓美丑的感觉。

马克思进一步指出，为了使人和自然的物质变换能顺利进行，满足人类不断增长的物质和精神生活的需要，必须进一步研究自然本身的客观规

---

① 《马克思恩格斯选集》第 2 卷，人民出版社 1995 年版，第 177 页。
② 马克思：《1844 年经济学哲学手稿》，人民出版社 2000 年版，第 58 页。

律和人与人关系的客观规律（即社会经济形态的发展规律）。人与人的关系作为人与自然关系的补充和扩大，可以看作人与自然关系的另一个方面。这两对关系是相互制约的，人与人关系是人与自然关系得以存在的必要前提；同时，人与人的关系只有在人和自然的关系中才有其现实意义，人"不仅使自然物发生形式变化，同时他还在自然物中实现自己的目的，这个目的是他所知道的，是作为规律决定着他的活动的方式和方法的，他必须使他的意志服从这个目的"①。人对自然的实际关系形式的变化：人为自然的奴仆—人与自然的对抗—人与自然的协调发展—自然的人化与人的自然化，这既反映了人与人关系的文化进展，同时也是人的生产实践和经济活动的结果，体现了人自己的创造活动。这样马克思将人和自然的关系具体化为生产力和生产关系之间的联系，从而在人的现实关系的规律中寻找人与人之间关系的最好解决办法。在《资本论》中，马克思对资本主义社会形态这一人类社会发展历史的横截面进行了科学的定性和定量分析。在资本主义社会里，人的现实社会关系使人本身发生异化，绝大多数人只能作为一种"劳动力"而存在，和自然力、畜力一样，丧失了人自己的本质特征，人在和自然的变换中，由于私有制的社会关系，开始自己否定自己，人"在劳动资料被夺走的同时……他本身也变成过剩的东西"②。人在作为一种劳动力表现自己的时候，人本质上也变成了"活的有意识的物"。这样，作为人的自由本质的规定性便丧失殆尽了，人类活动的结果创造出的仅仅是一种否定人的客体文化。正是基于这种对资本主义生产关系的批判分析，马克思提出了一种完善和肯定人的本质的主体文化理论。

三　主体文化：文化哲学观的核心

在马克思哲学看来，"文化上的每一个进步，都是迈向自由的一步"③。而"自由的有意识的活动恰恰就是人的类特性"④。自觉地把对文

---

① 《马克思恩格斯选集》第 2 卷，人民出版社 1995 年版，第 178 页。
② 马克思：《资本论》第 1 卷，人民出版社 1975 年版，第 534 页。
③ 《马克思恩格斯选集》第 3 卷，人民出版社 1995 年版，第 456 页。
④ 马克思：《1844 年经济学哲学手稿》，人民出版社 2000 年版，第 57 页。

化的分析考察与人的主体性联系起来，这是马克思所始终坚持的——"文化"的概念与"人的有目的的活动"概念本质上具有相通的内涵：唯有人才能创造文化并拥有文化，因为只有人才是自生存之始就有完善自身要求的存在，人作为主体所完成的文化价值上的成就，在其核心指向上，就是主体的解放与自由。马克思认为，人的主体方面（包括精神和肉体）只有在超越了自身的"自然"发展阶段而进入主体目的的阶段之后，才能显示出主体文化的诸多特性。由此我们看到，在马克思那里，主体文化是一种呈现和张扬人的自由精神的文化。

　　而人类走向主体文化之路的第一步就是对客体文化的扬弃和超越。我们知道在《手稿》中，马克思对资本主义私有制产生的"异化劳动"现象进行了深刻的分析。本来，和一定的社会关系联系起来的有意识的人的劳动，是人的本质和主体能力的体现，但是私有财产却使人变得如此愚笨和片面，以致任何一个对象，只有当我们拥有它时，也就是说，当它对我们说来作为资本而存在时，或者当我们直接享有它，吃它、喝它、穿戴它、住它等时，总之，当我们消费它时，它才是我们的，"因此，这种劳动不是满足一种需要，而只是满足劳动以外的那些需要的一种手段。"① 物化的自然必然对应着物化的人，使得人与自己的类本质相异化。这种主体文化特性的丧失，也正如马克思后来在《资本论》中所形容的："在某种意义上，人很象商品。"② 人的力量和人的主观能动性在人的社会关系受到扭曲、人的存在受到践踏的社会里，在自然面前就得不到充分的发挥，人本身的健全发展也会受到某种阻碍甚至破坏。所以马克思认为人的解放、人从自然和社会的束缚中真正解放出来，这在私有制社会中是不可能达到的，只有在扬弃了私有制的共产主义社会里才能建立人与自然的本质的统一，才能实现人的自然化和自然的人化。

　　需要特别强调的是，马克思对资本主义生产关系的剖析，除了其建立科学社会主义理论的政治考虑之外，其中还包含着关于主体文化建设的更深层反思。同样是在其早期著作中，马克思、恩格斯曾指出过培根和伽利略科学方法和原理的局限性，认为他们的主要倾向在于把主体解释为与客观自然的对立，而忽略了人与自然的协调统一。近代西方理性主义时代的

---

① 马克思：《1844年经济学哲学手稿》，人民出版社2000年版，第55页。
② 马克思：《资本论》第1卷，人民出版社1975年版，第67页。

兴起是以剥夺自然的主体性和诗意为代价的，在"知识就是力量"的口号下，人的理性和科学被涂上了一层极为鲜明的功利色彩，理性天经地义地成了自然的解剖刀，"生产的不断变革，一切社会状况不停的动荡，永远的不安定和变动，这就是资产阶级时代不同于过去一切时代的地方。一切固定的僵化的关系以及与之相适应的素被尊崇的观念和见解都被消除了，一切新形成的关系等不到固定下来就陈旧了。一切等级的和固定的东西都烟消云散了，一切神圣的东西都被亵渎了。"① 资本主义文明的这种进步把自然变成了纯粹的客体，而不再是人的家园和生命的源泉，人与自然的这种非统一关系不但导致了人与自然的疏远，现实上人与人的关系也被曲解为一种功利原则支配下的互为手段关系，人与人变得陌生了。马克思这种分析的深刻性在于：当物化了的自然沦为纯功利的对象服务于人时，亦必会使人沦为纯粹的物，人的欲望和追求失去了庄严的目的。这必然使人日益为物所役，日益丧失主体性的价值追求。

可见，科学技术作为人类认识和改造自然的工具，它具有双重性，它既可以成为"主体延长了的肢体"，从而增进主体的自由和文化，也可能使人丧失自身的主体性，导致人的物化，这在现实上会导致怎样的结果，关键在于主体自身的文化态度。马克思告诫人们，只有在那种真正走出"自然之网"、从自在的人变为自为的人亦即变为具有自我意识和能够进行自我选择的人那里，人才能充分展示出主体的自由特性。在这一转换过程中，"劳动"同样对人具有特殊的意义，在马克思看来，自由是通过劳动而完成的自我实现和自我超越，例如马克思在肯定亚当·斯密关于外在的强制劳动并不是自由的同时，也批评他把自由理解为无须用劳动克服障碍的"安逸"状态，指出："克服这种障碍本身，就是自由的实现……，主体的物化，也就是实在的自由，——而这种自由见之于活动恰恰就是劳动。"②

四　目标旨归:完善唯物史观

作为无产阶级的革命导师，马克思坚信哲学不仅能解释世界，更重要

①《马克思恩格斯选集》第 1 卷，人民出版社 1995 年版，第 275 页。
②《马克思恩格斯全集》第 46 卷（下），人民出版社 1980 年版，第 112 页。

的是能改变世界。而唯物史观是科学地说明人类社会历史发展规律的正确理论，也是无产阶级争取自由解放的行动指南。所以，完整准确地阐发历史唯物主义理论是马克思毕生所从事的事业。如果说在马克思早期的理论生涯中，其哲学的重心是从文化哲学的角度来关注并研讨唯物史观理论的话，那么成年的马克思通过《资本论》的写作，主要从政治经济学的角度来揭示资本主义生产关系再生产的内在规律，从而系统地完善自己的唯物史观；到了晚年，马克思为了进一步完善历史唯物论，则全力致力于文化人类学的研究，这具体表现在他写于 1879 年 10 月至 1880 年 10 月的《马·柯瓦列夫斯基〈公社土地占有制，其解体的原因、过程和结果〉一书摘要》，写于 1880 年底至 1881 年 3 月的《摩尔根〈古代社会〉一书摘要》、写于 1881 年 2 月底至 3 月初的《给维·伊·查苏利奇的复信草稿》、写于 1881 年 3 月至 6 月的《约·拉伯克〈文明的起源和人的原始状态〉一书摘要》以及写于 1881 年 4 月至 6 月的《梅恩〈古代法制史讲演录〉一书摘要》等论著、笔记。在这些手稿中，蕴含着马克思晚年关于文化人类学的基本理论和方法，即通过考察各个不同民族的社会历史进程的多样性，去揭示并完善寓于这种多样性之中然而又是超历史的历史哲学理论——唯物史观。

毫无疑问，马克思晚年的文化学探索是马克思思想发展史上的一件大事，马克思面对当时历史环境的变化，试图结合时代条件去丰富完善自己的唯物史观。从马克思晚年对文化人类学的研究轨迹我们可以看到，马克思在建构自己理论体系时表现出了严肃的科学态度和求实精神。马克思在接触文化人类学之前，对唯物史观的阐发尚有不完备的地方，特别是对于原始社会状况的理解，马克思深感是不深入的。然而它和许多历史唯物论的重大理论又是相联系的，因为唯物史观是要说明"迄今为止的人类社会的全部历史"，原始社会形态亦包括在内。因此科学地了解和把握原始社会的基本图景，从而最终有力地证明唯物史观的普遍真理性，这便成了马克思多年的夙愿。马克思恩格斯在革命实践中深感对唯物史观须作一种文化历史考察，特别是要深入考察前资本主义的各种社会形态，否则就不能科学地论证历史唯物主义理论。

通过晚年的文化人类学研究，马克思对自己的唯物史观作了更为科学的验证，这具体体现在三个方面：首先，马克思对人类社会发展的历史途径的多样性认识，又有了进一步的深化。在《马·柯瓦列夫斯基〈公社土地所有制，其解体的原因、过程和结果〉一书摘要》中，马克思反对柯瓦列夫斯基用西欧的封建化模式去衡量印度古代社会，而认为应该注意分析印度当时的土地公有制和与此相适应的东方专制主义的特殊性。与之相对应，农奴制的生产方式并不存在于印度；在《给维·伊·查苏利奇的复信草稿》中，马克思比早年更为明确地表达了从原始公社模式的多样性到文明模式的多样性的思想，指出："并不是所有的原始公社都是按照同一形式建立起来的。相反，它们有好多种社会结构，这些结构的类型、存在时间的长短彼此都不相同。"① 在这里，马克思表明了这样一种思想：人类的历史文化发展是多元的，文明的模式也是多元的。其次，马克思对社会发展的一般规律的认识也有了进一步的升华。如何透过原始社会历史发展的多样性来总结概括从原始的公有制向私有制发展的历史必然性，这是马克思晚年文化人类学研究的又一重要课题。在他给查苏利奇的复信草稿中，马克思试图把农村公社这种社会形式放到人类历史发展的应有位置上，认为农村公社是"原生的社会即原始社会形态的最后阶段"，所以它同时也是向次生（奴隶制、农奴制）的形态过渡的阶段，"即以公有制为基础的社会向以私有制为基础的社会的过渡。"② 对于摩尔根《古代社会》一书，马克思的批评意见虽然很少，许多观点马克思也是同意的，但值得注意的是，为了从逻辑与历史统一的角度表达社会发展的一般规律，"联系……唯物主义的历史研究所得出的结论来阐述摩尔根的研究成果"③，用自觉的唯物史观代替摩尔根的自发唯物主义，马克思因此重新调整了摩尔根这本书的结构，即把原书的第二部分"管理概念的发展"挪到"家庭概念的发展"后面，从而形成了从物质生产和家庭的发展经过所有制关系的变化到国家的生产的逻辑结构。最后，马克思通过文化人类学的研究，极大地深化了对古代社会许多重要文化现象的理解。如对"家庭"的理解，马克思肯定了摩尔根的"父权制家庭"是在原始社会的晚期才出现的一种家庭形式，在此之前还存在着更为原始的家庭；而对于"氏族"现象，传统看法认为原始社会的基本组织形式是一夫一妻制的家庭，通过摩尔根的研究成果，马克思也改变了当初认为氏族是个体家庭的

---

①　《马克思恩格斯全集》第 19 卷，人民出版社 1963 年版，第 448 页。

②　同上书，第 450 页。

③　《马克思恩格斯选集》第 4 卷，人民出版社 1995 年版，第 1 页。

扩大、氏族的产生晚于个体家庭的观点，认为母系氏族是后来发展起来的父系氏族的基础。至于对于阶级斗争的理论、财产关系的发展、亚细亚生产方式和人的个性发展历程等重要问题，马克思晚年通过文化人类学研究，都在新的层次上予以更为精确的阐发和表述。

　　纵观马克思文化哲学观的逻辑发展线索我们可以看到，对人及人的解放与发展的关注是马克思文化哲学思考的中心主题。以此为基点，马克思通过自然——个体——社会这条红线，将人的研究系统地体现于他的唯物史观中，从而使青年马克思的人本主义思想与成熟马克思的科学性唯物史观达到了完整的有机统一。

五　个案分析：马克思的现代性文化批判

　　前文我们谈到，马克思是资本主义现代性的自觉批判者。的确，以工业文明为其先导的世界现代化历史进程，是近代以来人类文化发展的最具深远意义的事件，这也是当代文化哲学研究较为关注的历史课题，诸如作为现代化内在精神的现代性问题、民族传统与现代化问题、现代化进程与全球意识问题等，这些都是走向现代化的国家和民族需认真面对并着力解决的问题。而对此马克思也给予了特别的关注，甚至可以说，在马克思对资本主义现代性的审视中，集中呈现了其文化哲学思想的鲜明特色。

　　西方的现代化历史实践表明，作为对现代化反思和批评的现代性，始终与其相伴随。所为现代性，就是现代化的内在本质精神。而这一点也是我们讨论马克思现代性思想的历史根据。利奥塔曾经指出，"资本主义是现代性的名称之一。"[1] 我们知道，马克思所生活的时代，正是西方现代化（工业化）发展的上升时期，相关的社会历史矛盾并没有充分展开，因而，人们对于现代性问题的关注并没有成为西方社会生活的主流话语。但是马克思基于对资本主义文明的历史反思，全面系统地解读了资本主义工业文明的本质，从而表达了其现代性思想的基本视野。

---

　　① ［法］利奥塔：《后现代性与公正游戏——利奥塔访谈、书信录》，谈瀛洲译，上海人民出版社 1997 年版，第 147 页。

马克思的现代性思想，集中体现在他对"世界历史"的论述和对资本主义文明的历史分析两方面。而这两方面都与西方近代现代化（工业化）的发展历史息息相关。总体来看，马克思对现代性的考察既坚持对人类价值理想的终极关切，又正视历史发展的现实过程，并特别强调现代化实践既是理性与价值冲突的不断生成过程，同时又是这种冲突的不断消解过程。从而在理性与价值的双重审视中达到对社会历史发展规律的把握。马克思这里运用"世界历史"的理论范式，很好地诠释了自己的"现代性"立场。他以理性的历史主义态度，对现代化（工业化）所开启的"世界历史"新时代给予了鲜明的肯定，认为它体现了一个面向未来的"新"敞开的时代的到来，这是一个为未来而生存的时代，因此体现了不同于以往历史的现代性取向。"世界历史"所呈现的"现代性"，开启了人类的普遍性交往时代，带来了人们社会生活的巨大变革，并以其特定的方式打破了从前的一切秩序，每个人都在亲身经历并感受着与世界历史的直接联系。

马克思对资本主义文明的历史分析集中表达了他的现代性价值诉求。19 世纪中期，当资本主义生产方式掀起经济全球化的第一次浪潮时，马克思就站在历史发展的高度，从哲学本体论上批判性地反思和审察了资本主义文明在物质实践、人的本质和社会存在等诸方面所引发的历史性变革及其发展走势。在马克思看来，资本主义文明开启了现代文明的新纪元，在资本主义文明身上，也集中体现了现代性的复杂特点——善恶并举的二重本质，而对这种复杂特点的准确把握，必须诉诸理性尺度与价值尺度相统一的历史分析。我们可以这样说，马克思把理性与价值的背反与冲突看作是破解资本主义现代性的基本方法，而对理性与价值关系的分析又可以转换为对于历史与道德关系的省察。

首先，马克思从理性主义视野肯定了资本主义现代性对于社会历史的巨大推动作用。指出，资本主义在全球化的历史进程中，起着推动的作用，具有非常革命的性质。资产阶级"创造了完全不同于埃及金字塔、罗马水道和哥特式教堂的奇迹；它完成了完全不同于民族大迁徙和十字军征讨的远征。"① 生产力是决定性的因素。因而，全球化的社会属性最终还是取决于生产力的发展。"资产阶级，由于一切生产工具的迅速改进，

---

① 《马克思恩格斯选集》第 1 卷，人民出版社 1995 年版，第 275 页。

由于交通的极其便利，把一切民族甚至最野蛮的民族都卷到文明中来了……它迫使一切民族——如果它们不想灭亡的话——采用资产阶级的生产方式；它迫使它们在自己那里推行所谓的文明，即变成资产者。一句话，它按照自己的面貌为自己创造出一个世界。"① 透过这些话我们看到，马克思对资本主义在全球化过程中所起的积极作用，作了十分客观而又中肯的论述。他认为，资本主义使现在的社会成为实质意义上的"人类"社会。在此之前，许多孤立发展的人们并不具有现实"人类"性，世界一体化则使每个人的行为都成为人类社会体系上的一环，使每个民族、国家的发展都汇入人类发展历史的洪流中来，彼此不可分割，于是每个民族甚至每个人的发展、发明都会迅速传遍全球，避免了封闭状态下人们所走的历史弯路，加速了世界文明的发展。

与此同时，马克思在肯定资本主义历史作用的同时，更多地则是从价值视野对资本主义现代性进行了批判。特别是马克思把 19 世纪德国浪漫主义的那种美学批判转变为意识形态批判和政治经济学批判，这集中体现在马克思对资本主义和殖民主义在全球化过程中不断扩展的论述上。马克思认为贪婪是资本主义的本性，"资本来到世间，从头到脚，每个毛孔都滴着血和肮脏的东西"②。马克思看到了资本主义虽然在其殖民地摧毁了旧的社会结构，带来一定程度的现代化，却也给殖民地人民带来深重的灾难，世界上少数人的发展是以牺牲绝大多数人的发展为代价的，因此资本主义的殖民统治是一种"海盗式的侵略"，其中充满着血腥与残酷。在《不列颠在印度统治的未来结果》一文中，马克思清醒地指出："在印度人自己还没有强大到能够完全摆脱英国的枷锁以前，印度人是不会收获到不列颠资产阶级在他们中间播下的新的社会因素所结的果实的。"③ 被压迫民族的人民，要享受到现代化的果实，必须摆脱殖民主义枷锁，实现民族独立。另外，马克思强调资本主义在全球一体化的推进过程中，客观上造成了世界呈现"中心—外围"结构体系，"它迫使一切民族——如果它们不想灭亡的话——采用资产阶级的生产方式……一句话，它按照自己的面貌为自己创造出一个世界……正像它使农村从属于城市一样，它使未开

① 《马克思恩格斯选集》第 1 卷，人民出版社 1995 年版，第 276 页。
② 马克思：《资本论》第 1 卷，人民出版社 1975 年版，第 829 页。
③ 《马克思恩格斯选集》第 1 卷，人民出版社 1995 年版，第 771—772 页。

化和半开化的国家从属于文明国家，使农民的民族从属于资产阶级的民族，使东方从属于西方。"① 这个庞大的体系是以西方发达国家为中心，以东方和其他落后地区为边缘；以现代化城市为中心，以自然形成的城市和乡村为边缘；以大多数资本家为中心，以广大的工人和劳动人民为边缘的。结果一方面是处于中心的社会和国家控制着世界市场，敛取绝大部分的产品附加值，掠夺巨大的财富；而另一方面，处于外围或更边缘的国家则深受中心国家的剥削和控制，不但分享不到世界一体化所带来的好处，反而日益贫困，导致其地位更加边缘化。

通过以上论述我们看到，马克思的现代性视野体现了理性与价值的辩证统一，马克思作为对资本主义最为激烈、最为深刻的批判者，也同样是现代性观念的最为科学的阐释者。作为一个彻底的辩证论者，马克思在历史地肯定了现代性为世界历史的展开、为人的本质的自由而全面的发展创造了条件的时候，同时也指出了它所造成的罪恶的殖民统治以及人的本质力量的异化。历史的发展往往就是这样，"自我异化的扬弃同自我异化走的是一条道路。"② 只有在理性与价值之间保持必要的张力才能达到对现代性的合理理解。如何缓解现代性所造成的矛盾、对立与冲突，马克思提出了共产主义的理想目标。在马克思看来，随着现代性的深入发展，就像资本主义击败封建主义一样，一种更新的、更高级的社会形态同样要战胜资本主义，并最终将其埋没。从而由一种自发的奴役人类自身的全球一体化，转变为人类自觉控制的为全人类服务的全球化，完成这个伟大转变的条件是共产主义最终在全球范围内取得胜利。马克思深刻地指出："共产主义和所有过去的运动不同的地方在于：它推翻了一切旧的生产关系和交往关系的基础，并且第一次自觉地把一切自发形成的前提看作是前人的创造，消除这些前提的自发性，使它们受联合起来的个人的支配。"③ 由狭隘"地域性的个人"向"世界历史性的"个人转化，建立"自由联合起来的个人"的共产主义社会，这将是人类的一次重大的历史性飞跃。马克思预言共产主义社会将是人类社会发展的最终归属，这是不可逆转的历史规律。

---

① 《马克思恩格斯选集》第1卷，人民出版社1995年版，第276—277页。
② 马克思：《1844年经济学哲学手稿》，人民出版社2000年版，第78页。
③ 《马克思恩格斯选集》第1卷，人民出版社1995年版，第122页。

　　很显然，马克思的现代性视野对于研究当代全球一体化的发展现实来说，仍然具有十分重要的价值。它深刻地论述了全球一体化形成的客观过程，并且揭示了其中的矛盾性，为我们正确认识当今世界一体化趋势、切实解决中国现代化进程中所出现的矛盾与问题，提供了重要的方法论启示。

马克思主义文化观之管见

朱传棨[*]

当前，文化问题不仅成为学术界讨论的热门问题，而且也是国际政界所关注的问题。因为，文化问题既是国家发展中的大问题，也是涉及世界格局和国际关系的大问题。时下马克思主义哲学研究的重要前沿之一，应是文化问题。而理论前提是马克思主义文化观问题。

一　关于文化的基本定义

在学界关于文化概念的内涵、定义是有多种见解的。但总的说来，对文化的定义不外乎广义的和狭义的两种见解。就广义来说，比较合理性的见解认为：文化是人类有意识所创造的一切物质的、制度的和精神的产物。他们认为，人类生存的自在自然不是文化；人类在蒙昧时期所制造的粗糙石器，也不是文化；非人类所创造的，如蜂蜜、蚁山，也不是文化；无意识形成的东西，也不是文化。或者说，广义的文化包括三类文化，即物质文化、制度文化（或行为文化）和精神文化。而狭义的文化就是精神文化，或者说，是人所创造和提炼出来的成果，如科学、理论、学说、语言、文字、艺术、哲学、艺术、道德、教育、风俗、习惯等。这两种见解（定义），都是对的。但是作为我们研究马克思主义文化观问题，笔者认为，马克思主义文化观中的文化，应是狭义的文化。其理由有以下几个方面。

第一，马克思主义文化观，如同马克思主义的价值观、社会观、伦理

* 朱传棨，武汉大学哲学学院教授。

观、人生观等是同一层次的，都是唯物史观基本原理在不同方面的体现。所以说，马克思主义文化观中的文化概念的内涵，应属狭义的文化。

第二，就文化本身说，文化是分层次的，既存在着表层文化与深层文化之分，也存在着感性文化和理性文化之分。如在日常生活中人们能普遍感觉到文艺的各种具体表现形式，既属于表层文化，也是感性文化，各种文艺的具体表现形式的内在美，或者说其中的高雅悦神的本质，是不易感觉到的，必须以理性思维去掌握其美的本质。宗教、意识和哲学是深层文化。一般来说，文化的主要层次是物质文化、制度文化（或行为文化）和精神文化三大基本层次。而精神文化就其形态说是最高层次的，就其内涵说是最深层次的。哲学则是深层文化的核心，是时代精神的精华，是引领文化整体的主导力量。因为哲学是世界观，是价值观的理论基础。任何层次的文化对人来说都存在着价值关系，而价值选择和价值评价的合理、正确与否是受一定的世界观决定的。因此说，哲学是深层文化的核心，是一个民族智慧、国家精神的集中体现，是文化整体的主导。从而表明，马克思主义文化观中之文化是狭义的文化。

第三，文化是人类社会的一个重要部分，其外延与人类社会的外迎是不能等同的。否则，在理论上就会导向唯心史观，在实践上就无法说明文化在人类社会中的地位和作用。实际上，要说明文化在人类社会中的地位和作用问题，就是讲明文化对经济和政治的关系，也就是精神文化与物质文化、制度文化（或行为文化）的关系问题。

第四，从马克思主义经典作家的有关涉及文化的论述中，其视角多是属于狭义文化的思想。有学者说，马克思恩格斯关于文化的论说，都是指广义的文化，并举出马克思的《人类学笔记》和《家庭私有制和国家的起源》等著作为论据。但我们认为，这只是学者对马克思恩格斯著作研究的一种见解，不敢苟同。实际上，如果细细研读马克思恩格斯对摩尔根的《古代社会》和哥瓦列夫斯基等人的著作，特别是马克思所作的《摘要》《笔记》和恩格斯的《家庭私有制和国家的起源》，不难体会到马克思和恩格斯对人类社会的研究，是为了说明人类文化的产生、发展及其在人类社会发展中的作用问题，是为进一步证明确立唯物史观的变革和创新性，以科学的揭示出私有制和国家的起源和实质，探寻东方社会发展的轨迹及其与西方社会发展的差异，并非为了研究泛文化的问题。纵观马克思恩格斯著作中关于论及文化的问题，多在唯物史观的上层建筑逻辑框架内，即狭义的文化。马克思恩格斯之后的列宁、毛泽东对文化的论述，也是体现为狭义文化的见解。

二　文化在人类社会中的地位和作用

文化在人类社会中的地位和作用问题，实际上是说文化是人类社会的重要组成部分。人类社会在形成和发展的一定历史阶段，文化也就伴随着产生和发展起来。依据唯物史观分析，文化是在经济基础上形成的上层建筑，它对经济基础起着重要的影响和作用。文化虽然被经济和政治所决定，但它对经济和政治的影响和作用是非常重大的，是不可或缺的。毛泽东在《新民主主义论》中的一段论述，对此作了最精练的阐明。他说："一定的文化（当作观念形态的文化）是一定社会的政治和经济的反映。又给予伟大影响和作用于一定社会的政治和经济；而经济是基础，政治则是经济的集中表现。这是我们对于文化和政治、经济的关系及政治和经济的关系的基本观点。那末一定形态的政治和经济是首先决定那一定形态的文化的；然后，那一定形态的文化又才给予影响和作用于一定形成的政治和经济。"①

这个最明确的道理，在当今国内学界却有不予同意者。他们坚持和宣扬梁漱溟的文化史观。不仅片面夸大文化在人类社会中的地位和作用，而且还超越梁氏的观点，说什么新中国成立之后，执政党片面宣传马克思主义，照搬苏联的一套，将中国传统文化完全予以拒斥和批判，致使当今中国社会出现伦理危机，文明滑坡。这是不符合实际情况的错误观点。

我们认为，坚持马克思主义与传承中国传统文化是不相矛盾的，特别是在坚持唯物史观的前提下，才能更好地传承中国传统文化。中国共产党是真正重视和传承中国传统文化的政党。早在新民主主义革命战争年代，就倡导和践行中国优秀传统文化。如"民为邦本"、"求是务实"、"自强不息"、"奋发图强"、"威武不屈"、"富不辱贫，强不执弱"、"先天下之忧而忧，后天下之乐而乐"等优秀传统文化，为共产党人一贯所坚持和践行的。乃至毛泽东在开展游击战争中提出的"人不犯我，我不犯人；人若犯我，我必犯人"的原则，也体现着中华民族的"贵和持中"的优

① 《毛泽东选集》第2卷，人民出版社1991年版，第663—664页。

秀文化传统。所以他非常明确地指出：“我们这个民族有数千年的历史，有它的特点，有它的许多珍贵品质……我们是马克思主义的历史主义者，我们不应当割断历史。从孔夫子到孙中山，我们应当给以总结，承继这一份珍贵的遗产。这对于指导当前的伟大运动，是有重要的帮助的。”① 在刘少奇的《论共产党员修养》中，将中国优秀的传统文化作为共产党员修养的思想指导原则。新中国成立后，在传承中国传统文化中，虽然受到政治上“左”的干扰，特别是“文化大革命”的十年浩劫，受到严重干扰和破坏，但却不是执政党的宗旨和本意，也不是因为坚持马克思主义的缘故，而因特殊的历史环境和特殊政治关系中的特殊矛盾铸成的。一个国家的独立，不仅在政治和经济上独立，还要有文化上的独立。所以，执政的中国共产党，是十分重视中华民族文化的伟大作用的。因为，中国优秀传统文化既是中华民族的精神，又是中华民族的伟大灵魂，同时也是中华民族心理的共同归宿和进一步创新的起始点。在当今，文化是一个国家的软实力。所以，在改革开放 30 多年的过程中，中国优秀传统文化获得了空前的大发展。中国共产党在第十六次全国代表大会政治报告中指出：“立足于改革开放和现代化建设的实践，着眼于世界文化发展的前沿，发扬民族文化的优秀传统，汲取世界各民族的长处，在内容和形式上积极创新的，不断增强中国特色社会主义文化的吸引力和感召力。”② 在当前，中国特色社会主义的文化，是凝聚和激励全国各族人民的重要力量，是综合国力的重要标志。因为，它既渊源于中华民族五千年的优秀传统文化，又植根于中国特色社会主义的实践，具有鲜明的时代特征。由此可见，我们重视和强调文化对社会政治和经济发展的伟大影响和作用，是以唯物史观为指导，而不是文化史观的原则。

文化史观强调文化在人类社会中的重要地位和作用，虽有一定的合理性，但从整体上说是不科学的，它把文化看成人类社会的最后决定的力量和最根本的基础，这是典型的唯心史观。实际上，他们诘难的企图是借用文化史观来掩饰其复兴儒学的宗旨。他们错误地把传承中国优秀传统文化看作复兴儒学。中国传统文化的主流是儒家文化，但儒家文化不能与中国传统文化等同，它仅是中国传统文化中的重要部分。同时还必须指出，我

①　《毛泽东选集》第 2 卷，人民出版社 1991 年版，第 533—534 页。
②　《“三个代表”重要思想学习纲要》，学习出版社 2003 年版，第 65—66 页。

们看重儒家文化在中国传统文化中的地位和作用，并不是为了儒学的复兴，而是对儒学更科学的批判继承。他们提出了"中华民族的文化认同"的命题，在青年学子中大肆宣扬，并提出需要重新估价中国文化，特别是它的"内在超越道路"和"人文精神"在现代化中的价值。他们还提出，要反省"五四"时期"全盘西化"、完全否定传统的片面性的错误思想，期望"儒学将继汉唐和宋明之后，获得第三期发展"。他们明确认为，中国社会从1919年五四运动到1978年改革开放前的近60年发展缓慢的主要原因，是抛弃了传统文化的精华，时下如能发掘、弘扬传统文化精华，中国现代化的成功便有了思想理论保证。这是与中国社会发展的实际完全相悖的谬论。因为传统文化本体中是不能萌发现代化意识的，主张"儒家第三期发展"必然导致对历史的反动。"儒家复兴"论是错误的。首先，它把内涵丰富浩繁的中国文化简单归结为儒家文化；其次，片面强调和夸大文化在社会发展中的作用；再次，否定了"五四"新文化运动的正确思想方向；最后，不符合当代中国社会发展的实际。正如我们前述，从当今的改革开放和现代化建设实践看，要使中国社会从传统向现代转化，其根本途径是坚持和践行中国特色社会主义理论体系，发展社会主义市场经济，完善民主和法制，繁荣社会主义先进文化，而不是复兴儒学。

三　关于构建文化哲学的问题

关于构建文化哲学的问题，是指"马克思主义文化哲学研究"的问题，也就是我们这次《论坛》的主要论题。当今研究马克思主义哲学，必须研究马克思主义文化哲学问题。所谓马克思主义文化哲学，就是以马克思主义哲学特别是它的唯物史来反思当代文化和文化研究中的问题。因此，对马克思主义文化哲学研究的对象、基本方法、任务和根本目的，以及它的理论逻辑体系的构建等，就必须做一些前提性的工作。为此，首先要对20世纪中国文化哲学研究的情况及其中的派别关系，做出考察和审视。

西方学者在诠释中国文化在近现代转型过程中，认为中国在"五四"新文化运动中有三个学派。他们怀着反对马克思主义的心态，把五四运动中介绍传播马克思主义学说的李大钊、陈独秀等人说成是"激进主义"

学派。把主张向西方学习，却抵制"全盘西化"和反对共产主义的胡适、吴稚晖等人为代表的西化派，称为"自由主义"学派。把立足传统文化、力图融合古今和有选择地吸纳外来文化的新儒家，称为"保守主义"学派。当前，对"自由主义"和"保守主义"两派，既要做宏观考察，又要做微观审视，以清除构建马克思主义文化哲学的思想障碍。因为他们的共同点，在理论上都是唯心史观，在实践上，都是脱离中国的实际国情，空谈传统文化转型，主张复兴儒学。

其次，马克思主义文化哲学是以马克思主义哲学反思文化的诸种问题，特别是文化的性质、文化的地位、文化的功能等。因而既要对现代西方文化予以历史地考察和现实的审视，又要在分析批判中吸纳其合理的成分；对中国传统文化的考察和辨析，要立足现实并放在马克思主义中国化的历程中予以批判和继承。因此，马克思主义哲学对文化的反思，包括对西方文化和中国传统文化两大方面的反思，不是当代新儒家所主张只对儒家文化反思的文化哲学。对中国文化和西方文化的反思，不仅仅探寻二者的异与同的问题，而主要是为了深刻揭示马克思主义与中国文化相结合的可能和必要的契机、途径和基本形式。

马克思主义哲学对中国文化和西方文化的反思，不仅必须以唯物史观为指导，还必须采取理论与实际相结合的方法原则。要坚持以当代中国现代化的实际问题为中心，研究马克思主义哲学对文化反思的方法、步骤和应有的自觉意识。我们认为，马克思主义文化哲学中所指的文化，是狭义的文化。因此说，建构马克思主义文化哲学的根本目的，就是探寻马克思主义如何在切合中国社会主义现代化建设实践中，引领文化建设，使社会文明、政治文明、生态文明等方面更好更快地发展。通过对上述诸问题的考察、审视和研究，提出马克思主义文化哲学特有的基本原理、基本范畴、基本方法、基本功能等。本文之所以提出此项要求，因为在国内外对20世纪西方文化哲学思潮的发展研究，乃至对当前后现代主义文化哲学在全球影响的研究，论著不少，但并未见到关于文化哲学与一般哲学的独特原理、范畴和方法的论著。同样，20世纪中国文化哲学发展的理论倾向，使人觉得构建马克思主义文化哲学具有迫切性，但关于马克思主义文化哲学特有理论体系和逻辑架构的著作也不多，期望在本次论坛后，能有这方面的专著面世。

西方马克思主义的文化批判线索与经济学批判线索的关系

唐正东[*]

熟悉国外左派学界最新动态的学者都会有这样的体会：在他们的解读思路中，基于经济线索的批判理论与基于文化或政治线索的批判理论之间的界限越来越模糊了，他们正在建构一种综合性的批判理论。这对我们从整体上准确地理解西方马克思主义的发展线索是否有启发呢？本文试图从西方马克思主义的双重线索及其相互关系的角度，对这一问题做一些思考，以求教于学界同仁。

一

自卢卡奇之后，西方马克思主义谱系中的学者一般都从文化的角度来展开对资本主义的批判。这一线索无疑弥补了"第二国际"的机械决定论所留下的理论空缺，从而在社会批判理论史上产生了应有的作用。但必须指出的是，它并不足以代替马克思的思路，因为尽管马克思在社会批判理论的建构中的确相对侧重于对经济逻辑之历史效应的论证，但他并没有忘记文化线索的重要性。这不但表现在他对作为意识形态的资产阶级哲学和资产阶级政治经济学的批判上，而且还表现在对日常生活层面的"意识形式"和观念拜物教的批判上。也就是说，马克思并没有像有些西方学者所说的那样，弱化文化批判线索在整个社会批判理论中的重要性，他

---

* 唐正东，南京大学哲学系教授。

只不过没有把文化批判和经济批判割裂开来而已，而这正是其社会批判理论在学术史上具有重要价值的原因。在弱化或放弃经济批判线索的前提下展开单方面的文化批判线索，不管是对文化工业或文化霸权的批判，还是对与"科学"相对的"意识形态"的批判，都潜藏着一个理论前提：从当代资本主义的经济线索中已经无法生成批判理论的思想动力了。这是一个准确的理论判断吗？当代资本主义的经济过程难道真的已经摆脱了马克思所说的那种本质矛盾的困扰，从而可以一往无前地展开其文化殖民的过程了吗？抑或是因为当代西方左派学者为了保持自己的左派形象而建构出来的一种学术景观？

当然，并不是所有的西方左派学者都认同单纯的文化批判思路的。在西方马克思主义谱系中还存在着一些坚持从经济线索出发来展开其批判理论的思想家。这些学者没有循着资产阶级主流经济学家所散布的观点而相信当代资本主义的生产过程已经挣脱了矛盾，而是坚持从生产过程或者说劳动过程的角度来展开对当代资本主义的批判。他们更没有过分扩大资本的文化霸权，而是始终从经济的层面来引出文化的社会效应。在这一意义上，我们可以说，他们坚持了马克思历史唯物主义的客体向度。这就是我们一般所说的西方马克思主义经济哲学的线索，其代表人物是保罗·斯威齐、保罗·巴兰、厄内斯特·曼德尔、米歇尔·阿格里塔、阿兰·利比兹等。他们对资本主义生产过程的研究是实实在在的，并始终致力于探索这一生产过程内部所蕴含着的客观矛盾。与他们相比，在文化批判领域颇为时髦的詹姆逊、哈特、奈格里等人显然要肤浅得多。詹姆逊尽管经常提到生产方式的概念，但对他来说，这一概念并非引导他对资本主义生产过程进行客观分析的中介，而只是他展开对晚期资本主义文化逻辑进行分析的"桥梁"，正像他在"马克思主义与后现代主义"一文中所说的那样，"后现代运动作为古典资本主义扩展的第三阶段的文化逻辑，它在许多方面都是资本主义晚期的更纯粹更同质的表现。因为在这一时期，迄今残存的具有社会—经济差异的飞地都已消除……它的意义在于暗示出我们历史感的苍白，特别是对类似于生产方式概念的全球化和总体化的概念的抵制，而这些情形又正是资本主义普遍化的作用"①。

---

① ［美］詹姆逊：《现代性、后现代性和全球化》，载王逢振主编《詹姆逊文集》第4卷，中国人民大学出版社2004年版，第212页。

　　与此相类似，哈特和奈格里在《帝国》一书中尽管围绕着当代帝国主义现象来展开自己的理论阐述，但始终没有进入帝国主义经济过程的内在矛盾的层面。他们感兴趣的与其说是资本生产过程的内在矛盾，不如说是处于帝国阶段的资本所拥有的无限的殖民能力，"资本似乎面对着一个流畅的世界，或者说，是一个被新的、复杂的差异、同质、非疆界化、再疆界化的体制所限定的世界。占据统治地位的生产过程的自身变化、流通渠道的建设和对新的全球流通的限定相伴随，结果是工业化的工厂的劳动在减少，其优先地位让位给交流性的、合作性的、富有情感的劳动。在全球经济的后现代化当中，财富的创造更倾向于我们将称为生态政治的生产，即社会生活自身的生产，在其中，经济的、政治的、文化的生活不断增长地相互重叠，相互投资。"① 在此基础上，哈特和奈格里认为，帝国内部的矛盾是全球化的统治形式与全球民众的抵抗力量之间的矛盾，至于这种矛盾及其所具有的解放潜能在现实历史中是否具有客观的必然性，他们俩其实并没有给出清晰的回答，只是以"哲学并不是只会等到历史实现之后才去欢庆美满结局；哲学是主体的提议、欲望和实践，而这些统统都会应验于事件之中"② 这样的话来应付一下。当他们在《帝国》一书的结尾处提出"以存在的欢乐来反抗权力下的苦难"的观点时，不免让人想起了布迪厄关于"抵抗可能是走向异化"③ 的担心，因为他们俩实在没有提出这种抵抗的客观现实依据。你尽管可以说哲学家在当下语境中所能做到的，只是提出某种"提议"，但问题是：第一，如果缺乏现实历史依据，那么，这种提议很容易走向乌托邦；第二，尽管你可以说，在当下的语境中乌托邦是唯一的希望，但你也会因固执于此思路而忽略了对可能走向现实解放的道路的探寻。应该说，詹姆逊、哈特、奈格里等左派阵营中的文化批判家们事实上并没有认真研究当下资本主义生产过程的真实情况，只是简单地认同并借用了主流经济学家们关于自由市场条件下的资本无所不能的观点。他们与主流经济学家们的区别只在于：经济学家们认同了这种经济现实的社会及文化效应，而他们则对之

---

　　① 〔美〕麦克尔·哈特、〔意〕安东尼奥·奈格里：《帝国——全球化的政治秩序》，杨建国等译，江苏人民出版社2003年版，序言，第3页。

　　② 同上书，第54页。

　　③ 〔法〕皮埃尔·布迪厄、〔美〕华康德：《实践与反思——反思社会学导引》，李猛、李康译，中央编译出版社1998年版，第25页。

持批判态度。但由于在对经济过程之真实内容的理解上不具有独立的判断，因而导致了他们在建构批判性思路时过多地偏向了乌托邦解放的维度。在这一意义上讲，坚持从经济线索出发的西方马克思主义理论家显然表现出了独特的解读思路，并因此而对资本逻辑的解释作出了自己的贡献。

二

不过，我们也应该看到，即使是这些从经济线索出发的西方马克思主义理论家，也面临着一些方法论的困惑及理论观点上的局限性。由于他们必须解释当代资本主义所出现的一些新情况，尤其是"二战"之后出现的福特制资本主义相对繁荣的现象，因而对他们在历史唯物主义客体向度上准确地运用从抽象上升到具体的方法的能力提出了挑战。从理论上说，他们只有充分地从历史发生学的角度来贯彻从抽象上升到具体的方法论，才有可能准确地分析当代资本主义所出现的新现实。也就是说，只有像马克思在《资本论》及其手稿中所做的那样，把理论精力主要集中在对"抽象"是如何通过"中介环节"而在"具体"中得以转型的问题进行深入的研究，才能获得对资本生活过程的科学解读。但要做到这一点并非易事，因为这必须建立在对新事实的本质，而不是现象的准确把握上。而上述经济学线索中的西方马克思主义者在或多或少的程度上都在对上述问题的解读中犯了经验主义的错误。

不管是斯威齐的"消费不足"、巴兰的"经济过剩"、曼德尔的"自主变量"，还是阿格里塔的"调节模式"、利比兹的"社会矩阵"，都是用来解释当代资本主义出现的新情况的。这一点本来是没有错的，就像马克思曾用生产价格来解释资本生活过程的具体情况一样，但问题是，他们并没有把这些范畴当作资本主义本质规律的中间环节来使用，而是试图用它们来取代反映资本主义本质规律的剩余价值理论等内容。客观地说，这跟他们急于用马克思主义理论在经验层面上直接解释资本主义现实相关联。就产生这种状况的原因而言，一方面跟前苏东马克思主义理论界拘泥于抽象的本质规律所产生的负面效应有关，另一方面也跟西方理论界在20世纪盛行的反本质主义思潮有关。在对"本质"不加区分的前提下，或者说，在对形而上学的"本质"和历史发生学意义上的"本质"不作任何区分的前提下，就盲目地追随西方哲学中的反本质主义思潮，必然会对马克思主义的科学方法论产生误读，从而把弱化或抛开"抽象"并全面转向经验层面上的"具体"，理解为对马克思科学方法论的"发展"。只要掉进这样的理论框架，那么，即使你仍然想坚持"抽象"与"具体"的辩证统一，也无济于事了，因为你在基本方法论上已经站在了经验主义的层面上，而这是无法准确理解从抽象上升到具体的科学方法论的。

譬如曼德尔，尽管他在整个西方左派学者的线索中是最坚持"抽象"与"具体"之间的辩证统一的，但由于急于用马克思主义理论来直接面对"二战"之后晚期资本主义经济繁荣的现象，因而在方法论上也全面地倒向了"具体"，即以"自主变量"来支撑起的经验性解释框架，而所谓的"本质规律"只起到了把各种自主变量的作用连接起来并使其发生相互作用的功能。至于这种"本质规律"在历史发生学的意义上对这些自主变量的决定作用，则被远远地抛在了曼德尔的视阈之外。再譬如法国调节学派的代表人物阿格里塔，尽管他的确也想坚持和发展马克思意义上的"从抽象上升到具体"的科学方法论，并且客观地说，他的理论框架在一定程度上也反映了这种理论努力，但由于他在出发点上只是站在回过头去解释福特制资本主义是如何走出危机的这一立场上，而不是站在深入地剖析当代资本主义内在矛盾的转型形式的立场上，因而他在其理论的第一步，即分析资本主义劳动过程的嬗变的时候，就犯了一个错误：把劳资之间的关系只是当作交换关系，而不是当作资本家对雇佣工人的剩余价值的剥削关系来看待，从而使其后来的理论展开过程越来越具有经验主义的特征。法国调节学派的另一位代表人物阿兰·利比兹透过对《资本论》第一卷和第三卷同样重要的指认，试图在这一问题上有所作为，但由于他在基本方法论上同样缺乏历史唯物主义的发生学思路，因而最终也只能以对这一问题的模棱两可而告终。

由此而导致的理论后果是，不管在对资本主义危机的剖析，还是在对危机之后的出路的指认上，都显得过于简单化。阿格里塔是这批学者中对资本主义经济危机剖析得最详细的，但即便在他的理论中，也没能很好地说明为什么金融危机必然导致资本的私人所有制向资本的社会所有制的转变，以及为什么资本的社会所有制就能从根本上解决金融危机的问题。更不要说像曼德尔这样的被人指责为"顽固拒绝面对现实"① 的学者对资本主义经济危机的简单化指认了。从根本上说，经验主义的解释方法使这些学者无法理解马克思意义上的那种"抽象"与"具体"之间的"上升"关系，因而或者把经济危机理解为某种经验现象，如经济过剩、金融危机等的结果，而看不到这些经验现象背后的、与资本主义生产方式的内在矛盾相关联的本质，并进而在对危机之后的出路的认识上过于简单地偏向经济增长的维度，弱化甚至忽视了马克思"自由王国"范畴中所包含的人的全面发展的维度；或者把经济危机僵硬地解读为资本主义本质规律的必然结果，但又不对这种本质规律在具体历史层面的内在化过程作出解释。

三

有的学者也许会说，这种经验主义的方法论是根源于当代资本主义社会结构转换的客观事实的，即马克思意义上的工人阶级现在已经不复存在了，当代西方社会中的工人都只是"挣工资的人"而已，他们已经没有了马克思所希望的那种与资本家之间的阶级斗争意识。既然如此，基于劳资对立关系的那种"抽象"层面上的范畴，如剩余价值等，不但不应该作为社会批判理论的基始性范畴，来演绎出整个批判理论的丰富内涵，而且还应该彻底地抛弃，代之于直接从经验现象层面能够抓到的理论支点。说实话，在当代西方左派理论界，持上述观点的人还不少。这一方面当然跟自"二战"结束以来随着生活条件的改善，工人阶级的斗争意识相对薄弱这一客观事实有关，另一方面也跟这些学者把太多的精力集中在对前苏东教条主义马克思主义的批判上，而较少地关注对马克思恩格斯本身思想的深刻研究有关。这种学术思路必然面临如下这个问题：一旦资本主义的经济不再像今天这么繁荣，并进而推动劳资矛盾的增长和阶级斗争的加剧，那么，社会批判理论是否就得重新改变？事实上，随着全球化进程的推进和不发达国家的经济增长，这种情况已经在某些资本主义国家中出现了，如法国、美国等国家中的工人由于利益受损而发动的大规模的罢工运

---

① ［英］M. C. 霍华德、J. E. 金：《马克思主义经济学史》第 2 卷，郑吉伟等译，中央编译出版社 2003 年版，第 142 页。

动等。如果社会批判理论真的会这样变来变去的话，那它就从根本上失去了对社会形态之深层本质的洞察能力，从而失去了马克思主义理论中所具有的那种科学性品格。也许，那些为了保持自己的左派形象而"为批判而批判"的人，会十分乐意地接纳这种理论范式上的"随风飘动"，因为这能给他们提供足够多的"创造"新思想的源泉，但问题是，对社会生活过程之本质的认识却并没有因此而获得推进。实际上，只要仔细分析就不难看出，只要资本主义私有制依然存在，它所内含的基本矛盾就不会消失，由它所主导的社会形态就不可能一直繁荣下去，在当今这个全球化的时代，这一点会表现得更为清晰。因此，真正的社会批判理论就应该在资本主义经济相对繁荣的时候，仍然能清晰地看出其内含的本质矛盾，并梳理出这种本质矛盾在现实生活中的具体表现，从而揭示这种社会形态的未来走向。只有这样，社会批判理论才能够出现在社会公众最需要它的地方，才能昭示出自己的科学品格。

上述这种基于经济学线索的资本主义批判理论还有一个理论缺陷，那就是忽略了对历史主体的研究。应该说，自20世纪20年代初以来，基于文化线索的西方马克思主义者已经在这一领域作出了很大的理论开拓，只是由于他们或多或少割裂了经济线索与文化线索之间的辩证关系，才不得不在超越资本主义的道路上高举"乌托邦"的旗帜。但可惜的是，就像文化线索中的西方马克思主义者并没有太多地吸收基于经济线索的西方马克思主义者的有益观点一样，后者对前者观点的吸收也是少得可怜。这最明显地表现在这些学者只从客体的维度证明了资本主义经济模式的必然被超越性，但并没有说明作为历史主体的工人阶级为什么必然能承担起这样的历史使命。在这一点上，日本著名哲学家广松涉曾说出过一段非常精彩的话："让我们先从真伪性的问题来看吧。物象化的误认对于马克思的学知来说，在面向我们（für uns）方面始终是倒错。但是，直接的当事人对于原本就是没有超出系统内视角的人们，即现体制下绝大多数的人来说，那看不出才是现实—真实。即使学知突然指出那只不过是误认而已，那大概也只会落为永无休止的争论吧。对于体制内意识来说大体上是必然的物象化的误认，不是像被他人稍微指出便引起注意的谬误那样极为简单的、偶然的问题。从体制内的范例来看，甚至可以说那反倒是真理。"① 我们

---

① ［日］广松涉：《物象化论的构图》，彭曦等译，南京大学出版社2002年版，第115页。

认为广松涉的这段话的确指出了历史主体的复杂性问题。要想证明资本主义经济形态必然会被超越，除了从客体维度对之进行深入的剖析外，还必须从主体维度为之提供逻辑上的依据。否则的话，社会批判理论的思想效应与现实实践效应都会大打折扣。其实，在马克思那里，这些问题都是讲得很清楚的，尤其是在 1848 年欧洲大革命之后。对马克思来说，工人阶级完全有可能被资本拜物教的观念形态所束缚，从而沦为"消费者"，但这只是在资本主义经济相对繁荣的时代才会出现的情况。一旦资本主义经济危机来临，也就是说，一旦工人无"物"可"拜"的时候，残酷的现实必然会迫使他们起来既反对资本拜物教的物质形式，又反对其观念形式。当然，与当代资本主义的观念拜物教相比，马克思时代的观念拜物教肯定要简单得多，但这应该更加激励社会批判理论家投身到对工人有可能遭遇的观念拜物教的复杂性的解读中去，而不应该对之视而不见。

从经济学的线索来传承与发展马克思主义理论的学者尤其要注意，切不可把马克思在《资本论》中所演绎的从商品的价值到生产价格、一般利润率下降规律的逻辑线索，理解为他对从抽象上升到具体的科学方法论的全部运用。应该说，这只是他在对资本主义经济过程的分析中对上述科学方法论的运用。除此之外，在马克思对社会历史过程的分析中同样也内含着上述方法论的内容，从生产方式理论，通过社会实践的"中介"，上升到对拜物教的物质形式和观念形式的双重研究，并从中引导出从必然王国走向自由王国的必然性。虽然这一线索并不像前一条线索那样清晰明了，但只要仔细分析就不难发现这一点。而正是这一线索使马克思不仅清晰地解剖了资本主义生产方式的本质规律，而且还准确地抓住了资本主义社会在日常生活层面所出现的新现象，而更为可贵的是，他还对生产方式的本质规律与日常生活层面的新现象之间的关系作出了科学的界定。也就是说，马克思对资本主义社会的分析并非仅仅局限于经济的线索，同时还包括了日常生活过程、历史主体的文化观念等线索，而把这些不同的理论线索串联起来的，正是其在社会历史领域中的从抽象上升到具体的方法论。因此，如果真想从经济学的视阈来发展马克思主义理论，就必须清晰地看到马克思理论中的经济学线索并非孤立存在的，它是与包括历史主体线索在内的其他理论线索辩证统一在一起的。显然，上述这些学者没能很好地从马克思的上述思想中吸收足够的思想养料。

　　客观地说，真正对马克思的从抽象上升到具体的科学方法论进行准确的把握和科学的运用的，是当代中国共产党人。在我国改革开放的历史进程中，马克思主义的历史进程理论这一科学层面的理论"抽象"，被中国共产党人"上升"到了中国特色社会主义理论这一"具体"的层面，并由此实现了坚持社会主义基本制度同发展市场经济的有机结合。透过对此文所论及的西方马克思主义谱系中的两条理论线索的分析与研究，我们可以更加清楚地意识到马克思主义中国化的理论成果不仅具有重要的实践意义，而且还具有重要的学术思想史意义。

文化哲学与历史唯物主义的规范维度

强乃社[*]

文化问题的突出，首先与时代发展、人的生活发生重大变化联系在一起。近代与当代中国的学者与民众，面对强势外来文化，在古今、中外、体用区分的框架中思考文化问题。当代中国的文化哲学取得了很大的成就，同时有些问题很突出，比如文化哲学如何定位。梳理文化哲学的历史，分析文化哲学研究的一些重大问题，从一定的角度来看，文化哲学的研究是对历史唯物主义的规范维度的重要揭示和推进。在这个方面，新康德主义、社会批判理论以及当代哲学中的语言学范式确立对文化哲学的影响等给予我们很大启发。

一 文化哲学历史的启示以及规范性的界定

文化哲学的发展历史表明，文化哲学对社会历史观的理解有重大的意义，对于理解社会历史的规范性维度有重大的意义。社会历史的规范性是历史唯物主义思想的一个重要的方面。

（一）文化哲学历史的简要概括

历史地看，中国文化哲学发展可以分为以下几个时期：第一，19 世纪 40 年代到 19 世纪末期，中国文化和西方文化直接交火以后，中国社会各个阶层对中国既有文化进行认识和反思。文化中的古今、中外、体用之争问题比较突出。第二，20 世纪初期到 40 年代末期，中国社会的现实发

---

* 强乃社，中国社会科学院哲学研究所研究员。

生了重大变化，西方思想包括马克思主义思想在中国产生了重要的理论和实际影响。第三，20 世纪 70 年代以后，随着中国改革开放开始和逐步推进，中国社会发展有了很大的变化，传统和现实、中国和外国这些文化哲学的重要问题再度成为人们关注的焦点。传统文化问题也曾经引起哲学界的重视。① 总的来说这个时期文化哲学研究是中国主动应对世界挑战，逐步进入世界文化发展潮流中的一个过程。最近约 20 年来，中国的文化哲学研究取得了很多的成果，有很大的成就。②

　　文化哲学的研究在国外有很长的历史，一般认为新康德主义者对于文化哲学进行了比较深入的探索并相对形成完整的理论说明。如果从与马克思思想有关的研究来看，19 世纪中叶到 21 世纪初期，西方文化哲学可以分为以下几个阶段和流派：第一，19 世纪 50 年代到 20 世纪 20 年代，新康德主义对于文化在历史和社会发展中的地位和价值给予重视，提出了文化对于历史理解和解释的重要性。第二，大约从 20 世纪 20 年代到 40 年代，早期西方马克思主义者卢卡奇、葛兰西、科尔施对马克思思想的解释比较重视，针对苏联的正统解释给予批判，强调了意识、观念等对历史和社会主义运动的重要性。卢卡奇的阶级意识理论，葛兰西的文化霸权理论，都是重要的文化问题研究成果。这些观点一定意义上是对苏联理解的历史唯物主义所存在问题的纠正，尤其是对所谓的经济决定论的纠偏。第三，从 20 世纪 40 年代到目前，批判社会理论总的来说比较强调文化、规范性等对于理解社会和历史的重要性。霍克海默《启蒙辩证法》中对于大众文化的批判，对于文化工业的批判，是对资本主义社会的新的认识和理解。在哈贝马斯那里，对于历史唯物主义的规范性问题给予了充分的重视，对于文化中的重要现象比如道德、法律等的重要性以及理解的角度进行了探索。霍耐特对于道德冲突的社会意义的重视，对于马克思社会理论中关于生产的重视的批评，都从一定程度上是对文化问题在理解和解释历史过程重要性的肯定。第四，20 世纪中叶，人文马克思主义者如萨特，

---

① 参见强乃社《青年毛泽东的传统哲学思想初探》，《华侨大学学报》（哲学社会科学版）1994 年第 2 期；《传统文化和现实关系研究概况》，《哲学动态》1995 年第 7 期；《传统问题三论》，《华侨大学学报》（哲学社会科学版）1996 年第 2 期。

② 从笔者所接触的有限资料看，在当代中国文化哲学研究中已经形成了可以区别的路径、观点、走向，比如衣俊卿、丁立群、邹广文、李鹏程、霍桂桓、何萍等人的研究。还有一些基础性的研究，比如文化哲学的历史探索、现状分析、概念辨析等也有很多成果。

对社会历史中的人的问题、人的选择问题进行了比较深入的探索，对于人的文化因素给予重要考量。第五，20 世纪 60 到 70 年代以来，当代后马克思主义思潮对于符号在社会生活中地位的重视，对于马克思所谓生产范式的批评，还有福柯对于权力的话语解释，以及英国当代马克思主义研究中对历史唯物主义中文化因素的重视，都可以看作是文化哲学研究的重要阶段或者流派。这些研究可能是对马克思有关思想的一个重建，也许是对一些既往理解的新阐发。

从传统的马克思主义哲学理解看，简言之，文化是经济决定的，经济是基础。从现在的研究可以断定，社会生活是一个复杂的现象，单纯从经济因素理解社会是有问题的。文化不仅有自身的基础，具有自身的独立性，在有些地方对于其他生活方面具有重要的作用。其实这个问题对于文化哲学的定位有重要意义。文化是人类历史和社会存在与发展中的一个重要现象。有些文化能够在全球范围流行，有些文化中断，有些文化局限于小的范围，在世界文化和其他生活中占据的地位不一样。这些现象有些可用实证的因素比如经济和政治能够说明，但是更多的是需要对于文化进行非实证的、反思的、价值性、规范性的探索。可以说，要说明历史，需要文化的探索角度，这种角度不能用文化决定的角度来分析，但是对于文化的独立性、对于人的主体性、对于人类社会中人的价值选择等，需要给予充分重视，对于道德、法律等的重要性给予充分考量。这个问题从一定的角度可以看作是看待历史的方式发生了变化，可以看作是历史唯物主义研究中的规范性维度逐渐为我们所重视。这样，文化哲学可以基本定位在是对历史唯物主义的规范性维度的挖掘和发明。

（二）对于历史唯物主义的规范性维度的界定

在对历史唯物主义的理解中，有两种观点值得注意：一种观点认为历史唯物主义是对历史规律的说明，人们行为的合理性、正当性来自于是否和这种规律符合，人的行为规范根本上是由于经济的因素决定的。比如从恩格斯开始到列宁一直到中国传统的马克思主义哲学教科书，基本是这种观点。另外一种观点多从对马克思主义的补充和发展的角度，强调历史唯物主义对社会价值、规范等应该有明确的说明和分析，认为历史唯物主义对历史中的规范问题重视不够，解释不足，存在问题。新康德主义者、社会批判理论家都强调社会历史发展中，价值、文化的重要性，涉及历史唯物主义的规范维度。

规范问题是一个重要的哲学问题。哲学发生了从古代本体论到近代认识论以及当代语言论范式的变化。近代人们理解的社会规范基础，主要是人的理性，无论这种理性是追求利益还是道义。在当代，人的规范与人的语言有直接的关联，人的语言不仅仅为了表达一定的情况，而且要用来达到一定的目的，其中隐含着人们如何行为的规范。在语言哲学、伦理学、政治哲学和法律哲学中，规范的研究受到很大的关注。至少有以下三个方面值得注意。

首先，规范研究涉及社会历史研究中对规律和规范研究的区分。人们的行为规范和人们社会历史中的规律是区别的，虽然是有紧密联系的。在对社会历史规律的探索中，从近代和现代的研究看，更多是对待自然对象那样对待社会事件，虽说有一定依据，但是社会历史事件和自然的事件并不是一样的。在对人的行为的规范研究中，人的文化、意志、价值选择等比较重要。规律尤其是社会规律对人的规范的形成、实施有很大的影响，但并不是一回事。

其次，从人文社会科学研究方法来看，规范研究和实证、经验、描述、事实性研究有比较明显的区别。规范研究注重人们行为依据，注重人们行为的合法性和合理性，人们对一定行为规范是否承认。在社会规范研究中，规范的有效性是个非常具有挑战性的问题。人们行为规范的是否合理是伦理学、政治哲学和法律哲学等的重要问题，也是文化哲学的重要问题。

最后，规范研究还涉及一个问题，就是社会生活中实然与应然的关系。对实然的研究主要不是规范研究的问题，而应然是规范研究不能避免的问题。社会历史的发展是否需要一个应然的维度，也有过争论。现在可以肯定文化在社会历史的应然性探索中是重要的。

文化概念从外延上说，有很多的含义。在社会历史生活中，道德、法律、价值观等是文化的重要部分。对于这些要素的重视，是社会历史观的重要方面，是对规范性的重视。规范性研究历史上，康德是重要人物，而文化哲学的发达，新康德主义者功不可没。康德对人的主体性给予高扬。人的理性为自然立法，为自己立法，为自己的理性制定规则。在社会行为中，人的行为应该是人的自由的选择。人应该按照普遍的法则行为，人的行为规范的合法性和合理性转移到人自身，转移到人的理性基础上。康德和马克思的关系是一个重要的方面。这个关系意味着对于历史唯物主义和康德哲学的关系要进行一种新的理解。文化哲学研究在一定程度上是对过分重视社会历史的实证研究、重视马克思和黑格尔的关系纠偏，是对忽视历史的规范性、价值性等的研究，忽视历史和社会中文化因素的独立性和重要性，忽视康德和马克思关系等的一种纠偏。

如何论证文化哲学是对于历史唯物主义研究规范性维度的揭示？这个问题可以从以下几个方面分析：第一，新康德主义对历史中的文化和价值等问题的重视，让我们对历史的唯物主义分析有新的认识。历史发展不能做简单的经济决定论的理解，文化和价值对于理解历史和社会存在及发展具有重要性。不能仅仅从实证的角度分析历史发展，还需要从规范的角度探索，探索人的价值观、道德和法律等要素对于历史的重要性。第二，社会批判理论对文化在社会规范基础确立中的重视，于我们理解历史唯物主义的规范性维度相当重要。第三，哲学从近代的意识哲学到现代和当代的语言哲学范式有一个发展的过程。这种发展作为哲学范式的转变，对于历史唯物主义的当代解释，对于文化哲学的形成和发展具有重要的意义。社会历史生活中文化问题的突出，是当代社会基本规范有效性和正当性论证的需要，生活世界中蕴含着社会生活合法性的萌芽。

二 新康德主义：社会历史中的文化与价值

新康德主义可以分为两个阶段，第一阶段即早期新康德主义，以李博曼和朗格为代表，完成了回归康德哲学的必要性以及对唯物主义分析的任务。他们对于历史发展中的规范和价值问题给予了重视。第二阶段有两个派别。西南学派以文德尔班和李凯尔特为代表，提出在哲学研究中，在人的文化科学研究中，价值和规范问题是核心。马堡学派以科亨等为代表，比较突出的特点是对社会主义的合法性进行道德论证。这个学派后来有一些影响，但逐渐衰退。①

（一） 对机械历史观的批判

对文德尔班来说，19世纪人们对于经验的重视，使得我们生活在培

———————

① 谢地坤：《西方哲学史：学术版》第七卷第二篇《新康德主义》，江苏古籍出版社 2005 年版。

根主义中。"在 19 世纪哲学运动中起决定性作用的因素无疑是关于现象界的自然科学概念对整个世界观和人生观应有多大意义的问题。"① 在当时的条件下，哲学界在唯物主义和唯心主义的问题上有很大的论争，"但终于能够回到康德关于普遍有效的价值的基本问题上来。"② 这基本上说明了新康德主义哲学形成和发展的背景和基本路径：唯心主义哲学的衰落和唯物主义哲学的勃兴，而哲学家尤其是康德传统的哲学家对文化和价值给予重视。

早期新康德主义者朗格把唯物主义发展的历史以康德哲学为界分为两个阶段，康德以后的现代社会历史理论中，出现了一个很重要的现象，就是对社会历史的经济发展史的研究。这是唯物主义从近代到现代以来发展的一个重要方面。"我们已经不情愿地进入到面对实际问题的境况，对这些问题的解决是我们构成了我们研究努力的结果。我们研究这个学科，我们发现它的学说仅仅是社会条件的反映；今天的伦理唯物主义，形成了规则体系。"③ 在亚当·斯密《国富论》中，同情和利益是人们行为的两个要素。人是自我主义的，人可以追求自己的利益而不伤害别人。"唯物主义在政治经济学的氛围中仅仅是由抽象与现实的混淆构成的。"④ 这种抽象是，人都是追求自己的利益的；人是实践的，这种实践在于追求资本的积累。

朗格看到现代社会中资本的重要性，这会成为社会的问题，"个体的财富和权力成为所有道德和法律的障碍，国家成为没有实质的形式，没有地位的无产者成为少数人情绪的足球，直到有一天所有一切在社会的地震中改变，这次地震将吞噬所有追求单边的和自私的利益的努力。"⑤ 为了避免灾难，他要求改变。可惜他提出改造社会的药方不是改变社会制度和结构，改变他已经看到出了很多问题的社会财产制度，他回到了基督性和启蒙的人道主义精神。他非常重视文化、价值、宗教道德在社会生活中的

　　① ［德］文德尔班：《哲学史教程》（下卷），罗达仁译，商务印书馆 1996 年版，第 859 页。
　　② 同上书，第 861—862 页。
　　③ Frederick Albert Lange, *The History of Materialism and Criticism of Its Present Importance*, translation by Ernest Chester Thomas K. Paul, Trench, Trubner & co.; Harcourt, Brace & company, 2 (continued), 1925, pp. 233, 237, 261.
　　④ Ibid..
　　⑤ Ibid..

地位，认为单纯用经济因素解释历史和社会是有问题的。

（二）价值、文化与历史

新康德主义的西南派，对社会历史研究中的文化、价值问题给予充分的关注，后来形成了文化哲学、价值哲学，这是文化哲学发展历史上的重大事件。

西南学派中以文德尔班和李凯尔特对价值和社会历史的关系问题的探索比较深入。对于文德尔班来说，"哲学只有作为普遍有效的价值的科学才能继续存在。"① 那些价值是什么呢？"那些价值是一切文化职能和一切特殊生活价值的组织原则。但是哲学描述和阐述这些价值只是为了说明它们的有效性。哲学并不把这些价值当作事实而是当作规范来看待。"② 哲学、价值与文化密切关联。

对里凯尔特来说，他所谓的价值与人们的承认或者认可联系在一起，价值和文化联系在一起，"在一切文化现象中都体现出某种为人所承认的价值，由于这个缘故，文化现象或者是被产生出来的，或者是即使早已形成但被故意地保存着。"而"价值是文化对象所固有的"。实际上，"关于价值，我们不能说它们实际上存在着或不存在，而只能说它是有意义的，还是无意义的。文化价值或者事实上被大家公认有效的，或者至少被文化人（与自然人相对——译者注）假定为有效的。"③ 对于文化对象或者财富，"它们所固有的价值或者被全体社会成员公认为有效的，或者可以期望得到它们的承认。"④ 他所谓的价值的特性是，"价值决不是现实，既不是物理的现实，也不是心理的现实。价值的实质在于它的有效性（Geltung），而不在于它的事实性（Tatsaechlichkeit）。"⑤ 这里的问题是，他认为唯物史观是一种经济决定论，他讽刺说，"从这种观点看来，人类的全部发展归根到底被看作是'为在食槽旁边站的一个位置而斗争'。"⑥ 其实当时的社会制度安排，很大程度上就是把人们，大多数人们，安排成为在

---

① ［德］文德尔班：《哲学史教程》（下卷），罗达仁译，商务印书馆1996年版，第927页。

② 同上。

③ ［德］H. 李凯尔特：《文化科学与自然科学》，涂纪亮译，商务印书馆1986年版，第21页。

④ 同上书，第22页。

⑤ 同上书，第78页。

⑥ 同上书，第101页。

食槽旁边占据一个位置而终生奋斗的动物。这种情况甚至在当代社会中并未根本改变。

(三) 社会主义的道德论证

一些新康德主义者借助康德的绝对命令，来论证社会主义的合法性和必然性。这就是所谓的康德社会主义或者伦理社会主义。他们企图建设与上帝的旨意、人类的普遍良好法则一致的社会主义。这个流派的影响一直流传到今天，甚至成为欧洲一些国家的社会民主党、民主社会主义者的意识形态。① 一般认为，新康德主义马堡学派和西南学派在伦理社会主义问题上没有原则性差别。他们都认为社会主义是以道德观念的进步作为标志的，而不是以历史唯物主义所指出的以历史发展尤其是经济发展为基础的。在肚子和上帝的关系上，上帝的道德绝对律令比每日填充肚子的需要更重要，因为绝对命令才能够保证社会的一个规范性和原则性的发展。②

系统论证伦理社会主义是马堡学派的科亨（Hermann Cohen）、福尔兰德尔（Franc Vorlaender）、沃特曼（Ludwig Woltmann）、施陶丁尔（Franz Staudinger 以及施密特（Konrad Schmidt），其中科亨的论证比较细密和深入。柯亨认为，马克思的社会主义中都贯彻着道德的精神，但是，在那里是不能找见这些词句的。③ 对于科亨来说，社会主义是一个理想而不是现实的运动，它是道德的理想和彼岸世界的东西。在现实生活中是永远不能到达的。社会主义仅仅是道德上的自我完善，仅仅以普遍的道德原则作为个人的行为准则。④ 在康德那里，社会主义的原则已经得到了表述：一定要那样行为，使人不要被当作手段加以利用。⑤ 人具有尊严。应该永远仅仅是目的而不是手段。这个原则包含了所有现代和未来的全部世界历史的道德纲领。⑥ 现存的国家都是等级的国家，是统治阶级的国家，

---

① *Marxismus und Ethiktexte zum neukantianischen Sozialismus*，Herausge-geben von Hans Jorg Sandkuehler. Frankfurt am Main：Suhrkamp，1974，S. I-XLX.

② 刘放桐等：《现代西方哲学》，人民出版社 1981 年版，第 132 页。

③ Hermann Cohen，*Ethik des Reinen Willens*，Verlegt bei Bruno Cassirer，1921. Ebd，S. 270 – 290.

④ Ibid. ，309.

⑤ Ibid. ，322.

⑥ Ibid. .

只有实现了伦理社会主义原则，才能够建立作为道德人的交往共同体的法权国家。首先需要改造的是法权关系。社会主义运动永远是一种永恒的任务，它仅仅意味着无限趋向纯粹意志。他特别强调法律对于社会主义的重要性。①

另外一个伦理社会主义思想的主要人物福尔兰德尔认为，应该把绝对命令的简单和崇高的表述当作建立社会主义的基础，从伦理学的论证方面说，应当把这位科尼斯堡的智者作为德国社会主义的真正和现实的奠基者。认为社会主义应该在康德那里找自己的鼻祖，并以康德的伦理学原则来证明自己改良行为的合理性。② 其实，社会主义有合法性之道德论证的必要，社会主义在文化上也具有一种必然性，但是社会主义不是建立在依赖这种道德论证的基础上，文化要素不能单独成为社会主义必然性的证明。法学和法律对于社会主义的重要性是新康德主义所重视的。这在后来的奥地利马克思主义者卡尔·伦纳那里，以及凯尔森、施塔穆勒、拉德布鲁赫都有表现。

对于历史中人的价值选择的重视、对于历史发展中文化要素的重视、对于社会主义中的道德要素的重视，是机械的历史观所不能理解的。新康德主义文化哲学虽然并不能对历史和社会做出正确的解释，但是他们对于历史中的文化和价值以及道德要素的阐发，对我们理解历史唯物主义的规范性有重要价值，社会历史的发展不能做简单的理解。

三　社会批判理论对于文化问题的探索

（一）批判与文化

法兰克福学派的早期发展，与新康德主义有直接联系。比如，法兰克福社会研究所第一任所长格律恩伯格就是一个新康德主义者，在其执掌法兰克福社会科学研究所期间，在其领导的《社会主义与工人运动文库》中，就发表了像麦克斯·阿德勒、凯尔森等新康德主义者或有此倾向的一些人的作品。能够把新康德主义和法兰克福学派联系在一起的可能还不止

---

① Hermann Cohen, *Ethik des Reinen Willens*, Verlegt bei Bruno Cassirer, 1921, Ebd, S. 413.

② *Marxismus und Ethiktexte zum neukantianischen Sozialismus*, Herausge-geben von Hans Jorg Sandkuehler. Frankfurt am Main: Suhrkamp, 1974, S. 7–44, S. 306.

这些制度或者人员的联系，更多的是一种精神的联系。霍克海默与阿多诺的启蒙辩证法研究、批判理论研究、否定辩证法研究，重视社会的文化要素和价值要素，对于历史唯物主义也是如此要求的。他们的文化批判理论对时代的诊断主要是时代有文化的偏失。

社会批判理论中的"批判"二字如何理解，和康德的批判哲学之批判有什么联系，有学者做过研究。① 依据霍克海默，"批判"并不完全如同政治经济学的辩证批判那种意义上的理想主义的、纯理性的批判。这说明他的批判区别于马克思的批判，康德的批判对他起过一定的作用，但与马克思的批判具有相当的关联。但是，社会批判理论把人看作是他们全部文化的创造者，因而也就是与他们的观念相应的客体的制造者，企图将似乎不可改变的真理的素材，同人类生产联系起来，这是社会批判理论同唯心主义相一致的基点。霍克海默把社会批判理论中保留的以及被唯物主义化的或被扬弃的德国唯心主义成分，进行系统阐述，看成自己的主要任务之一。哈贝马斯、霍耐特对文化也是很重视的。

（二）社会一体化与文化

在 20 世纪 70 年代，哈贝马斯一个重要的工作是进行历史唯物主义的重建。哈贝马斯认为历史唯物主义的问题就是没有能够说明社会规范的基础。而 20 世纪 80 年代以后，他系统阐发交往行为理论，将社会区分为系统和生活世界，而生活世界是人格、文化、社会要素构成的，其中以文化为核心。整个社会及其规范的合法性基础，是以生活世界为基础在话语过程中形成的。

对于哈贝马斯来说，马克思的理论存在着问题，"对于他的实际目标来说，抓住并且从存在和意识上批判占统治地位的资产阶级理论的规范内容，即现代自然法和政治经济学的规范内容（这个内容体现在革命的资产阶级宪法中）就够了。"② 哈贝马斯进一步提出，社会规范本身是进化的，这种进化本身又不能简单理解为是社会经济的直接的决定。一个社会

---

① ［德］菲尔·斯莱特：《当代影响最大的西方马克思主义流派——法兰克福学派的起源与意义》，袁义江等译，兰州大学出版社 1990 年版，第 38—39 页。

② ［德］哈贝马斯：《重建历史唯物主义》，郭官义译，社会科学文献出版社 2000 年版，第 5 页。

规范的结构发生变化，其动力不是单纯的其他因素决定的，规范自身有进化的动力，有一种以学习而进化的能力，学习中文化是重要的，"文化始终是一种上层建筑现象，尽管文化在向新的发展水平过渡时似乎发挥着一种比许多马克思主义者迄今所认为的还要重要的作用。"① 这种基本的判断使得哈贝马斯的历史唯物主义重建，一定角度看来主要是对这个问题的回答：社会规范是社会劳动生产决定的还是文化决定的。这也是对社会失范、产生危机的根源问题的回答。

对于哈贝马斯来说，社会危机与社会一体化的危机有关。所谓的一体化，就是社会的生活世界关于价值和规范的同一性的保障。如果一个社会的价值和规范，与制度系统不能形成一致，需要对社会进行革命性变革，以便为解决新的问题创造条件，那么社会的同一性就处于危机之中。这个危机，马克思理解为社会生产力发展使得社会生产关系不能适应而产生的。但是对于哈贝马斯来说，在社会生活中，"只要不用暴力或战略手段，而是在共识的基础上去调节行为冲突，那么影响个人道德意识、社会道德系统和法律系统的结构就会发挥作用。"② 在这种情况下，我们对于法律和道德以及其他文化要素的认识，就不会仅仅把它理解为随附的、完全为生产和劳动所决定的社会关系规范系统。社会一体化需要比生产劳动更多的东西。

但是，哈贝马斯的解释很容易导致一个问题，一个社会可能是由多个因素决定的，社会的发展决定因素可能是多元的。但是，哈贝马斯坚持的是文化要素的决定作用，这个问题在后来的生活世界理论中有比较突出的说明。

（三）承认与文化

在新一代法兰克福学派的研究中，霍耐特认为，承认与否是社会道德冲突的根本所在。他不同意马克思对社会冲突的解释，他认为马克思坚持劳动范式，"在他的理论创作的起点，马克思就沉湎于一种值得怀疑的倾向之中，这就是将承认要求的丰富光谱还原为通过劳动而自我实现的维度，但是，马克思把他颇具有原创意义的人类学建立正一种劳动概念上，

---

① ［德］哈贝马斯：《重建历史唯物主义》，郭官义译，社会科学文献出版社2000年版，第7页。

② 同上书，第168页。

这一劳动概念具有十分规范的内涵，以至于他可以把生产活动解释成主体间的承认过程。"①

其实，马克思的劳动不是为劳动的劳动，而是在社会基本结构中起重要作用的劳动。如果劳动者不再为资本的逻辑所制约，那么，社会劳动中人和人之间存在非承认的关系就不能存在。在社会危机和冲突中，道德是一个因素，甚至是重要的因素，但是肯定不是唯一的因素，甚至不是一个重要的因素。承认这个概念启示和文化联系在一起，最近弗拉泽对这个问题有比较有价值的说明。弗拉泽认为，"承认概念来自黑格尔哲学，准确地说是来自其《精神现象学》。这个传统中，承认是主体之间彼此的一种理想的相互接受，他者同时作为存在以及自我存在。这种互相关系被认为形成了主体建构，对于一个个体主体而言方才成为人，这个人被承认为另外主体，而且从这个主体中获得承认。……新的黑格尔哲学家如泰勒和霍耐特以此为建立一种规范的社会哲学"。② 近来弗雷泽对承认在文化领域作了基本定位。③ 承认问题可以作为文化问题来处理。

四　语言学转向、生活世界与文化哲学

在文化哲学研究中，有一个问题已经逐渐为国内的研究者所重视，从近代意识哲学到当代语言哲学范式转变，对于文化哲学的研究是重要的。④

---

① ［德］霍耐特：《为承认而斗争》，胡继华译，上海世纪出版集团 2005 年版，第 152 页。

② Nacy Fraser/Axel Honneth, *Umverteilung oder Anerkennung*? Suhrkamp, 2003, S. 19.

③ 2009 年初，弗雷泽在中国社会科学院的演讲中提出，在常态（normal）正义（罗尔斯等所说的正义）之后的非常态（abnormal）正义（她所阐述的正义）中，经济上的再分配问题，文化上的承认问题，政治上的代表性问题，是正义的三个维度，这些在规范的一元论（normative monism）基础上统一起来。这个问题在她 2008 年出版的 Scales of Justice：Re-imaginining Politics Space in a Globalizing World 一书的第 4 章 Abnormal Justice 当中进行了说明。参见［美］南希·弗雷译《正义的尺度——全球化世界中政治空间的再认识》，欧阳英译，上海人民出版社 2009 年版，第 57—89 页。这些探索很可能对承认作为文化问题的意义有深刻的揭示，是对文化和承认关系所做的比较深入的说明。

④ 江天骥：《从意识哲学到文化哲学》，《哲学研究》2001 年第 1 期；肖建华：《从"思辨哲学"到"文化哲学"的转向》，《世界哲学》2004 年第 3 期；付洪泉：《意识哲学还是文化哲学？——现代性研究的范式问题》，《哲学动态》2007 年第 9 期；Yi Junqing, "Reflections on Philosophy of Culture in China", *Social Sciences in China*, Vol. XXIX, No. 4, November 2008, 131 – 142；邓文华：《浅析西方文化哲学中的四次转向》，《北京教育学院学报》2008 年 3 月。

文化哲学不能离开这种背景，这对文化哲学甚至是决定性的要素。这个问题在目前的文化哲学研究中还没有受到普遍重视。其实，语言学转向以后，理解社会历史的方式和角度有重大变化。这个问题尤其涉及社会规范的合法性、正当性或者合理性的问题，涉及社会规范的证明问题，可能对文化哲学具有特殊的意义。①

意识哲学在不同的学派那里有不同的认识。按照哈贝马斯的说法，意识哲学是指从笛卡儿到康德这段时间里一直稳固存在着的哲学范式，这种哲学范式强调人的自我意识对于理解和掌握世界的优先性，强调"孤立的认知和行为主体与自身关系的主体性"，为此，哈贝马斯也把这种哲学称为主体哲学。在近代社会的启蒙过程中，主体不断追求进步，推动了生产力的发展，使自己周围的世界失去了神秘性；主体同时又学会了自我控制，学会了压制自己的本性。在这个过程中，人的理性被理解为人们征服外在世界和自我控制的工具，这种理性把自我生存当作最高目标。② 按照哈贝马斯的理解，这种"主体哲学把一切能够想象而存在的东西都叫做'客体'；而所谓主体，则主要是通过客观立场与世界中的实体建立联系的能力，以及在理论和实践中掌握对象的能力。"③ 也就是说，意识哲学或主体哲学把自我意识理解为主体的根本特征，由此把整个世界置于主体和客体的二元对立之中，并强调主体对于客体的控制和把握。自近代以来，意识哲学范式一直是作为观念基础支撑着现代社会的建构。当现代社会的发展在经济、技术、政治和文化各个方面日益衍生并暴露出难以克服的问题和危机时，这种意识哲学范式也就随着人们对现代社会问题和危机的揭示而遭到日益激烈的批判。

探寻社会规范的合法性和合理性，始终是社会批判理论的主要理论任

---

① 参见强乃社《批判理论的语言学转向》，《新视野》2004 年第 3 期；《劳动、互动和法律规范——论哈贝马斯历史唯物主义重建中的法律规范理论》，《哲学动态》2006 年第 12 期；《从哈贝马斯的权力理论看行政权力合法性的话语基础》，《唯实》2007 年第 2 期；《权力与话语——福柯的权力理论》，《中西政治文化论丛》2008 年第 1 期；《历史唯物主义的规范基础》，载《哲学基础理论研究》（第一辑），中国社会科学出版社 2008 年版；《当代社会哲学的语言哲学转向》，《华中科技大学学报》2009 年第 1 期；《以人为本与历史唯物主义的规范维度》，《现代哲学》2009 年第 2 期。

② Jurgen Habermas, *The Theory of Communicative Action*, Vol. 1, trans. by Thomas McCarthy, Polity Press, 1984, p. 380.

③ Ibid. , p. 387.

务，正如霍克海默本人所说："批判理论无论在其概念的形成还是发展的任何阶段上，都极为清醒地使自己把对人类活动的合理组织，看作是应以展开和使其具有合法性地位的任务。"① 为此，霍克海默和阿多诺力图通过文化批判挖掘导致异化和社会危机的深层根源，把批判的矛头指向工具理性。他们认为，在现代社会中，整个社会生活已经为交换机制和消费逻辑所控制，人的异化不仅存在于经济的诸领域中，而且业已深深地渗透到大众媒介和文化中，并通过大众传媒把异化了的意识散布到社会各个地方，由此形成了一种整合社会的力量。这种整合力量实际上构成了对人自身和自然的宰制。② 哈贝马斯指出，对于工具理性的高度注重和批判，实际上是接受了意识哲学或者主体哲学范式。因为只有在强调主客体二元对立的意识哲学范式中，理性才有可能被归结为工具理性。这样，对工具理性的批判就不能不使霍克海默和阿多诺陷入两难的矛盾境地，一方面，他们把理性等同于工具理性，从而也就把理性和工具理性看作是一种意识形态，一种当作应该抛弃的东西，也就是说他们不再相信理性；但是，另一方面，也不能依据一定规范形成有效批判。这种两难的矛盾境地使"他们陷入了一种批判的绝境"③，无法提出和论证社会规范与秩序的基础。哈贝马斯认为，必须彻底走出意识哲学范式，"向交往理论的范式转型"，也就是"把社会批判理论未能完成的使命重新承担起来，向哲学的语言学范式转化。"④

首先，哈贝马斯认为人的异化和社会危机根源于"生活世界"与"系统"的分离。在哈贝马斯看来，"生活世界仅仅是由文化传统和制度秩序以及社会化过程中出现的认同所构成的。……生活世界是日常交往实践的核心，它是由扎根在日常交往实践中的文化再生产、社会整合以及社会化相互作用的产物。"⑤ 这个生活世界的主要特点在于：生活世界的主

---

① ［德］霍克海默：《批判理论》，李小兵译，重庆出版社1989年版，第231页。

② ［德］哈贝马斯：《交往行为理论：行为合理性与社会合理化》，曹卫东译，上海人民出版社2004年版，第369页。

③ Jurgen Habermas, *The Theory of Communicative Action*, Vol. 1, trans. by Thomas McCarthy, Polity Press, 1984, pp. 383, 386.

④ ［德］哈贝马斯：《交往行为理论：行为合理性与社会合理化》，曹卫东译，上海人民出版社2004年版，第369页。

⑤ ［德］哈贝马斯：《后形而上学思想》，曹卫东译，译林出版社2001年版，第86页。

要因素是文化、社会和人格；在生活世界中人们使用语言相互交流，人们这种行为目标是达成理解，并达成共识。因而生活世界是"达成理解的过程的集合"。① 所谓的"系统"原属于生活世界，但在现代社会的形成过程中，经济和社会管理活动的复杂性大大增加，并逐渐从人们的生活世界中独立出来，形成具有自己特定制度和运行规则的系统，其中主要有经济系统和国家管理系统。经济系统和国家管理系统运作的媒介是货币和权力，主要机制是市场和科层制度，在这些系统中人们的行为指向成功，而不是指向理解。系统自身能够形成一定的使系统有序运行的整合力量，这种整合是针对系统的，但也影响生活世界。社会危机和冲突来自对生活世界的侵害。

其实，文化哲学的兴起与生活世界遭遇冲击有关，生活世界遭到了很大的冲击。文化是生活世界的核心部分，对生活世界的冲击往往首先表现为对文化的冲击。这个时候，文化问题很突出了。现代社会的形成和发展，一定角度看文化变迁的历史，是现代文化变迁的历史，是现代性问题发展的历史，当然也是人的生存方式变迁的历史。生活世界中的文化要素，对于社会的合法性论证有重要的意义，意识哲学强调人对世界的认识和征服，这种认识方式甚至延伸到对于人的认识和对社会的理解上。语言哲学的转向，导致人们对于人的生活世界的重视，对于文化问题的重视。从这个意义上看，文化哲学是对意识哲学的革命，是一种新的哲学范式。但是，这需要在语言学转向的背景下来理解。

这样，文化哲学就成为社会历史哲学或者其重要组成部分。当代中国文化哲学研究取得重大成果，从这些研究和历史唯物主义的相互关系的角度看，文化哲学可以看作是对历史唯物主义的规范性维度的揭示。同时，近年来历史唯物主义研究也取得了不少进展，从基本走向看，它对文化哲学的研究给予了充分重视，很可能这是突破口。

---

① Jurgen Habermas, *The Theory of Communicative Action*, Vol. ll, trans. Thomas McCarthy, Polity Press, 1987, p. 124.

对人的本质的真正占有

——马克思主义哲学的文化旨归

康渝生[*]

在中国共产党第十七次全国代表大会的工作报告中，党中央明确提出了"提高国家文化软实力"的战略任务。毋庸置疑，这一重要的政治举措，将原本仅仅囿于学术研究层面的"文化"诉诸中国特色社会主义的建设实践，标示着文化问题在中国未来的发展中必将具有的举足轻重的历史作用。同时，"建设和谐文化"实践的深入发展也再一次激发了理论研究对于文化问题的积极关注。显然，构建全新的文化哲学思维范式，不仅是中国特色社会主义建设实践之必需，也是当代中国马克思主义哲学发展之必然。

一

毋庸讳言，所谓文化哲学，实际上是当代哲学的一种思维范式。透视马克思和恩格斯有关文化问题的著述，我们不难发现，在马克思主义创始人的哲学视野中，"文化"并非居于理论的核心地位，也没有构成解读哲学问题的独特理论视角。

得出这一结论的根据首先在于，尽管马克思和恩格斯也曾经大量涉及了我们今天所谓的文化问题，但却绝少论及文化哲学，甚至绝少使用"文化"范畴。事实上，除了马克思在《哥达纲领批判》中所强调的理论

---

[*] 康渝生，黑龙江大学哲学学院教授。

坐标，即"权利永远不能超出社会的经济结构以及由经济所制约的社会的文化发展"① 之外，我们几乎找不到关于马克思主义文化哲学的经典论述。有统计数据表明，在 50 卷的《马克思恩格斯全集》中，只有 2 卷比较集中涉及了"文化"概念，其中使用"文化"一词达 13—15 处。而占全集 82% 的篇幅，即 41 卷中几乎没有论及文化概念，更有 7 卷根本没有"文化"一词。

其次，鉴于时代特征的影响，在马克思和恩格斯的著作中，文化概念往往被等同于文明加以使用，甚至是在针对资本主义文明的批判意义上的使用。恩格斯就曾经在 1841 年的一篇论文中揭示了法国人"在国外称霸的基础在于他们总是比一切其他民族都更容易掌握欧洲的文化形式即掌握文明"② 这一事实。显然，马克思、恩格斯在使用"文化"概念时，并没有与同时代的其他思想家一样，仅仅着眼于文化作为哲学核心范畴的意义，探究"文化"的本体论问题。恰恰相反，他们更多的是在"文化即文明"的理论坐标上，将"文化"视为实践的范畴，着力阐释其对于社会发展的现实功能。

最后，马克思和恩格斯经常是在知识水平及受教育程度的意义上，将"文化"与"水平"、"程度"、"教养"等词连缀，用以阐释具体的文化问题，而绝少对于文化范畴的哲学诠释。例如，马克思在比较魏特林和蒲鲁东的理论水平时曾经做过这样的分析："谈到德国工人总的文化、知识的水平或者他们的接受文化、知识的能力，那我就提醒读者注意魏特林的天才著作，不管这些著作在论述的技巧方面如何不如蒲鲁东，但在理论方面有很多却胜过他。"③ 毋庸置疑，马克思对于文化、知识水平和能力的判断，并非哲学意义上的阐释，而只是一种通俗的表述。

显然，基于上述的理论分析，我们很难确认马克思主义哲学与文化哲学的相互关系，甚至可以逻辑地推导出马克思主义哲学无"文化"的结论。在马克思主义哲学中，之所以存在着这一"文化空场"，究其原因主要有以下两点。

马克思和恩格斯之所以没有明确完成哲学思维范式的文化转型，首先

---

① 《马克思恩格斯全集》第 19 卷，人民出版社 1963 年版，第 22 页。
② 《马克思恩格斯全集》第 41 卷，人民出版社 1982 年版，第 148—149 页。
③ 《马克思恩格斯全集》第 1 卷，人民出版社 1956 年版，第 483 页。

是由于实践的原因。马克思和恩格斯所面对的时代问题首先是"社会建立在阶级对抗的基础上"这样一个事实,以及由此而造成的"使用价值占支配地位"的社会现象。因此,马克思断言,被资本家占为己有的剩余劳动"一方面是社会的自由时间的基础,从而另一方面是整个社会发展和全部文化的物质基础。正是因为资本强迫社会的相当一部分人从事这种超过他们的直接需要的劳动,所以资本创造文化,执行一定的历史的社会的职能"①。显然,实践提出的消灭"资本文化"的任务,即"消灭私有制",实现无产阶级解放的任务,只能通过消灭资本的实践活动来完成,而不可能单纯诉诸文化的变革来实现。由此可见,科学社会主义的理论主张诉诸社会经济的分析,而不是社会文化的解读,并非马克思的理论偏好,而是现实的社会实践所决定的。

其次,当时学术研究的客观状况也影响了马克思和恩格斯的理论取向。自18世纪以来,在欧洲,特别是德国,逐步形成了以"文化史"研究为中心的学术背景。然而,正是在这种"文化史"观念中浸透着唯心史观的理论底蕴。因此,作为唯物史观的创始人,马克思和恩格斯不仅没有将"文化"概念视为哲学的中心范畴,而且还十分警惕假借"文化史"的名义将"文化"概念中心化的理论倾向。事实上,在他们看来,所谓"文化史"也就是唯心主义历史观,抑或是唯心主义历史观的一种表述形式。恩格斯曾经批评说:"旧的、还没有被排挤掉的唯心主义历史观不知道任何基于物质利益的阶级斗争,而且根本不知道任何物质利益;生产和一切经济关系,在它那里只被当做'文化史'的从属因素顺便提一下。"②他还嘲笑了那些"在'文化史'方面舞文弄墨拾人唾余的人",指出他们"从这一切最终得出的是官房学,这是一种浇上了一些折衷主义经济学调味汁的无所不包的大杂烩,对于准备应考官职的人倒是有用的"③。马克思也持有相同的观点,他指出:"被斯密和李嘉图当做出发点的单个的孤立的猎人和渔夫,属于18世纪缺乏想象力的虚构,这是鲁滨孙一类的故事,这类故事决不像文化史家想象的那样,不过表示对极度文明的反动和

---

① 《马克思恩格斯全集》第47卷,人民出版社1979年版,第257页。
② 《马克思恩格斯选集》第3卷,人民出版社1995年版,第365页。
③ 《马克思恩格斯全集》第13卷,人民出版社1962年版,第525页。

要回到被误解了的自然生活中去。"① 他由此针对"历来的观念论的历史叙述同现实的历史叙述的关系,特别是同所谓文化史的关系"得出结论:"这所谓文化史全部是宗教史和政治史。"② 显然,在马克思的理论视野中,"现实的历史叙述"的首要着眼点恰恰在于"生产和一切经济关系",这并非文化的"从属因素",而是任何一种现实的文化所由生成的基础。

综上所述,"文化"范畴在马克思主义哲学中几乎处在一种"不在"状态。显然,马克思主义哲学中的"文化空场"妨碍了我们对于马克思主义哲学文化底蕴的准确认知和揭示,在客观上形成了构建当代文化哲学思维范式的理论困惑。对于这种"文化空场"现象作出科学的理论解读,无疑是推进马克思主义文化哲学研究的关键。

二

如前所述,"文化"范畴在马克思主义哲学中几乎处在一种"不在"状态,这种理论逻辑上的"文化空场"不可能赋予马克思主义哲学以明确的文化哲学特征,从而给我们造成了构建马克思主义文化哲学思维范式的理论困惑。然而,认真梳理马克思主义哲学的致思理路,我们还是能够准确把握内蕴于其中的文化旨归,从而确立构建文化哲学思维范式的前置性理论基础。

概括马克思主义哲学创始人关于文化问题的思想脉络,我们大致可以获得如下教益。

首先,马克思主义哲学创始人对于文化在人类社会发展进程中的作用给予了充分的强调和关注。

马克思明确指出:"作为资本关系的基础和起点的已有的劳动生产率,不是自然的恩惠,而是几十万年历史的恩惠。"③ 据此,他从唯物史观出发,将人类社会的发展进程,即文化的进步,作为阐释历史的理论坐标。他在论及人类社会发展初期的状况时指出:"在文化初期,已经取得的劳动生产力很低,但是需要也很低,需要是同满足需要的手段一同发展

① 《马克思恩格斯全集》第46卷上,人民出版社1979年版,第18页。
② 同上书,第47页。
③ 《马克思恩格斯全集》第23卷,人民出版社1972年版,第560页。

的，并且是依靠这些手段发展的。其次，在这个文化初期，社会上依靠别人劳动来生活的那部分人的数量，在同直接生产者的数量相比，是微不足道的。"①

显而易见，正是通过文化坐标的考量，马克思揭示了人类社会发展的原初状况，从而为明确阐释阶级社会的产生缘由奠定了理论基础。按照马克思主义的理论逻辑，无产阶级将通过经济和政治上的革命，"剥夺剥夺者"并最终实现人类解放，"人的自由发展"无疑是内孕于其中的价值取向。然而，正是伴随着人类解放的历史进程，人的自由才得以逐步展开。因此，"文化上的每一个进步，都是迈向自由的一步。"②

其次，马克思主义哲学的人学转向，为文化哲学思维范式的确立奠定了重要的理论基础。

在传统的哲学研究中，古往今来的哲人智者都曾对"人"的问题提出过一些真知灼见，但"人"却始终没有真正进入哲学的视野。如同作为人的生存方式的文化一样，"人"在哲学中从来也是处于一种"不在"状态。事实上，马克思以前的近代哲学，自康德即已开始了哲学的主体性转向。但近代哲学也并未完全摆脱追求"现象背后的独立实体"的传统本体论俗套，依然坚持着试图将某种"实体"界定为世界本原的基本理论取向。因此，在传统哲学中，即使是对于世界"始基"的唯心主义界说，也是在精神"实体"的意义上实现其本体阐释的，表现出一种实体化的理论特征。毫无疑问，拘泥于传统的本体论思维范式，根本无法确立"人"在哲学中的理论核心地位。

最先超越传统哲学思维范式的是费尔巴哈，他力图将传统哲学关于本体的思辨界定，还原为某种立足于现实的事实判断，从而开拓了哲学回归感性生活世界的理论路径。应该说，费尔巴哈人本学唯物论的问世，终结了德国古典哲学的唯心主义传统，开创了一个崭新的哲学理论视野。但是，囿于传统哲学那种单纯思辨的思维方式，费尔巴哈也没有能够在终结旧哲学的同时，成为新哲学的开拓者。

与传统哲学的抽象思辨完全不同，马克思主义哲学的出发点是"现实的人及其活动"。将哲学的理论视角从天国转向尘世，关注现实生活世

① 《马克思恩格斯全集》第23卷，人民出版社1979年版，第559页。
② 《马克思恩格斯选集》第3卷，人民出版社1972年版，第154页。

界，关注现实人的发展，正是马克思哲学变革的实质所在。现实人的发展目标是"完整的人"或"总体的人"，是"人的自由全面的发展"，正是在这个意义上，马克思对共产主义作出了总体的界定："共产主义是私有财产即人的自我异化的积极的扬弃，因而是通过人并且为了人而对人的本质的真正占有；因此，它是人向自身、向社会的（即人的）人的复归，这种复归是完全的、自觉的而且是保存了以往发展的全部财富的。"① 显然，实现以"对人的本质的真正占有"为内涵的生活方式的根本变革，恰恰是马克思的基本哲学主张。正是在这个意义上，马克思主义哲学展露出明确的文化哲学旨归。

再次，马克思主义哲学关于共产主义的理论阐释，为文化哲学的论证提供了生存论意义上的论据。

马克思主义哲学对于人的强烈理论观照，必然逻辑地引申为关于人类社会发展的终极关怀。不同于传统哲学的抽象理论思辨，马克思将共产主义的理论阐释直接诉诸现实的社会批判。在《1844 年经济学哲学手稿》中，马克思深刻地批判了主张绝对平均主义甚至公妻制的粗陋共产主义，指出，这种所谓的"共产主义"是"对整个文化和文明的世界的抽象否定，向贫穷的、没有需求的人———他不仅没有超越私有财产的水平，甚至从来没有达到私有财产的水平———的非自然的单纯倒退，恰恰证明私有财产的这种扬弃决不是真正的占有。"②

在马克思的理论视野中，"共产主义对我们来说不是应当确立的状况，不是现实应当与之相适应的理想。我们所称为共产主义的是那种消灭现存状况的现实的运动。"③ 因此，简单将共产主义归结为公有制的确立，抑或将其视为真正的平等状态的实现，都难免有失偏颇。其实，"孤立的劳动（假定它的物质条件是具备的）虽然能创造使用价值，但它不能创造财富，也不能创造文化。"④ 依据马克思主义哲学的理论逻辑，共产主义的真正意蕴并不在于实现某种既定的经济或政治目标，而恰恰在于着眼于不断"消灭现存状况"的现实运动本身。由此或可得出结论，人类社

---

① 马克思：《1844 年经济学哲学手稿》，人民出版社 2000 年版，第 81 页。

② 同上书，第 79—80 页。

③ 《马克思恩格斯选集》第 1 卷，人民出版社 1995 年版，第 87 页。

④ 《马克思恩格斯全集》第 19 卷，人民出版社 1963 年版，第 17 页。

会的发展存续必然会在生存方式的不断变革中逐步趋向于更加完善的未来。

最后，马克思主义哲学着眼于人的全新生存方式的理论解读，展现出明确的文化旨归。

其实，在马克思的理论视野中，共产主义并非如我们通常所想象的那样，是一种既定的社会状态，抑或是我们必须为之努力奋斗的理想社会制度。"共产主义是最近将来的必然的形式和有效的原则。但是，共产主义并不是人的发展的目标，并不是人的社会形式。"① 换言之，共产主义是人获得全面发展的"必然的形式和有效的原则"，即一种完全不同于现实的全新生存方式。共产主义即是通过对于原有生存方式的根本变革，实现人"对人的本质的真正占有"。正是在这个意义上，马克思的共产主义学说超越了对于未来社会的单纯经济或政治的解读，展现出明确的文化旨归。

在马克思看来："权利永远不能超出社会的经济结构以及由经济所制约的社会的文化发展。"② 正因为如此，马克思并没有将无产阶级的解放直接诉诸"社会的文化发展"。恰恰相反，马克思将人类社会的未来发展寄希望于"消灭私有制"的无产阶级革命。在马克思主义的理论逻辑中，正是通过无产阶级"组织成为"一个阶级，实现"上升为"统治阶级的奋斗目标，最终为人类社会的经济、政治、文化和谐发展指明了前进的方向。在马克思看来，只有通过变革社会经济结构的革命，以及由此所造就的意识形态与上层建筑的根本转变，无产阶级才能够承担起将社会发展进程推进到共产主义的历史使命。按照马克思主义哲学的理论逻辑，在未来的共产主义社会中，"在所有的人实行合理分工的条件下，不仅进行大规模生产以充分满足全体社会成员丰裕的消费和造成充实的储备，而且使每个人都有充分的闲暇时间从历史上遗留下来的文化———科学、艺术、交际方式等等———中间承受一切真正有价值的东西。"③ 由此可见，不仅新的文化的确立必须以经济结构的变更为前提，传统文化的传承与发展也必须取决于社会经济结构的根本变革，以及全新生存方式的确立。这正是

---

① 马克思：《1844 年经济学哲学手稿》，人民出版社 2000 年版，第 93 页。
② 《马克思恩格斯全集》第 19 卷，人民出版社 1963 年版，第 22 页。
③ 《马克思恩格斯全集》第 1 卷，人民出版社 1956 年版，第 246 页。

马克思暂时悬置文化问题，而突出强调革命的经济因素，即着重揭示全新
生存方式实践路径的基本致思理路。显然，马克思主义对于文化的这种辩
证认识，是其他形形色色的社会庸医难以望其项背的。

三

究其本质而言，所谓文化，实际是人类群体的共性生存方式和生活过
程。对于整个人类来说，文化是"人"历久弥坚的创造物；对于特定时
期和特定地域的人而言，文化则主要体现为既有的生存方式和给定的发展
框架。在中华民族的传统理解中，我们可以把文化的内涵简要概括为
"人文教化"，也就是说，所谓文化即人化。任何一种特定时期和地域中
的文化，都不过是人类文化发展进程中的阶段性成果，有待于进一步完善
和提升。也正是在作为人类生存方式的文化的不断变革与积淀中，人类社
会不断地发展和进步，不断地跃升到更为高级的发展阶段。从这个意义上
讲，所谓文化，就是"现实的人"逐步指向"实现的人"即"完整的
人"或"总体的人"的生成过程。

马克思主义哲学继续了康德开创的"哥白尼式革命"，终结了哲学的
思辨传统，实现了哲学的人学转向，从而为当代文化哲学思维范式的构建
奠定了坚实的基础。概括马克思主义哲学对于后世哲学思想发展的影响，
其深远的指导意义主要表现在两个方面。

首先，马克思主义哲学内蕴的人学致思理路提供了文化哲学据以生成
和发展的逻辑底蕴，形成了当代哲学发展的前置性理论基础。

对于哲学的发展而言，"文化"问题并非从来就如此热烈。事实上，
在人类漫长的思想发展历史中，"文化"是后来居上的。我们注意到，在
近代以来的哲学发展进程中，理性主义的不断崛起彰显了人的主体性，但
理性主义思潮并没有真正实现对于传统思维方式的超越。尽管因主体性的
特殊强调使得"人"在哲学中的核心地位得以逐步确立，但思想家们仍
然沿用抽象的哲学思辨方法和近代自然科学研究中通行的形而上学去解读
"人"，因而难以全面、准确地阐明人的存在及其主体性。正是在这种情
况下，随着"人"的复杂性在理性中的充分展开，人们才逐渐认识到，
"人"并非只是理性的载体，同时也是感性的存在。因此，理性不能成为
人的存在及其主体性的唯一形而上学标志，理论选择新范畴的必要性促使

人们另辟蹊径，从人的生存方式即"文化"角度去进一步反思"人"的问题。马克思主义哲学正是在这样一种特殊的理论需求意蕴中，完成了康德开创的"哥白尼式革命"，确立了以"现实的人及其活动"为出发点的新唯物主义。

事实上，作为一种当代哲学的思维范式，文化哲学的阐发恰恰是对于马克思主义哲学所开创的人学致思理路的逻辑展开。抑或可以说，当代的文化哲学充分体现了马克思主义哲学的文化旨归。独立的文化哲学研究大约发轫于18世纪，在马克思主义以前的哲学中，文化研究已经大行其道，但还谈不上有非常充分的理论自觉。然而，无论是在维柯着眼于"普遍的人性形式"所阐释的"诗性智慧"中，还是在康德依托德国人以文化自豪的思想背景所提出的文化高于文明的观点中，都深深地浸润了人道主义的旨趣。马克思主义以后的哲学则更是秉承了马克思所开创的人学致思理路，明确张扬了文化哲学的思维范式。以新康德主义的兴起为标志，文化哲学开始了真正的理论自觉。在朗格、柯亨、卡西尔、文德尔班、李凯尔特等思想家的努力下，文化哲学的阐发逐渐形成了热潮，并最终积淀为当代哲学的思维范式。显然，无论是着眼于文化现象的哲学分析，抑或是立足于文化视角的理论阐释，当代哲学研究已经扬弃了单纯的理性思辨，转向对于人的存在的文化解读，乃是一个毋庸置疑的事实。德国哲学人类学家兰德曼曾经断言"人是文化的存在"，正是在这一命题中，精辟地概括了文化哲学即是人学的理论真谛。由此可见，马克思主义哲学的人学转向对于后世哲学具有强烈的导向作用，文化哲学思维范式正是内蕴于马克思主义哲学的文化旨归在当代的理论延伸。

其次，马克思主义哲学不仅对于中国革命具有明确的思想先导作用，而且形成了当代中国文化哲学思维范式构建的理论底蕴。

毋庸置疑，马克思主义及其哲学思想在中国的广泛传播，为中国人民旨在寻求民族解放的革命斗争提供了强大的思想动力。认真审视马克思主义理论与中国人民革命斗争实践之间的关系，我们不难看出，马克思主义传入中国的首要意义，恰恰在于改变了中国人固有的思维传统，实现了革命观念的根本变革。事实上，马克思在论及《中国革命与欧洲革命》时，正是着眼于文化的差异，将当时的中国生动地比喻为"小心保存在密闭棺木里的木乃伊"。换言之，在马克思的理论视野中，近代中国的封闭式文化特征是导致中国落后于世界革命进程的主要原因。显而易见，正是马克思主义理论与中国革命实践相结合所造就的文化冲击唤醒了"东方睡狮"，引领近代中国踏上了民族复兴之路。

在长期的革命斗争中，秉承马克思主义理论与中国革命实践相结合的基本原则，中国共产党人逐步领悟到"一定的文化（当作观念形态的文化）是一定社会的政治和经济的反映，又给予伟大影响和作用于一定社会的政治和经济"① 的道理。毛泽东曾经反复强调了文化工作的重要性，明确指出："革命文化，对于人民大众，是革命的有力武器。革命文化，在革命前，是革命的思想准备；在革命中，是革命总战线中的一条必要和重要的战线。"② 在中国特色社会主义的建设进程中，中国共产党人更是诉诸"文化软实力"的增强，提出了"建设和谐文化"的战略构想。显然，中国特色社会主义的不断深入发展，逐步提升了国人对于文化的认知品味，在实践层面上奠定了当代中国文化哲学的基础。从这个意义上讲，把握时代发展的脉搏，遵循马克思主义哲学内蕴的文化旨归，努力构建以人为本的文化哲学思维范式，推动马克思主义哲学的与时俱进，正是我们当代哲学社会科学工作者责无旁贷的历史使命。

---

① 《毛泽东选集》第2卷，人民出版社1991年版，第663—664页。
② 同上书，第708页。

实践理性——马克思实践哲学与文化哲学的契合

李楠明[*]

对马克思主义哲学与文化哲学的关系，必须放到时代的背景下来理解，从近代以来历史发展的过程和哲学发展的趋势中去思考。近代的思想发展历史是"杀死上帝"回归尘世的历史，在这样的历史背景下，哲学也日益摆脱了玄想的对终极本体的追求，开始了向人和人的生活世界的回归。马克思主义哲学和文化哲学都是这一趋势的结果。马克思主义哲学从实践出发，揭示了人的现实生存境遇，而对人生存价值和意义的理解中，就内蕴着时代文化精神的分析。而这正是文化哲学研究的本质内容。从这个角度说，文化哲学可以深化对历史的实践过程的理解，帮助人们更具体地从总体上去把握时代和人的生存状态，是对马克思实践哲学的具体化和有益补充，因而必须纳入马克思实践哲学的研究中来。理论研究的目的全在于实践，探讨马克思实践哲学与文化哲学的关系的诸种理论问题，不能只囿于学理的层面，而是要从时代的文化精神去分析现代化过程所面临的实际问题，以给这些问题的解决提供一种哲学的思考和理论根据。

一　传统形而上学的"崩溃"与哲学向生活世界的回归

哲学总具有形而上的特征，但对这种形上的东西，古希腊是从理性的

---

* 李楠明，黑龙江大学哲学学院教授。

逻辑传统去把握的。巴门尼德区分了真理和意见，把存在理解为稳定不变的东西，沿着这样一种思路，当人们再去把握事物的本原时，就把"多中之一"解释为"变中不变"的东西，由此形成了本质主义的还原论思路，这种思路是一种逻辑在先的思路，而逻辑在先却是一种既成性的空间性思维，时间只体现为"当下的在场"，由此"时间在先"和"逻辑在先"就处在自身的矛盾之中，世界的本原就变成了脱离现实的彼岸世界的终极存在，因为超越时间的终极者绝不会是现实世界的存在。这就是柏拉图"分有"，困境的由来。而对这一终极者把握的学问，就是哲学，即第一实体的学说，这就把实体本体论确立为哲学的核心，奠定了哲学的理性的知识论传统。这种传统使哲学成为脱离现实的彼岸世界的思辨，它必导致非历史的"他者"的先验论和还原论。

近代以来，这种哲学传统受到了强有力的挑战，自然科学的发展和人文主义运动结束了上帝的来世救赎，人要求追求现世的幸福，这就促使哲学向尘世回归。但"杀死上帝"，也就失去了绝对的标准，哲学作为形上的学问也就失去了存在的合法性，由此导致了黑格尔所讲的"近代形而上学的崩溃"。但哲学是不能没有形而上性质的，近代哲学家们为重建形而上学而不断努力。康德哲学就是杰出的典范。康德一生为重建形而上学而努力。但康德所建的形而上学却不是传统的理论理性的形而上学，在康德看来，纯粹理性其实并不是理性，而是知性，它不是范导性的而是规范性的，因而达不到知识的总体。就此而言，哲学不是理性的任务，不是知识的学问，只是科学的内容，这就使对哲学的理解发生了划时代的变革，反对古希腊哲学以来的理性知识论的哲学传统。在此基础上，康德提出了实践理性，即真正意义的理性，并力争建立一种道德的形而上学。由此康德区分了两种实践，即以技术为目的的实践，服从于自然必然性；以自由为目的的实践，服从于理性的绝对命令。实践理性就是后一种实践，这种实践中就包含着形上的原则，它虽然得不到理性的知识证明，但却是实践的必需，依据于理性的先验演绎原理。在这样一种哲学构思中，就把无限性的形上实体性存在转变为价值性的意义存在，为哲学最终走回人的生活世界但又不失去其形上的性质，指出了方向。尽管康德本人只是提出了任务，而没有解决感性与理性、有限与无限的分裂和对立，黑格尔为了解决康德的矛盾又走回了思辨理性和实体形而上学的老路，但康德对哲学的理性思路的否定和通过实践理性对价值形而上学意义的揭示，却为后来的现代哲学向生活世界的回归，提供了有益的借鉴。后来新康德主义的文化哲学转向就证明了这一点。现代哲学的发展，无论是科学主义思潮还是人本主义思潮，本质上都是否定传统的思辨的形而上学力求回归生活世界的思潮，只有从这种时代背景和哲学的发展过程中，我们才能理解马克思实践哲学和文化哲学的意义，才能理解二者的契合。

二　马克思实践哲学的文化哲学意蕴

马克思实践哲学具有文化哲学的意蕴，这种意蕴通过哲学的形式、内容和时代精神三个方面表现了出来。

首先，二者从哲学的形式来看都体现了一种实践理性，体现了对现实存在的形上思考。在马克思看来，"哲学就其性质来说，从未打算把禁欲主义的教士长袍换成报纸的轻便服装。然而，哲学家并不像蘑菇那样是从地里冒出来的，他们是自己的时代、自己人民的产物，人民的最美好、最珍贵、最隐蔽的精髓都汇集在哲学思想里。正是那种用工人的双手建筑铁路的精神，在哲学家的头脑中建立哲学体系。哲学不是在世界之外，就如同人脑虽然不在胃里，但也不在人体之外一样。"① 这即是说，哲学并不是脱离现实的思辨玄想，不是自我推演的体系化的东西，它是现实的精髓和活的灵魂。因而只有在对现实的分析中，不但通过内部的内容而且通过外部的表现，同现实全面接触并相互作用，才能变成面向世界的"一般哲学"。才能使哲学由地面上升到天上。正是这种实践理性的哲学观，才促使马克思把理论的批判变为现实的批判，把对宗教和哲学的批判转变为对市民社会的批判，并在对市民社会批判的过程中创立了实践哲学。所以，实践哲学本质上就是市民社会批判的理论，是对现实进行形上分析的结果。从这个角度说，文化哲学具有同样的性质。文化哲学产生于20世纪的文化焦虑，技术理性的发展使人的精神家园丧失，人处于全面物化的状态，导致了人类生存困境。在对这样的社会现实进行哲学的思考过程中，人们把视角聚焦到现代性文化上，力图通过对现代文化本质的认识，通过对文化演进过程和机制的分析，来把握和批判现实。文化哲学从形式上看，也不是纯粹的理论思辨，而是把文化现象的分析同内在机制的形上

---

① 《马克思恩格斯全集》第1卷，人民出版社1995年版，第220页。

思考结合在一起，体现了同实践哲学同样的沟通形上和形下的实践理性
思路。

其次，在哲学的内容上二者都是关于人及人的生存方式的研究。马克
思的实践哲学，其内容是关于现实的人及其历史发展的科学，人类解放是
其理论宗旨，人作为主体的创造性劳动是理论的核心，按照葛兰西的说
法：实践哲学是绝对的历史主义和绝对的人道主义。而人的生存及其价值
意义，生存方式的历史演变也同样是文化哲学的主题。而人的历史发展过
程是离不开风俗、习惯、语言、信仰等等文化因素的，因而在对实践历史
发展的研究的过程中，就不可避免地要用文化的因素和历史形成的文化机
制来解释。否则我们就无法理解马克思在写作《资本论》和《人类学笔
记》时，为什么要拿出那么多的精力去研究原始社会和古代社会以及不
同文化的发展史？这种哲学研究内容的重合，其根源也在现代哲学回归生
活世界的趋向上，即对人及其生存意义的探究是任何现代人本主义哲学都
不可回避的。

最后，二者都把哲学理解为一种时代的文化精神，力求从时代的文化
精神去把握时代的本质和各种现象。马克思曾说："任何真正的哲学都是
自己时代的精神的精华……哲学正获得这样的意义，哲学正变成文化的活
的灵魂。"① 其实，马克思的实践哲学正是现代主体性文化精神的体现，
突出人、个体自由和人的创造活动正是现代文化精神的根本，由此我们就
不难理解马克思对包括费尔巴哈在内的一切旧唯物主义的批判、对黑格尔
否定的辩证法作为劳动创造过程的揭示，以及他对人类自由和解放的追
求。当然，我们不能仅仅从现代性上去理解马克思，把实践哲学视为工具
理性的体现，在马克思的哲学中也包括着对现代性弊端的批判，对劳动异
化的批判，对市民社会的批判和对人的社会性、交往关系的强调，它们共
同构成了实践哲学有机的组成部分。而文化哲学对文化模式及其历史演变
的研究，也要从时代和历史的发展中，去把握时代文化精神的本质，并说
明一定历史现象产生和存在的内在根据。这可以通过文化哲学在我国发展
的情况得到理解。文化哲学在我国的兴起，始自 20 世纪 80 年代末 90 年
代初期。这不是偶然的，而是同我国现代化的发展进程息息相关。当经济
体制改革的最终目标确定为建立社会主义市场经济体制之后，就有一个对

---

① 《马克思恩格斯全集》第 1 卷，人民出版社 1979 年版，第 220 页。

现代化的发展过程和社会转型的理解。社会转型不是某一层面的转变，而且一种文明代替另一种文明的整体的彻底的变化过程，而文化则是文明中活的内在机理，因而只有对文化哲学的研究才能说明一种文明的本质和内在有机解构，才能对现代化及其发展过程作出整体性的把握。正是对时代文化精神把握的要求，才促使了文化哲学研究在我国的兴起和发展。而文化哲学和马克思实践哲学的诸多契合性，以及文化哲学对理解中国现实的特殊作用，才促使人们提出了文化哲学和马克思主义哲学的关系问题。

尽管马克思实践哲学与文化哲学有很多的契合，但二者毕竟是两种不同的对人及其历史发展的解释方式，并不能等同。首先，价值取向不同。马克思实践哲学突出的特征是"改变世界"。"哲学家们只是用不同的方式解释世界，问题在于改变世界。"① 这即是说，马克思的哲学理论其实质并不是"哲学"，而是革命，是对资本主义整体性革命实践的一个有机组成部分，是对资本主义意识形态批判的理论。正是在这个角度上，马克思才提出了"消灭哲学"的主张。而文化哲学的价值取向并不在此，它并不要求改变世界，它还是哲学，它是对人的生存及其文化模式演进的研究，在于解释世界。正是这种革命性，才是区分马克思哲学与其他一切哲学的根本标志之所在。正因如此，如果作出这样的判断，"马克思哲学是对资本主义进行革命批判的理论"，我们认为是顺理成章的，而如果说"文化哲学是对资本主义进行革命批判的理论"，我们则会认为是荒谬的。其次，对文化的理解不同。在马克思主义哲学那里，文化属于上层建筑，是相对于政治、经济而言的狭义的文化。而文化哲学所讲的文化是相对自然而言的后天的一切人的造物化，文化即人化，是广义的文化概念。正因对文化概念理解的差异，导致对人的存在及其历史发展的解释机制也就不同。在马克思主义看来，文化作为一种时代精神或习惯、传统、风俗，可以渗透社会生活的各个领域，并影响它们的发展，但文化不能代替它们，更不会对它们的发展起决定作用，相反，文化本身的产生和发展过程，必须由社会的现实生活尤其是劳动生产过程来解释。这样，社会历史的变革和革命的发生也不在于意识的转变和文化观念的更新，而在于现实的推翻旧的经济和政治的制度。而从文化哲学来看，制度层面、器物层面，都是文化的外显形式，因而社会历史发展的过程就是一种文化模式代替另一种

① 《马克思恩格斯选集》第1卷，人民出版社1995年版，第57页。

文化模式的过程。这样，马克思从实践出发，突出社会发展过程经济因素作用的解释方法就被取消了。社会革命也就变成了文化革命。

综上所述，马克思实践哲学和文化哲学既有许多契合之处，但又是对人及其历史发展的两种不同解释方法，我们不能用一个来代替另一个。相反，我们要根据社会历史的发展，从马克思哲学与文化哲学的契合出发，用文化哲学的研究成果丰富和深化马克思哲学的内容，形成马克思主义文化哲学理论，并用此来理解和把握当代中国现代化的进程。

三　中国现代化过程的马克思主义文化哲学分析

中国的现代化是后发型的，是在大众的现代文化精神没有充分自觉的条件下进行的。因而前现代的农业文明的文化意识还深深影响着人们的思维。前现代社会的最大特征就是政治经济的一体化，政治渗透在社会生活的各个领域和政治对社会生活的强制。改革开放前实行计划经济时期，由于没有根本改变前现代社会的群体主体的活动方式，也就没有形成政治、经济的二元化过程。在此情况下，人治、集权专断仍然是政治的主要管理方式，而官本位、民本、权大于法等现象就有深厚的社会土壤。当改革使社会主义市场经济体系得到初步建立后，经济的发展与政治管理形式的矛盾就日益凸显出来。政治体制改革的任务日益具有了紧迫性。社会主义的民主政治使人民当家做主，但在具体的管理形式上却采用的是间接民主制，即由人民选取的代表去管理国家，这种多数人的统治和少数人管理的方式存在一个固有的矛盾，即人民名义上是统治者，却是实际的被领导者；国家公职人员名义上是公仆，但却是实际的领导者。我国有着长期的专制历史，官本位、权大于法、人治、特权、集权专断等现象还未根除，因而如果没有具体的制度建设和措施保证，人们当家做主的权利就难以实现。不受约束的权力必然导致腐败，必然走向独裁。所以，在人民还不能直接管理公共事务时，就必须走权力相互制衡的道路，用权力来约束权力，使权力自觉运行。权力的自觉运行即意味程序的正义和规则的平等。程序民主和规则公平确实是形式化的，它可能在个别情况下造成实质的不公平，但在当前中国的历史条件下，这却是必需的，因为绝对的公平是没有的，起点、机会、结果都不可能真正平等，而作为利益博弈，只有规则公平才是真正意义的公平。法律就是依据于规则的，是对规则的维护，从这个角度说，规则公平的民主就是法治的民主。在当代社会，民主是必然同法治结合在一起的，没有法治的民主，绝不会是真正意义的民主。法治不是法制，不是简单地制定一些法律条文就可以实现的。它是依据于法律法规对国家进行治理的方式。而法治的实现就必须有契约文化做支撑。只有在契约文化中，才会有平等的意识、守规的意识、责任和义务的意识、法律至上的意识。但传统文化本质上却是一种人治文化，它孕育的是官本位意识、"青天"意识、民本意识，这些文化意识是不可能支撑起法治管理的。而作为人治文化的补偿形式就是道德伦理，希望通过"德育"的教化能使官员学会"做人"。但这种道德伦理却是个体理性和私人理性的体现，它充其量只能"修身、齐家"，却不能"治国、平天下"，"内圣、外王"的理想，只是人治统治的理想，而在当代的法治社会却需要培育一种公共理性，契约文化其实蕴含的是公共理性。而要培育公共理性，单靠宣传和教育是不能解决问题的，中国的伦理道德又是耻感文化的产物，耻感文化具有外在性，伦理道德具有他律性，只是表现为一种对私利追求的外在限制，正是这种他律和外在性，使我们的精神文明建设始终见效甚微，导致了有法不依等现象。因而，要培育公共理性，就必须改变人的现实生存状态，使社会生活理性化，使管理形式制度化，建立公共管理体系，把政府的公共管理职能逐步社会化，形成一个市民社会的公共空间。显然，制度的建设和文化意识的培育是相互作用的，但又是一个悖论的过程。马克思曾指出了解决这个悖论的原则："环境的改变和人的活动或自我改变的一致，只能被看作是并合理地理解为革命的实践。"① 在当代中国的现实条件下，这种实践只能理解为由于市场经济发展的要求，党的领导由上而下的有步骤地推进这一过程。所以，社会主义民主政治建设，人民当家做主、依法治国和党的领导三大原则是缺一不可的。

　　经过以上的分析，我们可以得出这样的结论：当代中国的文化建设所需要确立的时代精神，不仅仅是一种个体自由的精神，而是一种公共理性的文化精神，即交互主体性的文化精神。当然，个体自由是前提，如果没有个体化的进程，就没有人的独立自主，也就不会有现代意义的主体。所以，在 20 世纪八九十年代中国刚刚向市场经济迈进时，弘扬主体性文化、

① 《马克思恩格斯选集》第 1 卷，人民出版社 1995 年版，第 55 页。

突出个体自由具有时代的必然性。但是，当市场经济基本得到了确立，独立的主体基本形成之后，再单单讲个体主体、个体理性就远远不够了。中国当代发展的现实表明，无论是构建和谐社会以缩小两极分化，还是构建民主政治体制，都需要由个体理性发展到公共理性，把主体性发展到主体间性。由此来理解主体间性，也不能把其理解为孤立主体之间的一种交往关系。其实，中国社会本来就是一个关系社会，但传统社会的交往却没有私人空间和公共空间的区分，以至把亲情、血缘、私人伦常关系带到了公共领域，这正是腐败现象的深刻文化根源之一。所以，主体间性关系应从公共理性去理解，哈贝马斯所讲的商谈伦理原则也不能理解为理想化的个体伦理原则，它是一种公共伦理的体现。我们不能要求人人都有爱的情怀，人人都能宽容理解，人人都把他人作为主体来看待，但社会要爱人，社会要宽容，社会要把人作为人来看。这才是我们当代社会需要的体现公共理性的主体间性文化。

文化与意识形态关系论:马克思主义
文化哲学研究的一个视角

张秀琴*

关于文化与意识形态的关系问题,可以用一句话来概括,那就是:意识形态是一种日益重要的文化载体。那么,如何理解文化呢?我们知道,"文化"和"意识形态"一样,都是十分有争议的范畴。广义的文化,指的是人类活动的所有产物,既包括物质形态的产物,也包括精神形态的产物。而狭义的文化则专门指的是人类精神生产活动的产物。它包括三种基本形式,即政治法律思想;哲学、宗教、道德、艺术;以及自然科学、语言和形式逻辑等知识系统。为了论述的方便,这里所说的文化是在狭义范围内使用的。这个意义上的文化范畴与意识形态范畴既有相同之处又有区别。首先,二者的相同之处在于:第一,它们都是观念形态的或思想层面的存在,属于人类精神或意识领域的问题,因此,它们都受一定社会的经济基础制约,并为一定社会的经济和政治服务;第二,它们在内涵是有交叉的部分,即都包括一定社会的政治法律思想、哲学、道德、宗教、艺术等意识形式。其次,它们之间也存在明显的区别:第一,文化是一个在外延上要比意识形态广泛的范畴,即有一部分精神产品如自然科学、形式逻辑和语言学等被认为只拥有文化的属性,而不具备意识形态的属性。也就是说,并不是人类所有的精神产品都具有意识形态属性,而所有这些产品却都可以被称为文化;第二,文化更多地被当作中性甚至褒义范畴来使用,而意识形态则相反,更多地被当作一个具有倾向性的概念来使用。

* 张秀琴,中国政法大学人文学院教授。

　　文化和意识形态范畴在今天的演变趋势是:文化越来越被当作一种意识形态来研究。那种完全否认文化的意识形态属性的做法尽管并没有销声匿迹,但确已式微;而意识形态则越来越被中性化或以淡化的方式得到研究,这实际上是一种意识形态泛化的做法,也即把意识形态与文化混淆为一体的做法。随着意识形态淡化或终结论的出现,文化与意识形态之间的区别已经越来越不明显,界限也越来越模糊。本文的观点是:一方面,要反对把意识形态与文化断然对立起来,不承认二者之间的联系,即彻底否认文化的意识形态属性,以及意识形态在某些条件下所采取的文化的(公共性的)的形式;另一方面,也要反对把意识形态与文化混为一谈的做法,而忽视二者之间的区别和差异。一句话,文化具有一定的意识形态属性,但并非所有的文化形式都是意识形态;同样,意识形态也只是文化的一种载体,但却无法承载所有的文化样式。简单地说就是:一方面,文化在某些条件下不可避免地具有意识形态的属性;另一方面,在特定条件下的意识形态也具有文化的属性。如果不理解它们之间的这种交叉辩证关系就无法真正地去反对对立说(文化绝非意识形态论或意识形态绝非文化论)或同一说(意识形态亦即文化论或文化亦即意识形态论)。

　　文化的研究对象是一个十分复杂而广泛的体系,涵盖了几乎所有人文社会科学领域。因此,文化研究中当然包含了意识形态研究,但却不能取代意识形态专题研究,因为意识形态研究有着自己的对象和范围,它的具体性和针对性,是一般的文化研究所无法面面俱到和深入具体的。同时,意识形态研究的中性化(即文化化或采取文化的形式或外衣)也使得意识形态的研究越来越与文化的研究密切相关。实际上,研究文化时,意识形态问题是一个无法跨越的文化,而在研究意识形态时,文化则是一个必然会涉及的领域。这就是本文把意识形态当作一种文化载体(而非全部)进行研究的理由所在。

　　当我们把意识形态当作一种文化载体来看待的时候,我们实际上是承认了文化的意识形态(属)性以及意识形态的文化(属)性。首先,文化的意识形态性,并不说所有的文化形式都具有意识形态的属性,而指的是那部分与意识形态重合的意识形式才具有意识形态的属性,而且文化具有意识形态性也必须是在特定的社会条件下才出现的现象(如在一定的社会制度条件下)。这里所说的"在特定的社会条件下",指的是文化的各种形式并不天生或本身就是某种意识形态,只是当它们被一定的社会系统（制度、设施和体制）利用时才具备或被赋予了某种意识形态的属性。即文化的意识形态属性是功能性的而非本体论意义上的。因此，了解文化的意识形态属性，就是了解一定社会系统的运作机制及其本质。正是从这个意义是，我们可以认为，它是"区分不同社会制度下文化的差异的根本标准，是文化及其诸形式的本质属性"，尽管不是"唯一的、全部的本质"①。其次，意识形态的文化属性，指的是意识形态的公共性（或普遍性）属性，即意识形态并不总是采取政治法律思想、政治经济思想等这样的明显有利益倾向和价值判断的维度，而是力图扮演成具有公共性的文化形式。因为我们知道，上述维度并不能涵盖人类社会生活的全部，人类社会生活是多方面的多维度的，因此，具有很强渗透力的意识形态必然会像空气一样无孔不入地穿透人类生活的所有领域，文化作为一个广阔的舞台，当然不能"幸免"。从某种意义说，意识形态之所以会选择文化作为自己的载体之一，就是因为文化所具有的这种公共性的特点，使它更容易被认可，尤其是被普通大众所认可和接受（即认同）。本文中，我所探讨的重点在后者。

作为文化载体的意识形态，尽管拥有了文化的属性，但却没有改变其本性，即为特定阶级或集团的利益辩护的功能，反而是加强了这种功能。因为这样的形式不仅使它能为社会提供精神动力，而且还为其提供有力的道德支撑和智力支持，并作为一种价值规范引导人们的日常生活和行为。其根本原因就在于，文化不仅和意识形态一样，既构成了我们的知识结构，又塑造了我们的信仰和理想，而且文化还具有比意识形态更为广泛和更容易为人所接受的宣传和教化形式。就像日常生活中，我们都愿意成为一个"有文化"的人，但却并非都愿意成为一个"有着某种意识形态"的人（更不用说成为"意识形态家"了）。

总之，意识形态是一种文化载体，这个论断所体现出来的是意识形态与文化之间的一种基本关系，它主要表现在三个基本的方面：第一，在与文化思想理论的关系上，作为文化载体的意识形态主要涉及哲学、艺术、宗教和道德领域的问题（它们之间的意识形态属性也有强弱之分，距离经济基础也有远近之分）；第二，在与文化制度的关系上，文化的意识形态的属性是区分不同社会制度下文化的质的差别的标准，我们也正是在这

---

① 秦维红：《论文化的意识形态性》，博士学位论文，中国人民大学，1998 年，第 29 页。

个前提下来讨论奴隶社会、封建社会、资本主义社会以及社会主义社会文化;第三,在与文化实践活动的关系上,文化和意识形态则共同作为"社会表象系统"的意识形态,即意识形态不仅作为"符号化"、"媒介化"或"象征体系",而且作为大众文化和"日常生活异化",还作为"真理、知识与权力"系统以及"启蒙、解放与乌托邦"式的未来理想系统。其当今基本发展趋势是文化意识形态的媒介化。因此,伴随着文化在思想理论层面的多元化与个性化、组织制度层面的媒介化与符号化(特别是视像符号化)、实践活动层面的大众化与消费化,以及全球化对意识形态领域产生的挑战,应该确立意识形态的新战略,以应对文化媒介化的挑战。

第9届"马克思哲学论坛"学术总结

孙　麾

　　一天半的讨论很快就过去了，显然大家都还意犹未尽。根据以往的经验，相信文化哲学的主题随着会议论文在近期集中发表，将形成哲学界的一个热点。

　　各位学者的发言可以说是如雷贯耳，对文化哲学介入的深刻性、观点的多元性、问题的复杂性，都给人留下难忘的印象。由我来做大会的学术总结，完全是出于工作性质，而张一兵、欧阳康、韩庆祥、张曙光、袁祖社等点评人的评述更具有专业性质。在此，不当之处，请大家批评。由于我本人的限度，对于文化哲学的对象、性质、内涵、边界、术语、范式、定位、问题、争论以及发展方向，在学术把握上还比较生疏，对大家的发言和讨论还有一个吸收和消化的过程，所以在这里只能谈一点总的理解。

　　马克思在《1844年经济学哲学手稿》的序言里曾提出过两个计划。一个是："历史现在仍然指派神学这个历来的哲学的溃烂区去显示哲学的消极分解，即哲学的腐性分化过程。关于这个饶有兴味的历史的判决，这个历史的涅墨西斯，我将在另一个地方加以详细论证。"马克思的这个想法在他写了这个序言后，很快就在他和恩格斯合写的《神圣家族，或对批判的批判所做的批判》中实现了。

　　在同一个序言中，马克思还提出过另一个计划，他说："我打算连续用不同的单独的小册子来批判法、道德、政治等等，最后再以一本专著来说明整体的联系、各部分的关系并对这一切材料的思辨加工进行批判。"但是，马克思的这个计划没有实现，他没有写这些专门的小册子。马克思是一个严谨的学者，他不会超验地给人造成一种任意制造体系的外表。真正的原因就在于马克思确信，在他没有对各种社会，包括资本主义社会的基础，也就是生产关系和生产方式作出科学的分析以前，要对法、道德、政治和上层建筑的其他范畴的问题进行独立的科学的考察是不可能的。

从马克思哲学的基本性格和他所创立的唯物史观的理论特性判断，显然，马克思不是一个文化决定论者。这意味着，如果我们是从马克思哲学的视阈来讨论文化哲学，这就构成了一个基本的叙事前提。这一点如果在座的各位学者没有疑义的话，也可以看作本届论坛形成的一个共识，它规范了我们研究马克思主义文化哲学的基本方向。

从会议讨论的情况来看，文化哲学的张力是巨大的，边界是宽泛的，内涵是不确定的，正像有的学者指出的，没有什么先验的指导性准则来确定文化哲学该研究什么或不该研究什么。但是，在这些不确定性中，有一点必须确定，那就是贯穿文化哲学的处于核心地位的历史观，这种历史观"它不是在每个时代中寻找某种范畴，而是始终站在现实历史的基础上"。决定论还是非决定论，规律性还是偶然性，依然是需要辩证把握的一个问题。

我个人理解，"文化哲学"不是简单的文化加哲学的两个概念之和，这种思考维度无疑会将文化哲学引向狭隘的部门哲学或某个哲学分支上去，这会降低我们探讨这一问题的层次。文化哲学应该是对文化的总的看法，是一种总体性的观点，在这样的哲学高度思考，必然将问题引向对当代中国的实践结构和社会结构对人的存在所具有的文化意义的思考。如果说，当代中国的社会发展道路和实践模式具有人类文明的历史独创性，那么这种独特性必然反映在当代中国的文化特性之中，历史地辩证地把握这种深刻的历史、实践、文化的逻辑关联，是形成时代精神中国表达的一个重要基础。由此，也可以和那种仅仅依靠观念形态的文化变革就能独立地创造历史的文化史观相区别，这应该是我们发展马克思主义哲学的正确的学术方向。

实际上，"文化哲学"提出本身就对唯物史观构成了严峻的挑战，当然这种挑战不是颠覆性的，而是重构或发展意义上的挑战。文化哲学与唯物史观的关系显然是一个不能回避的问题。问题在于，马克思的唯物史观是经过理论与实践的双重论证的严密的科学体系，而文化哲学虽然提出了许多重大问题，但要建构起经过科学论证的理论体系，还需要经历深入的探索。我理解，以黑龙江大学为代表的文化哲学研究，试图寻找时代精神的中国表达方式、试图概括出当代中国人之存在的基本精神、试图确立中国在世界文明进程中的文化标志、试图从文化建构上把握中国现代性的维度，并给予更加深切的人文关怀和价值关怀。这样我们应该充分肯定文化哲学的立意高度，并充分肯定文化哲学研究的学术价值和现实意义。

我们知道，文化问题常常在社会重大变迁和转折中凸显出来，对文化的迫切思考往往是应对危机的产物。但观念论的文化史观常常纠缠着为解决危机之道寻找万全之策的聪明的头脑。近代以来中国面临重大民族危机的时候，在文化层面往往集中出现两种针锋相对的观点，要么认为摆脱困境的唯一出路是实现彻底的文化断裂；要么认为文化断层恰恰是社会动荡的祸乱之源。民族传统、传统文化是不是可以随意割舍的？包括文化拼图的设计，无论是中体西用，还是西体中用，作为整体性的、连续性的、积淀性的、承继性的文化，能否不顾现实和历史的流变逻辑而仅仅遵从观念的设想撕成碎片重新裁剪缝制？马克思说："经验的观察在任何情况下都应该根据经验来揭示社会结构和政治结构同生产的联系，而不应当带有任何神秘和思辨的色彩。"这为我们考察危机中的文化问题提供了科学方法论。根据这个方法论，我们在评判重大历史事变和社会转型的文化意义的时候，不能脱离实际的历史运动以及社会经济与政治关系的实际变化过程，以抽象的孤立的价值观念为尺度，而是要把历史的内容还给历史。

唯物史观强调文化的实践基础以及文化所凝结的社会基本特性。处于文化结构中心地位的历史价值观，是由基于生产力发展的生产方式和交往方式决定的。正如恩格斯所言："人们自觉地或不自觉地，归根到底总是从他们阶级地位所依据的实际关系中——从他们进行生产和交换的实际关系中，获得自己的伦理观念。"那么，在全球化多元复合的价值与文化冲突中如何塑造民族的思想自我，在中国与世界的现代性场景中如何确立我们的精神向度？文化哲学应该有一个责任承担。文化哲学研究的深刻意义，正在于将民族的精神财富和文化遗产聚合成引导我们走向未来的伟大动力，正在于在改革开放所面临的一系列前所未有而必须攻克时艰的理论与实践的双重探索中，形成一种文化自觉。以世界眼光在中国实现伟大复兴的历史定位上确立中华民族的精神自我，决定了我们的思想高度和文化空间。